国家社科基金
GUOJIA SHEKE JIJIN HOUQI ZIZHU XIANGMU
后期资助项目

唯物史观视域下的广告批判研究

A Study of the Critique of Advertising from the Perspective of Historical Materialism

葛在波 著

北京师范大学出版集团
BEIJING NORMAL UNIVERSITY PUBLISHING GROUP
北京师范大学出版社

国家社科基金后期资助项目
出 版 说 明

后期资助项目是国家社科基金设立的一类重要项目，旨在鼓励广大社科研究者潜心治学，支持基础研究多出优秀成果。它是经过严格评审，从接近完成的科研成果中遴选立项的。为扩大后期资助项目的影响，更好地推动学术发展，促进成果转化，全国哲学社会科学工作办公室按照"统一设计、统一标识、统一版式、形成系列"的总体要求，组织出版国家社科基金后期资助项目成果。

全国哲学社会科学工作办公室

自　序

　　尼采在 1886 年夏至 1887 年秋曾写下这样一句话："为了理解这本书，人们必须同意我的一些前提。"①同样，我也想提醒每一位读者朋友，要想理解呈现在您面前的这本小书，您也要认同本书的一个基本理论前提——历史唯物主义，或曰唯物史观，亦即唯物主义的历史观。

　　我在这本小书里，将尝试回答广告存在的根本合法性依据为何这一问题。这是一个哲学问题，或者说得更加确切一些，是一个事关广告的认识论的问题。在广告研究的历史上，以我目前所掌握的材料来看，无论是国外，还是国内，尚且没有人回答过这个问题。

　　要回答这样的问题，不可避免地，就要对现有的各种广告批判理论做一个系统的检视。因为，在通常意义上看，广告批判是对于广告存在合法性的一种挑战。很明显，这里涉及两个彼此矛盾的方面。一方面，我们要说清楚广告存在的根本的合法性依据；另一方面，要想说清楚这一点，我们又必须阐明广告批判的实质，即广告批判到底应该批判广告的哪些特质。

　　这两个看上去对立的问题能够统一起来吗？如果能，它们既对立又统一的基础又是什么呢？本书对第一个问题的回答是肯定的。对第二个问题的回答是：它们既对立又统一的基础正是历史唯物主义。

　　当代马克思哲学研究为我们揭示了历史唯物主义中的两条逻辑主线——生产逻辑和资本逻辑。前者是一条人类学意义上的逻辑，它确证了物质资料的生产是人类社会存在的第一个历史前提。物质资料的生产是人类须臾不可背离的根本，是"人类生活得以实现的永恒的自然必然性"②，这就是"生产本体论"。生产逻辑是历史唯物主义的基本逻辑，它贯穿人类社会和历史的始终。

　　生产逻辑确证了物质生产对于人类社会存在的基础性作用。物质生产必然牵涉到物质的运动、流动，而物质的运动、流动水平在相当程度

---

① 〔德〕弗里德里希·尼采：《权力意志》（上卷），孙周兴译，北京，商务印书馆，2007，第 226 页。
② 《马克思恩格斯全集》第 42 卷，北京，人民出版社，2016，第 29 页。

上代表了人类社会生产力的发展水平——这在对从原始社会直至现代资本主义社会的发展史的分析中可以得到证明。广告的本质功能就在于它能够推动社会性的物质运动、流动，因而具有推动社会生产力发展的积极作用。我把广告的这一本质属性称作"物质指向性"，这是广告存在的根本的合法性依据，也是社会主义制度建立后我们必须大力发展广告事业和广告产业的根本依据。

马克思对资本逻辑的揭示和批判主要发生在他后期"从社会舞台退回书房"①，从事经济学研究的过程中。这在《资本论》及相关手稿中都有所体现。资本逻辑在人类社会进入"资本主义时间"后不断发展，并大致于17世纪成为资本主义社会形式中的主导逻辑。资本逻辑要求社会要素的方方面面都要服从和服务于资本对剩余价值的追求，这是广告异化为西方马克思主义作家笔下阶级压迫和阶级奴役工具的起点。又由于广告除了经济功能之外，还具有文化的功能，因此，在资本逻辑的统摄之下，广告逻辑还在文化层面（意识形态层面）异化为阶级压迫和阶级奴役的工具。

西方马克思主义作家的广告批判理论正是在后一点上发展而来的。在西方马克思主义作家特别是法兰克福学派理论家们看来，广告与其他"文化工业"要素——文学、电影、广播、电视、音乐等——一样，是资产阶级针对无产阶级的意识操纵和文化欺骗的工具和手段。

由于受历史和现实的种种限制，西方马克思主义作家看不到广告的阶级压迫和阶级奴役功能只是在人类社会进入"资本主义时间"之后才出现一种特有现象，因而广告的这种"附加"作用和功能只是**"暂时的和历史性的"**②。

西方马克思主义广告批判在"后马克思主义"者、法国后现代主义理论"暴发户"让·鲍德里亚那里发展到了极致。鲍德里亚的"商品—符号论"将广告批判引向了抽象的所谓"符号政治经济学批判"。鲍德里亚的符号政治经济学批判有意抽离了历史唯物主义的物质生产基础，将批判的矛头和革命的目标对准了虚幻的"符号"，主张要对资本主义社会来一场新的所谓的"文化革命"③，认为只有这样的"文化革命"（本质上是符号革命）才是当代无产阶级革命的方向。这便背离了唯物史观的生产本体论，

---

① 《马克思恩格斯全集》第31卷，北京，人民出版社，1998，第412页。
② 《马克思恩格斯全集》第47卷，北京，人民出版社，2004，第441页。黑体为原文所加。
③ 〔法〕让·鲍德里亚：《符号政治经济学批判》，夏莹译，南京，南京大学出版社，2015，第150页。

背离了经济基础决定上层建筑的基本原则，是彻头彻尾的唯心论的广告批判。这种广告批判，在理论上是糊涂的，在实践中则是有害的，因而必须对其开展全面深刻的批判。本书第五章专门对此进行了讨论。

西方后现代主义的广告批判虽然整体上表现出明显的唯心主义倾向，但却为我们指出了广告批判的症结——资本逻辑批判。因为正是在资本逻辑的统摄之下，广告才由其本来的社会性物质信息沟通手段，异化为阶级压迫和阶级奴役工具。因此，阶级压迫和阶级奴役工具这一特性，是广告在资本主义社会形式下形成的一种"附加特性"，它作为资本主义社会形式中蒙罩在广告身上的"普照的光"和"特殊的以太"①，有待被超越和扬弃，因而也具有历史的暂时性。

由此，本书得出了两条紧密关联的基本结论。其一，广告存在的根本的合法性依据在于其"物质指向性"，即广告能够推动社会性物质运动、流动，推动社会生产力的发展。这是广告的本来属性或本质属性。其二，广告异化为阶级压迫和阶级奴役工具是人类社会发展到资本主义阶段后出现的阶段性特征，是"暂时的和历史性的"。广告这种功能异化的根本原因，在于资本逻辑对广告逻辑的统摄。因此，广告批判的根本就在于批判资本逻辑。又由于根据唯物史观，资本逻辑也具有历史的暂时性，其必将在未来的共产主义社会中被扬弃和超越，因而资本逻辑统摄之下的广告异化为阶级压迫和阶级奴役工具，这样的"附加特性"也具有历史的暂时性。这两个结论结合起来，便构成了了唯物主义广告观的基本内涵。

唯物主义广告观是指导社会主义国家发展广告事业和广告产业的根本指南。

本书后期的写作和出版得到了国家社会科学基金项目的资助。在项目申报过程中，共有五位匿名专家对初稿提出了批评意见或修改建议，这些意见或建议对于书稿的最终完善、成型发挥了重要作用。借此机会，我在此向这五位专家致以由衷的谢意。

恰在本书定稿之际，广告研究界出现了一个有关"广告哲学"问题的思考动向，我以为这是难能可贵的，因为这一动向代表了广告研究从工具理性向价值理性的重要转变。事实上，正如斯宾格勒所言，一切真正的研究，都必定是哲学研究。② 但是，对"广告哲学"问题的思考，对广

---

① 《马克思恩格斯全集》第 30 卷，北京，人民出版社，1995，第 48 页。
② 〔德〕奥斯瓦尔德·斯宾格勒：《西方的没落》第 1 卷，吴琼译，成都，四川人民出版社，2020，第 115 页。

告的历史问题和"历史之谜"①的解答，必须也只能回归马克思，回归辩证唯物主义和历史唯物主义。这就是我对"广告哲学"论题的基本认识，它也是本书的基本宏旨。

2022 年夏于深圳宁水静净斋

---

① 《马克思恩格斯文集》第 1 卷，北京，人民出版社，2009，第 185 页。

目　　录

绪　论　唯物主义、唯物史观及马克思哲学思想的双重逻辑 ……………（1）

第一节　唯物主义和唯物史观 ………………………………………（2）

第二节　马克思哲学思想的双重逻辑 ………………………………（10）

本章小结 ……………………………………………………………（18）

第一章　西方广告批判研究概述 ……………………………………（21）

第一节　广告的两面性与西方广告批判研究的两个传统 ………（21）

第二节　马克思哲学思想的批判内核被引入广告研究 …………（26）

第三节　对西方广告批判研究的简评 ……………………………（38）

第四节　广告批判与批判广告学 …………………………………（41）

本章小结 ……………………………………………………………（45）

第二章　广告研究的本体论、认识论和价值论 ……………………（47）

第一节　历史与现状 ………………………………………………（47）

第二节　本体论与认识论 …………………………………………（49）

第三节　广告研究中的本体论与认识论 …………………………（52）

第四节　广告研究转向"基于认识论的价值论" …………………（57）

第五节　基于认识论的价值论广告研究路径 ……………………（58）

本章小结 ……………………………………………………………（64）

第三章　生产逻辑和资本逻辑视域中的广告 ……………………（66）

第一节　生产逻辑与资本逻辑 ……………………………………（67）

第二节　生产逻辑视域中的广告 …………………………………（72）

第三节　资本逻辑视域中的广告 …………………………………（76）

本章小结 ……………………………………………………………（87）

第四章　构建马克思主义指导下的广告研究 ……………………（93）

第一节　构建马克思主义指导下的广告研究是学科发展的

　　　　内在要求 …………………………………………………（93）

第二节 构建马克思主义指导下的广告研究必须牢牢坚持
唯物史观 ………………………………………………………………………… (96)
第三节 构建马克思主义指导下的广告研究必须立足于对
马克思、恩格斯本人广告思想的研究 ……………… (99)
第四节 构建马克思主义指导下的广告研究必须立足当代
中国的广告实践并博采众长 …………………………… (102)
本章小结 …………………………………………………………………… (104)

第五章 从生产本体论到消费本体论：后马克思主义者鲍德里亚的
符号狂欢 …………………………………………………………………… (107)
第一节 生产本体论的思想史 …………………………………… (108)
第二节 消费本体论的思想史暨鲍德里亚的广告与消费社会
批判思想溯源 …………………………………………………… (112)
第三节 鲍德里亚的消费本体论和符号狂欢 ……………… (124)
本章小结 …………………………………………………………………… (135)

第六章 广告传播政治经济学分析 ………………………………… (138)
第一节 广告传播政治经济学的孕育与发展 ……………… (138)
第二节 广告传播政治经济学与广告经济学的关系 ……… (141)
第三节 广告传播政治经济学分析的进路 ………………… (143)
第四节 广告传播政治经济学分析的意义 ………………… (151)
本章小结 …………………………………………………………………… (154)

第七章 西方马克思主义广告批判思想研究 ………………… (157)
第一节 大众文化批判 ……………………………………………… (157)
第二节 意识形态批判 ……………………………………………… (161)
第三节 西方马克思主义广告批判的理论来源 …………… (167)
第四节 西方马克思主义广告批判的当代价值及局限 … (173)
本章小结 …………………………………………………………………… (176)

第八章 马克思、恩格斯重视广告在政论活动和新闻实践中的沟通
和经济作用 …………………………………………………………… (179)
第一节 马克思、恩格斯重视广告在政论活动中的沟通作用 … (179)
第二节 马克思、恩格斯重视广告在新闻实践中的经济作用 … (184)
本章小结 …………………………………………………………………… (194)

第九章　马克思、恩格斯的广告批判思想研究 ……………………（197）

　　第一节　马克思对广告的一般认识 ……………………（197）

　　第二节　恩格斯广告批判思想的阶级分析视角 ……………（201）

　　第三节　马克思广告批判思想的三重解读视角 ……………（204）

　　本章小结 ……………………………………………………（217）

第十章　列宁苏俄时期广告思想的唯物史观考察 ……………（219）

　　第一节　列宁苏俄时期广告思想概貌及"十月革命"前的
　　　　　　俄国新闻出版与广告业 ………………………（219）

　　第二节　列宁"十月革命"前后的广告思想 ………………（223）

　　第三节　从"战时共产主义"到"新经济政策"：苏俄广告
　　　　　　从消失到复活 ……………………………………（228）

　　第四节　从"国家垄断广告"到承认广告在市场流通中的
　　　　　　作用 ………………………………………………（232）

　　本章小结 ……………………………………………………（234）

第十一章　社会形态的演变和物的依赖性社会中广告的异化 ……（238）

　　第一节　人类社会形态的历史演变 …………………………（239）

　　第二节　广告在两种不同社会形态中的不同际遇 …………（244）

　　第三节　广告批判的资本逻辑指向 …………………………（252）

　　本章小结 ……………………………………………………（262）

第十二章　唯心主义广告观的扬弃和唯物主义广告观的确立 ……（264）

　　第一节　广告批判回归马克思主义唯物辩证批判 …………（265）

　　第二节　复归生产逻辑：以"物质指向性"统领对广告的
　　　　　　认识 ………………………………………………（266）

　　第三节　唯心主义广告观的扬弃和唯物主义广告观的
　　　　　　确立 ………………………………………………（271）

　　本章小结 ……………………………………………………（275）

索　引 ………………………………………………………（276）

参考文献 ……………………………………………………（285）

后　记 ………………………………………………………（294）

绪　论　唯物主义、唯物史观
及马克思哲学思想的双重逻辑

在广告批判研究的历史上，存在着形形色色的唯心主义倾向，国外如此，国内亦是如此。唯心论的广告批判，醉心于揭示广告在意识操纵、思想控制、符号霸权，以及维护阶级间不平等的权力关系等方面的功能与作用，而罔顾广告的这些功能与作用只是其历史阶段性特征，因而是"暂时的和历史性的"①，罔顾广告的发生与发展植根于人的物质生产活动和物质生活过程本身，因而体现了人的物质生产活动和物质生活需要的事实，罔顾广告在推动社会性物质运动、流动方面所发挥的重要作用，从而也罔顾广告在发展社会生产力方面的积极作用。这种广告批判，往往都为广告贴上了"邪恶"的标签，从而为否定广告打开了方便之门。

理论的价值就在于指导实践。广告批判作为一种具备理论形态的对于广告的知识，它一经形成便不能不对现实中的广告实践产生影响。鉴于形形色色的唯心论的广告批判无论是在思想认识领域还是在实践领域都曾产生过不良的影响，且这种影响直至今日仍然会时而有所表现；又鉴于思想界迄今未能对唯心论的广告批判在理论层面予以全面清算的实际，笔者决定尝试弥补广告研究乃至整个哲学社会科学研究领域的这一缺失环节。

为此，本研究将首先尝试在马克思哲学思想的层面，说清楚唯心论广告批判的谬误及造成这一谬误的思想根源，在此基础上，坚持用马克思主义的立场、观点和方法分析广告和认识广告，推动用辩证唯物主义和历史唯物主义的哲学思想指导广告批判研究乃至整体的广告研究和广告实践，推动构建牢固基于唯物史观的广告批判理论，推动构建唯物主义的广告观。

本章，我们将从对唯物主义和唯物史观两个概念的简要梳理和分析出发，引出马克思哲学思想中的双重逻辑并分别予以分析，从而为后面各章的研究奠定基础。

---

① 《马克思恩格斯全集》第47卷，北京，人民出版社，2004，第441页。

第一节　唯物主义和唯物史观

从根本上说,唯物主义是一种世界观,它解决的是对世界本原的基本认识问题。而对这一问题的认识,曾经长期困扰着哲学家,特别是近代以降的哲学家。正如恩格斯在《路德维希·费尔巴哈和德国古典哲学的终结》中指出的那样:"全部哲学,特别是近代哲学的重大的基本问题,是思维和存在的关系问题。"①思维与存在的关系问题,在其他场合也被称为"精神"与"物质"的关系问题,或"自然界"与"精神"的关系问题。根据对这一问题的不同的回答,哲学家们被划分成了两个基本阵营。一是唯物主义阵营——近代哲学家培根、霍布斯、洛克、狄德罗、爱尔维修直至费尔巴哈等人均属于这一阵营;二是唯心主义阵营,近代哲学家笛卡尔、莱布尼茨、马勒伯朗士、海林克斯直至康德和黑格尔等人大体上可被归入这一阵营。前者断定存在或物质是第一性的,思维或精神是第二性的;后者认为思维或精神是第一性的,存在或物质是第二性的。马克思在完成了对唯心主义的彻底清算,并与旧的唯物主义划清界线之后,创立了新的唯物主义——辩证唯物主义。

辩证唯物主义与旧唯物主义,特别是费尔巴哈的形而上学唯物主义不同,后者在否定黑格尔的唯心主义的同时也抛弃了他的辩证法,导致其往往以孤立的、静止的观点看世界尤其是世界的本原,认为世界的本原是某一种具体的物质形态或结构层次,并在此基础上描绘世界的物质统一性,从而把世界的统一看成是统一于某种具体的物质形态或结构层次(如原子或原子的结构形态)的机械性同一。辩证唯物主义与此不同。辩证唯物主义认为世界是普遍联系和发展的,世界统一于物质,但世界的物质统一性包括一切具体物质形态,而不能简单归结为其中的某一形态或某一层次,"世界的物质统一性是在客观实在基础上的统一,是多样性的统一"②。

辩证唯物主义在历史领域的运用,便产生了历史唯物主义,唯物主义的历史观就是唯物史观。"而自从历史也得到唯物主义的解释以后,一条新的发展道路也在这里开辟出来了。"③唯物史观将唯物主义所坚持的

---

① 《马克思恩格斯选集》第4卷,北京,人民出版社,2012,第229页。
② 李秀林、王于、李淮春主编:《辩证唯物主义和历史唯物主义原理》,北京,中国人民大学出版社,2004,第59~60页。
③ 《马克思恩格斯选集》第4卷,北京,人民出版社,2012,第234页。

物质相对于精神、存在相对于思维的第一性原则运用到对人类社会历史发展演变的分析之中，指出人的物质生产活动是推动历史前进的根本动力。

一、唯物主义

唯物主义是马克思主义哲学思想的基础，它在历史上第一次系统地从理论上阐释了何为世界本原的问题，从而为"全部哲学的最高问题"，即"思维对存在、精神对自然界的关系问题"[①]画上了一个大大的句号。

马克思成长于唯心主义哲学传统极其强大的德国，当他与恩格斯在19世纪40年代创立唯物主义的新的世界观的时候，他们不仅要同当时正如日中天的黑格尔的唯心主义做彻底清算，还要同旧的唯物主义思想划清界线。对于前者，马克思在写于1843年10月中至12月中的《〈黑格尔法哲学批判〉导言》中大体上完成。对于后者，马克思则在写于1845年春的《关于费尔巴哈的提纲》中基本完成。在此基础上，马克思和恩格斯又于1845年秋至1846年5月共同撰写了《德意志意识形态》。在这部在唯物主义的建立过程中具有里程碑意义的光辉著作中，马克思和恩格斯鲜明地指出：

> 意识[das Bewußtsein]在任何时候都只能是被意识到了的存在[das bewußte Sein]，而人们的存在就是他们的现实生活过程。如果在全部意识形态中，人们和他们的关系就像在照相机中一样是倒立成像的，那么这种现象也是从人们生活的历史过程中产生的，正如物体在视网膜上的倒影是直接从人们生活的生理过程中产生的一样。[②]

这便确认了存在（物质）第一性、思维（意识）第二性的原则，存在（物质）决定思维（意识），思维（意识）只能是对存在（物质）的反映。

这里，马克思指出意识是"意识到了的存在"，这也说明，意识是能够反映存在的，也就是说人脑能够认识物质世界。人脑不仅能够认识物质世界，还能够正确地认识物质世界，也就是达成意识和存在之间的"同一性"。对此，恩格斯说：

---

① 《马克思恩格斯选集》第4卷，北京，人民出版社，2012，第230页。
② 《马克思恩格斯文集》第1卷，北京，人民出版社，2009，第525页。

我们关于我们周围世界的思想对这个世界本身的关系是怎样的？我们的思维能不能认识现实世界？我们能不能在我们关于现实世界的表象和概念中正确地反映现实？用哲学的语言来说，这个问题叫做思维和存在的同一性问题，绝大多数哲学家对这个问题都作了肯定的回答。①

事实上，意识与存在的同一性问题，早在黑格尔那里就曾得到了确认，黑格尔的哲学也因此被广泛认为是"同一哲学"（the philosophy of identity）。不过，黑格尔笔下的思维与存在、意识与物质之间的同一性，是建立在其唯心论的基础之上的。在黑格尔看来，思维之外无存在，思维即存在，存在即思维，二者实质上是同一个东西。黑格尔写道：

> 就存在作为直接的存在而论，它便被看成一个具有无限多的特性的存在，一个无所不包的世界。这个世界还可进一步认为是一个无限多的偶然事实的聚集体（这是宇宙论的证明的看法），或者可以认为是无限多的目的及无限多的有目的的相互关系的聚集体（这是自然神学的证明的看法）。如果把这个无所不包的存在叫做思维，那就必须排除其个别性和偶然性，而把它认作一普遍的、本身必然的、按照普遍的目的而自身规定的、能动的存在。这个存在有异于前面那种的存在，就是上帝。②

这里，黑格尔将思维称作"无所不包的存在""能动的存在"，它不同于宇宙论中所谓由"无限多的偶然事实的聚集体"构成的"直接的存在"，后者为前者所渗透、所统摄，因而与前者相同一。

与此不同，马克思虽然也认为思维可以反映存在，但马克思的反映论是建立在二者之间具有异质性这一认识基础之上的。易言之，马克思认为既然存在第一性、思维第二性，那么，存在和思维必然是两种本质上不同的东西。这两种本质上不同的东西，要想实现反映与被反映，必然需要通过某种中介物的作用。这种中介物，马克思认为就是实践。

---

① 《马克思恩格斯选集》第4卷，北京，人民出版社，2012，第231页。
② 〔德〕黑格尔：《小逻辑》，贺麟译，北京，商务印书馆，2019，第135～136页。着重号为原文所加。

> 人的思维是否具有客观的［gegenständliche］真理性，这不是一个理论的问题，而是一个实践的问题。人应该在实践中证明自己思维的真理性，即自己思维的现实性和力量，自己思维的此岸性。关于思维——离开实践的思维——的现实性或非现实性的争论，是一个纯粹**经院哲学的**问题。①

显然，马克思认为实践是检验思维是否正确地反映了存在的唯一途径，离开了实践来谈论思维的真理性与否，那就只是经院哲学中无聊的口舌辩论游戏而已。

这里便引出了实践在马克思主义哲学思想中的基础性重要地位。事实上，辩证唯物主义之前的各种旧唯物主义，包括费尔巴哈的形而上学唯物主义，虽然在有关世界本原的问题上即在本体论方面，与唯心主义处于对立的两极，但在历史观方面二者却是一致的，二者都坚持唯心主义的历史观。这样一来，便导致了旧唯物主义实质上是"半截子"的唯物主义，即自然观方面的唯物主义，历史观方面的唯心主义。造成这一现象的原因，在于旧唯物主义和唯心主义一样，都不能够理解人类的实践活动及其意义。

唯心主义强调精神（思维）的本体性，把人与世界还原为"绝对精神"或"先验意识"，从而抽象地、夸大地发展了人的能动性和主体性，其对人与世界之间的关系的理解便沿着能动性单向进行，从而将世界（自然）置于人的精神、意识的统摄之下。与之形成尖锐对立的是，旧唯物主义坚持自然（物质）本体，不承认人的能动性和主体性；旧唯物主义者"只是从被动的观点去理解人与世界的关系"，他们"所坚持的是一种单纯的、自在的客体性原则"。② 这便将人消隐于自然的统摄之下，抹杀了人的能动性和主体性。

马克思解决唯心主义和旧唯物主义之间这种矛盾和对立的办法，就是引入了实践的概念。他在《关于费尔巴哈的提纲》中，对唯心主义和旧唯物主义分别进行了批判：

> 从前的一切唯物主义（包括费尔巴哈的唯物主义）的主要缺点是：对对象、现实、感性，只是从**客体的**或者**直观的**形式去理解，而不

---

① 《马克思恩格斯文集》第 1 卷，北京，人民出版社，2009，第 500 页。黑体为原文所加。
② 李秀林、王于、李淮春主编：《辩证唯物主义和历史唯物主义原理》，北京，中国人民大学出版社，2004，第 19 页。

是把它们当做**感性的人的活动**，当做**实践**去理解，不是从主体方面去理解。因此，和唯物主义相反，唯心主义却把**能动的**方面抽象地发展了，当然，唯心主义是不知道现实的、感性的活动本身的。费尔巴哈想要研究跟思想客体确实不同的感性客体，但是他没有把人的活动本身理解为**对象性的**[gegenständliche]活动。因此，他在《基督教的本质》中仅仅把理论的活动看做是真正人的活动，而对于实践则只是从它的卑污的犹太人的表现形式去理解和确定。因此，他不了解"革命的"、"实践批判的"活动的意义。①

这便清楚地表明，马克思认为只有引入实践，才能调和唯心主义和旧唯物主义之间的两极对立；只有实践，才是人的能动性和主体性与自然、世界之间的一致性和同一性的桥梁和纽带；离开了实践，人与自然、思维与存在、精神与物质之间将永远是割裂的，二者之间的关系往往也会滑入神秘的、模糊的、不可知的泥沼。

实践，无非就是人为了自己的现实需要，将自身的本质性力量对象化到自然中去，从而占有自然、满足自身的生存需要的活动。马克思将这一活动的过程称为人与自然之间的"物质变换"，并认为它反映了"人类生活得以实现的永恒的自然必然性"。② 显然，这里的实践指的就是劳动，它是人类和人类社会存在的第一个历史前提。"劳动本体论"正是在这一意义上被提出来的。由于极端重视实践，马克思的唯物主义哲学思想也被称为"实践的唯物主义"。

二、唯物史观

将辩证唯物主义应用到历史领域，便得到了新唯物主义的另一个分支——历史唯物主义。辩证唯物主义的历史观即是唯物史观。

唯物史观的确立，是马克思的新唯物主义哲学不同于以往的旧唯物主义哲学的本质特征，也是马克思新唯物主义哲学之革命性和彻底性的集中体现。

当马克思以科学的实践观为基础把唯物论和辩证法有机结合起来时，也就实现了唯物主义自然观和历史观的统一。这是同一个过

---

① 《马克思恩格斯文集》第1卷，北京，人民出版社，2009，第499页。黑体为原文所加。
② 《马克思恩格斯全集》第42卷，北京，人民出版社，2016，第29页。

程的两个方面。以科学实践观为基础的马克思主义哲学，既是唯物主义和辩证法的高度统一，又是唯物主义自然观和历史观的高度统一。①

实践，本质上是人的活动，是人作用于自然、占有自然，从自然获取生存资料的基本活动。实践的意义主要体现在两个方面。一方面，它是人和人类社会存在的第一个历史前提，离开了实践，人便无法从自然中获取生存资料，便无法生存。而没有了人，自然也就不会有人类社会，不会有人类历史。另一方面，正是在实践的过程中，正是在人与自然之间的物质变换过程中，人与人之间形成了关系，进而形成了人类社会。这是因为，人在将自身的本质性力量对象化到自然中去以获取生活资料的过程中，需要彼此协作，需要彼此之间结成协作的关系。在远古时期生产力极端落后的情况下如此，在以机器大生产为特征的生产力高度发展的现代社会也是如此。

同时，在人们彼此协作进行实践的过程中，还伴随着互换各自的劳动成果的活动，这便构成了人与人之间的物质交换活动。随着社会分工越来越发展、越来越细化，人与人之间的物质交换活动也越来越发展、越来越普遍，以致在现代社会，人们绝大多数生活资料的获取都要通过物质交换来完成。也正是在人与自然之间的物质变换和人与人之间的物质交换过程中，诞生了广告，而且，这种物质变换和交换活动越是发展，广告也就越是发达。

由此可见，是实践，是人的物质生产活动将人与人联系了起来。因此，当恩格斯在人类学意义上确证劳动"是整个人类生活的第一个基本条件"，"劳动创造了人本身"②的时候，他还隐含着这样的观点：劳动创造了人类社会。因此，对人类社会，对人类历史的发展演变的动因的认识，要回到人的实践、人的物质生产活动即劳动中去。

那么，是不是可以说，推动人类社会发展演变的根本动因是实践，是人的物质生产活动即劳动呢？要回答这一问题，就必须先回答唯物史观中的"物"指的是什么的问题。而这一问题的答案，是由马克思本人给出的。他在《〈政治经济学批判〉序言》中写下了这样一段被后人广为征引的文字：

---

① 李秀林、王于、李淮春主编：《辩证唯物主义和历史唯物主义原理》，北京，中国人民大学出版社，2004，第22页。

② 《马克思恩格斯全集》第26卷，北京，人民出版社，2014，第759页。

　　人们在自己生活的社会生产中发生一定的、必然的、不以他们的意志为转移的关系，即同他们的物质生产力的一定发展阶段相适合的生产关系。这些生产关系的总和构成社会的经济结构，即有法律的和政治的上层建筑竖立其上并有一定的社会意识形式与之相适应的现实基础。物质生活的生产方式制约着整个社会生活、政治生活和精神生活的过程。不是人们的意识决定人们的存在，相反，是人们的社会存在决定人们的意识。社会的物质生产力发展到一定阶段，便同它们一直在其中运动的现存生产关系或财产关系（这只是生产关系的法律用语）发生矛盾。于是这些关系便由生产力的发展形式变成生产力的桎梏。那时社会革命的时代就到来了。随着经济基础的变更，全部庞大的上层建筑也或慢或快地发生变革。①

　　在这段话中，唯物史观的一些核心概念，如生产力、生产关系、物质生活、生产方式、经济基础、上层建筑等都悉数登场，成为后人理解马克思的历史唯物主义思想的经典材料。对于这段话，我们可以做出以下几方面的解读：

　　第一，人们的物质生活实质上就是物质生产过程，这是一切的基础。没有物质生产过程，人自然也就没有了物质生活，而没有了物质生活，自然也就没有了人，没有了人的思维，也就更不会有人类社会和人类历史。而在人的物质生活中，首要的便是前文提及的人与自然之间的物质变换，即人（劳动者）运用劳动资料（即劳动手段，其中的要素是劳动工具），作用于劳动对象（包括未经加工的自然物和已经加工过的物体）的活动。劳动者、劳动对象和劳动资料则是生产力的基本要素。

　　第二，人们在物质生活过程中结成的生产关系——包括生产资料所有制关系、生产中人与人之间的关系以及产品的分配关系，需与生产力的发展水平相适应。生产力决定生产关系。而生产力是不断向前发展的，其中，科学技术的发展进步又是推动生产力发展的一个基础动力。在生产力已经发展到新水平的前提条件下，"便同它们一直在其中运动的现存生产关系或财产关系（这只是生产关系的法律用语）发生矛盾"，这时候，生产关系就要随之进行调整，否则就会成为生产力的"桎梏"。

　　第三，马克思在这段话中将"生产关系"与"财产关系"——马克思认为它只不过是生产关系的"法律用语"——并列看待。这实质上反映了他

---

①　《马克思恩格斯全集》第 31 卷，北京，人民出版社，1998，第 412～413 页。

对资本主义生产方式下三个主要阶级之间的财产所有权关系的认知与理解。马克思在《政治经济学批判（1857—1858年手稿）》（即《政治经济学批判大纲》）、《政治经济学批判（1861—1863年手稿）》，以及后来的《资本论》中于多个场合分析了资本主义社会中的三个主要阶级——资本家、工人和地主，以及与这三个阶级的阶级地位相应的收入来源——剩余价值、工资和地租。在资本主义生产方式下，资本家因为占有生产条件（生产资料），所以在法的意义上拥有生产资料的所有权，而工人除了自己的劳动力之外一无所有，只能向资本家出售自己的劳动，为资本家生产，从而换取自身的生活资料。资本家不仅占有工人的有酬劳动，还占有工人的无酬劳动（剩余劳动）。地主阶级因为拥有土地所有权，因此也要分得社会总产品中的一份"平均利润"，这种"平均利润"通常以地租的形式归地主所有。这是法的意义上的财产所有权的另一种表现形式。马克思认为这些财产关系根本上是由资本主义生产方式所决定的。

第四，人们的物质生活生产方式是推动人类社会发展演变的根本动因，包括社会生活、政治生活和精神生活等在内的其他各种生活形态都要受到物质生活的生产方式的制约。

生产方式，简要地说，就是人们在生产的过程中，能动地运用自己的劳动能力，并在一定的生产关系（包含生产资料的占有关系和劳动成果的分配关系）条件下，作用于劳动对象（原料）而进行生产的社会结合方式。生产方式包含了人的能动性因素，因而在本质上表现为活动的，处于不断的发展变化之中。生产方式的变革，通常包含着生产力和生产关系两方面的变革。因此，包含了动态的实践（即人的物质生产活动——劳动）和生产力各要素的生产方式才是人类历史发展的根本动因。易言之，社会历史前进的根本动因在于：能动的人，借助自身动态的实践，将劳动对象和劳动资料结合起来，在一定的生产关系下进行生产。正是在这一意义上，马克思和恩格斯在《神圣家族》中指出："历史**不过是**追求着自己目的的人的活动而已。"①

由此观之，唯物史观中的"物"指的是生产方式。正如吴恩裕在《马克思的政治思想》一书中分析的那样：

> 任何社会中的生产方法（即生产方式——引者注），都是那个社会发展的真实基础。如资本主义的生产方法，便是整个资本主义的

---

① 《马克思恩格斯文集》第1卷，北京，人民出版社，2009，第295页。黑体为原文所加。

社会的基础。因为该"社会"之所以变成"资本主义的"社会，完全是因为先有了资本主义的生产方法。也就是说：这个社会之资本主义的性质，乃是由资本主义的生产方法所"决定"的。在此种意义上，马克思认为生产方法是决定社会发展的动因。生产方法根本是变动的。[1]

我以为，吴恩裕的这一分析，是符合马克思的本意的。不过，需要着重强调的是，生产方式是动态的，因为它包含了人的实践（劳动）；换句话说，人的劳动不仅赋予了生产力各要素以活力，而且赋予了生产关系以活力；而只有活的东西才能推动历史前进。

由此可见，唯物史观认为，人类社会发展演变的根本动因是生产方式，而生产方式的核心恰恰就是人的实践，即人的物质生产活动——劳动。"物质生产是社会历史的发源地，生产方式构成人类社会发展的决定力量。……社会历史归根到底是物质生产的历史，是生产方式演变的历史。"[2]

第二节　马克思哲学思想的双重逻辑

在上一节中，我们讨论了与马克思的新唯物主义哲学思想相关的一些基本概念。马克思的新唯物主义批判继承了旧唯物主义中的物质本原观和黑格尔唯心主义思想中的辩证法，因而它是辩证的唯物主义。同时，又由于马克思的辩证唯物主义将科学的实践观置于突出重要地位，特别是在科学实践观的基础上，将新唯物主义哲学思想运用于对历史问题的考察，从而开创了历史唯物主义的新境界。这样一来，马克思的新唯物主义就实现了自然与历史基于科学实践观的物质统一，其不仅能够科学地解释自然，还能够科学地解释人与自然的关系以及人类社会历史，从而实现了人、自然及社会三者之间基于物质的辩证统一。

由于历史唯物主义是马克思唯物主义哲学思想的完成，因此，相当长一段时期以来，它就是马克思主义哲学思想的代名词。当然，研究者往往也会根据研究的需要和实际语境，有区别地使用辩证唯物主义和实践唯物主义的概念。

---

[1]　吴恩裕：《马克思的政治思想》，北京，商务印书馆，2014，第64页。

[2]　李秀林、王于、李淮春主编：《辩证唯物主义和历史唯物主义原理》，北京，中国人民大学出版社，2004，第48页。

在本节中，我们将在上一节的基础上，讨论马克思哲学思想中的双重逻辑——生产逻辑和资本逻辑，以及这两个逻辑的形成和转换问题。

需要说明的是，生产逻辑和资本逻辑并非马克思或恩格斯本人使用过的概念，而是当代马克思哲学思想研究界对马克思前后期哲学思想中两条不同但又彼此关联的理论主线的提炼和概括。具体而言，生产逻辑是对马克思早年创立唯物史观时期的理论主线的提炼和概括。资本逻辑则是对马克思后期研究经济学问题时的理论主线的提炼和概括。二者之间的分界点是 1845 年。

一、生产逻辑——历史唯物主义的理论主线

所谓生产逻辑，是指人类历史的第一个前提在于实践，在于物质生产活动；离开了物质生产活动，离开了人与自然之间的物质变换活动，人便无法生存，自然也就不会有人类社会和人类历史。因此，生产逻辑在人类学意义上指明了物质生产活动对于人、人类社会和人类历史的基础性地位。关于这一点，马克思和恩格斯在《德意志意识形态》中的一段话不仅很好地反映了历史唯物主义的理论前提，也很好地反映了生产逻辑的思想主线。他们写道：

> 全部人类历史的第一个前提无疑是有生命的个人的存在。（这些个人把自己和动物区别开来的第一个**历史**行动不在于他们有思想，而在于他们开始**生产自己的生活资料**。——原书注）因此，第一个需要确认的事实就是这些个人的肉体组织以及由此产生的个人对其他自然的关系。……一当人开始**生产**自己的生活资料，即迈出由他们的肉体组织所决定的这一步的时候，人本身就开始把自己和动物区别开来。人们生产自己的生活资料，同时间接地生产着自己的物质生活本身。[①]

人，首先是物质性的个体（肉体），这些物质性的个体（肉体）为了追求自己的目的而进行活动，进而创造了人类的历史。而人的第一个有目的的活动无疑便是从自然界获取生活资料，以解决自己的生存问题。可见，生产自己生存所需的生活资料具有根本性的意义。这也正是"生产本体论"概念的内涵。

---

① 《马克思恩格斯文集》第 1 卷，北京，人民出版社，2009，第 519 页。黑体为原文所加。

这样，无论是在自然领域，还是在历史领域，马克思的新唯物主义哲学都坚持了物质第一性的原则。在自然领域，存在（物质）是第一性的，思维（精神、意识）是第二性的，先有存在（物质），后有思维（精神、意识）。更进一步说，思维（精神、意识）无非是对物质世界的主观反映，没有了被反映物自然就不会有反映物。

事实上，反映的主体——人，本身也是物质的，且物质的人为了维持自身的生存，还要不断地进行物质生产活动，通过这种物质生产活动实现与自然之间的物质变换以获取自身的生活资料。在生产生存所需的生活资料的同时，人也在"间接地生产着自己的物质生活本身"，生产着人与人之间的生产关系——从财产关系到雇佣关系，从协作关系到分配关系，等等。

在历史领域，物质第一性表现为物质生产活动是第一性的。只要人、人类社会和人类历史存在一天，生产就是基础的实践活动。一个简单的事实就是：人们首先必须解决自己的吃、喝、住、穿的问题，然后才能从事包括政治活动、科学探索、艺术训练、宗教活动等在内的其他各种活动。正是在这一意义上，恩格斯说：

> 直接的物质的生活资料的生产，从而一个民族或一个时代的一定的经济发展阶段，便构成基础，人们的国家设施、法的观点、艺术以至宗教观念，就是从这个基础上发展起来的，因而，也必须由这个基础来解释，而不是像过去那样做得相反。①

由此观之，生产逻辑实质上是在人类学意义上确证了"直接的物质的生活资料的生产"是人和人类历史存在的第一个前提——这一在历史上长期为"繁芜丛杂的意识形态"所掩盖的"简单事实"。②

生产逻辑，由此成为马克思创立唯物史观时期哲学思想的理论主线。

二、资本逻辑——在对资本主义的批判中寻求自由历史的进路

前文已经指出，资本逻辑是当代的马克思哲学思想研究界对马克思前后期理论主线发生转变这一现象进行认真研究后，针对马克思后期的经济哲学思想所提出的一个概念。就笔者目前所掌握的材料来看，迄今

---

① 《马克思恩格斯文集》第3卷，北京，人民出版社，2009，第601页。
② 《马克思恩格斯文集》第3卷，北京，人民出版社，2009，第601页。

为止，对资本逻辑做出了较为系统的分析和梳理的是仰海峰。他在《〈资本论〉的哲学》一书中，首先为我们描述了马克思的哲学思想从生产逻辑转向资本逻辑的大致时间节点和脉络。

自 1845 年之后，马克思思想的重要发展在于从生产逻辑向资本逻辑的转变，这个转变在《政治经济学批判大纲》中开始较为明显地呈现出来，并在《资本论》中完成。如果说在 1845 年马克思实现了哲学革命，即创立了以生产逻辑为基础的历史唯物主义，那么从生产逻辑向资本逻辑的转变，更是一次重要的逻辑转换，对于这一逻辑转换的意义及其对马克思哲学思想的影响，过去的研究还没有将之作为主题加以探讨，更没有在新的逻辑基础上对马克思哲学进行新的阐述。①

在本章的第一节中，我们曾提到马克思大致于 1845 年春实现了向唯物主义的转变，其标志就是《关于费尔巴哈的提纲》的完成。在这篇被恩格斯称为"包含着新世界观的天才萌芽的第一个文献"②中，马克思不仅同唯心主义，而且同旧唯物主义划清了界线，为创立唯物史观奠定了基础。继《关于费尔巴哈的提纲》之后，马克思又于 1845 年秋至 1846 年 5月与恩格斯合写了《德意志意识形态》。与《关于费尔巴哈的提纲》总计十一条的观点罗列不同，《德意志意识形态》系统地阐述了社会存在决定社会意识，人的第一个历史活动是生活资料的生产——物质生活本身的生产，生产力制约交往方式，以及"一切历史冲突都根源于生产力和交往形式之间的矛盾"③，这种矛盾"每一次都不免爆发为革命"④的唯物史观思想。

马克思于 1841 年大学毕业，这一年他 23 岁。自他大学毕业至 1845年，正是欧洲工人运动迅猛发展的时期。马克思不仅运用自己手中的笔声援和支持工人的运动，还亲身参与工人运动，为工人运动提供切实的指导。正是在这一过程中，马克思实现了向唯物史观的转变。1841 年至1845 年，是生产逻辑占据马克思哲学思想理论主线的阶段。

1845 年之后，马克思在完成了向唯物史观的飞跃后，在对经济学的

---

① 仰海峰：《〈资本论〉的哲学》，北京，北京师范大学出版社，2017，第 16 页。
② 《马克思恩格斯文集》第 4 卷，北京，人民出版社，2009，第 266 页。
③ 《马克思恩格斯文集》第 1 卷，北京，人民出版社，2009，第 567～568 页。
④ 《马克思恩格斯文集》第 1 卷，北京，人民出版社，2009，第 567 页。

持续深入研究,特别是在完成了对资产阶级古典政治经济学的全面清算的基础上,开始深入思考资本主义社会中不断激化的阶级矛盾,以及这些矛盾发展演变的趋势和解决矛盾的根本出路问题。对这些一连串相关问题的思考,体现在他的系列政治经济学研究成果中,其中包括《政治经济学批判(1857—1858年手稿)》《政治经济学批判(1861—1863年手稿)》,以及《资本论》。在这些经济学著作中,马克思的理论逻辑由原先的生产逻辑全面转向资本逻辑。

不过,在进一步考察资本逻辑之前,我们有必要先回答这样的问题:一个尽管在大学的专业是法律,但研究较多的却是历史和哲学的德国青年,为什么会在工作之后痴迷于对经济问题的研究?

(一)需要对"物质利益"发表意见促使马克思转向经济学研究

前文已经指出,马克思和恩格斯在1845年秋至1846年5月彻底完成了向新唯物主义思想的转变。在此之前和之后,马克思在一边清算黑格尔的唯心主义和以费尔巴哈的形而上学唯物主义为代表的旧唯物主义并创立新唯物主义哲学思想的同时,还因为工作中遇到的实际困扰而对经济学产生了浓厚的兴趣。这还得从马克思在编辑《莱茵报》期间遇到的实际经济问题说起。

1842年10月至1843年3月,马克思受邀出任具有资产阶级革命民主主义倾向的《莱茵报》的编辑。这期间,有三件事促使马克思开始关注经济问题。第一,是林木采伐权的问题。当时的德国尚处于封建经济向资本主义经济转换的萌芽期,容克地主阶级大肆侵占森林、草地和各种公共的农业用地,剥夺农民在公共土地上采伐林木的权利。农民遂起来抗争。莱茵省议会便颁布各种惩办法令,对农民的所谓"盗伐"现象予以惩处。马克思坚定地站在被压迫的广大农民的立场上,以《莱茵报》为阵地,为农民辩护,痛斥地主阶级通过手中掌握的立法权来剥夺广大农民利益的本质,揭穿了莱茵省议会的反动嘴脸。第二,是地产析分问题。当时的莱茵省还出现了地产析分,即把大块土地分割成许多小块的问题。为此,莱茵省议会举行了辩论会,结果也对广大农民不利。第三,是莱茵省议会关于自由贸易和保护关税问题的辩论。马克思后来在《〈政治经济学批判〉序言》中指出,这是促使他转而去"研究经济问题的最初动因"①。

在随后的岁月里,尽管出于种种原因,马克思对经济学的研究工作时

---

① 《马克思恩格斯文集》第2卷,北京,人民出版社,2009,第588页。

断时续，但研究经济学却成了他毕生的事业。因为，正如他自己说的那样，无论是对"法的关系"的研究，还是对在黑格尔那里被庸俗化了的"市民社会"概念的考察，抑或是对法律的、政治的、宗教的、艺术的或哲学的等各种形式的"意识形态"的考察，归根结底，都要回到政治经济学中去寻求答案。也就是说，对一个社会中的物质关系和意识形态上层建筑之各种形式的考察，都离不开政治经济学的分析视角。对此，马克思认为，正如我们不能以一个人对他自己的看法为依据来判断这个人一样，"我们判断这样一个变革时代也不能以它的意识为根据；相反，这个意识必须从物质生活的矛盾中，从社会生产力和生产关系之间的现存冲突中去解释"①。

理解并解决资本主义社会中各个阶级之间的"物质生活的矛盾"，不仅是马克思研究经济学的出发点，也是他全部经济学著述的落脚点。

很显然，马克思对经济学的研究，从一开始就得到了唯物史观的正确指导。在唯物史观的指引下，马克思对资产阶级古典政治经济学进行了系统且彻底的清算，在此基础上制定了科学的剩余价值理论，揭露了资本主义生产和资本家剥削工人阶级的全部秘密，从而为他的"革命理论"和科学社会主义理论开辟了道路。

正是在研究经济问题、研究"物质生活的矛盾"的过程中，马克思的哲学思想实现了从生产逻辑向资本逻辑的转换。

（二）资本逻辑——资本主义社会的主导逻辑

资本逻辑是资本主义生产方式下特有的社会历史逻辑，它随着资本主义的产生而产生，也随着资本主义的发展而发展。随着资本主义生产方式不断地在广度和深度两个方面击败旧的封建的生产方式，资本逻辑也逐渐地成为资本主义世界的主导性逻辑。

同时，资本逻辑一经确立为主导性的逻辑，它便要求社会中各种生产性和非生产性要素服从和服务其自身的需要。由此，人类历史进入了资本逻辑的时代。

1. 资本逻辑随着资本主义一同登上历史舞台

马克思指出，人类在生产自己的物质生活资料的同时，也在生产着自己的物质生活本身。这种物质生活，首要地，是由社会生产力所决定的。生产力的发展水平，特别是劳动工具的发展水平，决定了人类可以运用怎样的劳动资料，作用于怎样的劳动对象，如何作用于劳动对象，

---

① 《马克思恩格斯文集》第 2 卷，北京，人民出版社，2009，第 592 页。

以及作用于劳动对象时的实践效率(劳动生产率)。不仅如此,生产力的发展水平还在根本上决定了社会经济结构(生产关系)和社会形态。

人总是在一定的社会关系中生产自己的生活资料的。社会关系是人在实践的过程中结成的人与人之间的关系,其中,最重要的社会关系便是人与人之间的经济关系,即生产关系。而在生产关系中,生产资料所有制关系又是最为核心的要素。因为生产资料所有制决定了劳动成果分配、交换和消费的情况。各种生产关系的集合又构成了社会经济结构。而这一切,都是建立在一定的社会生产力的基础之上的,生产力的发展变化推动着社会关系乃至社会形态的发展变化。

> 随着新生产力的获得,人们改变自己的生产方式,随着生产方式即谋生的方式的改变,人们也就会改变自己的一切社会关系。手推磨产生的是封建主的社会,蒸汽磨产生的是工业资本家的社会。①

始于18世纪60年代的资产阶级工业革命,在随后的一百年间逐渐地将以"手推磨"为标志的封建经济结构扫入了历史的垃圾堆,继而建立起以"蒸汽磨"和机器大生产为标志的资本主义社会。资本主义生产方式由此确立。

资本主义生产方式的确立是人类社会和人类历史上一件史无前例的重大事件。从此,历史进入了"世界历史"。在资本逻辑的作用下,在蒸汽和机器大范围运用的推动下,机器大工业得以建立。很快,机器大工业巨大的生产能力就溢出了本国的市场消化范围,一些"工业中的百万富翁"——现代资产者,开始需要开辟海外市场以消化机器大工业生产出来的大量商品。世界市场由此形成了。世界市场的形成,大大促进了商业、航海业和陆路交通的发展;反过来,商业、航海业和陆路交通的发展又进一步促进了世界市场的发展。这样一来,世界各国便在资本逻辑②的

---

① 《马克思恩格斯文集》第1卷,北京,人民出版社,2009,第602页。

② 在法国资本主义史学家和经济学家米歇尔·波德(Michel Beaud)看来,"资本逻辑"就是一种"盲目的、固执的积累逻辑"。关于资本逻辑,存在着三个彼此关联的事实:其一,它依赖于商品的生产,"使用价值支撑了必须回到资本的剩余价值,还要实现价值、卖出商品,否则积累就被阻碍了,就会产生危机";其二,它以"第一次工业化"为契机而展开,"第一次工业化从18世纪的后三分之一延续到19世纪的前三分之一";其三,资本逻辑最早在英国发展壮大起来,然后逐渐蔓延到其他欧洲国家和美国。参见〔法〕米歇尔·波德:《资本主义的历史:从1500年至2010年》,郑方磊、任轶译,上海,上海辞书出版社,2011,第148页。

牵引下，结成了一个以物质交往为基础，精神交往同时发展的交往的共同体。

显然，直接的诱因便是要在世界市场范围内销售机器大工业生产出来的大量商品。正如马克思和恩格斯在《共产党宣言》中描述的那样：

> 不断扩大产品销路的需要，驱使资产阶级奔走于全球各地。它必须到处落户，到处开发，到处建立联系。资产阶级，由于开拓了世界市场，使一切国家的生产和消费都成为世界性的了。①

2. 资本逻辑的规定性

所谓资本逻辑，简单地说，由于资本以追求剩余价值的最大化为目的，因此，在一个以资本为统治性力量的社会中，生产的根本目的就在于对最大化的剩余价值的追求。正如马克思在《政治经济学批判大纲》中指出的那样，资本的身上具有"力图超越自己界限的一种无限制的和无止境的欲望"②。这种欲望推动着资本不停地运动、不停地突破任何一种有可能限制其创造更多的剩余价值的限制。"剩余价值的量的界限，对资本来说，只是一种它力图不断克服和不断超越的自然限制即必然性。"③

由于资本逻辑是资本主义社会中的统摄性逻辑，又由于资本对剩余价值的这种无止境的追求，它必然会要求资本主义社会中的经济结构、政治结构和文化结构以及这些结构中的各个要素服从和服务于生产最大化的剩余价值这一目的。这其中，经济结构又是基础性的，因此，生产领域必然是资本逻辑首先要控制的领域。

在生产领域，资本是一种"**社会权力**"④，等量的资本要求等量的利润，亦即"每个资本家都按照他在社会总资本中占有的份额而分享这种权力"⑤。而资本行使自己的这种"社会权力"的方式和过程，充分体现了资本逻辑的特点。对此，马克思在《资本论》中有一段十分深刻的论述，这段论述出现在他分析一般利润率通过竞争转化为平均利润率的语境下。论述本身则深刻地反映了资本逻辑的规定性。

马克思的这段论述从两个维度阐述了资本逻辑的特征或表现，一是

---

① 《马克思恩格斯文集》第 2 卷，北京，人民出版社，2009，第 35 页。
② 《马克思恩格斯全集》第 30 卷，北京，人民出版社，1995，第 297 页。
③ 《马克思恩格斯全集》第 30 卷，北京，人民出版社，1995，第 297 页。
④ 《马克思恩格斯全集》第 46 卷，北京，人民出版社，2003，第 217 页。
⑤ 《马克思恩格斯全集》第 46 卷，北京，人民出版社，2003，第 217 页。

生产过程的维度，二是人的维度。在生产过程的维度，马克思指出："随着资本主义生产的发展，这种生产的各种条件也发展了，这种生产使生产过程借以进行的全部社会前提从属于它的特殊性质和它的内在规律。"①这便清楚地说明，资本逻辑要求资本主义生产的全部条件服从资本主义生产的特殊性质和内在规律。在人的维度，马克思指出：

> 从属于资本的雇佣劳动，按它的性质来说，也不关心它的劳动的特殊性质，它必须按照资本的需要让人们变来变去，把它从一个生产部门抛到另一个生产部门。②

这也清楚地说明：资本逻辑要求生产的"主观因素"，即人、劳动工人，必须按照资本逻辑的要求"变来变去"，根据资本的要求在不同的生产部门之间流动。

总之，生产逻辑和资本逻辑在马克思的哲学思想中是两个显在的维度，它们合在一起，构成了历史唯物主义的双重逻辑。生产逻辑在人类学的意义上，指出了物质生产活动是人和人类社会的第一个历史活动，只要人和人类社会存在一天，物质生产以及基于物质生产的物质生活就是其基本的前提条件。正是在这一意义上，我们说，生产逻辑是历史唯物主义的基本逻辑，生产逻辑贯穿人类社会的始终。

资本逻辑只是在人类历史进入资本主义时代之后才取得了主导性的地位。资本逻辑反映了资本的内在规定性。资本逻辑永无止境地追求着剩余价值的最大化，这也意味着资本对无产阶级的压榨和剥削是无止境的。资本逻辑的发展也必将成为资本主义自身的掘墓人。

本章小结

本章，我们在扼要梳理和介绍了唯物主义和唯物史观两个概念的基础上，引出并着重分析了马克思哲学思想中的两个基本逻辑——生产逻辑和资本逻辑。

唯物主义和唯物史观实质上是同一个概念的两种表述。不过，在研究界，学者们有时为了将马克思的新唯物主义思想和旧唯物主义思想区

---

① 《马克思恩格斯全集》第 46 卷，北京，人民出版社，2003，第 218 页。
② 《马克思恩格斯全集》第 46 卷，北京，人民出版社，2003，第 217 页。

分开来，往往还会使用辩证唯物主义和历史唯物主义两个概念。其实，这两个概念也都统一于唯物主义的范畴之内。正如一本权威的马克思主义哲学教科书中指出的那样：

> 辩证唯物主义和历史唯物主义并不是两个不同的"主义"，而是同一个主义，即以科学的实践观为基础，包括历史观在内的辩证唯物主义。……把历史唯物主义与辩证唯物主义并列作为马克思主义哲学的名称是为了强调，马克思主义哲学不是像旧唯物主义那样的"半截子"唯物主义，即自然观上的唯物主义，历史观上的唯心主义，而是自然观与历史观相统一的彻底、完备的唯物主义，并且这种彻底性和完备性集中体现在历史唯物主义之中。①

历史唯物主义实质上是辩证唯物主义在历史领域的运用，即将辩证唯物主义的基本原理应用于对历史的解释。其中，马克思主义的科学实践观发挥了统领性的作用，因为在引入实践的概念之后，人类历史便得到了科学的说明——人类历史发展的根本动因在于人的实践，即人在一定的社会关系和社会形式下，将自己的本质力量对象化到自然中去，从而占有自然以获取自身生存所需要的生活资料。从原始社会到奴隶社会，从奴隶社会到封建社会，从封建社会再到资本主义社会，社会形态依次更替的根本动因就隐藏在人的生产实践之中，而人的生产实践又总是在一定的社会形式和生产关系之下进行的，也就是在一定的生产方式下进行的。因此，研究界又认为历史前进的根本动因在于生产方式。关于这一点，在马克思的《〈政治经济学批判〉序言》中也有着清晰的表述。

本章的重点是对马克思哲学思想中双重逻辑的介绍。当代的马克思哲学研究成果揭示了在马克思的哲学思想中存在着两个前后相继的逻辑——生产逻辑和资本逻辑。生产逻辑贯穿于马克思创立唯物史观的时期，这一时期大致上于1845年结束。从1845年直至马克思逝世，这位人类历史上的"千年思想家"一直都在致力于批判资本主义社会和资产阶级的政治经济学。

马克思对资本主义社会的批判建立在其深刻的经济学研究基础之上。马克思由生产逻辑向资本逻辑的转变，大致发生在《政治经济学批判

---

① 李秀林、王于、李淮春主编：《辩证唯物主义和历史唯物主义原理》，北京，中国人民大学出版社，2004，第22～23页。

(1857—1858 年手稿)》中。在这部著作中，马克思初步建立起了价值理论，并勾勒出了剩余价值理论的轮廓。在后续的进一步研究中，特别是在《资本论》中，马克思进一步丰富和发展了他的剩余价值理论，并由此将他对资本逻辑的揭示推进到了全新的高度。

　　之所以用专门的一章来介绍以上这些马克思主义哲学思想的基础概念，是因为我们后面对广告的研究都将在唯物史观的视域中展开。其中，生产逻辑和资本逻辑是我们对广告批判进行梳理和研究的两条相异又相关的思想主线。

第一章 西方广告批判研究概述

广告的批判研究植根于社会上对广告的批评。不过，我们通常所说的"广告批评"与学术性的"广告批判"毕竟还是有区别的。广告批评更多的是一种口语化的表达，日常生活中人们对虚假广告的批评，以及行业人士从专业角度对广告运动的成效所开展的批评等，即属于这一范畴。与此不同，广告批判则是一种学术性的表达，是在理论层面对广告的质疑性审视。广告批判基于广告批评但又超越了广告批评，它代表了人类对广告的一种理性认知。这种认知，就其分析广告的视角而言，既有政治与经济的视角，也有文化与社会的视角，其出发点和落脚点，则是广告与人、广告与社会之间的利害冲突，分析的基本抓手则是"权力关系"。

在西方学术界，真正意义上的广告批判研究历史不算太长，它大致萌生于 20 世纪初，于 20 世纪七八十年代达至一个高峰。与传播学类似，对广告的批判研究也存在着实证研究和人文研究两个传统，但与传播学不同的是，广告批判研究的人文传统根深蒂固，其影响也远远超越了实证研究。马克思主义思想为广告批判研究的人文传统提供了源源不竭的思想动力和强大的理论根基。

第一节 广告的两面性与西方广告批判研究的两个传统

一、广告的两面性

一部人类的社会史，就是一部广告的发展史。从最初的口头吆喝式广告和实物展示式广告，到后来的借助工具的音响广告和招牌广告，再到资本主义社会兴起的，借助大众传播媒介——报纸、杂志、广播、电视——广泛传播的各种广告，直至今天的以互联网为基础的新媒体广告，人类的生产和生活从未离开过广告。广告对人类社会的重要性不言而喻，它以信息沟通为基础，行使着人与人之间交换有无的功能，发挥着促进社会经济发展的作用。

随着人类社会不断向前发展，分工与交换也日益发达，广告的功能与作用也因此变得越来越大，其自身的形态和运作模式则不断地与时俱进，发生了脱胎换骨般的变化。终于，当历史进入 19 世纪中叶之后，现代广告在美国诞生了，其标志就是一批现代意义上的专门从事广告代理和发布工作的广告公司的出现。

众所周知，现代意义上的广告公司的出现是现代广告与古代广告和近代广告区别开来的一个根本特征，从此，广告公司成为推动广告业发展的核心动力。现代广告公司一头对接广告主，从广告主那里获得开展广告运动和广告活动的合约，另一头对接传播媒介（主要是大众传播媒介），通过传播媒介将受广告主委托而策划、设计和制作的广告作品发布和传播出去，以期达成影响大众、推销商品和/或观念的目的。

显然，现代广告的这种运作模式只有在资本主义商品经济发展到一定程度之后才会产生。这是因为，只有在资本主义商品经济得到了充分发展的情况下，才会形成对专事广告传播活动的专门组织的需求。而且，商品交换越是发展，这种需求便越是强烈，直至现代意义上的广告公司从原本部分属于广告主、部分属于传播媒介的职能中分离出来，形成一个相对独立的行业。反过来，现代广告公司诞生后，其在大大促进交换和商品经济发展的同时，也使自身的功能与作用越来越丰富，并最终使得广告成为现代社会中一种彰明较著的社会与文化景观，成为与学校、教会等一样，"能调控社会的少数几种机制之一"①。

然而，与任何事物一样，广告不仅有光鲜的一面，其阴暗的一面有时更令人印象深刻。在广告漫长的发展历程中，对其质疑和批评之声一直不绝于耳。这种质疑与批评在社会层面，将广告斥为"卖狗皮膏药式的"自吹自擂，不足为信。其言外之意是：广告是将劣货兜售给消费者的、蛊惑式的、手段并不高明的一种宣传手段；对广告我们应当始终高举道德审判的大旗。

根据我们目前掌握的资料，最早对广告持这种质疑与批评态度的重要人物是 18 世纪英国文坛的一位大家——约翰逊博士（Dr. Samuel Johnson）。他在《游惰者》一文中曾对广告开展过道德审判：

> 广告的买卖现在已经到了接近完美的程度，要想希望有所改变是件不容易的事。但是广告也和其他技术一样，应该服从公众的利益。我对那<u>些</u>负责作广告的人，不能不问一下有关道德的问题，你

---

① David M. Potter, *People of Plenty: Economic Abundance and the American Character*, Chicago: The University of Chicago Press, 1954, pp. 176-177, 188.

们是否有玩弄人们感情的行为……①

这种对广告的道德审视代表了早期人们对广告的一种朴素认知，构成了早期广告批评的主要内容，其在以后岁月里的发展演变则为学术层面的广告批判提供了现实根基。

二、西方广告批判研究的两个传统

早期人们对广告的质疑性审视毕竟还只是道德层面的，其浓厚的主观感性色彩虽然易于博得人们的认同，但也正因为其过于依赖主观性和感性认知而忽视了理性层面的分析与思辨，更缺乏实证层面的有力支撑，从而削弱了其说服力与影响力。

进入资本主义社会之后，商品经济的大发展要求大量生产大量消费，从而使广告获得了空前的发展。广告的影响与作用更是借助大众传播媒介，堪称无远弗届。伴随着这种大发展的，是广告行业内的泥沙俱下，社会上对广告的批评之声也越来越强烈。这引发了学术界对广告的关注，进而使得以往主要居于市井的广告批评上升到了理性拷问的层面。广告批判便由此萌生。

西方的广告批判萌生于现代广告诞生之后，而且，从一开始便形成了实证研究和人文研究两个传统。

(一)广告批判的实证传统

实证研究方面，较早对广告提出否定性意见的是19世纪末20世纪初英国经济学界的重量级人物、剑桥大学经济学教授阿尔弗雷德·马歇尔(Alfred Marshall)。他通过实证研究认为：广告是一种不正当竞争的手段，是垄断的潜在助推器；广告有可能会误导消费者，导致不必要的虚假需求的产生；广告会引起商品价格上涨，甚至会把劣货强行推销给消费者。马歇尔还进一步将广告区分为"好"(good)广告与"坏"(bad)广告、"建设性"(constructive)广告与"竞争性"(combative)广告。马歇尔指出，前一类广告提供的是一些有关新产品的真正有用的信息，这些信息旨在"将人们的注意力引向购买或销售机会，从而使自己获益"②。而后一类广告则被指责为浪费资源，危及自由竞争，造成收入的不合理分配，操纵和歪曲消费者的品位与动机。马歇尔的这一观点得到了与他同时代的一批经济学家的支持，他们中重要的有庇古、布雷斯维特、巴斯特等人。

---

① 转引自陈培爱：《中外广告史新编》，北京，高等教育出版社，2009，第234页。

② Alfred Marshall, *Industry and Trade*, London：Macmillan and Co.，1920，p.200.

美国的两位经济学家约翰·高博利斯和保罗·萨缪尔森也通过实证研究提出，广告应该对产业集中负责。这是因为：一方面，广告的规模经济使大广告主得以将小广告主赶出市场；另一方面，广告需要大量的资金投入，同时，品牌通过大量做广告为自己赢得了用户的忠诚，这两条叠加在一起便自动地将其他公司排除在了特定市场之外。①

总体而言，广告批判的实证研究主要关注广告对于经济的负面作用，对市场竞争公平性的潜在损害，以及对消费者自由选择权的操纵等方面。开展这类研究的学者也以经济学家为主，研究的目的则是纠正有悖于市场公平竞争和生产资源公平分配的广告行为，以确保消费者获得全面、真实的商品信息。

（二）广告批判的人文传统

与实证研究相比，广告批判的人文传统更为强大，影响也更为持久。

英国历史学家阿诺德·约瑟夫·汤因比是较早对广告开展批判的人文学者之一。汤因比广为人知的一条对于广告的观点是将之与"邪恶"联系起来，并认为自己再也"想不出在什么情况下广告能不是邪恶的"。②将广告与"邪恶"联系起来，这便将广告批判引向了价值拷问。

汤因比的这种价值拷问式的广告批判得到了后来许多人文学者的回应，如约翰·伯杰（John Berger）就曾在一本批判西方传统视觉文化审美趣味的著作中，不吝笔墨地对广告展开了抨击。伯杰写道：

> 广告是消费社会的文化，通过影像传播当时社会对自身的信仰……广告的目的在于使观赏者对他当前的生活方式萌生不满，但并非使他不满意社会的生活方式，而是让他对此中自己的生活方式感到不满……广告有助于掩盖或补偿社会中一切不民主的现象，而且它也掩饰了世界其他地方发生的事端……广告是资本主义文化的生命——资本主义已经到了没有广告就难以生存的地步——同时，广告又是它的幻梦。③

这里，伯杰对于广告在资本主义消费社会中的功能、作用以及运作

---

① 丁俊杰、康瑾：《现代广告通论》，北京，中国传媒大学出版社，2007，第64页。
② 转引自 David Ogilvy, *Confessions of An Advertising Man*, New York：Atheneum，1980，p.9.
③ 〔英〕约翰·伯杰：《视觉艺术鉴赏》，戴行钺译，北京，商务印书馆，1994，第165、170、181、188页。

模式等进行了直白的揭露和辛辣的嘲讽。在他看来，广告就是消费社会的"宗教"。与对传统宗教的信仰相比，人们对广告以及由广告所塑造出来的"形象"的信仰有过之而无不及；广告通过展现各种新潮的生活方式来打击人们对自己目前奉行的生活方式的信心，敦促他们通过不断消费来转向新的生活方式；在广告的世界中，社会是民主且和谐的——因为每个人都是平等的消费者；资本主义的文化就是以广告为轴心构建起来的消费文化，在资本主义整合社会的各种工具中，广告的作用首屈一指；广告在相当程度上发挥着葛兰西笔下的"文化领导权"作用。

20 世纪 80 年代末 90 年代初，随着西方后现代主义思潮的发展，一些文化与社会学者逐渐将广告与"消费社会""消费主义意识形态"等概念联系起来，对广告开展了文化层面的多重审视。如英国文化学者迈克·费瑟斯通（Mike Featherstone）在对法兰克福学派的多位理论家以及安东尼·吉登斯、让·鲍德里亚、弗雷德里克·詹姆逊等学者的文化与社会理论进行了全面检视之后得出结论，认为在后现代社会中：

> 商品自由地承担了广泛的文化联系与幻觉的功能。独具匠心的广告就能够利用这一点，把罗曼蒂克、珍奇异宝、欲望、美、成功、共同体、科学进步与舒适生活等等各种意象附着于肥皂、洗衣机、摩托车及酒精饮品等平庸的消费品之上。[1]

费瑟斯通这种将广告纳入更为广义的"消费文化"的研究视野，引发了广告批判研究的"文化转向"（the Cultural Turn）。这一范式转换的影响是巨大的，因为它将广告批判研究引向了更为广域的消费文化和消费主义意识形态分析。

进入 20 世纪 90 年代，另外两位英国文化理论家斯科特·拉什（Scott Lash）和约翰·厄瑞（John Urry）在费瑟斯通的基础上进一步提出了"经济文化化，文化经济化"的概念，并将此视作分析当代西方社会的一个基础性视角。他们在合著的《符号与空间的经济学》（*Economies of Signs and Space*）一书中认为，当代社会的"经济越来越呈现出文化化的趋势……文化也越来越呈现出经济化的趋势"[2]。在这样的文化与社会语境下，拉什

---

① 〔英〕迈克·费瑟斯通：《消费文化与后现代主义》，刘精明译，南京，译林出版社，2000，第 21 页。

② Scott Lash and John Urry, *Economies of Signs and Space*, London and Thousand Oaks, CA: Sage, 1994, p. 64.

和厄瑞坚信，个人与他们的消费之间存在着一种"审美自反性"(aesthetic reflexivity)，说得详细一点："消费越来越符号化的本质，较以往更深地影响着个人身份的自我建构。"①在这一认识的基础上，他们将分析的对象对准了广告，认为广告是各种文化工业的模型，其共同的功能就是"通过形象来转移价值"(the transfer of value through images)②。

人文学者历来就有着"爱操心"的特点，他们普遍地关怀人的生存境遇，对各种文化与社会现象对于人的影响尤为敏感。当现代广告发展成为一种彰明较著的社会与文化景观的时候，其与人、与社会之间的利害冲突就不能不使得人文学者投来充满质疑的目光。

在西方广告批判研究的人文传统中，有一股重要力量是尤其需要我们花点笔墨予以说明的，这就是马克思主义的影响。

第二节　马克思哲学思想的批判内核被引入广告研究

在《保卫马克思》一书中，西方马克思主义阵营中的一位重要人物路易·阿尔都塞将马克思的思想划分为四个前后相继的时期：青年期（1840—1844）、断裂期（1845）、成长期（1845—1857）和成熟期（1857—1883）。③ 阿尔都塞认为，青年时期的马克思还没有跳出黑格尔哲学的影响。这一时期的马克思热情地讴歌人的自由精神和人的主体性，对普鲁士当局的封建君主专制制度对人的压抑持激烈的批判态度。这一时期，马克思的思想体现出鲜明的人本学色彩。1845 年，是马克思思想发生重大转变的时期，在这一年，他和恩格斯共同完成了《德意志意识形态》，从而标志着唯物史观的正式确立。以《1857—1858 年经济学手稿》为标志，马克思思想的"总问题"转向哲学的历史实现，"生产本体论"逐渐成为历史唯物主义哲学构架的基础。及至《资本论》，马克思哲学全面转向对资本主义社会中结构化的资本逻辑④的批判，以及对如何超越资本逻辑的思考。

从马克思哲学思想的发展演变出发，有学者提出马克思哲学存在着

---

① Scott Lash and John Urry, *Economies of Signs and Space*, London and Thousand Oaks, CA：Sage, 1994, p. 61.

② Scott Lash and John Urry, *Economies of Signs and Space*, London and Thousand Oaks, CA：Sage, 1994, p. 138.

③ 参见〔法〕路易·阿尔都塞：《保卫马克思》，顾良译，北京，商务印书馆，2010，第17 页。

④ 关于资本逻辑的更多讨论，参见本书第三章的内容。

三大理论主题：理性形而上学批判与哲学的历史实现、以资本逻辑为核心的批判分析方法、走向自由历史的理论指向。[①] 在马克思哲学思想的这三大理论主题中，贯穿始终的一个重要特征便是批判。对理性形而上学的批判，实质上是对德国古典哲学思想中的唯心主义倾向的清算。结果，马克思在这种批判的过程中找到了"现实的个人"，以及"现实的个人"的第一个历史活动——物质生产，由此确认了哲学的历史实现的动力或"历史之谜"[②]的答案，就存在于生产力和生产关系之间的矛盾运动及由此二者构成的生产方式的发展演变之中。批判资本逻辑，实质上是马克思对资本主义生产方式的批判。资本主义生产方式导致了人的异化，导致了社会关系的物化；在这种生产方式下，由于生产条件与生产主体之间的分离，阶级对抗只会不断加剧，最终会炸毁资本主义的"外壳"。通过对理性形而上学和资本逻辑的批判，马克思找到了通向人类解放，通向人类自由历史——共产主义——的道路。

广告虽然古已有之，但其真正发展成为一种彰明较著的社会与文化景观则是在资本主义商品经济大发展之后。可以说，广告是资本主义社会的一个有机构成要素。因此，广告并未逃脱马克思和恩格斯对资产阶级社会的批判视域，马克思哲学思想的批判锋芒同样指向了广告。

在马克思和恩格斯的报刊文章中，他们都曾对广告发表过意见，表达过看法，他们的新闻传播实践广泛地与广告产生联系。在马克思后期的经济学著述，特别是《资本论》中，不仅广告与资本逻辑之间的关系被多次提及，而且，广告与资本流通之间的关系更是不时浮现出来。[③] 但遗憾的是，马克思和恩格斯本人的广告思想长期以来却一直处在西方学者的视线之外。西方学者——主要是西方马克思主义者，对广告的分析不是从马克思和恩格斯本人的广告思想出发，而是对马克思哲学思想中的批判内核进行重新阐释，然后将其运用于对广告的分析。国内学者虽然在研究马克思、恩格斯新闻传播思想的过程中注意到了他们有关广告的论述，但重视程度明显不够。在众多现有的马克思主义新闻观研究著述中，马克思、恩格斯的广告思想大多处于新闻、舆论和党内交流等思想的陪衬地位，全面、系统的研究至今尚付阙如。

在西方学术界，将马克思哲学思想中的批判内核运用于对广告的批判研究始于20世纪二三十年代。但是，必须明确的是，正如上文指出的

---

① 参见仰海峰：《〈资本论〉的哲学》，北京，北京师范大学出版社，2017，第27页。
② 《马克思恩格斯文集》第1卷，北京，人民出版社，2009，第185页。
③ 对于马克思恩格斯广告思想的深入分析，参见本书第八章和第九章的相关讨论。

那样，尽管广告在马克思恩格斯的新闻传播思想中是一个显在的维度，但长期以来，西方学者对这一点一直很少注意到。非但如此，他们中的许多人甚至认为，新闻传播是马克思思想中的"盲点"。

比如，威尔伯·施拉姆（Wilbur Schramm）就曾在他与弗雷德里克·西伯特等人合著的《传媒的四种理论》一书中认为，"马克思本人几乎从未谈论过大众传播问题"，"马克思实际上都没有谈到过——例如大众传媒的使用问题"。① 晚近的传播政治经济学研究专家文森特·莫斯可（Vincent Mosco）也认为，"媒介是马克思主义理论的盲点"②。

西方学者对马克思和恩格斯广告思想的认识盲区导致的一个直接的不良后果，便是使得我们对马克思主义广告批判研究的认识不是从马克思和恩格斯本人的广告思想出发，而是从后来的学者（主要是西方马克思主义者）运用马克思的文化与社会批判理论对广告开展的分析与考察开始的。这种分析与考察产生的一个结果，便是"西方马克思主义广告批判"（Western Marxist Critique of Advertising）的诞生。

一、西方马克思主义与西方马克思主义广告批判③

西方学者将马克思主义理论运用于对广告的分析是从西方马克思主义者开始的。在西方马克思主义的创始人卢卡奇和葛兰西等人的著作中，"阶级意识""物化""文化领导权""有机知识分子"等核心范畴实际上已经规定了其关注的焦点——文化、意识形态、上层建筑……显然，这与西方马克思主义对发达资本主义社会的批判矛头从以往的经济基础转向上层建筑的做法是一脉相承的。

进入 20 世纪 30 年代，随着法兰克福学派的兴起，西方马克思主义对西方发达资本主义社会的文化批判也达到了一个新的高峰。在法兰克福学派理论家的笔下，"文化工业"（cultural industry）是维护资本主义社会制度、经济制度、政治制度的一股基础性力量。因此，对西方发达资本主义社会的批判，首先要从对"文化工业"的批判开始。这其中，广告与音乐、广播、电视等其他大众文化样态一样，都成了批判的对象。这是因为，这些大众文化所形成的"快乐工业"腐蚀了无产阶级的意志，使

---

① 〔美〕弗雷德里克·西伯特、〔美〕西奥多·彼得森、〔美〕威尔伯·施拉姆：《传媒的四种理论》，戴鑫译，北京，中国人民大学出版社，2008，第 97、98 页。

② 〔加拿大〕文森特·莫斯可：《传播政治经济学》，胡正荣等译，北京，华夏出版社，2000，第 146 页。

③ 关于西方马克思主义广告批判的更详尽的考察，参见本书第七章的相关讨论。

他们无力反抗——即使有反抗，那也是"软弱无力的"——"因为快乐工业早就算计好了。而且，要想让公众做到这些，也开始变得越来越难。公众愚蠢化的速度并不亚于他们智力增长的速度"①。

广告不仅是"快乐工业"体系得以运转的支撑性要素，甚至其本身就是快乐工业的重要组成部分。因此，它受到了法兰克福学派理论家们的较多关注。比如，在霍克海默和阿多诺的笔下，

> 广告能够保证权力留在同样的人的手里，就像极权主义国家可以通过经济决定权，来控制各种事务的确立和运行一样。广告是一种否定性原则，一种能够起到阻碍作用的机构：一切没有贴上广告标签的东西，都会在经济上受到人们的怀疑。②

另一名法兰克福学派理论家赫伯特·马尔库塞（Herbert Marcuse）则认为，在发达工业社会中，由广告创造出来的"需求"实质上是一种"虚假需求"，而且，"现行的大多数需要，诸如休息、娱乐、按广告宣传来处世和消费、爱和恨别人之所爱和所恨，都属于虚假的需要这一范畴"③。在马尔库塞看来，广告是塑造"单向度的社会"和"单向度的人"的一支重要力量。马尔库塞所谓"单向度的人"，指的是丧失了批判和超越能力的人，他们是极权主义社会制度的牺牲品。

西方马克思主义，尤其是法兰克福学派理论家们对现代社会大众传播的系统批判性研究，在西方的人文社会科学学界的影响是广泛且深刻的。这种研究，为西方传播学批判研究传统的开创奠定了重要的思想和理论基础。

西方马克思主义学者对广告的批判研究构成了"西方马克思主义广告批判"的主体，这种研究于 20 世纪七八十年代达到了一个高峰，成为这一时期广告研究的一种主流范式。一批重要的马克思主义广告批判研究成果都是在这一时期及其前后涌现出来的。如哈罗德·嘉芬克尔（H. Garfinkel）的《民族方法学研究》（Studies in Ethnomethodology, 1967），保罗·贝兰和保罗·斯威齐（P. A. Baran & P. M. Sweezy）的《垄断资本：论美国的经济与社

---

① 〔德〕马克斯·霍克海默、〔德〕西奥多·阿道尔诺：《启蒙辩证法：哲学断片》，渠敬东、曹卫东译，上海，上海人民出版社，2006，第 131 页。

② 〔德〕马克斯·霍克海默、〔德〕西奥多·阿道尔诺：《启蒙辩证法：哲学断片》，渠敬东、曹卫东译，上海，上海人民出版社，2006，第 147 页。

③ 〔德〕赫伯特·马尔库塞：《单向度的人：发达工业社会意识形态研究》，刘继译，上海，上海译文出版社，2008，第 6 页。

会秩序》(*Monopoly Capital*：*An Essay on the American Economic and Social Order*，1968)，斯图亚特·尤恩(Stuart Ewen)的《意识的掌控者：广告与消费文化的社会根源》(*Captains of Consciousness*：*Advertising and the Social Roots of the Consumer Culture*，1976)，达拉斯·斯迈思(Dallas Smythe)的论文《传播：西方马克思主义的盲点》("Communications：Blindspot of Western Maxism")，朱迪思·威廉森(Judith Williamson)的《解码广告：广告中的意识形态与意义》(*Decoding Advertisements*：*Ideology and Meaning in Advertising*，1978)，苏特·加利(Sut Jhally)的《广告符码：消费社会中的政治经济学和拜物现象》(*The Codes of Advertising*：*Fetishism and the Political Economy of Meaning in the Consumer Society*，1987)，以及晚近的传播政治经济学研究成果，等等。总体来看，这些成果都有一个共同的特征，即主要运用马克思的政治经济学和意识形态批判理论，对广告乃至资本主义社会整体开展全方位的批判性考察。

然而，必须再次予以澄清的是：西方马克思主义对西方发达工业社会中的广告与大众传播系统的研究，只不过是运用马克思的哲学和(政治)经济学原理对研究对象开展的一种分析而已，它并不是对马克思和恩格斯本人有关广告和新闻传播的论述的梳理，甚至也不能准确、完整地反映马克思和恩格斯在广告和传播问题上的见解。

尽管如此，西方马克思主义学者运用马克思哲学思想中的批判内核对现代广告开展的批判性考察还是为我们更加全面地认识广告打开了一扇新的窗户。同时，西方马克思主义的广告批判还为我们发展当代的广告批判研究乃至批判广告学①提供了重要的理论参照。尤为重要的是，它还为当代的批判广告学提供了一条基本的研究路径——文化意识形态分析。这一路径，结合西方广告批判实证研究传统形成的对于广告的政治经济分析，构成了广告批判的两条基本研究路径。

二、广告批判的两条基本研究路径

由西方马克思主义者开创的西方马克思主义广告批判尽管有其局限性②，但对于当代的广告批判研究而言仍然具有重要的参考价值和启

---

① 关于广告批判与批判广告学之间的关系，参见本章第四节以及本书第四章的相关讨论。
② 西方马克思主义广告批判的局限性主要体现在其具有浓厚的"批判目的论"色彩，致使其对广告在发展社会生产力方面的积极作用视而不见，甚至也没能提出解决问题的方案而流于空想，从而背离了实践唯物主义和辩证法思想。参见葛在波：《西方马克思主义广告批判理论的时代印记》，《中国社会科学·内部文稿》2020年第4期，第102~115页。

示意义。首要的，便是它为广告批判提供了两条基本的研究路径。

正如上文已经指出的，西方马克思主义广告批判研究的理论来源主要是马克思主义哲学体系中的哲学与（政治）经济学思想，这也决定了广告批判研究应该在政治经济分析和文化意识形态分析两个维度同时展开，不可偏废。事实上，在上文提及的斯迈思的《传播：西方马克思主义的盲点》一文中，作者强调的其实正是以往的西方马克思主义者忽视了对大众传播系统的政治经济分析维度。斯迈思的"盲点"论认为：大众传播系统生产的真正产品是"受众"而非新闻或其他节目内容；大众传播系统将"作为商品的受众"（audience as commodity）卖给广告商；在这一过程中，受众其实是在进行着双重工作：一方面，他们为资本家工作以换取工资；另一方面，他们在闲暇时间还要为广告商工作。而对这一过程的政治经济分析，就是以往西方马克思主义学者所忽视的维度。

斯迈思"盲点"论的批判矛头实际上也间接地指向了英国的"文化研究"派。起源于20世纪60年代的英国文化研究以对大众传播系统的意识形态分析而著称。20世纪70年代，文化研究开始广泛受到来自欧陆的包括阿尔都塞的结构主义马克思主义在内的社会理论影响，从而进一步增强了其意识形态分析取向。但文化研究却长期将政治经济分析排除在外，其关注的焦点多集中于文化的消费环节——文本的消费、受众从文本中获取"意义"、建构快感和身份，等等，而对文化生产过程中的政治和经济权力关系分析缺乏兴趣。对此，道格拉斯·凯尔纳曾一针见血地指出：

> 英国的文化研究从一开始就与政治经济学之间存在不稳定的关系。虽然斯图亚特·霍尔和理查德·约翰森把文化研究奠基在马克思主义关于资本流通的模式（生产—分配—生产）中，但是霍尔以及其他英国文化研究中的关键人物并没有坚持追求经济学的分析，而绝大多数英国和北美的文化研究实践者从80年代到现在已经完全脱离政治经济学。[①]

文化研究的这种"文化主义"的"民粹主义"式孤芳自赏损害了其结论的说服力，使其受到了学术界的广泛质疑。正是基于这样的认识，有学

---

① 〔美〕道格拉斯·凯尔纳：《批判理论与文化研究：未能达成的接合》，陶东风主编：《文化研究读本》，南京，南京大学出版社，2013，第184页。

者呼吁应该将意识形态分析与政治经济分析有机地"接合"起来，并更多地从法兰克福学派的文化与社会批判理论中汲取力量。正如凯尔纳指出的那样：

> 偏离法兰克福学派在某种程度上所共同具有的那种问题意识，已经损害了当代英国和北美的文化研究，而回归批判的社会理论和政治经济学则是走向复活的文化研究的必要步骤。这个规划要求一种新的文化研究，这种文化研究将把法兰克福学派所发展的政治经济学和英国文化研究所发展的对于媒介文化的颠覆功能、亚文化、积极读者的强调结合起来。①

基于这样的分析，我们认为，广告批判存在着两条基本的研究路径——政治经济分析和文化意识形态分析。

(一)政治经济分析

在《资本论》中，马克思对资本主义社会的剖析是从"商品"开始的。②虽然在写作《资本论》的过程中，广告很少出现在马克思的视野之内，但他对资本主义社会中的商品分配、交换和流通等问题的分析对于我们认识广告的功能与作用仍然有着重要的启发。在马克思的时代，广告主要在交换和流通环节发挥作用，且这种作用首先是经济性的——广告帮助商品实现从生产到消费的"惊险的跳跃"③，从而加快剩余价值的实现；其次是政治性的——广告在维护和实现资本利益的同时，也在维护资本主义的社会体制和运行机制。

循着这一思路，晚近的广告批判研究逐渐形成了以针对广告传播系统中"权力关系"的分析为基础的研究进路，并逐渐融入更为广域的传播政治经济学构架。考虑到以美国为代表的西方商业化大众传播系统中，资本逻辑占据统摄性地位，这一演变无疑有其合理性。

传播政治经济学是对传播系统中的社会关系，尤其是权力关系的研

---

① 〔美〕道格拉斯·凯尔纳：《批判理论与文化研究：未能达成的接合》，陶东风主编：《文化研究读本》，南京，南京大学出版社，2013，第189页。
② 在《资本论》的开篇，马克思这样写道："资本主义生产方式占统治地位的社会的财富，表现为'庞大的商品堆积'，单个的商品表现为这种财富的元素形式。因此，我们的研究就从分析商品开始。"(《马克思恩格斯全集》第44卷，北京，人民出版社，2001，第47页)
③ 《马克思恩格斯全集》第31卷，北京，人民出版社，1998，第483页。

究，这些权力关系共同建构了传播资源的生产、分配和消费。① 传播政治经济学立足于"现实主义的、包容性的、建构性的，以及批判性的认识论"②，而就本体论而言，它强调传播是一个过程。在这一过程中，信息的生产、分配、交换和消费受到来自包括政治、经济、技术、社会等多重力量的制约，而在这些制约性力量共同构成的"场域"中，资本逻辑是基础性的，其中，广告因素又是显而易见的。

在传播政治经济学的视域内对广告开展政治经济分析，一个显在的好处便是传播政治经济学的分析框架可以直接被用于对广告的分析。

对当代传播政治经济学的学科建制起到过关键作用的加拿大社会学家文森特·莫斯可在《传播政治经济学》一书中，曾提出"三化"的分析框架："商品化"（commodification）、"空间化"（spatialization）和"结构化"（structuration）。莫斯可写道：

> 商品化（commodification）是一个过程，在这一过程中因使用而产生价值的物品被转化为可以销售的产品，其价值来自它们能交换来的东西。一个典型的例子就是将一个朋友们喜欢的故事转变成一部可以在市场上售卖的电影或者小说的过程。人类的传播行为如何成为一种为了牟利而制造的产品？空间化（spatialization）指的是大众媒介和传播技术克服了地理空间限制的过程。比如，电视将地球上发生的事件的影像传送至世界各地，从而克服了距离障碍。此外，公司越来越多地使用电子信息技术在全世界范围内组织业务，由此能够更广泛地接触顾客、管理工人，以及利用技术和资本。当需求出现的时候，比如可以在别处获得成本更低或者技能更好的劳动力时，电子信息技术也使得它们能够灵活地采取快速行动。当传播遍布全球、商业利用传播在全世界范围内创造和制作产品的时候，会出现什么情况？第三个关键概念是结构化（structuration），即创造各种社会关系的过程，主要是那些围绕社会阶级、性别和种族组织起来的社会关系。比如，政治经济学描述了社会阶级的不平等是如何影响人们对大众媒介和新的传播技术的接触的，这种社会阶级的不平等根据收入和财富划分人群，使其中一些人能够接触，而另一些

---

① Vincent Mosco, *The Political Economy of Communication*, London & Thousand Oaks, CA: Sage, 2009, p. 2.

② Vincent Mosco, *The Political Economy of Communication*, London & Thousand Oaks, CA: Sage, 2009, p. 128.

人则被排除在外。①

在对莫斯可的这一分析框架进行了认真的审视之后，笔者以为，商品化和空间化两个分析维度可以保留下来用于广告传播政治经济学的分析，而结构化则应归入下文将会谈到的文化意识形态分析。这主要是因为，结构化关注的重点是社会分析，其与意识形态存在着复杂的关联，而与政治和经济差异较大。

这样一来，对广告开展政治经济学分析，主要存在着两个分析维度——商品化与空间化。

所谓商品化，就是借鉴马克思分析资本主义社会中商品化现象的做法，对广告传播系统中的各种商品化趋势——广告作品成为商品、广告创意人员的劳动力成为商品、大众传播媒介的时间（电波媒体）和空间（平面媒体）成为商品、受众的注意力成为商品，等等——开展批判式的考察，以期揭示出其中不平等的权力关系，尤其是资本权力在其中的复杂运作。

所谓空间化，就是考察在经济全球化进程中，国际性广告公司如何克服地理空间的限制，将开展业务的触角延伸至世界各地的过程。根据约翰·辛克莱（John Sinclair）的考察，早在20世纪20年代，美国的广告公司即开始了第一波的全球化进程，在这一进程中，它们的业务触角延伸到了亚非拉第三世界国家。起初还只是单纯地帮助它们国内的广告客户在这些海外市场开展业务，后来广告公司发现海外市场本身就蕴藏着巨大的商业机会。于是，这些来自美国的国际性广告公司纷纷与第三世界国家的本土广告公司合资或合作开展广告业务，从而加快了其本地化的进程。②

在西方的国际性广告公司开展全球业务的进程中，并购、兼并、重组等手段纷纷登场。借助这些手段，国际广告和营销传播市场逐渐地为少数几个广告巨头所把控，形成了事实上的市场垄断。对广告传播系统开展空间化研究，就是要分析广告业务全球化过程中可能包含着的各种不平等的权力关系——发达国家与发展中国家的不平等权力关系、国际性广告公司与发展中国家本土小型广告公司的不平等权力关系、公司组

---

① Vincent Mosco, *The Political Economy of Communication*, London & Thousand Oaks, CA: Sage, 2009, pp. 127-128.
② John Sinclair, *Advertising, the Media and Globalisation: A World in Motion*, London: Routledge, 2012, pp. 30-32.

织与消费者的不平等权力关系，等等。

商品化与空间化，作为广告批判研究的两个基础维度，它们的背后是十分复杂的政治和经济权力关系。马克思对资本主义的研究告诉我们，资本的本性在于追求最大化的剩余价值，为此，它要将资本主义社会中一切可以拿来交换的东西转化成商品，包括受众的注意力。商品化现象在以美国为代表的商业传播系统中表现得尤为明显。在这种商业传播系统中，资本的权力无处不在，广告控制着大众传媒的经济命脉——从而在相当程度上控制着媒体的议程设置。

与此同时，商品化了的大众传播系统又必然会不断地试图向全球扩张，这同样是由资本的本性所决定的。于是，空间化便成为大众传播系统的另一个重要向度。不过，与商品化稍许不同的是，以资本为轴心逻辑的西方大众传播系统在全球扩张的过程中，更多地负载了西方的政治逻辑，即这种空间化不仅仅是纯粹的经济逻辑的空间化，它还肩负着西方国家，尤其是美国向第三世界国家进行布道、传播西方价值观的使命。这是西方的传播政治学者在他们的研究中容易忽略，或羞于承认的一点。[①]

总之，对广告传播系统开展政治经济分析，要求我们全面地将广告传播系统中的政治逻辑、经济（资本）逻辑揭示出来，将由这两种逻辑所规定的不平等的权力关系揭示出来，并寻求替代性的方案。

（二）文化意识形态分析

意识形态是一个文化范畴，因此，约定俗成的文化意识形态实质上是一种不规范的说法。学术界习惯性地将"文化"安在"意识形态"的前面以限定后者，可能还是为了强调意识形态的文化属性，强调意识形态分析的实质依旧是一种文化分析。

对广告开展文化意识形态分析是西方马克思主义的一个重要传统。上文提及的法兰克福学派理论家以及其后的一些与西方马克思主义有着或明显或隐蔽联系的西方学者，都曾是这一传统的继承者和发展者。

与政治经济分析相似，广告的文化意识形态分析的切入点仍然是"权

---

① 最近的研究发现，甚至连西方国家对第三世界国家的所谓的"媒体援助"（Media Assistance）计划也渗透着政治逻辑。据一份由西方学者撰写、2015 年年初发表于《全球传媒学刊》（德国版）上的《国际媒体援助》专题报告显示，民主基金会、开放基金会、亚洲基金会、自由之家等西方组织对东欧、中亚等国家和地区开展的"媒体援助"实质上是"民主援助"，这些"媒体援助计划"其实是"媒体传教士计划"。参见李希光：《为人民把握好新闻舆论的领导权》，李彬、宫京成主编：《马克思主义新闻观十五讲》，北京，清华大学出版社，2018，第 168 页。

力关系",其潜台词是:广告作为当代社会中一种十分重要的文化景观,其传者与受者之间可能存在着一种不合理的权力支配关系——在这种权力支配关系中起作用的正是上文提及的政治逻辑和经济(资本)逻辑。将这种不合理的权力支配关系揭示出来,是广告的文化意识形态分析的基本旨趣。为此,我们需要借助符号学和社会学两门学科的理论与方法,广告的文化意识形态分析也因此可以有两条分析路径——符号分析和社会分析。

符号分析就是运用符号学的理论与方法,对广告作品进行释读,以期挖掘出广告本体中蕴含的意义与意识形态。这方面的研究在西方学术界同样具有传统,相关的研究成果很多,并初步形成了一门相对独立的学科——广告符号学。广告符号学的奠基者是法国人罗兰·巴特。他早在 20 世纪 60 年代即凭借对"广告神话"的理论建树而奠定了自己在这一领域的开山者地位。巴特之后,广告符号学研究在大西洋两岸都获得了持续研究的动力。在欧洲,巴特的学生让·鲍德里亚将广告符号分析引向深入,提出了"商品—符号"论①,并在此基础上开辟了"符号政治经济学"批判研究的阵地。

而在大西洋彼岸的北美,两位深受马克思主义思想影响的学者——朱迪思·威廉森和苏特·加利(一译苏特·杰哈利)将广告符号学研究在北美大地上发扬光大。威廉森对广告符号学研究的贡献主要集中在她那本于 1978 年出版的专著《解码广告:广告中的意识形态与意义》中。在这本著作中,威廉森运用马克思主义意识形态分析原理和政治经济学理论,对百余幅平面广告作品进行了"解码",为我们释读出其中的多种意义与意识形态话语。

作为一名西方马克思主义者,加利对广告符号学的贡献体现在他那本著名的《广告符码:消费社会中的政治经济学和拜物现象》中。从书名可以看出,这本著作横跨了符号分析和政治经济分析两个领域。在该书中,加利运用马克思主义"拜物教"理论及人类学和精神分析等理论成果,对广告的意识形态性与符号的价值增值、"时间的殖民"、人的物化,以及广告的"宗教化"等问题展开了深入的论述,并最终得出了"在市场机制占主导地位的社会里,商品的交换价值支配着商品的使用价值","在资本主义体系中……广告不仅仅反映了而且它本身(除了实现剩余价值以

---

① 葛在波:《"商品—符号"论:鲍德里亚消费社会思想评析》,《岭南师范学院学报》2018年第 4 期,第 155~160 页。

外)也是剩余价值抽取过程的一部分。资本侵入了意义的建构过程——资本使意识本身增值"①的结论。

所谓社会分析即是运用社会理论与研究方法对广告的社会性功能、作用与影响开展分析，以期将广告传播系统中的各种"权力关系"揭示出来。社会分析在西方学术界具有悠久的历史，它的担纲者通常是社会学家，但在西方社会理论的发展过程中，来自其他学科——如文化学、历史学、哲学等领域的学者，也都在不同程度上涉入社会分析。社会学本身也在其发展过程中分化出多个分支，如文化社会学、经济社会学、政治社会学、历史社会学，等等。

在西方，众多社会理论家曾在不同程度上关注过广告，并表达了他们对广告的观点和看法，其中主要的有本雅明、哈贝马斯、布尔迪厄等。晚近的广告社会分析主要来自传播政治经济学学者。在上文提及的文森特·莫斯可的《传播政治经济学》中，社会理论中的"结构""能动性""主体性"等概念频繁地出现在对传播系统的分析过程中。正如上文指出的那样，传播政治经济学的这一结构化分析路径同样适用于对广告的分析。

对广告开展社会分析，重要的一点是结构化分析。所谓对广告传播系统的结构化分析，就是要考察广告传播系统中的各种结构化倾向。马克思在《资本论》中对资本逻辑结构化倾向的分析视角，对于我们分析广告传播系统的结构化效应有着很强的启示性意义。资本逻辑以追求剩余价值最大化为核心原则。为了追求最大化的剩余价值，资本需要将资本主义社会中政治的、经济的、社会的和文化的各种要素纳入其逻辑之中，并将这种逻辑结构化，成为一种人们看不见、摸不着但又实实在在存在着的社会结构，从而制约着"主体"的行动。有学者通过对《资本论》哲学思想的进一步分析认为，资本逻辑的结构化体现在两个维度：现象界和本质界。资本逻辑的结构化，

> 在现象层面体现为商品的形式化结构。资本主义的细胞是商品，商品交换构成了资本主义社会日常生活的具体内容。商品交换最初表现为物—物之间的直接交换，随后发展为以等价物即货币为中介的商品交换，通过货币这一中介，不同商品形成了一个相互指涉的结构，每个商品只有在这个商品结构中才有自己的存在位置。……

---

① 〔加拿大〕苏特·杰哈利：《广告符码：消费社会中的政治经济学和拜物现象》，马姗姗译，北京，中国人民大学出版社，2004，第228、229页。

商品的世界只是资本逻辑的现象界，其本质界是以获取最大限度的剩余价值为目的的生产界。①

　　广告既然是一种大卫·波特意义上的"社会控制机制"②，那么，它必定存在着结构化倾向，这种倾向，有可能会对马克思意义上的人的自由与全面发展构成威胁。对广告的社会分析结果显示，广告传播系统中存在着多种结构化的倾向，比如对女性形象的刻板化处理，对中产阶级意识形态的鼓吹，对种族形象的刻板化处理，等等。③ 此外，广告传播系统中还存在着明显的"西方中心主义"问题。对这些倾向或问题的分析，构成了结构化分析的主要面向。不难看出，对广告的结构化分析与意识形态分析是有着千丝万缕的联系的，这也是我将这种分析方法归入文化意识形态分析的主要原因。

　　由此观之，广告批判须在政治经济分析和文化意识形态分析两个维度同时展开。我认为，仅就这一点而言，无论是对于西方马克思主义广告批判，还是对于当代的广告批判研究，都是适用的。所不同的是，我们建构和发展当代的、基于马克思主义唯物史观的广告批判理论，必须正本清源，回到马克思、恩格斯本人的广告思想那里，坚持历史唯物主义和辩证唯物主义的指导地位，一分为二地看待广告，既要看到广告的负面影响与作用，更要看到其在促进经济发展等领域的积极一面。只有这样，才能建构出立足中国国情、体现中国特色、满足中国广告实践需要的基于唯物史观的广告批判理论。

第三节　对西方广告批判研究的简评

　　在本章第一节和第二节中，我们重点梳理研究了西方广告批判的两个传统——实证传统和人文传统，分析了这两种研究传统的特点和各自的代表人物以及他们的核心观点。在本节，我们要站在唯物史观的立场上，对西方广告批判研究做一番简评。

---

① 仰海峰：《〈资本论〉的哲学》，北京，北京师范大学出版社，2017，第 306～307 页。
② David M. Potter, *People of Plenty*: *Economic Abundance and the American Character*, Chicago: The University of Chicago Press, 1954, p.168.
③ 参见葛在波：《广告文化研究：批判导论》，厦门，厦门大学出版社，2018，第 175～184 页。

一、实证传统的广告批判本质上是工具性的

一方面，西方广告批判的实证研究传统，无论是马歇尔站在优化市场环境的角度提出的"好"广告和"坏"广告、"建设性"广告和"竞争性"广告，还是约翰·高博利斯和保罗·萨缪尔森从公平竞争角度出发，提出广告与产业集中之间的正相关关系，以及由此造成的市场垄断问题，大体上都可以被归入从经济学的视角对广告开展的分析。因此，实证传统的广告批判，从整体上看，属于技术层面的研究，与价值基本无涉。

另一方面，总体来看，实证的广告批判研究不涉及阶级分析的视角，因而也不涉及阶级压迫和阶级斗争的问题。就其本质而言，实证的广告批判研究可被归入工具理性的广告研究范畴。

实证传统的广告批判的根本缺陷就在于，它只看到广告在资本主义社会形式中表现出的种种现象层面的问题，而看不到这些问题的根源只能到资本主义制度本身中去寻找。也正是因为这一点，实证传统的广告批判缺乏历史的视角——它无法看到广告始于人的物质生产活动和物质生活过程本身，无法看到广告根本的合法性依据是人的物质生产和物质生活需要。

一言以蔽之，实证的广告批判，无法回答广告的"历史问题"，自然也无从解答广告的"历史之谜"。因此，实证的广告批判本质上是历史唯心主义的。

二、人文传统的广告批判具有复杂多向性

与实证传统的广告批判的相对"单纯"不同，人文传统的广告批判则要复杂得多。在人文传统的广告批判研究阵营中，无论是汤因比发起的对广告的道德拷问，还是约翰·伯杰提出的广告是资本主义的"梦幻"论，都已超出了工具层面而上升到了价值拷问的层面。实际上，汤因比和伯杰关注的是广告与人、广告与社会之间的利害冲突问题，具有一定的人文主义关怀特征。

20世纪80年代末90年代初，西方后现代主义思潮的兴起引发了广告研究的"文化转向"。在这种文化本体论持续高涨的语境下，西方学者对广告的考察的关键词是"形象""符号""符号价值""符号操纵"……这些关键词，都指向了符号学。因此，广告研究的"文化转向"，在一定程度上是转向了符号学。这在詹姆逊、费瑟斯通、拉什、厄瑞等人有关广告

的论述中都有所表现，并在法国后现代主义大师让·鲍德里亚①的研究中达至高峰。

广告研究的"文化转向"，其基本观点大体上可以归结为：广告已经成为资本主义实现文化统治的一个轴心力量；广告的力量就来源于其创造出来的无数个充盈于社会生活空间之中的"符号"——准确地说是符号的"能指"。是广告符号，而不是具体的物质性的"商品"（客体），打败了人这个主体。因此，新时期革命的对象已经不再是物质性结构化的资本主义国家机器，而是符号和由符号构成的符号结构。这便使得广告批判彻底滑向了唯心主义的深渊。这种倾向在西方马克思主义广告批判中同样存在。

西方马克思主义的广告批判研究由于引入了马克思的文化与社会批判理论，因而带有鲜明的阶级分析色彩。在西方马克思主义学者的笔下，广告已经异化为资产阶级用来维护自身相对于无产阶级的"文化领导权"的工具。广告主要在文化意识形态领域发挥维护资产阶级利益的功能和作用，它通过赋予资产阶级的价值观以普遍性来对无产阶级进行"归化"，推动资产阶级的价值观成为社会"共识"。同时，广告通过宣扬消费主义意识形态来麻醉无产阶级的思想，腐蚀他们的意志，弱化他们的"阶级意识"……总之，广告在帮助资产阶级在文化层面实现社会整合方面，充当着急先锋的角色。

也正是因为这样，西方马克思主义者认为，革命的重心已经由反对资产阶级的物质性统治，转向了反对资产阶级的文化统治。其中，又由于广告已经成为资本主义"文化工业"中的一股支撑性力量，因而革命的矛头同样应该对准广告以及由广告维系的资产阶级的消费主义文化体系。

与实证传统的广告批判相似，西方马克思主义的广告批判只看到了广告在资产阶级社会中发挥的针对无产阶级的"阶级奴役"与"阶级压迫"作用，而没有看到广告在发展社会生产力方面发挥的积极作用。而唯物史观告诉我们，无产阶级的最终解放必须也只能建立在社会生产力充分发展的基础之上。

另外，西方马克思主义的广告批判同样具有"历史短视"的问题，它看不到广告的阶级奴役和阶级压迫作用只是在人类历史进入资本主义后才出现的事实，而由于资本主义社会形式在人类的历史长河中只不过是一个阶段而已，因而广告的阶级奴役和阶级压迫现象是"暂时的和历史性

---

① 关于鲍德里亚唯心主义广告批判理论的更多讨论，参见本书第五章内容。

的"。易言之，广告的阶级问题不是与生俱来的，随着将来阶级社会的消失，广告的阶级问题也必将不复存在。

综上，西方马克思主义的广告批判同样是历史唯心主义的。

第四节　广告批判与批判广告学

在本节，笔者想谈谈广告批判与批判广告学之间的关系，进而谈谈批判广告学的研究价值与学科定位问题。这是因为，一方面，自广告学的学科建制化进程开启以来，广告批判就一直是广告学研究的一个有机组成部分；另一方面，广告批判研究也只有在广告学的整体发展框架下，才能获得充分的发展动力，其价值也才能得到最大程度的彰显。

那么，广告批判与批判广告学之间的关系应该如何界定呢？

首先，从发生学的角度来看，广告批判早于批判广告学，也早于广告学。广告学始于 20 世纪 20 年代广告作为一门学科进入美国的大学课堂，批判广告学则是在广告学学科建制化进程中分化发展出来的一个分支，因而其出现更晚。

其次，就二者之间的关系来看，广告批判显然为批判广告学提供了坚实的根基。在本章的开头，我们已经指出，广告批判主要是一个学术概念，因而它主要也是在学术界流通。而不可否认的是，近代以降，学术界的一个重要支撑，便是学科的建制化。广告学是一门初兴于 20 世纪二三十年代的后起学科，在学科的发展过程中，广告学的研究者中涌现出一批广告批判的研究者是十分自然的事。这些研究者将广告学与广告批判结合起来，从而衍生出了批判广告学这一广告学的分支学科。

因此，简单地讲，批判广告学是建立在广告批判基础上的广告学的一个分支，一方面，它致力于将广告批判所发展出来的理论进一步学理化，用于专业的广告教育；另一方面，它又致力于将广告批判理论通俗化，以满足社会性的面向公众的广告素养培育的需要。

广告学是一门年轻的学科，和人文与社会科学的其他许多学科相比，我们无论是在理论建树，还是在研究方法创新等方面，都还没有什么值得自豪的积累和成就。即使是与我们在新闻传播学学科大类下的兄弟学科——新闻学与传播学相比，广告学也依然处于相对弱势的地位。坊间的"广告无学""广告学无理论"等说法无疑正是对广告学这种尴尬处境的写照。同时，学科的地位往往也能在相当大的程度上决定该学科研究者的地位，所谓"一流学科出一流学者，二流学科出二流学者"，大体上也反映了学科现状。这便引出了批判广告学研究的价值问题。

一、研究价值

广告学和广告学者要想提升自己学科的地位，除了加强广告理论研究和学科建设之外，并无什么其他捷径可走。而在理论研究和学科建设之间，前者无疑更为基础。没有扎实的理论研究，学科建设也便成了无源之水、无本之木。因此，发展广告学的当务之急是加强理论研究。

那么，我们又该如何加强广告理论研究呢？

广告学作为一门学科诞生的一个世纪以来，广告研究者对技术、工具、方法、效果等的关注远远超过了对理论的关注。诚然，广告是一种营销传播手段，它是一种由广告主付费的商业性传播活动。既然如此，对技术、工具、效果等的关注便是合乎情理的。但是，在广告已经上升为一门学科的前提下，如果我们还沉迷于这些工具层面的东西，就会难以避免地忽视对广告的学理性层面的思考，从而也会削弱广告学的理论建设。这对于学科的发展是十分不利的。关于这一点，广告学的表兄传播学就是一面很好的镜子。

传播学的诞生较广告学略晚。在传播学于20世纪二三十年代在美国诞生之初，其对技术、工具、方法、效果等的关注丝毫不亚于广告学。造成这种情形的原因也与广告学相似——委托研究者开展传播研究的通常是一些公司和其他组织机构，它们出资进行传播研究的目的就是要获得更加有效的传播方式方法，以便使传播活动能够更为高效地开展。这就是保罗·拉扎斯菲尔德(Paul Lazarsfeld)所谓的"行政研究"[①]。行政式的"传播研究的功能就是为讯息和媒介的使用提供知识，以维护政治经济体制的控制和稳定"[②]。

早期的美国传播学研究对技术问题的重视几乎到了着魔的程度，研究者甚至认为传播学要想获得地位，必须走"科学化"的道路，像数学和自然科学那样，采用精确计量的手段来研究传播的效果；只有这样，传播学才能在学科之林中确立自己的地位。比如，施拉姆就认为，只有等到"受众计量、公共舆论抽样、内容分析和社会效果计量"开发出来之后，

---

① Paul Lazarsfeld, "Remarks on Administrative and Critical Communications Research," in *Studies in Philosophy and Social Science*, 1941, 9(1), pp. 2-16.

② 〔美〕汉诺·哈特：《传播学批判研究：美国的传播、历史和理论》，何道宽译，北京，北京大学出版社，2008，第14页。

"人类传播的科学"才会到来。①

施拉姆的观点得到了另一位传播学奠基人哈罗德·拉斯韦尔（Harold Lasswell）的赞同。拉斯韦尔甚至认为，除非社会科学"能够'量化'自己的命题，否则在世俗知识的世界里，它们注定是永久的二等公民"②。

对技术、工具、量化手段的热衷虽然为传播研究赢得了来自工商企业和其他组织甚至是政府机构的赞助资金，使得传播学研究一时间显得甚是红火，但却并没能帮助其成为学科之林中的"头等公民"。"理论的贫困"成为传播学遭受诟病的一个主要原因；同时，早期的传播学排斥"批判研究"，这也使其成了一个"跛足者"。对此，汉诺·哈特曾经写下这样一段耐人寻味的话：

> 在这个时期（指 20 世纪三四十年代——引者注）行将结束时，主流的传播与媒介研究未能考虑学科内外的重要发展。传播与媒介研究囿于已经明确界定的兴趣范畴，反映在传播研究的学术专门化之中。虽然它具有跨学科的性质，但它还是紧守行为科学的取向，没有尝试跳出单一性的圈子，即使做过尝试也没有成功。在以后的几十年里，由于承认社会语境的文化路径，传播研究领域表现出的意愿显示，它愿意吸收马克思主义批判传统的理论或方法论，包括法兰克福学派的批判理论，而不仅仅囿于重新给自己定位，不仅仅重新思考在推出传播理论时的弱点或失败，因为传播理论同时又是社会理论。③

这表明，传播研究不仅是应用研究，同时也是社会理论研究，而两相比较，后者是更为基础性的。截至 20 世纪 40 年代，传播学正是认识到了其功能主义研究的缺陷，在后来的岁月里跳出了"单一性的圈子"，全面拥抱了马克思主义批判传统的理论与方法，才使得自身的发展逐渐趋于均衡，也使得学科的地位趋向稳固。

笔者以为，传播学的发展路径也将是广告学发展的必由之路。因此，推进马克思主义哲学思想指导下的广告批判和批判广告学的研究，无论是对于加强广告学的基础理论建设，还是对于广告学的学科建设，都具

---

① Wilbur Schramm（ed.），*Communication in Modern Society*，Urbana：University of Illinois Press，1948，p. 5.

② Harold Lasswell，"Communications Research and Public Policy，" in *Public Opinion Quarterly*，1972，（36），pp. 301-310.

③ 〔美〕汉诺·哈特：《传播学批判研究：美国的传播、历史和理论》，何道宽译，北京，北京大学出版社，2008，第 102 页。着重号为笔者所加。

有重要意义。这主要是因为：广告理论不能仅仅停留于功能主义的层面，它还应是深刻的社会理论。

此外，在社会层面，建构和发展批判广告学还可以加深现代人对广告的认识，有助于提升全社会的广告素养乃至媒介素养，因而具有重要的现实意义。

二、学科定位

陈培爱教授曾经在多个场合将广告学划分为三个分支——理论广告学、应用广告学和历史广告学。按照这种划分，批判广告学显然可归入理论广告学的范畴。

顾名思义，理论广告学应该专注于广告理论的研究，着力于对一些事关广告学根本的问题开展理论拷问。比如，广告存在的根本依据是什么？广告发展演变的历史动因和趋势是什么？广告与人和人类社会整体的终极福祉之间有怎样的关系？理解"广告社会化"和"社会广告化"的哲学基础是什么？以及广告伦理的与时俱进问题，如此等等。如果我们将对这些问题的研究归入普通广告理论的话，那么批判广告理论无疑处在了与之相对的位置。（图 1-1）

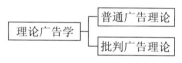

图 1-1   理论广告学的构成

批判广告理论研究与普通广告理论研究不同，它通过对现代广告传播系统开展政治经济和文化意识形态两个维度的分析，揭示了现代广告与人、与社会之间的利害冲突，揭示广告传播系统中多层面的不平等的权力关系。一言以蔽之，批判广告学可以加深我们对现代广告的认识，加强现代人的广告素养，并为我们的政策制定、行业发展等提供指引和参考。

需要强调指出的是：作为理论广告学的重要组成，批判广告学必须坚持以马克思主义思想为指导，从马克思和恩格斯本人的广告思想出发，以匡扶广告传播系统中有悖于马克思主义意义上的人的全面与自由发展的因素为旨归，以对现代广告开展全面的、质疑性的审视为抓手，以揭示出广告传播系统中不平等的权力关系并寻求解决办法为目标，为实现广告更好地造福于人类的目标做出贡献。

可见，批判广告学不是为了批判而批判，更不是为了"消灭"广告而批判，而是为了"纠偏"而批判。事实上，迄今为止的历史表明，广告与人类社会始终形影不离。在可预见的未来，广告仍将是人类社会中一种彰明较著的社会与文化景观。但是，正是因为广告无处不在、无时不在，就更需要广告批判和批判广告学适时地发声。

最后，我们不妨借用广告大师大卫·奥格威（David Ogilvy）的一段话来为批判广告学定位。奥格威在回应其姐姐——亨迪爵士夫人——试图说服他"广告应予废止"时，写下了这样一段意味深长的话：

> 希尔暨诺尔顿公司的调查报告说，大部分有识之士现在认为广告培育的价值观念太注意物质实利。今天有识之士的意见，正是大多数选民明天要考虑的问题，这个事实是对我生活来源的威胁。不，亲爱的姐姐，广告不应予以废止，但是它必须经过改造。[①]

而要想"改造"广告，我们就需要理论，尤其是需要批判性的广告理论。

本章小结

广告内在地具有两面性，这构成了社会性的广告批评的基础。社会性的广告批评又直接促进了学术性的广告批判的发轫，并进而推动批判广告学作为广告学的一个分支学科的发生和发展。可见，在直接的层面上，广告批判源于社会性的广告批评，后者又植根于广告内在具有的两面性。而批判广告学则直接以广告批判为基础，是对广告批判的学科建制化改造。

学术性的广告批判源自西方，这与资本主义商品经济自 19 世纪中叶以降的全面勃兴有着密不可分的关联。资本主义商品经济的发展要求大量生产、大量消费，这一特征必然会带动广告业的大发展。当广告发展成为大卫·波特意义上的资本主义的一种"社会控制机制"（institution of social control）[②]的时候，其功能与作用便超越了人们最初为其划定的界线，而成为一种结构化资本逻辑的手段与工具。至此，批判学者开始真正介入对广告的研究，并形成了西方广告批判研究的两个传统——实证的传统和人文的传统。两相对比，西方广告批判研究的人文传统更为强

---

① 〔美〕大卫·奥格威：《一个广告人的自白》，林桦译，北京，中国物价出版社，2003，第 190 页。

② David M. Potter, *People of Plenty*: *Economic Abundance and the American Character*, Chicago: The University of Chicago Press, 1954, p. 168.

大，其影响也更为深远。

在西方广告批判的人文传统中，马克思主义哲学思想中的文化与社会批判内核为其提供了强大的理论资源。马克思主义的文化与社会批判基因与广告研究相结合，最早是由西方马克思主义者促成的。这种结合所产生的一个重要成果，便是"西方马克思主义广告批判"的出现，后者作为西方思想史上一场声势浩大的知识运动，于 20 世纪七八十年代达到高峰，成为当时西方广告研究的一种主流范式。①

尽管马克思主义广告批判出自西方马克思主义学者之手，而并非立足于马克思和恩格斯本人的广告思想，但它还是为我们提供了批判分析广告的基础视角和两条研究路径——政治经济分析和文化意识形态分析。这两条路径也成为当代广告批判和批判广告学的两条基本的分析路径。

无论是西方广告批判的实证传统还是人文传统，都因历史局限或研究者的阶级局限性而只看到了广告的一个剖面，看不到广告的全部，尤其是看不到广告的历史性，即广告因何而生，因何发展，将来又将走向何方。发端于西方的实证传统的广告研究和人文传统的广告研究，都表现出历史唯心主义的特点。

当代中国的广告批判应是对西方的广告批判理论的扬弃。它必须坚持运用马克思主义的立场、观点和方法分析广告、认识广告；必须以唯物史观为指导，从马克思和恩格斯本人的广告思想（包括他们的广告批判思想）出发，一分为二地看待广告问题，既要看到广告在沟通产供销、促进经济和社会生产力发展、增进社会的总体福祉方面所发挥的重要作用，也要看到现实中广告的种种负面效应，如虚假广告问题、情色广告问题、儿童广告问题，等等。

广告批判与批判广告学是两个关联密切的概念。随着广告学的发展特别是批判广告学概念的提出，当代的广告批判已经在相当程度上融入了批判广告学。因此，广告批判研究在实质上已经构成了批判广告学的基础。广告批判和批判广告学的研究价值主要体现在两个方面。在社会层面，它可以加深我们对广告的认识，有助于提升现代人的广告素养乃至媒介素养。在学术层面，它有助于加强广告学的学理性建设，增强学科的学理厚度和理论深度，强化学科的合法性地位。批判广告理论与普通广告理论共同构成了理论广告学的基础框架。

---

① John Sinclair, *Advertising*, *the Media and Globalisation*: *A World in Motion*, London: Routledge, 2012, pp. 4-6.

第二章　广告研究的本体论、认识论和价值论

第一节　历史与现状

历史地看，广告研究的发展经历了行业的勃兴、"术"的积累和"学"的提炼等几个发展阶段。在这一发展过程中，现代广告业的勃兴是基础，"商品经济发展所带来的广告发展与繁荣为广告学的诞生奠定了现实基础"①。现代广告业的勃兴必然会促进广告"术"的发展，推动广告研究进入"术"的积累阶段。在这一阶段，发展广告"术"的主体是广告从业者，其中尤以广告大师为要。当行业的发展和"术"的积累达到一定程度时，社会上对广告人才的需求就会上升，从而推动广告作为一门学科进入大学的课堂。这时，广告研究便开始与广告学产生关联。

一、现代广告业的勃兴与广告研究的起步

现代广告滥觞于 19 世纪中后期的美国，其一个显著的标志便是一大批现代广告代理公司的出现。1841 年，沃尔尼·帕尔默（Volney Palmer）最早在费城建立了广告代理机构，后又先后于 1845 年和 1849 年在波士顿和纽约开设了广告代理机构。1860 年年初，乔治·P. 罗威尔（George P. Rowell）在波士顿开设了广告代理店。罗威尔对广告行业的另一重要贡献，是他于 1888 年创办了第一本行业杂志《印刷者油墨》（Printer's Ink）。1869 年，弗朗西斯·魏兰·艾耶（Francis Wayland Ayer）在费城开设了"艾耶父子广告公司"（N. W. Ayer & Son），这在广告史学界被公认为"现代广告公司的先驱"。

现代广告公司的大量涌现使得广告逐步发展成为一个相对独立的、规范化运作的行业；而随着广告行业的不断发展，广告也逐渐成为一种彰明较著的经济、社会和文化现象，使得人们对它的关注越来越多。当这种关注超越了广告业自身而拓展到了学界的时候，广告研究由术入学也便水到渠成、势成必然了。

---

① 《广告学概论》编写组：《广告学概论》，北京，高等教育出版社，2018，第 5 页。

不过，尽管现代广告形态最先在美国出现，但第一本研究广告的著作却是在英国出版的。1866 年，由荷兰人雅科布·拉伍德（Jacob Larwood）和英国人约翰·霍顿（John C. Hotten）共同编著的《路牌广告史：从早期至今》(*The History of Signboards：From the Earliest Times to the Present Day*)在英国出版。1874 年，英国人亨利·桑普森（Henry Sampson）编著的《早期广告史》(*A History of Advertising from the Earliest Times*)一书在英国出版，系统地梳理了现代广告的发展历程。①

在广告史研究之外，较早对广告开展研究的是心理学学者。1900 年，美国实验心理学家哈罗·盖尔（Harlow Gale）撰写的论文《论广告心理》("On the Psychology of Advertising")在美国《心理学研究》(*Psychological Studies*)杂志上发表，该文可被看作广告心理学研究的开山之作。盖尔在广告心理学研究方面的建树丰富且重要，他提出的许多概念和实验方法，如"品牌资产的联系学习模型"(associational learning models of brand equity)、"指标秩次测度"(rank order measurement)、"广告卷入度"(advertising involvement)、"广告态度"(attitude toward the ad)、"低卷入度学习"(low-involvement learning)模型等，为后来的许多研究者所采用。盖尔本人也因开创性地将实验心理学的理论与方法引入对广告的研究而被称为"广告心理学的奠基人"②。1901 年，美国西北大学教授沃尔特·狄尔·斯科特（Walter Dill Scott）在芝加哥的一次集会上提出要把广告发展成为一门科学，并于 1903 年和 1908 年先后出版了《广告理论》(*The Theory of Advertising*)和《广告心理学》(*The Psychology of Advertising*)两书。此后不久，经济学家希克斯编著的《广告学大纲》出版，

---

① 关于《路牌广告史》和《早期广告史》两书的作者情况以及两书的出版地和出版年等资料，国内广告史研究领域存在分歧。查灿长曾考证了两书的最早出版日期：《路牌广告史》，1866 年；《早期广告史》，1875 年。笔者也查阅了相关的英文资料，发现对两书的最早出版日期表述不一，如维基百科在《路牌广告史》编著者之一"John Camden Hotten"词条下，将该书的最早出版日期标注为 1867 年；而亚马逊网站上则将《早期广告史》一书的最早出版日期标注为 1874 年，该书目前在售的版本是根据美国密歇根大学图书馆藏书进行的重印本，原版本的出版日期标注为 1874 年 1 月 1 日。在本书中，笔者接受查灿长关于《路牌广告史》一书的最早出版日期是 1866 年的结论，但由于笔者手头并无查先生考证的《早期广告史》一书的原始资料，故暂时认定《早期广告史》一书的最早出版日期是 1874 年。参见查灿长：《对国内〈路牌广告史〉和〈早期广告史〉研究中若干问题的勘正》，《上海大学学报》（社会科学版）2012 年第 6 期，第 111～116 页。

② John Eighmey and Sela Sar，"Harlow Gale and the Origins of the Psychology of Advertising," in *Journal of Advertising*，2007，(36)：4，pp. 147-158. 另参见 Harlow Gale，"On the Psychology of Advertising," in *Psychological Studies*，Minneapolis：Harlow Gale，1900，pp. 36-69.

该书较为系统地探讨了广告活动的规律。这些著作为广告学作为一门独立学科的诞生打下了较为坚实的基础。及至 1926 年"全美广告学教员协会"成立，广告学终于在美国取得了作为一门学科的合法地位，从而也进一步推动了学界和业界对现代广告的思考。此后，再经过包括克劳德·霍普金斯(Claude C. Hopkins)、大卫·奥格威、罗瑟·瑞夫斯(Rosser Reeves)、雷蒙·罗必凯(Raymond Rubicam)等一大批 20 世纪的广告大师在实践领域的卓越建树和经验总结，现代广告学的构架和体系渐趋成型。

二、价值偏向与广告研究认识论的抬头

由以上的梳理可见，现代广告学从诞生至今已走过了差不多一个世纪的时间。在此近一个世纪的发展历程中，尽管学界人士对它的学科化建制做出了重要贡献，但我们却不得不承认广告研究的主体却是霍普金斯、奥格威、瑞夫斯、罗必凯这样的广告大师。我们今天耳熟能详的许多广告理论如"品牌形象"(Brand Image)、"独特销售主张"(Unique Selling Proposition，USP)、3B(Beauty，Beast and Baby)法则、ROI(Relevance，Originality and Impact)等悉数出自广告大师之手，且这些广告理论都具有一个共同的特征：以如何提高广告的传播效果为旨归。说到底，这些理论是工具性的，或用马克斯·韦伯的概念来表述，是"工具理性"的。

如果我们从另一个角度来考察，则会发现 20 世纪以来的广告研究基本上都聚焦于"广告本体"，所研究的对象多为微观问题。我们不妨将其称为"广告研究的本体论"路径。与之相对，尽管 20 世纪以来广告研究本体论占据了主流地位，但我们仍然可以听到对于广告的反思与批判，这种反思与批判多从广告的社会与文化效应角度出发，思考广告与人以及人的终极价值之间的关系，因而是价值理性的。应该说，这种价值理性的广告研究视角有助于我们加深对广告的认识，因此也可以说是一种认识论的研究路径。

第二节　本体论与认识论

"本体论"(Ontology)与"认识论"(Epistemology)本是一对哲学范畴。相较而言，本体论具有更为悠久的历史，它甚至可以追溯到古希腊哲学家亚里士多德那里。在亚里士多德看来，哲学是关于"本体"的学问，其目标是找寻"万物始所从来，与其终所从入者，其属性变化不已，而本体

常如"①的东西。亦即是说，万事万物都有其终极的本原和价值归宿。

一、本体论

在西方哲学史上，首次提出"本体论"(Ontology)概念并对其进行界定的是德国哲学家沃尔夫(Christian Wolff)，他的这一努力在黑格尔的著作中被转述为："本体论，论述各种有关'存在'的、抽象的、完全普遍的哲学范畴，认为存在是唯一的、完善的；其中出现了唯一者、偶性、实体、因果诸范畴；这是抽象的形而上学。"②简言之，本体论哲学就是关于"存在"的哲学，或者用法国哲学家罗蒂(Richard Rorty)的话说，是"关心事物"的哲学。③ 有研究者指出：

> 所谓本体论，顾名思义就是试图从人所从来的终极存在，始初本基中去理解和把握人的存在本性、行为、根据以及前途命运的一种理论方式。从这种理论方式看来，人的本质不在人的本身，事物的本性也不在事物本身，它们共同由一种超越于它们之上的存在所规定，这种存在就是本体。④

二、认识论

所谓认识论，简单地说就是关于"知识的理论"，它的提问方式是：知识是什么？如何获取？其本原为何？有着怎样的适用范围？换言之，认识论研究人类知识的本质、来源及其发展规律。⑤ 通常认为，西方哲学及哲学史的发展流变曾经历了从古代的"本体论"哲学向近代的"认识论"哲学再到现代的"语言论转向"这么一个演进脉络。⑥ 这也是与人类的科技和生产力发展水平不断进步相适应的。当科技和生产力水平低下时，

---

① 〔古希腊〕亚里士多德：《形而上学》，北京，商务印书馆，1987，第7页。
② 〔德〕黑格尔：《哲学史讲演录》第4卷，北京，商务印书馆，1978，第189页。
③ Richard Rorty, *Philosophy and the Mirror of Nature*, New Jersey：Princeton University Press, 2009, p. 263.
④ 高清海：《哲学的憧憬》，长春，吉林大学出版社，1993，第24页。
⑤ 史秋衡、王爱萍：《高等教育质量观：从认识论向价值论转变》，《厦门大学学报》(哲学社会科学版)2010年第2期，第72～78页。
⑥ 这一观点近来也遭到了一些学者的质疑，如贺来就认为虽然这一"本体论——认识论——语言论"的发展演变脉络总体上没有问题，但笼统的概括也存在着牺牲具体性和差别性的可能。他认为，在近代西方哲学所谓的"认识论转向"的背后实际上是"蕴含着深刻的本体论意蕴"的。亦即是说，本体论与认识论始终是相因相生、彼此交替发展的关系，当本体论发展到一定程度，认识论便会兴起，反之亦然。参见贺来：《"认识论转向"的本体论意蕴》，《社会科学战线》2005年第3期，第1～6页。

哲学除了向宗教、先知甚至巫术等寻求对世界本原的认知之外，并无太多其他的手段。因此柏拉图曾认为世界有"理式的世界"和"感性的世界"之分，且只有理式的世界才是世界的本原，感性的世界只不过是理式的世界的摹本，是影子的影子，与真理隔着三层。柏拉图之后，亚里士多德将本体论研究又向前推进了一大步，提出了万事万物"本体常如"的观点。

本体论在客观唯心主义哲学大师黑格尔那里达到了一个高峰。此后，随着资本主义现代性的发展，西方国家的科技和生产力水平得到了空前的提高，市民社会逐渐形成，人类对世界的认知和控制能力也达到了前所未有的高度。市民社会（世俗社会）也逐渐将宗教排斥到了边缘，从而占据了中心地位。对此，哈贝马斯有着敏锐的感知，在他看来，在西方工业社会中，"宗教在很大程度上丧失了它的广泛影响，并且因此而在很大程度上丧失了它的意识形态的功能；群众性的无神论思想，正在清楚地表现出来"[1]。伴随着这一现代性加速发展的进程，哲学认识论也逐渐取代了本体论，占据了哲学研究的中心地位。

及至 20 世纪后半叶，西方的工业社会逐渐过渡到了丹尼尔·贝尔意义上的"后工业社会"[2]，在上层建筑领域，与之相伴的则是后现代主义的兴起。后现代主义注重当下感受，强调艺术的偶然、震惊和瞬间美学，人文与社会科学研究逐渐远离了马克思曾经框定的"历史的科学"的劳动本体论，转向意识形态和文化。"语言论转向"（the Linguistic Turn）[3]便是对这种现象在学术话语层面的一种概括。

哲学的这种"本体论——认识论——语言论"发展脉络对于我们思考人文与社会科学领域的许多现象都有着重要的启发。比如在文学批评研究领域，美国文学理论家布莱恩·麦克黑尔（Brian McHale）就曾敏锐地发现西方现代主义小说的"主因"（the dominant）是认识论的，而后现代主义小说的"主因"则是"本体论"的。麦克黑尔是在其于 1987 年出版的《后现代主义小说》（Postmodernist Fiction）一书中提出这一观点的。他就此写道："这里的观点很简单：正如同本体论占据主因的诗学（poetic）不同于认识论占据主因的诗学一样，后现代主义小说也不同于现代主义小

---

① 〔德〕尤尔根·哈贝马斯：《重建历史唯物主义》，郭官义译，北京，社会科学文献出版社，2013，第 35 页。

② Daniel Bell, *The Coming of Post-industrial Society：A Venture in Social Forecasting*, New York：Basic Books, 1976.

③ 在国内学术界，"the Linguistic Turn"又被译为"语言学转向"。

说。"①为了解释从认识论主因过渡到本体论主因的内在逻辑,麦克黑尔提出了一种内在的变化模式:当现代主义质疑的逻辑被推至极端,就导致了后现代主义质疑的逻辑;反之亦然。麦克黑尔写道:"将认识论问题推至足够远时,它们就会翻转过来,变成本体论问题——进步并不是线性的和单向的,而是循环的和可逆的。"②

可见,本体论与认识论这一二元对立在麦克黑尔那里是相因相生且循环往复的,二者在人类文明的发展长河中不断交替引领着哲学向前发展,推动着人类文明沿着螺旋式的轨迹向前运动;它们彼此既相互掣肘,又相互推动,当一方走得足够远时,另一方便会取而代之取得主因的地位。当然,这是就文学领域的情况而言的。就整个哲学研究领域来看,本体论和认识论之间的关系也大体如此。比如,有研究者就认为,"在所谓'认识论转向'后面,实际上蕴含着深刻的本体论意蕴,'认识论'并没有如通常所理解的那样实现相对于本体论哲学的'根本转向',而是与本体论不可分割地内在联系在一起。"③然而,认识论风光过后,重新兴起的本体论也必然不会再是原来的本体论了,而是在更高阶段上的本体论,这就是"语言论"甚至是后来的"价值论"。

哲学论的这种螺旋式上升、不断向前运动的现象对于我们考察 20 世纪以来的广告研究极具启发性。

第三节　广告研究中的本体论与认识论

本体论与认识论之间辩证统一的关系启发了我们去考察广告研究的发展脉络。我们发现,在广告研究的发展历程中,同样存在着哲学意义上的本体论与认识论相互推动、螺旋式向前发展的现象。当广告研究本体论被推至极端,广告研究认识论便会站出来"指点江山";而广告研究认识论的发展又会反过来推动广告研究本体论的发展。

一、广告研究本体论和广告研究认识论在彼此推动中发展

前已言及,广告研究如果从拉伍德和霍顿编著的《路牌广告史:从早期至今》算起,至今也不过只有一个半世纪左右的发展历程。这一个半世

---

① Brian McHale, *Postmodernist Fiction*, London: Routledge, 1987, p. xii.
② 转引自〔美〕马泰·卡林内斯库:《现代性的五副面孔》,顾爱彬、李瑞华译,北京,商务印书馆,2002,第 328 页。
③ 贺来:《"认识论转向"的本体论意蕴》,《社会科学战线》2005 年第 3 期,第 1~6 页。

纪也是资本主义现代性全面勃发的一个时期，还是马克斯·韦伯意义上的工具理性全面勃发的时期。因此不难想见，作为资本主义商品经济直接产物的现代广告以及对其开展的研究必然是以工具理性为主导范式的。① 换言之，现代广告研究的"主因"必然是本体论的，即研究所关注的主要对象是广告的本体，焦点问题是广告传播如何才能生效，所致力的是如何才能开发出更为有效、适用的营销工具。

　　行文至此，我们需要对广告本体的概念做一说明。何谓"广告本体"？丁俊杰和康瑾对这一问题曾有过讨论，他们在《现代广告通论》一书中认为，"广告本体"是指广告作品及与制作广告作品和开展广告传播活动有关的广告运动，以及其他各种旨在获得广告主所期望获得的传播效果而开展的广告活动。② 可见，这一界定虽然与哲学意义上的本体论存在着差异，但大体上还是相一致的，即广告本体研究就是对广告传播系统本身、本原的研究。这是各种广告研究的一个最为基本的出发点。对广告本体的研究也构成了全部广告研究最重要的一块基石。迄今为止的广告研究如广告经济学、广告传播学、广告心理学、消费者行为学、层级效果理论，等等，都是在不断地强化这块基石。与之形成鲜明反差的是，对广告的文化与社会效应开展的反思与批判式的考察，以及对广告与人以及人的终极价值之间的关系问题的思考性研究成果却相对不足。对于后一种广告研究的视角，我们不妨将之称为"广告研究认识论"。由于广告研究认识论关注我们对广告认识的本质，广告对于人以及人类社会的价值及这种价值的构成、根源及其发展规律，因此它必然是价值理性的。

　　不可否认，作为当代人类社会中一种彰明较著的"文化景观"③，广告无论是在形塑现代人的价值观，还是在"结构化"我们的社会的过程中均扮演着极其重要的角色。这足以引起许多人文与社会科学学者的警醒与重视。因此，约始于20世纪下半叶，国内外对广告的认识论研究逐渐抬头并渐成势力。由于广告研究认识论是价值理性的，它便与工具理性的广告研究，亦即广告研究本体论，形成了鲜明的对比。（图2-1）

　　以上所论述的是就现代广告研究的整体发展脉络而言的，是一种宏观的观照。如果我们将视角聚焦于20世纪以来广告研究的具体发展，便

---

① 相关讨论参见葛在波：《广告工具理性批判：从传播研究范式看广告理论研究》，《现代广告（学术刊）》2014年第7期，第4～12页。另参见葛在波：《贫困与出路：对拓宽广告学基础理论研究路径的思考》，《新闻界》2014年第21期，第2～12页。

② 参见丁俊杰、康瑾：《现代广告通论》，北京，中国传媒大学出版社，2007，第84页。

③ 葛在波：《广告文化研究：批判导论》，北京，厦门大学出版社，2018。

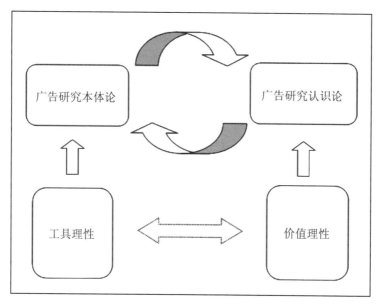

图 2-1　现代广告研究的两大分殊

会发现：虽然整体而言 20 世纪以来的广告研究是由本体论占据主导的，但即使是在这样一个时期，广告研究的认识论也从未彻底隐逸出我们的视线，而是时不时地与本体论交相互动。当本体论研究发展到一定程度时，便需要认识论站出来匡扶一下广告发展中出现的一些弊端与负面效应，随后，广告本体研究又会迎来一个较快发展期。

　　以现代广告最为发达的美国为例，在现代广告诞生初期即 19 世纪后半叶，人们对广告的认识就曾经历过一次重大的转变。当时，经过工业革命和大范围城镇化的美国已经成为资本主义世界数一数二的强国：经济快速发展，城市人口大量增加，大量工业产品如潮水般源源不断地涌向市场。这些产品需要消费者，否则经济危机就会出现，资本主义的生产链条就会断裂，国民经济就会面临崩溃的危险。这时，人们自然而然地想到了广告在沟通生产与消费两方面不可替代的作用，从而推动了商业广告在美国的大发展，同时也推动了对广告的研究。这是认识论广告研究推动本体论广告研究的一个生动的例子。

　　进入 20 世纪 20 年代以后，在广告、分期付款以及技术发明等因素的推动下，消费主义已然成为美国社会的主导性文化意识形态。消费主义意识形态的培育，在相当大程度上依赖于广告。在丹尼尔·贝尔看来，作为"社会创新"之一的广告"为我们的文明贴上了'鲜艳标签'……广告是物质商品的标志，是新生活方式的例示，是新价值观的预报。作为一种时尚，广告强调魅惑"①。

当然，广告在当时的过快发展也给美国社会带来了许多问题，特别是浮夸、虚假广告的泛滥不仅损害了消费者的权益，也使得整个社会陷入了信用缺失、"伪奢侈"之风盛行、犯罪率升高的恶性循环。这些问题的出现促使人们开始重新认识广告以及广告的作用，尤其是广告的社会与文化效应。

在法律层面，对广告的规制变得更加严厉；同时，广告界也在反思自身的行为，一场改造广告的运动在美国轰轰烈烈地开展起来。经过这场洗礼，美国的广告逐渐走上了规范化、专业化、职业化的道路；1917 年确定的 15％的广告代理费率开始得到行业普遍遵循；广告的科学化运作也受到了前所未有的重视，广告策划、市场调查、消费者行为与心理研究等逐渐成为广告代理公司为客户提供的标准业务。广告业的科学化、规范化发展为行业赢得了社会的尊重，广告人的社会地位也在不断提高。

值得指出的是，这一时期，美国广告业和广告人社会地位的上升还与第一次世界大战有关。美国的广告传播业由于第一次世界大战中在服务国家政治需要方面表现出色，也为其赢得了不少尊严。第一次世界大战期间，美国国会曾批准成立一个由名记者乔治·克里尔（George Creel）担任主席的官方宣传机构——"公共新闻委员会"（Committee on Public information，CPI）。设立该机构的目的，是引导国内舆论支持国家的战争行动。在"公共新闻委员会"下设的 16 个分支机构中，就包括专门负责管理广告宣传的机构。克里尔本人就曾大言不惭地宣称"公共新闻委员会"是"一个单纯的宣传机构，一个做推销生意的大企业，也是世界上最大的广告业"②。

美国的广告业在第一次世界大战后到第二次世界大战开始前这段时间又获得了飞速的发展，对广告本体的研究也赢得了一段黄金发展期，并形成了所谓"原因追究法派"和"情感氛围派"两大流派，前者以阿尔伯特·拉斯克尔（Albert Lasker）、约翰·肯尼迪（John Kennedy）、克劳德·霍普金斯（Claude C. Hopkins）等为代表，后者则以西奥多·麦克马纳斯（Theodore F. MacManus）和雷蒙·罗必凯等为代表。这些广告大师

---

① 〔美〕丹尼尔·贝尔：《资本主义文化矛盾》，严蓓雯译，南京，江苏人民出版社，2012，第 68、70~71 页。

② 〔美〕迈克尔·埃默里、〔美〕埃德温·埃默里：《美国新闻史：报业与政治、经济和社会潮流的关系》，苏金琥等译，北京，新华出版社，1982，第 436 页。

在一线的实践共同为现代广告的本体论研究奠定了基础,也为包括大卫·奥格威和罗瑟·瑞夫斯在内的新生代广告人的崛起铺平了道路。这是广告认识论研究推动广告本体论研究的又一生动范例。

二、中国语境下的广告研究本体论与认识论

让我们将考察的目光投向中国。

当代中国的广告业重开于 1979 年,迄今已过不惑之年。在这段不算长的发展期中,我们同样可以清楚地发现广告研究认识论推动广告研究本体论发展的脉络。

改革开放初期,许多国人对广告的认识基本上还停留在"资本主义生意经",广告就是"摆噱头""吹牛皮"的水平。① 显然,这样的认识对现代广告在中国的发展是极为不利的,对发展社会主义市场经济和推进现代化进程也是不利的。因此,当丁允朋的《为广告正名》一文刊登在 1979 年 1 月 14 日的《文汇报》上时,社会上随即掀起一股重新认识广告的热潮,也就是预料之中的了。经过这么一场大讨论和思想解放运动,人们对广告获得了新的认识,束缚广告发展的观念枷锁得以解除,从而为广告在中国的大发展打下了思想基础。这是广告研究认识论推动广告研究本体论的又一生动例子。

而如今,经过四十多年的高速发展,中国的广告业也出现了许多发达国家曾经出现过的问题,如虚假广告宣传问题,变相发布广告问题,广告代言问题,广告对少年儿童的不良影响问题,私人空间饱受广告信息侵扰问题,广告宣扬的消费主义观念变相引发了大量的社会问题,等等,我们迫切需要再来一场改造广告的运动。所幸的是,在法治与行政规制层面,国家已经认识到了这些问题的严重性,并及时采取了相应的措施。曾被称为"史上最严"广告法的新《广告法》于 2015 年 9 月 1 日起正式施行,这可以视为对这些问题的一个法治层面的回应。新《广告法》对广告的规制之严厉程度史无前例,即使是在世界范围内其严厉程度也令人印象深刻。这无疑是人们对广告有了新认识的结果。另外,新《广告法》的出台和施行在给广告行业发展带来一股新风的同时,也必将推动广告研究转向新的认识论,并在新的认识论基础上进一步转向价值论。

---

① 丁允朋:《为广告正名》,《文汇报》1979 年 1 月 14 日第 2 版。

第四节 广告研究转向"基于认识论的价值论"

随着后现代思潮的泛滥，人们越来越关注"意义"与"价值"，这也使得对广告的研究越来越关注广告的社会与文化效应，越来越关注广告与人的"主体性"之间的冲突，以及广告与人的自由与解放事业之间关系的追问。广告研究价值论问题日益凸显。

何谓价值论？价值论是关于价值的性质、构成、根源和评价的哲学概念，它关注主体的需要以及客体如何满足主体的需要，注重考察各种事物、现象、行为对个人、阶级和社会的意义。因此之故，有人认为价值论关心的核心是"伦理的"和"美学的"。

现代哲学虽然由认识论占据主导，但价值论始终如影随形。从一定意义上说，马克思主义哲学也是价值论的，因为"马克思主义哲学是一种实践的、辩证的、历史的唯物主义，是一种从人出发、以人为本、旨在实现无产阶级和人类解放的人学，是一种以改变世界为手段，旨在最大化地实现人的价值、实现人与社会自由全面发展的价值哲学"①。

大体而言，在广告传播系统中，主要存在着两个既密切相关又彼此对立的主体，它们分别是传者(包括广告主和代表广告主利益的广告代理公司，甚至还包括传播媒介)和受众(潜在的消费者群体)。在此两大主体中，传者总是想方设法地借助各种传播渠道，将自己希望传送出去的广告信息送达受众，以改变后者对所宣传的商品、服务和/或观念的认知和态度，最好是能引发受众的有利于传者的行动。而受众却会根据自己的利益和实际需要既接受又抵制这些广告信息。因此，受众是积极的而非完全被动的，西方早期的传播"魔弹论"早已不再适用，取而代之的是"有限效果论"和更加积极的受众观。

当然，在上述两个主体之外，还存在着第三个主体，这就是研究广告传播系统的研究者群体。这个群体主要由学者组成，他们凭借独立的研究者身份可以相对超脱地对广告传播系统的运作进行"冷眼旁观"。但是，这也不是绝对的。如果研究者从传者的角度出发，并站在广告"生产"的立场上去观察和分析问题，往往会得出有利于传者的研究结果。这

---

① 孙伟平：《价值论转向——现代哲学的困境与出路》，合肥，安徽人民出版社，2008，第123页。

种研究路径被称为"生产中心论"(production-centered methodology)①。相反，如果研究者站在受众的立场上去观察与分析问题，则往往会得出有利于受众的研究结果。时下许多对于"广告回避"策略和技术的研究就大抵属于此类。这种研究通常被称为"受众中心论"(audience-centered methodology)②。

应该说，在现实中，以上两种研究视角都是存在的，且它们对于广告研究都做出了重要的贡献。在这两种研究视角之外，笔者倒是更愿意着重分析一下第三种视角，即中立的视角。这种视角从纯学术研究的角度出发，冷静、客观地分析广告传播系统中两大主体之间的博弈过程，并将更多的精力用于分析广告对我们经济、社会、文化，甚至是政治的各种影响，以及这种影响与人和马克思主义意义上的人的"类本质"之间的关系。质言之，这种研究视角存在着鲜明的价值判断，它致力于在充分、深入地认识广告的基础上，区分广告传播系统对于人以及人类社会的终极价值的积极与消极成分。我们不妨将这种研究称为"基于认识论的价值论"(epistemology-based ontology)的广告研究方法论。不难想见，"基于认识论的价值论"的广告研究方法论的目的是在求真的基础上求善、求美，并最终达到真善美的和谐统一，它代表了一种后现代社会中的广告研究新旨趣。

第五节　基于认识论的价值论广告研究路径

那么，基于认识论的价值论广告研究该如何下手呢？或者说其研究路径为何？在此，笔者提出四个维度的基于认识论的价值论广告研究路径，以期抛砖引玉，求教于广告研究界乃至整个人文与社会科学界。这四个维度的研究路径从微观到宏观依次为：符号分析、社会分析、政治经济分析和哲学总体论。

一、符号分析

所谓符号分析，就是用符号学的理论与方法对广告符号进行全方位的分析与解码，以期挖掘出广告作品中蕴含的意义与意识形态。对广告

---

① Wang Jin, *Brand New China：Advertising，Media，and Commercial Culture*，Cambridge，MA：Harvard University Press，2008，p. xiii.

② Wang Jin, *Brand New China：Advertising，Media，and Commercial Culture*，Cambridge，MA：Harvard University Press，2008，p. xiii.

进行符号分析通常被称为广告符号学研究，这方面的研究开展较早，成果也较为丰富。

广告符号学的开山鼻祖是法国思想家罗兰·巴特（Roland Barthes）。巴特最早运用语言符号学原理对包括广告、时装等在内的符号系统进行分析，得出这些符号系统大多是宣扬资产阶级意识形态的工具这一结论。[①] 继巴特之后，文化马克思主义者如苏特·加利、让·鲍德里亚和朱迪思·威廉森也都运用马克思主义批评的理论和符号学理论对广告开展了深入的分析，且他们的分析都得出了与巴特相同或相似的结论：广告传播的效力是通过蕴含在广告符号中的意义与意识形态发挥作用的。

国内的广告符号学研究起步较晚，这方面的研究者较少。在不多的研究成果中，值得一提的有李思屈（李杰）在2004年出版的《广告符号学》一书。该书也是国内广告符号学研究领域的第一本专著，其意义不容小觑。

另外，笔者在《广告文化研究：批判导论》一书中，辟专章"广告本体文化研究"论述广告符号分析的历史与现状，并运用符号学的理论与方法，对电视广告中的意义与意识形态问题进行了考察，得出"广告既是特定社会中既存意识形态形塑的结果，又是这种既存意识形态的形塑性力量"[②]的结论。

晚近的有关广告符号学的研究著作中，值得一提的是梁建飞的《广告符号意义研究》。该书从"广告符号微观意义""广告符号风格意义"和"广告符号宏观意义"等多个维度分析了广告符号意义的生产过程、作用机理以及社会影响[③]，从而在一定程度上推进了国内的广告符号学研究。

二、社会分析

所谓社会分析就是运用社会理论对社会问题和社会现象展开反思式的考察。值得指出的是，社会理论并不能完全等同于社会学理论，社会学是研究社会如何良性运行及其运行规律的科学，其历史可以追溯到19世纪三四十年代的实证主义，开创者是奥古斯特·孔德。社会学经过长期的学院化建制，已越来越显出故步自封的特征。而社会理论却不同，社会理论无论是内涵和外延都要较社会学为广。由于社会理论拒绝为自

---

① Roland Barthes, *The Fashion System*, Berkeley: University of California Press, 1967. 另参见 Roland Barthes, *Mythologies*, New York: Hill and Wang, 1972.

② 葛在波:《广告文化研究：批判导论》, 厦门, 厦门大学出版社, 2018, 第96页。

③ 参见梁建飞:《广告符号意义研究》, 北京, 人民日报出版社, 2018。

己设定研究的问题边界，因此其具有足够的弹性与涵括性，可以容纳各种各样的社会研究，从文化分析到社会分析直至哲学分析，都可以归入社会理论研究的范畴。

对广告开展社会分析，需要我们将广告传播系统视作一个社会学意义上的"行动者"（Agent），而把社会视作"结构"（Structure）。广告的社会分析就是要考察此行动者与结构之间的互动关系以及这种互动关系产生出的各种各样的后果。广告传播系统作为一个行动者，是要受到结构的制约并在结构所允许的范围内行动的，但与此同时，作为行动者的广告传播系统又有着自己的能动性，会反作用于结构，因此双方之间是动态的、运动的关系。

广告社会分析有助于我们认识广告在社会结构的作用下如何行动，同时，社会结构在广告传播系统的反作用下也在不断地发生着变化以容纳其能动性。质言之，广告一方面受制于社会结构，另一方面又参与了社会结构的形成，并成为结构化我们的社会的一股十分重要的力量。在当代社会中尤其如此。

三、政治经济分析

基于认识论的价值论广告研究还要求我们对广告开展政治经济分析，以期挖掘出广告传播背后存在的不平等的权力关系。这便要求我们运用马克思主义政治经济学的原理对广告进行深入细致的考察。马克思主义政治经济学由于致力于对各种各样复杂的社会经济现象背后的权力关系进行孜孜不倦的考察，从而与传统的西方经济学划清了界线。在古典经济学大师如亚当·斯密和大卫·李嘉图等人的笔下，经济就是经济，它与政治是不相干的，经济遵循的是赤裸裸的"自利原则"，即所谓的"经济人"原则。这一观点遭到了马克思的断然拒绝。因为马克思认为，任何经济现象的背后都存在着政治的因素。马克思通过对 19 世纪英国、法国和德国等资本主义国家的分析发现，工人阶级的贫困是由资本主义的社会结构所决定的，资本家有权凭借手中掌握的经济资本来榨取工人阶级创造的剩余价值，这本身就是一种权力关系——这种权力关系当然也是双方不平等的政治关系的反映。

马克思主义政治经济学原理被引入传播学的研究领域，由此产生了著名的传播学的批判学派——传播政治经济学。在传播政治经济学的开山鼻祖达拉斯·斯迈思和赫伯特·席勒（Herbert Schiller）看来，传播系统中存在着严重的权力不平等的关系。这种不平等的权力关系既存在于发达国家与不发达国家之间，也存在于发达国家内部。发达国家凭借其强大的经济、军事和政治实力可以对不发达国家进行"信息倾销"，牢牢地掌握全球范围内的话语权，从而形成文化帝国主义——一定意义上说，这就是媒介帝国主义。即使是在发达国家内部，这种信息不对称现象同样存在于统治阶级和被统治阶级之间，葛兰西当年曾敏锐地揭露过的资产阶级文化领导权在当代资本主义社会中非但没有消失，甚至还有加强的趋势。

广告也是一种信息传播行为，因此传播政治经济学对传播系统中权力关系的分析路径与方法同样也适用于对广告的分析。在这方面，加拿大传播政治经济学学者文森特·莫斯可所提出的"三化"——商品化、空间化、结构化——分析框架很好地满足了对于广告开展政治经济分析的需要。由于本书第六章将专门对此问题开展研究，故此处不再赘述。

四、哲学总体论

哲学（Philosophy）的本意是"爱智慧"。那么，我们如何才能通向智慧呢？德国唯意志论哲学大师尼采从自己的哲学研究心路历程出发，认为通向智慧的道路有三个必经阶段：一是合群期——崇敬、顺从、仿效比自己强的人；二是沙漠期——束缚最牢固的时候，崇敬之心破碎，自由精神茁壮生长，重估一切价值；三是创造期——在否定的基础上重新进行肯定，但这肯定不是出于某个权威，而仅仅是出于自己，我就是命运，我手中抓着人类的"阄"。

可见，否定、批判是哲学的内在品质，而这种否定和批判是以对人的终极价值的拷问为旨归的。"哲学的固有属性是批判"[1]（约翰·杜威语）。换言之，哲学是"操心"的学问，它始终把对"人"的关怀置于最高的位置，无论是本体论还是认识论，抑或是语言论和价值论，哲学研究向来都致力于解决人的问题，因此说哲学亦是人学应该大体不谬。

哲学研究的价值取向决定了它的研究视角一定是宏观的，绝不能被囿于一隅。正如哈贝马斯指出的那样："哲学直到今天仍旧是要求统一和普遍化、独一无二的总督。"[2]黑格尔在《法哲学原理》的序言中更

① 转引自〔美〕汉诺·哈特：《传播学批判研究：美国的传播、历史和理论》，何道宽译，北京，北京大学出版社，2008，第27页。

② 〔德〕尤尔根·哈贝马斯：《重建历史唯物主义》，郭官义译，北京，社会科学文献出版社，2013，第40页。

是直截了当地指出，"哲学是探究理性的东西的"，是"有关世界的思想"，它是密涅瓦的猫头鹰，只在黄昏时分才会振翅高飞。① 这种总体性的哲学视角是现代广告研究自诞生以来一直欠缺的。迄今为止的广告研究基本上都是对一些微观的、具体的问题的探讨，所致力的也基本上是开发一些实用的营销工具以满足广告传播者的需要。基于认识论的价值论广告研究要想扭转目前这种局面，对广告的哲学观照必不可少（图 2-2）。

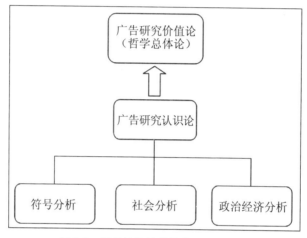

图 2-2   基于认识论的价值论广告研究

那么，我们该如何对广告开展哲学分析呢？笔者认为，首要的还是要坚持马克思主义哲学的指导性地位。前已言及，哲学也是人学，对于马克思哲学而言更是如此。马克思哲学致力于彻底解除束缚在人身上的枷锁，恢复人的自由之身，消灭阶级社会以来人同自己的类本质之间的异化问题，实现人的自由全面发展。有学者在对马克思哲学思想进行系统的重新梳理与分析之后认为，马克思哲学思想中存在着三大主题：理性形而上学批判与哲学的历史实现、以资本逻辑为核心的批判分析方法和走向自由历史的理论指向。在这三大主题中，走向自由历史才是马克思全部哲学思想的终极旨归。

> 对传统形而上学的批判，对资本逻辑的揭示，并不是马克思哲学之思的目的，对于马克思而言，如何超越资本主义、走向自由历史，从而实现人的解放，这才是他的理论的根本指向，对理性形而

---

① 参见〔德〕黑格尔：《法哲学原理》，范扬、张企泰译，北京，商务印书馆，1961，序言第 10 页、第 13～14 页。着重号为原文所加。

上学与资本逻辑的批判，是与走向自由历史的理想联系在一起的。走向自由历史，这是马克思哲学的理论旨归。①

而要实现人的解放和走向自由历史，就必须超越资本主义社会，因为资本主义社会是一个人与自己生产的产品相异化，人与人、人与自己的类本质全面异化的社会。在这样的社会中，人是不自由的，人的自由与全面发展也不可能实现。在马克思看来，资本主义社会作为人类最后一个"对抗"性的社会，不是一个"属人"的社会，"属人"的历史只有在将来的共产主义社会才是可能的。马克思在《〈政治经济学批判〉序言》中写道：

> 资产阶级的生产关系是社会生产过程的最后一个对抗形式，这里所说的对抗，不是指个人的对抗，而是指从个人的社会生活条件中生长出来的对抗；但是，在资产阶级社会的胎胞里发展的生产力，同时又创造着解决这种对抗的物质条件。因此，人类社会的史前时期就以这种社会形态而告终。②

可见，在马克思那里，人类社会尚处在"史前时期"，真正的自由历史尚未展开。

因此，对人的自由与解放的关注，将是我们对广告开展哲学分析的一个基本的出发点和落脚点。质言之，对广告开展哲学分析就是要以马克思主义哲学为指引，分析和揭橥广告传播系统中可能存在的有悖于人的自由与全面发展的各种因素，以便为建设一个消灭了压迫、消灭了异化的"健全的社会"（弗洛姆语）贡献知识与力量。可见，这样的广告研究是与"价值论哲学"③一脉相承的，它理应成为当前广告研究领域的一个重要的着力点！

不难看出，在以上论述的四个维度的基于认识论的价值论广告研究

---

① 仰海峰：《〈资本论〉的哲学》，北京，北京师范大学出版社，2017，第 37 页。

② 《马克思恩格斯全集》第 31 卷，北京，人民出版社，1998，第 413 页。

③ 哲学的价值论转向在国内较早由孙伟平提出，他在《价值论转向——现代哲学的困境与出路》一书中对此问题进行过深入的论述。在《论哲学的价值论转向》一文中，卢风对这一问题展开了讨论。卢风认为，"哲学的价值论转向也就是从认识论的真理向存在论、价值论的真理的转向！"转向后的哲学应该"直接关心人的生存状态，追求生活智慧，创造价值"。参见孙伟平：《价值论转向——现代哲学的困境与出路》，合肥，安徽人民出版社，2008。另参见卢风：《论哲学的价值论转向》，《哲学分析》2011 年第 3 期，第 3～17 页。

中，符号分析、社会分析及政治经济分析总体而言是认识论的，它们的使命就在于帮助我们全面、深入、充分地认识广告，尤其是广告传播背后蕴藏着的不平等的权力关系。而哲学总体论的研究路径则由于其鲜明的价值判断，构成了价值论广告研究的内核。

本章小结

哲学是百学之学，它的身影与影响见诸各门学科和各个研究领域，在人文与社会科学领域尤其如此。当然，作为社会科学一个分支的广告研究也不能缺少哲学的观照视角。在古代哲学、近代哲学、现代哲学、后现代哲学的发展演变中，"本体论——认识论——语言论——价值论"的演进脉络总结大体而言是不谬的，但如此笼统的概括必然会牺牲细节的精彩。事实上，在哲学的发展史上，本体论和认识论始终相因相生、彼此推动、共同进步，即使是在认识论占据主因的时期，本体论也从未淡出哲学研究的视线。本体论发展到一定程度，便需要认识论的拨云去雾；同理，每一次认识论的突破又会带来本体论的一个新的大发展。对于哲学研究是如此，对于人文社会科学研究是如此，对于广告研究也是如此。

现代意义上的广告研究始于 19 世纪下半叶的西方国家，迄今已有一个半世纪左右的发展历程。在这一个半世纪的历程中，尽管本体论是"主因"，但认识论对于推动广告研究的发展同样功不可没，每一次广告认识论的突破都推动了广告本体论研究的大发展，对于美国是如此，对于当代中国的广告业和广告研究同样如此。

20 世纪六七十年代以降，西方的哲学和人文社会科学研究先是发生了所谓的"语言论转向"，后又在此基础上发生了价值论转向。建设性后现代主义、后结构主义等形形色色的"后学"无疑是价值论转向在多个维度的注脚。价值论研究关注事物的价值以及这种价值的根源及其对于主体的意义。无疑，这是马克斯·韦伯意义上的价值理性的回归。事实上，马克思主义哲学也是价值论哲学，因为马克思主义哲学始终把对人的关怀置于最为突出的位置。

哲学的价值论转向也体现在了广告研究领域。约始于 20 世纪后半叶的西方人文社会科学领域对广告价值问题的关注就凸显了这一点。巴特、加利、威廉森等学者都从各自的学科背景出发，对广告开展了卓有成效的价值理性研究。在国内，进入 21 世纪，研究者也越来越关注广告的价值理性研究，李思屈①、张殿元②、蔡勇③等学者在这方面也都做出了自己的贡献。中外学者的这些研究成果对于基于认识论的价值论广告研究起到了推动作用。

基于认识论的价值论广告研究具有鲜明的批判旨趣，它始终将人的自由与发展问题置于突出位置，并以此为基础，考察广告与人、广告与人类社会之间的利害冲突。仅就这一点而言，基于认识论的价值论广告研究与马克思哲学思想中的人本主义倾向是不谋而合的。不过，我们也要清楚地看到，马克思哲学思想中的人本主义是植根于唯物史观的，其孜孜以求的人的自由与解放也是建立在社会生产力高度发展、物质生活资料极大丰富的基础上的。因此，对于基于认识论的价值论的广告研究，我们始终要抱持一种审慎的质疑眼光，既要看到这种广告研究旨趣中积极的一面，也要提防其对广告的批判走向极端，甚至抹杀广告在发展经济、发展社会生产力方面的积极作用。

总之，对于任何一种广告批判研究范式，我们都应将其放在辩证唯物主义和历史唯物主义的放大镜下，仔细辨析，细心求证，取其精华，弃其糟粕。这也是马克思主义的立场、观点和方法的内在要求。

---

① 参见李思屈等：《广告符号学》，成都，四川大学出版社，2004。
② 参见张殿元：《广告视觉文化批判》，上海，复旦大学出版社，2007。
③ 参见蔡勇：《消费者发现与主体性缺席——现代广告理论及运用史评》，北京，中国传媒大学出版社，2008。

第三章　生产逻辑和资本逻辑
视域中的广告

在本章，我们将从对生产逻辑和资本逻辑概念的梳理出发，分别考察两种逻辑视域中的广告问题。这也是从马克思哲学思想出发，对广告问题进行的终极拷问。

在前面的章节中，我们曾多次提到资本逻辑的概念，但由于语境指称和行文逻辑的需要，一直未能对这一概念展开分析和论述，甚至也没能对这一概念做出充分界定。在本书中，如无特别说明，资本逻辑和生产逻辑是一对用以描述马克思哲学思想的基础概念。

在马克思的哲学思想中，如果说理性形而上学批判和哲学的历史实现构成了其早期理论思考的主题的话，那么，对资本逻辑的揭示与批判则构成了其后期思想的主题。在其后期的著述中，特别是在《政治经济学批判（1857—1858 年经济学手稿）》（即《政治经济学批判大纲》）和《资本论》中，马克思从解剖资本主义社会形态的细胞——商品——出发，采用"剥洋葱皮"的方法，逐步地将资本主义社会以及这一社会形态运转的全部秘密揭示出来，并证明了人类社会发展超越资本主义、通向社会主义和共产主义的历史必然性。这也是人类走向自由历史的必然性。可见，马克思哲学思想中走向自由历史的必然性建立在对资本主义社会这一人类社会最后"对抗形式"①的政治和经济分析之上，尤其是建立在对资本逻辑的批判之上。正是这种批判，奠定了其自由历史理论的基础。

然而，资本逻辑批判毕竟只是马克思批判资本主义社会过程中的理

---

① 《马克思恩格斯全集》第 31 卷，北京，人民出版社，1998，第 413 页。

论主题，而非贯穿其全部"历史科学"或"历史理论"①的思想主线。构成马克思全部"历史科学"或"历史理论"主线的是生产逻辑，这也是历史唯物主义理论构架的基础。这便引出了历史唯物主义的双重逻辑——生产逻辑和资本逻辑，而这，正是仰海峰在《〈资本论〉的哲学》一书中反复论证的一个主题。在仰海峰看来，"马克思思想中存在着双重逻辑：从人类学意义上的物质生产出发的生产逻辑与以剩余价值理论为核心的资本逻辑"②，前者构成了唯物史观的基础，后者则是自 1845 年之后马克思思想发展的一个重大转变，它标志着马克思开始在生产逻辑的基础上致力于对资本主义社会的本质构成和深层秘密开展分析，从而为自由历史理论做了必要的铺垫。

　　本书接受仰海峰对于历史唯物主义中的双重逻辑的区分，并尝试以这一区分为基础，分别从生产逻辑和资本逻辑的视角出发对现代广告开展考察。

第一节　生产逻辑与资本逻辑

　　一般认为，马克思一生中有两个伟大发现：第一个伟大发现是唯物史观，于 1845 年完成，标志是《德意志意识形态》的诞生；第二个伟大发现是剩余价值理论，于 1857—1858 年完成，标志是《政治经济学批判大纲》的诞生。恰恰是这两大发现，折射出马克思考察人类社会的两个重要视角——生产逻辑和资本逻辑。

---

① "历史科学"和"历史理论"是阿尔都塞对马克思创立的唯物史观的称谓。阿尔都塞在《保卫马克思》一书的"序言"中写道："在创立历史理论（历史唯物主义）的同时，马克思同自己以往的意识形态哲学信仰相决裂，并创立了一种新的哲学（辩证唯物主义）。"（〔法〕路易·阿尔都塞：《保卫马克思》，顾良译，北京，商务印书馆，2010，第 16 页）这里的"以往的意识形态哲学"主要指的是黑格尔哲学思想，马克思对黑格尔唯心主义哲学思想的彻底清算是在《德意志意识形态》中完成的。在上引书的另一处，阿尔都塞又将唯物史观称为关于社会构成的"历史科学"。他写道："按照马克思主义经典作家常坚持的传统，我们可以断定，马克思建立了一种新的科学：'社会构成'的历史科学。为了更确切一些，我说过马克思为科学知识'开启了'一个新大陆，即历史的大陆——就像泰勒士为科学知识开启了数学的'大陆'，伽利略为科学知识开启了物理学的'大陆'一样。……就像泰勒士建立的数学'导致了'柏拉图哲学的产生，伽利略建立的物理学'导致了'笛卡儿哲学的产生一样，马克思所建立的历史科学'导致了'一种新的、革命的实践哲学和理论哲学的产生，即马克思主义哲学，或者说辩证唯物主义。"（〔法〕路易·阿尔都塞：《保卫马克思》，顾良译，北京，商务印书馆，2010，第 253 页）
② 仰海峰：《〈资本论〉的哲学》，北京，北京师范大学出版社，2017，第 89 页。

一、生产逻辑

在《德意志意识形态》这部标志着唯物史观正式创立的光辉著作中，马克思和恩格斯写下了这样一段话：

> 全部人类历史的第一个前提无疑是有生命的个人的存在。（这些个人把自己和动物区别开来的第一个**历史**行动不在于他们有思想，而在于他们开始**生产自己的生活资料**。——原书注）……一当人开始**生产**自己的生活资料，即迈出由他们的肉体组织所决定的这一步的时候，人本身就开始把自己和动物区别开来。人们生产自己的生活资料，同时间接地生产着自己的物质生活本身。①

人类和人类社会存在的第一个历史前提是物质资料的生产，物质资料的生产是人的肉体组织的自然需要；同时，也正是在物质资料的生产中，人才将自己与动物区分开来，才会认识到自己作为人的本质力量。在物质资料的生产过程中，人与人之间必然要进行交往，结成一定的协作关系（生产关系），从而形成社会。在人与自然之间的交换中，在人与人之间的交往过程中，产生了思想、观念、意识；因此，"思想、观念、意识的生产最初是直接与人们的物质活动，与人们的物质交往，与现实生活的语言交织在一起的。人们的想象、思维、精神交往在这里还是人们物质行动的直接产物"②。物质第一性，意识第二性，这便是唯物史观的基本观点。

由上述分析不难发现，唯物史观这一伟大发现的理论主线正是人类学意义上的生产逻辑，它强调人类和人类社会存在的第一个历史前提是物质资料的生产。可见，所谓生产逻辑指的既是对人类社会历史问题的一个考察视角，即它始终坚持从生产（劳动）出发来理解人类社会历史的存续和发展；又是人类社会的本性或本质，即人类社会的本性或本质在于生产（劳动），生产（劳动）是人的本质力量的体现，没有生产（劳动），便没有人类社会，当然也就没有人类社会的历史。

对于作为唯物史观基础的生产（劳动）本体论，马克思于《资本论》第一卷第一章研究"商品和货币"时，曾有一段极为精彩的论述。

---

① 《马克思恩格斯文集》第 1 卷，北京，人民出版社，2009，第 519 页。黑体为原文所加。
② 《马克思恩格斯文集》第 1 卷，北京，人民出版社，2009，第 524 页。

对上衣来说，无论是裁缝自己穿还是他的顾客穿，都是一样的。在这两种场合，它都是起使用价值的作用。同样，上衣和生产上衣的劳动之间的关系本身，也并不因为裁缝劳动成为专门职业，成为社会分工的一个独立的部分就有所改变。在有穿衣需要的地方，在有人当裁缝之前，人已经缝了几千年的衣服。但是，上衣、麻布以及任何一种不是天然存在的**物质财富要素**，总是必须通过某种专门的、使特殊的自然物质适合于特殊的人类需要的、有目的的生产活动创造出来。因此，劳动作为使用价值的创造者，作为**有用劳动**，是不以一切社会形式为转移的人类生存条件，是人和自然之间的物质变换即人类生活得以实现的永恒的自然必然性。①

这段话，清楚地揭示了马克思哲学思想中生产逻辑的历史一贯性——生产逻辑贯穿于人类社会发展演变的始终，生产（劳动）具有历史本体性。无论什么样的社会，离开了人的"有目的的生产活动"——劳动，都将无以为继。因此，劳动，是人类社会和人类社会历史存续和发展的根本前提。②

---

① 《马克思恩格斯全集》第 42 卷，北京，人民出版社，2016，第 29 页。黑体为原文所加。

② 学界通常将马克思的这一唯物主义思想称为"劳动本体论"，其实，关于劳动主体性的思想早在黑格尔那里便有了雏形。在黑格尔"最具独创性的著作"——《精神现象学》的第四章关于"自我意识"的讨论中，黑格尔通过对主奴关系的辩证分析，论证了"自为的存在"和"为对方而存在"的意识。前者是"主人"的意识，后者是奴隶的意识。"主人"因勇敢地拿命去"拼了一场"并且获胜了而确立起自身的"独立意识"，奴隶因为没有做到这一点而成为在精神上依赖于"主人"的人。"只有通过冒生命的危险才可以获得自由；……一个不曾把生命拿去拼了一场的个人，诚然也可以被承认为一个人，但是他没有达到他之所以被承认的真理性作为一个独立的自我意识。"（〔德〕黑格尔：《精神现象学》上卷，贺麟、王玖兴译，北京，商务印书馆，1979，第 142、143 页）黑格尔指出，主人是不劳动的，他只是通过奴隶间接地与物发生关系并成为物的享受者。然而，恰恰是在劳动中，奴隶确证了自身的力量，形成了自我意识——一种既承认他人（主人）意识又承认自己意识的意识。这就是劳动的主体性。

后来，黑格尔又在《法哲学原理》的"市民社会"一章中进一步分析了政治经济学中劳动与需要之间的关系。在黑格尔看来，市民社会包含了三个环节："第一、通过个人的劳动以及通过其他一切人的劳动与需要的满足，使需要得到中介，个人得到满足——即需要的体系。第二、包含在上列体系中的自由这一普遍物的现实性——即通过司法对所有权的保护。第三、通过警察与同业公会，来预防遗留在上列两体系中的偶然性，并把特殊利益作为共同利益予以关怀。"（〔德〕黑格尔：《法哲学原理》，范扬、张企泰译，商务印书馆，1961，第 203 页）这里，黑格尔清楚地指出了劳动是满足需要的手段，而且，"通过活动和劳动，这是主观性和客观性的中介。这里，需要的目的是满足主观特殊性，但普遍性就在这种满足跟别人的需要和自由任性的关系中，肯定了自己。"（〔德〕黑格尔：《法哲学原理》，范扬、张企泰译，商务印书馆，1961，第 204 页）"市民社会"正是建立在劳动基础之上的。

二、资本逻辑

资本逻辑是资本主义社会中统摄一切的逻辑，资本逻辑的统摄性是人类社会进入资本主义阶段之后出现的一种特有现象。马克思一生中的第二个伟大发现——剩余价值的理论主线正是资本逻辑。

所谓资本逻辑即是指资本的内在规定性，由于资本追求剩余价值的最大化，因此，在一个由资本占据统治性地位的社会——资本主义社会——中，生产的根本目的在于对最大化剩余价值的追求。由于资本主义社会中的生产是大工业生产，劳动是雇佣劳动，生产者与生产资料所有权的分离决定了生产的成果——产品——与生产者的分离。这是劳动异化的根源，也是阶级不平等和阶级压迫的根源，更是阶级斗争和阶级革命的根源。

在资本主义社会中，不仅社会存在为资本逻辑所统摄，社会意识同样为资本逻辑所统摄，资本主义社会中政治的、法律的、宗教的、文化的所有领域都渗透着资本逻辑的影响。质言之，资本逻辑已经成为资本主义社会的基本结构和意识形态。正是因为对这一点的深刻洞察，马克思在《资本论》中对资本主义社会的批判始终围绕着对资本逻辑的批判而展开。

三、资本主义社会中资本逻辑的统摄性

对资本逻辑的批判构成了马克思后期思想的理论主线，它从《政治经济学批判大纲》开始，经过了《1861—1863 年经济学手稿》的中介，并在《资本论》中得到了全面、深入的展开，最终确立了资本逻辑对生产逻辑的统摄性地位。

这里的关键是资本逻辑对生产逻辑的统摄，这是人类社会在发展到资本主义社会之后所特有的一种现象。这也从另一个侧面说明，即使是在资本主义社会，物质资料的生产仍然是第一个历史前提，这也正是马克思为什么会在《政治经济学批判大纲》"导言"的开篇即抛出这样一句话："摆在面前的对象，首先是**物质生产**。"[①]也就是说，生产逻辑不仅贯穿于前资本主义社会，也贯穿于资本主义社会以及资本主义以后的社会形态——社会主义和共产主义。质言之，生产逻辑贯穿于人类社会发展演变的始终。

然而，正如交换价值在特定的社会发展阶段可以掩蔽甚至凌驾于使

---

① 《马克思恩格斯全集》第 30 卷，北京，人民出版社，1995，第 22 页。黑体为原文所加。

用价值和价值之上一样，当人类社会发展到资本主义社会之后，物质资料的生产虽然仍是社会的第一个历史条件，但其光芒和显要性已为资本逻辑所掩盖，后者成为资本主义社会中统摄性的逻辑。正如马克思在《政治经济学批判大纲》"导言"中所指出的那样：

> 在一切社会形式中都有一种一定的生产决定其他一切生产的地位和影响，因而它的关系也决定其他一切关系的地位和影响。这是一种普照的光，它掩盖了一切其他色彩，改变着它们的特点。这是一种特殊的以太，它决定着它里面显露出来的一切存在的比重。①

显然，资本逻辑就是资本主义社会中的"普照的光"和"特殊的以太"。

不过，资本逻辑这一"特殊的以太"虽然具有统摄性，但它毕竟是以生产逻辑为基础的。而且，我们也只有从生产出发，采用从抽象上升到一般这一"科学上正确的方法"②，才能逐步地将资本逻辑的运作秘密揭示出来。这也是为什么马克思会坚持认为在由生产、分配、交换（流通）和消费组成的资本主义运作链条中，生产是决定性的环节。

> 生产既支配着与其他要素相对而言的生产自身，也支配着其他要素。过程总是从生产重新开始。交换和消费不能是起支配作用的东西，这是不言而喻的。……一定的生产决定一定的消费、分配、**交换这些不同要素相互间的一定关系**。③

然而，生产如果只停留在抽象的"生产一般"层面上是没有意义的，必须深入到具体的生产，这种具体的生产就是"一定社会发展阶段上的生产"④，即处于"一定的"社会关系和政治关系中的生产。亦即是说，我们必须将生产置于一定的社会语境下进行分析，才能获得对生产的深入理解。这个一定的社会语境，对马克思而言，正是资本主义社会及其生产方式，"现代资产阶级社会——这种生产事实上是我们研究的本题"⑤。在《资本论》第一版"序言"中，马克思则更加明确地指出："我要在本书研

---

① 《马克思恩格斯全集》第30卷，北京，人民出版社，1995，第48页。
② 《马克思恩格斯全集》第30卷，北京，人民出版社，1995，第42页。
③ 《马克思恩格斯全集》第30卷，北京，人民出版社，1995，第40页。黑体为原文所加。
④ 《马克思恩格斯全集》第30卷，北京，人民出版社，1995，第26页。
⑤ 《马克思恩格斯全集》第30卷，北京，人民出版社，1995，第26页。

究的，是资本主义生产方式以及和它相适应的生产关系和交换关系。"①

正是在对资本主义生产方式及与之相适应的生产关系和交换关系的研究中，马克思发现了资本逻辑对生产逻辑的统摄，后者虽然仍是基础性的，但却并不能全面真实地反映出资本主义社会生产的本质——对工人创造的剩余价值的榨取。

第二节 生产逻辑视域中的广告

生产逻辑为我们揭示了唯物史观的思想主线——历史的前提是物质资料的生产，而绝非像唯心主义者——如青年黑格尔派——所认为的那样，是精神、意识、理念。精神、意识、理念只不过是人们在生产劳动过程中对物质世界的主观反映，"意识[das Bewußtsein]在任何时候都只能是被意识到了的存在[das bewußte Sein]，而人们的存在就是他们的现实生活过程。……不是意识决定生活，而是生活决定意识"②。

既然物质资料生产是人类和人类社会存在的第一个历史前提，那么，我们这里的研究本题——广告，在生产逻辑中处于怎样的地位，又扮演着怎样的角色？广告与物质资料的生产之间存在着怎样的关联？这些，都是我们需要认真思考和回答的问题。

一、生产、分工和交换

生产，就其本质而言，是人——往往要借助劳动工具——与自然之间的交换过程。在这一过程中，一方面，人将自己的本质力量对象化到自然之中；另一方面，自然在接受人的本质力量的对象化后也会成为人的本质力量的一部分。同时，当我们说到生产时，往往指的是在特定社会关系（社会形式）中的生产，抽象的生产一般只存在于概念中。正如马克思所指出的那样："一切生产都是个人在一定社会形式中并借这种社会形式而进行的对自然的占有。"③

生产与劳动是两个密切关联而又有所区分的概念。原始人运用自己的人力（可以借助石块或其他工具，也可以不借助这些工具）作用于自然的各种活动都可以称为劳动，无论这种活动所得到的结果是否符合自己的目的。因此，劳动可以是建设性的，也可以是非建设性的。与此不同，人们总是

---

① 《马克思恩格斯全集》第 44 卷，北京，人民出版社，2001，第 8 页。
② 《马克思恩格斯文集》第 1 卷，北京，人民出版社，2009，第 525 页。
③ 《马克思恩格斯全集》第 30 卷，北京，人民出版社，1995，第 28 页。

将生产与建设性相联系，与创造价值相联系。劳动与"生产"结合，就产生了"生产劳动"。因此，所谓的"生产劳动"，即是指能"创造价值的活动"①。

另外，生产是一个较劳动更为晚近的概念，是一个随着人类的社会生产力发展到一定程度而出现的概念。事实上，生产只是在人类社会发展到了资本主义阶段之后，才逐渐成为一个显要的概念。进入资本主义社会后，科学技术的进步推动了生产力的空前发展，因此，这时的生产摆脱了以前人力或手工劳动（"直接劳动"）的局限。特别是工业革命后兴起的机器大生产，更加凸显了生产与劳动之间的区别。正是基于对这一点的考察，马克思在《政治经济学批判（1857—1858年手稿）》的第二篇"资本的流通过程"部分指出："资本的趋势是赋予生产以科学的性质，而直接劳动则被贬低为只是生产过程的一个要素。"②显然，在马克思看来，科学技术的发展特别是科学技术被运用于生产后，扩大了生产的概念范畴，使得"直接劳动"现在只不过是生产过程中的"一个要素"。③

根据唯物史观，人和人类社会的第一个历史前提是生产，是特定的

---

① 《马克思恩格斯全集》第30卷，北京，人民出版社，1995，第232页。
② 《马克思恩格斯全集》第31卷，北京，人民出版社，1998，第94页。
③ 古典政治经济学对生产和劳动之间缺乏严密的区分。比如在亚当·斯密的著述中，生产和劳动经常是混用的，有时甚至是合在一起使用。在其最重要的经济学著作《国民财富的性质和原因的研究》中，斯密提出了"生产性劳动"和"非生产性劳动"两个对立的概念，这很能反映出他对于生产和劳动的理解。斯密所谓的"生产性劳动"，指的是"加在物上，能增加物的价值"的劳动，反之则是"非生产性劳动"（〔英〕亚当·斯密：《国民财富的性质和原因的研究》（上），郭大力、王亚南译，北京，商务印书馆，1972，第304页）。前一种以制造业工人的劳动为代表，这种劳动不仅能生产出工人自身维持体力所需要的价值，还能生产出资本主的利润；后一种劳动以资本家的家仆的劳动为代表。斯密认为这种劳动不能增加什么价值。因此，斯密指出："雇用许多工人，是致富的方法，维持许多家仆，是致贫的途径。"（〔英〕亚当·斯密：《国民财富的性质和原因的研究》（上），郭大力、王亚南译，北京，商务印书馆，1972，第305页）马克思赞同斯密对"生产性劳动"和"非生产性劳动"的见解，认为其他经济学家（如施托尔希和西尼耳等人）对该见解的反驳"要么纯属胡说八道"，要么就是他们"向资产者大献殷勤"的把戏（《马克思恩格斯全集》第30卷，北京，人民出版社，1995，第231页）。马克思在考察资本主义生产关系的过程中对生产和劳动进行了区分。他在《政治经济学批判大纲》中，从资本主义雇佣劳动的性质出发，指出资本主义生产方式中工人向资本家提供的劳动实质上就是"生产劳动"。"能够成为资本的对立面的唯一的使用价值，就是劳动〔而且是创造价值的劳动，即生产劳动〕。"（《马克思恩格斯全集》第30卷，北京，人民出版社，1995，第231页）他又指出："资本家换来劳动本身，这种劳动是创造价值的活动，是生产劳动；也就是说，资本家换来这样一种生产力，这种生产力使资本得以保存和倍增，从而变成了资本的生产力和再生产力，一种属于资本本身的力。"（《马克思恩格斯全集》第30卷，北京，人民出版社，1995，第231页）可见，在马克思看来，在资本主义生产方式中，由于工人劳动是一种能够给资本和资本家带来价值增殖的"生产力"，因此，这种生产方式下的工人劳动与生产劳动同义。

人在特定的社会形式下作用于自然并获取生活资料的过程。在人作用于自然并占有自然的过程中，人与人之间往往都需要进行协作，正是在这种协作中产生了最初的分工。因此，分工是生产（劳动）的必然结果。起初，分工只是人在生产过程中的一种自然需要。比如，在大规模的围猎过程中，总需要有人追赶野兽，需要有人围堵野兽，需要有人从侧面佯攻而为同伴从背后给予野兽以致命一击提供牵制。再比如，在采摘野果的生产过程中，男人往往由于力量和灵活性的优势而承担爬树摘果的工作，女人则在树下负责收集男人从树上采摘并扔下来的野果，如此等等。这些还只是原始形式的分工。

随着生产力和生产方式的不断发展，人类社会后来先后出现了三次社会大分工，即农业和畜牧业分离引发的第一次社会大分工，手工业和农业与畜牧业分离引发的第二次社会大分工，以及商人阶层成为一个独立阶层所引发的第三次社会大分工。每一次分工都促进了交换的发展，因为分工使得人们主要从事某一类产品的生产，为了获得其他类产品以满足自己的需要，人们需要将自己生产的产品拿去与从事其他生产的人所生产的产品进行交换，比如牧民拿自己的牛羊或其他牲畜去与农民生产的粮食进行交换，等等。到了第三次社会大分工，即商人阶层出现后，交换的发展达到了一个空间的高度，因为商人是一个不事生产专事交换的特殊群体，商人的出现使得"世界市场—世界交往"①的形成具备了现实的基础。这一基础，随着资本主义生产方式在世界范围的全面确立而越发

---

① "世界交往—世界市场"是马克思和恩格斯提出的概念。在马克思和恩格斯的笔下，"交往"包含了"物质交往"和"精神交往"两个方面，其中，前者是根本，它直接制约着后者的发展水平。马克思和恩格斯在《德意志意识形态》中写道："物质交往，首先是人们在生产过程中的交往，这是任何其他交往的基础。"（《马克思恩格斯选集》第1卷，北京，人民出版社，2012，第888页）人类社会本身也是交往的结果，"社会——不管其形式如何——是什么呢？是人们交互活动的产物"（《马克思恩格斯全集》第47卷，北京，人民出版社，2004，第440页）。

马克思和恩格斯认为，资本主义开创了人类历史上前所未有的交往革命，形成了"世界交往"，进而推动了"世界市场"的形成，使得资产阶级在不到一百年的时间里"所创造的生产力，比过去一切世代创造的全部生产力还要多，还要大"（《马克思恩格斯文集》第2卷，北京，人民出版社，2009，第36页）。正是基于这一点，马克思和恩格斯认为资本主义在历史上有其进步性，它使得"全世界的市场"得以形成，使得"一切国家的生产和消费都成为世界性的了"（《马克思恩格斯文集》第2卷，北京，人民出版社，2009，第35页），使得"过去那种地方的和民族的自给自足和闭关自守状态，被各民族的各方面的互相往来和各方面的互相依赖所代替了。物质的生产是如此，精神的生产也是如此"（《马克思恩格斯文集》第2卷，北京，人民出版社，2009，第35页）。总之，资本主义推动了"世界交往—世界市场"体系的形成，客观上为未来的共产主义社会奠定了物质基础。

得到巩固，整个世界都被纳入了资本主义的交换版图。此时，广告的全部潜力得以充分释放，越发成为一种彰明较著的社会与文化现象。这也是为什么许多研究广告的人会认为"广告是资本主义商品经济大发展的产物"。

二、广告是生产过程的自然产物

由上述分析可见，广告是人类在生产过程中自然产生的一种现象，只要特定的个人不能生产自己所需的全部产品——事实上这是毫无疑问的——他就需要拿自己的产品去与别人进行交换。正是在交换的过程中，原始形式的广告如口头吆喝式广告、音响广告、实物陈列式广告等便应运而生了。随着社会生产力的提高，人类社会的分工不断细化，到了现代社会，个人只能从事范围很小的生产工作，交换而不是生产便成为人们获取自己生活资料的主要手段。显然，交换的前提是"独立的**互不依赖的私人劳动**的产品"成为"互相对立"的商品①，而商品和商品生产存在的前提条件则是社会分工。正如马克思指出的那样，社会分工"是商品生产存在的条件，虽然不能反过来说商品生产是社会分工存在的条件"②。

社会分工的存在推动了商品生产的发生和发展，而商品生产一经被确立为社会生产的主导方式，必然会要求交换的大发展。同理，一方面，交换的发达必然伴随着广告的发达；另一方面，广告的发达又推动着交换的发展，进而推动着生产的发展。因此，可以说，广告一方面是生产过程的自然产物，另一方面它一经出现便成为推动生产发展的一股重要力量。

由此观之，从唯物史观所揭示的生产逻辑出发，广告无疑体现了一种物质性的力量，它既是物质生产的产物，也是推动物质生产朝着更高阶段发展的强劲动力，而在广告的背后，则是分工、交换和流通等各方之间复杂的互动关系。

在广告研究领域，以往的研究通常认为广告是商品经济大发展的产物，深入一点的研究则认为，广告是交换的产物。其实，正如我们这里的分析所揭示的那样，广告所产生的历史原因表面上看是交换，但追根溯源，广告是分工的产物。关于这一点，笔者在另一本著作中曾写下这样一段话：

---

① 《马克思恩格斯全集》第42卷，北京，人民出版社，2016，第29页。黑体为原文所加。
② 《马克思恩格斯全集》第42卷，北京，人民出版社，2016，第29页。

　　广告产生的真正的历史动因是分工。无论是第一次社会大分工中畜牧业与农业的分离，还是第二次社会大分工中手工业和农业及畜牧业的分离，抑或是第三次社会大分工中商人阶层的形成，每一次社会分工的发生都促进了交换的发展，这种交换的发展在形成商人阶层的第三次社会大分工之后得到极大的增强，因为商人正是这样一群专事交换的人，现代商业广告的诞生与发展也是劳动分工的直接结果——以广告为专职的现代广告公司和广告职业者的出现直接推动现代广告的发生与发展。①

　　总之，从生产逻辑出发，我们认为广告是一种物质性的力量。一方面，它是物质资料生产过程的自然产物；另一方面，广告是物质资料生产过程的促进性力量。将这两方面结合起来看，我们认为广告具有物质指向性：广告天然地具有推动物质运动、流动的倾向，具有推动社会生产力发展的倾向。广告的物质指向性是其存在的根本的合法性依据，也是其能够不断地随着人类社会生产力的发展而发展的根本原因。

第三节　资本逻辑视域中的广告

　　从人类学意义上的生产逻辑出发，我们分析论证了广告的物质指向性，指出这是广告存在的根本的合法性依据。在本节中，我们将换一个视角，从资本逻辑出发，来考察广告问题，看看能得出怎样的结论。

一、唯物史观中的资本逻辑

　　一般认为，马克思主义理论体系中存在着两个基本构成：一是以物质本体论为基础的唯物主义、辩证法与认识论构成的辩证唯物主义；二是以生产力决定生产关系、经济基础决定上层建筑、社会存在决定社会意识为基本构成的历史唯物主义。如果说前者是马克思哲学思想的集中体现的话，那么，后者则可以被视为马克思的政治经济学和科学社会主义思想的集中体现。不过，晚近的研究则对这种将辩证唯物主义与历史唯物主义并列对待的做法提出了异议，理由是历史唯物主义不过是辩证唯物主义在历史领域的运用，而"将一种公理与公理的运用置于同一层

---

　　①　葛在波：《广告文化研究：批判导论》，厦门，厦门大学出版社，2018，第201页。

次"①，显然是不妥当的。

如果说辩证唯物主义为我们揭示了历史存在的前提和认识世界的方法与路径的话，那么历史唯物主义则为我们揭示了人类社会的发展规律——历史的秘密。马克思的历史唯物主义思想在他对资本主义社会的大量研究中得到了集中体现。在他对商品秘密的揭示中，在他对价值、使用价值和交换价值之间复杂关系的分析中，在他对剩余价值源头的考察中，在他对分工、交换（流通）、地租以及劳动力成为商品等要素的论证中……马克思一步一步地将资本主义生产方式的内在矛盾——社会化大生产与生产资料私人占有——充分揭示出来，从而证明了资产阶级社会这一人类社会最后的"对抗形式"被社会主义和共产主义所取代的历史必然性。

在对资产阶级生产方式的全方位深入分析中，马克思强调他的全部研究工作都遵循着一个基本的指导思想，这就是他在《政治经济学批判。第一分册》中着重强调的：

> 我所得到的、并且一经得到就用于指导我的研究工作的总的结果，可以简要地表述如下：人们在自己生活的社会生产中发生一定的、必然的、不以他们的意志为转移的关系，即同他们的物质生产力的一定发展阶段相适合的生产关系。这些生产关系的总和构成社会的经济结构，即有法律的和政治的上层建筑竖立其上并有一定的社会意识形式与之相适应的现实基础。物质生活的生产方式制约着整个社会生活、政治生活和精神生活的过程。不是人们的意识决定人们的存在，相反，是人们的社会存在决定人们的意识。社会的物质生产力发展到一定阶段，便同它们一直在其中运动的现存生产关系或财产关系（这只是生产关系的法律用语）发生矛盾。于是这些关系便由生产力的发展形式变成生产力的桎梏。那时社会革命的时代就到来了。随着经济基础的变更，全部庞大的上层建筑也或慢或快地发生变革。②

在这段唯物史观的经典论述中，马克思清楚地阐明了生产力决定生产关系、社会存在决定社会意识、生产关系必须适应生产力发展状况的

---

① 仰海峰：《〈资本论〉的哲学》，北京，北京师范大学出版社，2017，第8页。
② 《马克思恩格斯全集》第31卷，北京，人民出版社，1998，第412～413页。

历史规律。一种生产关系在形成之初总是能够适应生产力发展需要的——因为它是在这一生产力的基础上形成的；但随着生产力的不断提高，原本适应生产力的生产关系便会逐步成为生产力发展的障碍。随着这种阻碍的不断激化，旧的生产关系必须要被打破，以便为新的生产关系开辟道路。这时，社会革命的时代就要到来了。

马克思从唯物史观的这一基本前提出发，通过对资本主义生产方式的深入研究，得出结论：(1)资本主义生产方式在历史上具有巨大的进步性，"资产阶级在它的不到一百年的阶级统治中所创造的生产力，比过去一切世代创造的全部生产力还要多，还要大"①。(2)资本主义生产方式的固有矛盾体现为社会化大生产与生产资料私人占有之间的矛盾。(3)资本主义固有矛盾无法在资本主义生产方式内部克服，矛盾的发展必然会推动资本主义为社会主义和共产主义所取代。(4)资本主义社会的轴心逻辑是资本逻辑，资本逻辑渗透到了资本主义社会肌体的每一个毛孔，社会存在和社会意识的各个要素都服从和服务于资本逻辑的运转，资本逻辑已经成为资本主义社会中的主导意识形态。(5)资本逻辑以追求剩余价值的最大化为根本目标，只要有利可图，资本就会活跃起来，利润越大，资本就越活跃。马克思在《资本论》第三十一章"工业资本家的产生"中引用的《评论家季刊》中的一段话正表明了这一点：

> 一旦有适当的利润，资本就胆大起来。如果有10%的利润，它就保证到处被使用；有20%的利润，它就活跃起来；有50%的利润，它就铤而走险；为了100%的利润，它就敢践踏一切人间法律；有300%的利润，它就敢犯任何罪行，甚至冒绞首的危险。②

二、商品、使用价值、交换价值及广告

如上文所述，资本逻辑的本质在于对剩余价值的追求，而资本实现剩余价值的途径是将社会中的一切要素全都转化为商品，并将之纳入交换的轨道。在资本主义生产方式下，生产资料是商品，生活资料是商品，劳动力是商品……甚至连人的德行、爱情、良心等看似不能出卖的东西，都成了可以买卖的商品。

---

① 《马克思恩格斯文集》第2卷，北京，人民出版社，2009，第36页。
② 《马克思恩格斯全集》第43卷，北京，人民出版社，2016，第824页。

　　商品是使用价值和交换价值的复合体，使用价值是交换价值的载体，其本身不能构成商品。使用价值要想转化为商品，必须经过交换环节，在交换中，一种使用价值实现了与另一种使用价值的交换，从而实现了自身的商品化。可见，商品化是使用价值转化为交换价值的桥梁；也正是在商品化和交换的过程中，广告的功能与作用才得以充分彰显。因此，我们在资本逻辑中研究广告，就应从分析商品、使用价值和交换价值开始。

（一）商品和商品化的社会关系

　　商品是资本主义社会的细胞，商品体现着资本的内在精神和资本主义社会的全部秘密。因此，马克思对资本主义社会的解剖首先是从对商品的分析开始的。

　　在《资本论》第一章的开篇，马克思这样写道：

　　　　资本主义生产方式占统治地位的社会财富，表现为"庞大的商品堆积"，单个的商品表现为这种财富的**元素形式**。因此，我们的研究就从分析商品开始。

　　　　商品首先是一个外界的对象，一个靠自己的属性来满足人的某种需要的物。这种需要的性质如何，例如是由胃产生还是由幻想产生，是与问题无关的。这里的问题也不在于物怎样来满足人的需要，是作为生活资料即消费品来直接满足，还是作为生产资料来间接满足。①

　　一个物品或一个产品一旦变成为商品，它就发生了质的变化。这种质的变化，正如马克思的分析对我们的启示那样，绝不能从它的使用价值层面来理解，而应从它的交换价值层面去理解。② 从交换价值层面进行考量，一个物品或一个产品变成商品的过程体现为这个物品或产品的商品化过程。然而，单个商品化过程的影响是微不足道的，只有当这种

① 《马克思恩格斯全集》第 42 卷，北京，人民出版社，2016，第 21～22 页。黑体为原文所加。

② 马克思在《资本论》中分析指出，从使用价值来看，商品是简单而平凡的，只不过是一种"可以感觉的物，不论从它靠自己的属性来满足人的需要这个角度来考察，或者从它作为人类劳动的产品才具有这些属性这个角度来考察，它都没有什么神秘的地方"（《马克思恩格斯全集》第 42 卷，北京，人民出版社，2016，第 56 页）。然而，商品之所以是商品，就在于它不光具有使用价值，还具有交换价值，正是在交换价值中，蕴藏着商品的全部秘密。马克思以桌子为例，说明了交换价值使得商品具有神秘性的一面："但是桌子一旦作为商品出现，就转化为一个可感觉而又超感觉的物。它不仅用它的脚站在地上，而且在对其他一切商品的关系上用头倒立着，从它的木脑袋里生出比它自动跳舞还奇怪得多的狂想。"（《马克思恩格斯全集》第 42 卷，北京，人民出版社，2016，第 56 页）

商品化成为社会中普遍性的关系——商品化的社会关系——的时候，其影响才会得以充分显现出来。

　　显然，商品化的社会关系源于单个物品或产品的商品化。商品作为一个"外在的对象"，作为一个物，其与人发生本质关联主要经由两个渠道。其一，商品是工人生产出来的，是人的类本质的对象化的目标和产物。在资本主义工业化大生产中，正如马克思敏锐地指出的那样，商品中凝结了一种特殊的社会关系——雇佣劳动关系，即工人受雇于资本家进行生产的社会关系。因此，商品又必然是资本主义生产关系的产物。其二，商品虽然是由工人在资本主义雇佣劳动关系下生产出来的，但工人并不占有自己的产物，恰恰相反，工人的产物为资本家所占有。工人在资本主义生产过程中只不过是出卖自己劳动力的一方，他们通过出卖自己的劳动力来获取微薄的工资，以实现自身劳动力的再生产。自己不占有自己的劳动成果，甚而，自己的劳动成果反而成为反对自己的、异己的存在物，这就是劳动异化。

　　可见，在资本主义生产方式下，劳动力的商品化是前提。劳动力的商品化，才导致了资本主义社会关系的全面商品化。在这种商品化的社会关系中，一切都以买卖（交换）为目的，没有什么东西是不可以拿来买卖的。正如马克思在《哲学的贫困》中所分析的那样，在这种交换关系发展的后期，"甚至象德行、爱情、信仰、知识和良心等最后也成了买卖的对象，而在以前，这些东西是只传授不交换，只赠送不出卖，只取得不收买的"①。在一个普遍商品化的社会关系中，还有什么比广告的发达更能体现这样的社会关系呢？

　　（二）使用价值、交换价值与广告

　　商品生产成为社会中的主导性生产方式以及社会关系的全面商品化，为广告的勃兴提供了丰饶的社会土壤。下面，我们将通过对使用价值和交换价值的考察，来剖析广告的存在价值、功能和作用。

　　1. 使用价值

　　任何商品都具有使用价值，具有使用价值是商品能够进入交换和流通领域的前提条件。在英国古典政治经济学中，"使用价值"（worth）被认为是一种物所自然具有的属性，如约翰·洛克在《略论降低利息的后果。

---

　　① 《马克思恩格斯全集》第 4 卷，北京，人民出版社，1958，第 79～80 页。

1691 年》一文中就指出：“任何物的自然 worth［价值］①都在于它能满足必要的需要，或者给人类生活带来方便。”②马克思也认为：“物对于人类生活的有用性使物成为**使用价值**。”③不过，马克思同时也指出，在资本主义社会形式中，“使用价值同时又是**交换价值**的物质承担者”④。

使用价值构成社会财富的物质内容，因此它是一种普遍的存在，在任何社会形式中，物的使用价值都是基础性的。如果我们承认物质资料生产是人类社会的第一个历史前提的话，那么，我们必须同时承认物的使用价值对于人类历史的基础性地位。

既然使用价值是物的自然属性，因此，它不会因为外在形式的改变而有所增加或有所减少。比如一块面包，它不会因为采用豪华包装或简单包装而增加或减少它的使用价值——消解消费者的饥饿感。同理，任何宣传或广告也不会增加或减少商品的使用价值。这是显而易见的道理。

据此，我们可以得出结论：**广告不能增加商品的使用价值**。

2. 交换价值

历史上有据可查的、最早提及物的交换价值的思想家是亚里士多德。亚里士多德在《政治学》中曾写下过这样一段话：

> 我们所有的财物，每一件都可以有两种用途。财物是同一财物，但应用的方式有别，其一就是按照每一种财物的本分而作正当的使用，另一则是不正当的使用。以鞋为例：同样是使用这双鞋，有的用来穿在脚上，有的则用来交易。那位把鞋交给正在需要穿鞋的人，以换取他的金钱或食物，固然也是在使用“鞋之所以为鞋”，但这总不是鞋的正用，因为制鞋的原意［是为了自己要穿着，］不是为了交换。其他一切财物的情况相同，都可以兼作易货之用。⑤

这里，亚里士多德认为物所固有的自然属性，比如鞋的自然属性是

---

① 在 17 世纪的英语中，use value(utility)和 exchange value 还不是常用词汇。彼时，人们还习惯于使用 worth(日耳曼语源词)来指称“使用价值”，而用 value(罗曼语源词)来指称“交换价值”。对此，马克思调侃道，“这完全符合英语的精神”，因为“英语喜欢用日耳曼语源的词来表示直接的东西，用罗曼语源的词表示被反映的东西”(《马克思恩格斯全集》第 42 卷，北京，人民出版社，2016，第 22 页)。
② 转引自《马克思恩格斯全集》第 42 卷，北京，人民出版社，2016，第 22 页。
③ 《马克思恩格斯全集》第 42 卷，北京，人民出版社，2016，第 22 页。黑体为原文所加。
④ 《马克思恩格斯全集》第 42 卷，北京，人民出版社，2016，第 22～23 页。黑体为原文所加。
⑤ 〔古希腊〕亚里士多德：《政治学》，吴寿彭译，北京，商务印书馆，1965，第 23 页。

可以用来穿，是其使用价值；但同时，鞋除了可以用来穿之外，还可以用来与别人进行交换——交换货币或食物。这显然指的是鞋的交换价值，但亚里士多德却模糊地认为"穿"和"交换"两者都是使用价值。这是一种概念的混淆。尽管如此，亚里士多德的这一段论述还是引起了后来资产阶级古典经济学家们的重视。比如，亚当·斯密正是在这段论述的启发之下区分了商品的使用价值和交换价值。

马克思批判地吸纳了前人的研究成果，并在此基础上深入探讨了商品的使用价值和交换价值之间的关系。马克思指出，商品是使用价值和交换价值的统一体——换句话说，商品具有使用价值和交换价值两个规定性，而且，"任何特定的产品只有作为这两个规定的直接统一体才是**商品**"①。商品作为使用价值和交换价值的统一体，表明它"是一种**二重的东西**"②。而商品的这种二重性又是由劳动的二重性所决定的，这就是马克思在《政治经济学批判。第一分册》第一章"商品"中所反复论证的一个主题。劳动同时既是具体劳动又是抽象劳动。作为前者，劳动生产了商品的使用价值；作为后者，劳动成为一种无差别的一般人类劳动，因而它成了一种劳动抽象，抽象劳动产生了商品的交换价值。"生产交换价值的劳动是**抽象一般的和相同的**劳动，而生产使用价值的劳动是具体的和特殊的劳动，它按照形式和材料分为无限多的不同的劳动形式。"③

可见，商品的交换价值表现为凝结在商品中的一定量的抽象的一般劳动时间，这种抽象的一般劳动时间表现为资产阶级社会中的一种社会规定，亦即是说，劳动必须转化为无差别的社会性的劳动，才能实现商品之间的自由交换。马克思在论述这一点时着重谈了三个方面。首先，资产阶级的社会化大生产要求将一切劳动化约为"同种劳动"，即只有量的差别而无质的差别的"社会劳动"。其次，个人化的劳动要成为商品，实现自己的交换价值，就必须成为"一般等价物"——使个人的劳动时间成为一般劳动时间。最后，交换价值作为商品生产的普遍目的带来了一个深层次的问题：人和人之间的社会关系现在表现为物和物之间的社会关系。由于物之中存在被对象化了的人的类本质，因此，物起到了人的"代理人"的作用。"如果交换价值是人和人之间的关系这种说法正确的

---

① 《马克思恩格斯全集》第 31 卷，北京，人民出版社，1998，第 370 页。黑体为原文所加。

② 《马克思恩格斯全集》第 42 卷，北京，人民出版社，2016，第 28 页。黑体为原文所加。

③ 《马克思恩格斯全集》第 31 卷，北京，人民出版社，1998，第 428 页。黑体为原文所加。

话，那么必须补充说：它是隐蔽在物的外壳之下的关系"。①

资本逻辑中的生产以实现交换价值为最终目的，不具有交换价值或交换价值不足的商品往往会被排挤在生产之外。因此，很显然，资本主义的社会化大生产是以交换为目的的，只有交换畅通了，资本的流通才能实现，剩余价值才能实现，资本主义的经济体系也才能正常运转。而正是在交换环节中，广告的作用得到了充分的彰显。

3. 广告

广告的基本功能就在于推销商品或服务，从而加快实现一种物（商品）从其所有者（卖家）的手中向买家手中的转移，完成马克思所说的"商品流通的直接形式"——W—G—W②。马克思在分析商品流通的这一基本形式时，实际上是将这一公式分解为两个部分来进行考察的。

首先，从 W（商品）到 G（货币）的过程——W—G，这是一个以商品交换货币即卖的过程。在这一过程中，商品完成了使用价值向交换价值的转换。其次，从 G 到 W 的过程——G—W，这是一个以货币交换商品即买的过程。假定买家购买该商品是为了自用而非进一步的交换，那么，在这一过程中，我们会发现：商品又摆脱了交换价值的存在而回复到使用价值。可见，这是一个商品转化为货币和货币逆转化为商品的有机运动。在这一运动中，"商品最初作为特殊的使用价值存在，而后摆脱了这种存在，取得了同它的自然存在脱离一切关系的作为交换价值或一般等价物的存在，然后又摆脱了这种存在，最后仍然作为满足个别需要的实际的使用价值"③。

在商品换货币（即卖）和货币换商品的对立统一的过程中，蕴含着资本逻辑视域下广告的丰富秘密。

首先，W—G 即卖的环节，无疑是广告活动最为活跃的环节。在这一环节，卖方为了实现自己手中的商品的交换价值，往往要借助广告传播活动进行推销。在资本主义大量生产、大量消费的现实条件下，广告传播活动的活跃程度是空前的。而且，市场竞争越是激烈，广告传播活动就越是活跃。广告可以推动商品交换价值的实现，这在各种广告功能观中都有着清楚的体现。

传统的广告功能观研究认为，广告在帮助卖家兑现自己商品的交换

---

① 《马克思恩格斯全集》第 31 卷，北京，人民出版社，1998，第 426 页。
② 《马克思恩格斯全集》第 31 卷，北京，人民出版社，1998，第 482 页。从马克思的这一简单商品流通公式，我们也可以看出在"生产逻辑"部分所论述的广告的物质指向性——推动使用价值从卖方向买方的转移，广告在这里实质上起到了加快物质运动、流动的作用。
③ 《马克思恩格斯全集》第 31 卷，北京，人民出版社，1998，第 482 页。

价值方面至少发挥了四个层面的作用。

第一，告知(to inform)。这是一种早期的广告功能，也是一种朴素的广告功能，它旨在向外界传达有关商品存在的基本、客观的信息，以便为买方提供参考。这种广告功能客观上有助于消除买方和卖方之间的信息不对称。

第二，劝服(to persuade)。这是一种以改变买方意见为目标的广告功能，它通过强调商品与买方需求之间的一致性来促使消费者改变想法，转而采取有利于卖家的态度或行动。显然，劝服功能是在告知功能基础上的发展，其复杂性在一定程度上又体现为功利性的上升。

第三，诱导(to induce)。这是一种较之于劝服更加复杂，也更具意识控制色彩的广告功能。因为，在英语里，"induce"的意思是借助劝服或影响来推动行动。如果说劝服还只是相对客观、相对静态的话，那么，诱导的主动性和侵略性是显而易见的，它旨在敦促消费者即刻采取有利于卖方的行动。

第四，沟通(to communicate)。这种功能观摒弃了以往的劝服和诱导，转而强调与买方之间建立一种"平等的"沟通关系，并希望以这种沟通关系为基础，建立起一种买卖双方的共同体意识，从而进一步淡化甚至掩盖功利性。

上述四种广告功能观在时间上具有继起性——从最初的告知到后来的劝服、诱导直至沟通，体现了广告功能在历史上的发展演变；在性质上则体现出广告虽然一直致力于实现商品的交换价值，但实现的方法却越来越变得巧妙。按照约翰·肯尼迪的说法，广告无非是"印在纸上的推销术"(Salesmanship-in-Print)而已，但这种推销术在广告功能的演变中越来越呈现出从"硬推销"向"软推销"过渡的态势。

其次，在 G—W 即买的环节，广告活动同样十分活跃，因为这一环节是商品实现自己的交换价值，从而完成"惊险的跳跃"①的关键一环。广告的最终目的就在于促使买方采取购买行动，从而实现交换价值的转

---

① 马克思在分析由商品到货币(金)的转换过程时，曾指出在资本主义生产条件下，实现商品的交换价值是生产的唯一目的；因此，"想变成金"，是所有商品都具有的"虔诚愿望"。他以铁为例写道："铁的任务，或者说，铁的所有者的任务，是在商品世界中找到铁吸引金的地方。但是，如果像我们在这里分析简单流通时所假定的那样，卖确实完成了，那么这种困难，即商品的惊险的跳跃，就渡过了。这吨铁通过它的让渡，即通过从把它当作非使用价值的人的手里转到把它当作使用价值的人的手里而实现为使用价值，同时也就实现了自己的价格，从不过是想象的金变成了实在的金。"(《马克思恩格斯全集》第 31 卷，北京，人民出版社，1998，第 483 页)

让，也就是使用价值的让渡。不过，在商品的买卖过程中，看上去好像其本质是一种使用价值从一端向另一端的转移，也因此广告的作用好像是推动了这一转移的过程，但实际上，广告的真正目的或者说意义并不在此。毋宁说，广告的真正目的或意义在于：它要帮助卖方在商品世界中找到己方商品"吸引金的地方"[①]。这里的"金"，根据马克思的论述，实质上就是指货币，或一般等价物。

> 商品所有者只是以监护人的身分进入流通过程。在这个过程中，他们彼此以买者和卖者的对立形式出现，一个是人格化的糖块，另一个是人格化的金。糖块一变成金，卖者也就变成买者。这种特定的社会身分，决不是来自人的个性，而是来自以商品这个特定形式来生产产品的人们之间的交换关系。买者和卖者之间所表现的关系，不是纯粹的个人关系，因为他们两者发生关系，只是由于他们的个人劳动已被否定，即作为非个人劳动而成为货币。[②]

在商品经济作为统治性的经济形式的社会中，产品作为商品得以生产，人与人之间是一种以商品和货币为中介的交换关系，人本身在社会中的身份既是卖者又是买者，是二者的统一体。显然，这是一种物化的社会关系。在这种物化的社会关系中，广告无疑是以交换价值为导向的，它一方面要专注于帮助卖方实现商品的交换价值，另一方面还要尽量"增加"商品的交换价值。就后一点而言，大量相关研究成果都已证明，广告在一定程度上能够增加商品的交换价值。比如，法国学者让·鲍德里亚就认为，在当代资本主义社会中，商品是以符号的形式进行生产的，而广告则为商品赋予"象征价值"（symbolic value）——一种可以提高商品交换价值的价值。[③] 在这一逻辑的指引下，鲍德里亚认为商品的交换价值已经超越了使用价值，

> 使用价值与所指拥有战术上的价值（valeur tactique），而交换价值和能指则具有战略上的价值（valeur stratégique）。体系就是由这功能性的两极构造的，但这两极之间存在着等级差别。其中交换价值

---

① 《马克思恩格斯全集》第 31 卷，北京，人民出版社，1998，第 483 页。
② 《马克思恩格斯全集》第 31 卷，北京，人民出版社，1998，第 489 页。着重号为原文所加。
③ 参见葛在波：《商品—符号论：鲍德里亚消费社会思想评析》，《岭南师范学院学报》2018 年第 4 期，第 155～159 页。

和能指处于明显的支配地位。①

可见，广告不仅致力于帮助兑现商品的交换价值，它还在一定程度上能够赋予商品以交换价值，因此，对商品和商品化的社会关系的批判，就可以转化为对商品的符号政治经济学的批判。而这正是鲍德里亚那本引起广泛争议的《符号政治经济学批判》一书中的主题。②

三、资本逻辑与广告逻辑

资本逻辑以追求剩余价值为内在动力，而资本这种对剩余价值的追求是以生产的交换价值导向性为前提条件的。资本主义社会生产的交换价值导向必然导致普遍的商品化社会关系，这是一种物化的社会关系，即人与人之间的社会关系现在表现为物与物之间的交换关系。这是马克思极力批判的一种现象，

> 人和人之间的社会关系可以说是颠倒地表现出来的，就是说，表现为物和物之间的社会关系。只有在一个使用价值作为交换价值同别的使用价值发生关系时，不同个人的劳动才作为相同的一般的劳动相互发生关系。③

在隐蔽于物的外壳之下的人与人之间的交换关系中，正如我们上文所分析的那样，广告扮演着十分重要的角色。在资本主义大量生产、大量消费的现实条件下，尽管广告自身的功能在不断地发展演进，但其根本目标和使命却一直未变，这就是始终致力于帮助兑现商品的交换价值，推动社会关系商品化的普遍化和结构化。这对于社会关系商品化的普遍化和结构化的影响，有研究者这样分析道：

> 商品之间的关系，首先表现为交换价值的数量关系，其次体现了人与人之间的抽象劳动关系，商品的世界实际上是一个形式化的世界，在这个形式化的世界中，物的有用性这一"质"的规定，只是

---

① 〔法〕让·鲍德里亚：《符号政治经济学批判》，夏莹译，南京，南京大学出版社，2015，第 180 页。

② 鲍德里亚所谓的"符号政治经济学"实质上是一种唯心主义的"经济学"，因为它背离了唯物史观的基本原则——生产本体论。关于鲍德里亚"符号政治经济学"和他的唯心主义广告批判理论的深入分析，参见第五章内容。

③ 《马克思恩格斯全集》第 31 卷，北京，人民出版社，1998，第 426 页。

商品世界的一个借口，一种多余的存在。商品交换的过程，就意味着进入形式化的世界中，不管是商品持有者还是购买者，都成为形式化世界的表演者。这表明，资本主义的社会存在，是一种形式化的存在。这个形式化的社会存在如何展开，根据马克思后来的讨论，实际上表现为一个结构化的过程。①

首先，形式化的社会存在和结构化的资本主义社会关系已经成为实现人的自由与解放的最大障碍。在这样的社会存在和社会关系中，人的主体性和能动性还是否有效已经成为摆在我们面前的一个严肃课题。如果像有些学者所分析的那样，资本逻辑作为一种结构化的逻辑，越来越趋向于将主体变成资本增殖的工具，那么，我们又该如何打破资本逻辑的统治以恢复人的主体和自由呢？

其次，从上文的分析中我们不难得出这样的结论：广告作为资本逻辑结构化和形式化的一个有效的工具，其在当代社会中的不断坐大必然会加深资本逻辑的统治性地位，从而不断加深对人的主体性的压制，使得人更加不自由。在这种情况下，卢卡奇曾经寄希望于唤起无产阶级的"阶级意识"，葛兰西曾经发出无产阶级要夺取"文化领导权"的号召，这些还是否可行和有效，似乎都成了问题。

最后，我们看到，在当代，对广告的批判必须与对资本逻辑的批判结合起来，因为广告逻辑和资本逻辑之间具有内在一致性，二者都以实现商品的交换价值为旨归。广告逻辑和资本逻辑的这种内在一致性在形式上则表现为生产的商品导向和社会关系的普遍商品化、交换化。可见，广告逻辑和资本逻辑在资本主义生产条件下很好地达成了"共谋"，广告既是资本逻辑的必然要求，同时它又不断地为资本逻辑张目，成为资本逻辑结构化和形式化的重要手段。因此之故，任何旨在揭示广告传播系统的结构化效应的努力，都必须置于揭示资本逻辑之秘密和运作机制的背景下来考察。只有这样，批判的笔调才能做到有的放矢，直指要害。

本章小结

在本章，我们分别从生产逻辑和资本逻辑出发，对广告开展了深入

---

① 仰海峰：《〈资本论〉的哲学》，北京，北京师范大学出版社，2017，第 145 页。

分析。由于生产逻辑和资本逻辑构成了马克思哲学思想中的两个基本面向，因此，从这两种逻辑出发分别对广告问题进行理论拷问就代表了对广告的根本认识。比如，广告存在的根本性法理依据是什么？既然广告的勃兴是一种历史必然，我们又为什么要批判广告？批判广告的根本目的是什么？如何批判，或者说广告批判的真正靶标在哪儿？要想回答这些带有根本性的问题，我们必须从马克思的哲学思想中寻求本原、汲取智慧、获得灵感。

生产逻辑是贯穿马克思哲学思想始终的一条脉络主线，也是辩证唯物主义和历史唯物主义的思想主线。生产逻辑在人类学意义上确认了人类和人类历史存在的第一个前提——物质资料的生产。诚如马克思所言，"全部人类历史的第一个前提无疑是有生命的个人的存在。（这些个人把自己和动物区别开来的第一个历史行动不在于他们有思想，而在于他们开始**生产自己的生活资料**——原书注）"。因此，"第一个需要确认的事实就是这些个人的肉体组织以及由此产生的个人对其他自然的关系"①。

人们在生产中总是会结成各种各样的生产关系，这些生产关系一般而言是与当时的生产力条件相匹配的。同时，人们在生产中自然地会形成分工，最初是朴素的原始的分工，如男女之间因生理条件而产生的自然分工。随着生产力的发展，分工也在不断发展。人类历史上经历过的三次社会大分工都是社会生产力发展的产物。分工产生了对交换的需要，人们根据自身的情况和占有的自然资源，从事某一门类的产品的生产。这种生产的局限性必然要求不同门类之间进行产品交换，以互通有无。正是在交换的过程中，广告产生了。因此，广告产生的直接历史动因是交换，深层次的历史动因则是分工。特别是当第三次社会大分工——商人阶层出现后，交换无论是在广度上还是在深度上都获得了空前发展。

生产（劳动）产生了分工，分工产生了交换（流通），交换（流通）产生了广告。据此，本书认为，广告是生产（劳动）的自然产物。迄今为止的人类历史表明，生产力越是向前发展，分工就越是发达、越是细化。今天，我们早已不能用"三百六十行"这样的说法来描述分工的状貌了。同时，分工的发达必然伴随着交换（流通）的发达，后者又必然会带动广告的发达，直至使之成为当代社会中一种鲜明的社会与文化景观。

以上是从人类学意义上的生产逻辑出发，对广告问题进行的带有根本性意义的考察。从生产逻辑出发，我们认为广告既是生产的自然产物，

---

① 《马克思恩格斯文集》第 1 卷，北京，人民出版社，2009，第 519 页。

又能促进生产的发展，广告体现了生产逻辑的内在规定性。广告的生产逻辑价值就在于：它能够推动物质从一地向另一地运动、流动。正是在这种物质的运动、流动过程中，马克思曾论述过的人类的物质交往和精神交往活动都获得了发展——这样的发展必然会促进生产力的发展。关于这一点，我们也可以从马克思的简单商品流通公式——W—G—W——中见出。这一马克思称为"商品流通的直接形式"的公式两端正是商品，经过这样的流通，商品完成了从卖方向买方的转移，从而实现了自身的交换价值，完成了"惊险一跃"（图 3-1）。

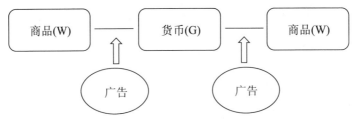

图 3-1　广告作用于简单商品流通示意

当然，这只是从生产逻辑出发对广告的分析。这样的分析确认了广告存在的法理性基础——广告的物质指向性。不过，这只是问题的一个方面，问题的另一个方面，是马克思哲学思想中的资本逻辑。

资本逻辑只在人类历史进入资本主义社会之后才逐步取得了统摄性地位。晚近对马克思哲学思想的进一步研究认为，马克思最早于写作《政治经济学批判(1857—1858 年经济学手稿)》(即《政治经济学批判大纲》)时逐步形成了对生产逻辑和资本逻辑的双重认知。这与马克思对资本主义社会中的基本要素如商品、货币、交换，以及资本的运行机制等的分析过程密不可分。在对这些基本要素，特别是对资本的运行机制的考察中，马克思发现仅从生产逻辑出发来考察资本主义社会是不能抓住问题的关键的，因为资本主义的生产是商品化的生产，以交换价值的兑现为目的。这便背离了人类学意义上的朴素的生产目的——满足人的自然需要。

生产的目的不是为了满足生产者的自然需要，而是为了交换，为了实现资本的增殖即实现剩余价值，这是资本主义生产方式的根本特点，也是资本逻辑的内在规定性。一旦资本逻辑取得了统摄性地位，这种内在规定性就必然地要求将社会生产的全部要素统统纳入其运行机制之中，成为服从和服务于自身的手段和工具。这就是资本逻辑的形式化和结构化。广告虽然古已有之，但早期那种原始形式的告知式广告还带有朴素的味道，只有到了资本主义社会之后，广告的功能和作用才获得了全方位发展——劝服、诱导、沟通功能都是在这一时期发展出来的。在资本主义社会关系普遍商品化的现实条件下，广告的交换倾向与资本逻辑自然是一拍即合，二者之间所具有的天然亲和性迅速产生了化学效应，合力推动社会关系在交换的道路上越走越远。

由此可见，广告逻辑与资本逻辑是内在一致的，广告在人类历史进入以交换为目的的资本主义社会后迅速勃兴是必然的，因为无论是广告逻辑还是资本逻辑，都以实现商品的交换价值为旨归。也正是因为广告逻辑与资本逻辑之间存在着内在一致性，马克思笔下资本逻辑所展示出来的有悖于人的自由与全面发展的效应都能在广告那里找到。异化的生产关系、物化的社会联系、作为现代社会宗教的商品拜物教……这些马克思批判资本主义社会的概念和工具统统适用于对广告的批判。

首先，广告加深了异化的生产关系。这是因为工人生产得越多，其对象化到产品中的自身的本质力量就越多；而由于这些产品并不为工人占有，反而成为反对工人的"对象物"。因此，工人生产得越多，其创造的反对自身的"对象物"就越是强大，异化现象就越是严重。

其次，广告推动了社会联系的物化。这是因为广告以实现商品的交换价值为旨归，大量生产、大量交换、大量消费是资本主义社会的重要特征，在普遍交换的过程中，正如马克思所言，人与人之间的关系现在是颠倒过来的，是一种以物为中介、表现为物与物之间的社会关系。

最后，广告推动了商品拜物教的普遍化。这与前面两条是密切关联的。广告既然加深了人与自己的创造物（商品）之间的异化，并推动了人与人之间的关系即社会关系的物化，就必然地会将物（商品）确立为社会中的膜拜对象。在一个普遍物化的社会中，广告不仅通过为商品赋予意义而成为人与商品之间的沟通桥梁，还能够为商品带来一丝"神秘性"，从而增加商品的交换价值。正如约翰·辛克莱指出的那样，广告"能够为商品创造一些'神秘性'（mystique），赋予商品以交换价值。这既是一种经济功能，也是一种意识形态功能"[1]。

带给商品以"神秘性"，增加商品的交换价值，不起眼的广告是如何做到这些的呢？对广告颇有研究的西方马克思主义学者苏特·加利一语道破其中的玄机。在加利看来，"广告作为一种关于'物'（objects）并通过

---

[1] John Sinclair, *Advertising, the Media and Globalisation: A World in Motion*, London: Routledge, 2012, p. 5.

'物'来表达的话语(discourse)",其力量源于"它能提供从别处无法获得的'意义'(meaning)";广告的力量"源自人们需要在商品的世界里寻找意义和象征(symbolism)"。①

"意义"和"象征",这些原本只有宗教才能提供给人的东西,现在改由广告来提供。宗教退场,广告上阵,广告成为现代人的新宗教。诚如加利所分析的那样,

> 商品拜物教首先挖空商品的意义,藏匿通过劳动而对象化到商品中的真实的社会关系,然后再使虚幻的/象征性社会关系在次级层面上注入意义的构建。生产被掏空,广告来填充。真实在虚幻的遮蔽下已经无影无踪。②

总之,广告的身上蕴含着马克思哲学思想中的双重逻辑——生产逻辑和资本逻辑。一方面,广告是人类学意义上的生产逻辑的自然产物——广告既是生产的自然产物,又反过来促进生产的发展。广告对生产的推动体现在它能推动物质的运动、流动。这就是广告的物质指向性,也是广告存在的最后的法理性依据,更是我们当代必须大力发展广告业的根本依据。正因为广告能够推动生产的发展,而生产又是人类和人类社会存在的第一历史前提,所以,我们可以断言:广告将伴随人类社会发展的始终。③

另一方面,广告的复杂性就在于,它不光是生产逻辑的体现,其固有的交换倾向还与资本逻辑内在一致。事实上,正如马克思论证过的那样,当代资本主义社会是一个资本逻辑统摄了生产逻辑的社会形态。与此相似,这是一个广告的资本逻辑统摄了其生产逻辑的时代。因此,如果说广告逻辑中也包含了生产逻辑和资本逻辑这一双重逻辑的话,那么,我们要批判的显然不是其生产逻辑,而是其资本逻辑。这是与马克思的哲学思想高度吻合的——马克思对商品、资本等的批判针对的不是其背后的生产逻辑,而是资本逻辑。广告的资本逻辑就在于,它以实现商品

---

① Sut Jhally, *The Codes of Advertising : Fetishism and the Political Economy of Meaning in the Consumer Society*, London: Routledge, 1990, pp. 1, 52.

② Sut Jhally, *The Codes of Advertising : Fetishism and the Political Economy of Meaning in the Consumer Society*, London: Routledge, 1990, p. 51. 译文参考了中译本(〔加拿大〕苏特·杰哈利:《广告符码:消费社会中的政治经济学和拜物现象》,马姗姗译,北京,中国人民大学出版社,2004)。

③ 关于这一点,参见本书第十二章的相关讨论。

的交换价值为根本目的，其在当代的功能发展演变推动了社会的商品化和普遍物化的社会关系，加深了社会的拜物教现象，成为资本形式化和结构化社会关系的急先锋。而所有这些，都与马克思笔下实现人类的自由历史这一理想相悖。因而，它需要被扬弃，需要被超越。

第四章　构建马克思主义指导下的广告研究

不仅广告批判应该回归马克思，作为整体的广告研究和广告学的学科建设也应该在马克思主义的全面指导下进行。本章，我们将就广告研究、广告学和马克思主义之间的关系问题，以及马克思主义广告研究的具体路径和方法等问题展开讨论。

这里的基本观点是：广告研究应该全面回归马克思，坚持用马克思主义的立场、观点和方法分析广告、认识广告和发展广告学科；在唯物史观的本体论和认识论框架下确认广告的合法性；构建马克思主义指导下的广告研究和广告学学科建设。一方面，要加大对马克思和恩格斯本人的广告思想的梳理和研究；另一方面，要牢固立足当代中国的广告实践，切实回应时代的要求，解决时代的问题，实现广告学术研究、专业教育和学科建制化在本土化基础上的守正创新。同时，又要坚持博采众长、兼收并蓄，对西方的广告理论研究成果和学科建制化经验进行改造式吸收和吸收式改造，取其精华，弃其糟粕，实现为我所用，协力推动广告研究和广告学学科建设在新时期的大发展、大繁荣。

第一节　构建马克思主义指导下的广告研究是学科发展的内在要求

当代中国的广告研究与广告学学科的建制化进程几乎同步，二者之间的关系可以说是你中有我，我中有你，相互促进，相得益彰。在一定程度上，我们甚至可以说，广告研究和广告学是一回事。在一些学术研究成果和学术交流活动中，业内人士也常常不太注意这两个概念之间的区别。实质上，正如我们在第一章中曾指出的那样，广告研究构成广告学的基础，广告学则是广告研究的必然归宿，易言之，在现代的学科划分不断深化、细化的背景之下，广告研究合乎逻辑的发展结果就是独立成学——广告学。

当代中国的广告学学科草创于 20 世纪 80 年代。自学科创立以来，中国的广告学人坚持守正创新，开拓进取，接续努力，共同开创了中国广告研究和广告学学科建设的崭新局面。一方面，广告学界生产出的大量理论创新成果成为指导中国广告事业和广告产业大发展的强大思想力量；另一方面，广告学研究培养和向社会输送的大量广告专业人才则为当代中国广告业的大发展、大繁荣提供了有力的智力支撑。

理论的力量就在于其能够指导实践。正如马克思在《〈黑格尔法哲学批判〉导言》中指出的那样："哲学把无产阶级当做自己的**物质**武器，同样，无产阶级也把哲学当做自己的**精神**武器。"①同理，我们也能够说：广告研究把广告实践当作自己的"物质武器"，广告实践则把广告研究当作自己的"精神武器"。

显然，理论与实践是一个有机的统一体，理论以实践为依托，实践以理论为指引。在中国特色社会主义新时代，在当代中国的广告研究和广告学学科建设进入不惑之年之际，广告研究又站在了新的历史起点。为此，我们郑重地提出以马克思主义的立场、观点和方法为指引，开展广告理论研究、发展广告专业教育和推进学科建制化，构建马克思主义指导下的广告研究和广告学学科，以更好地指导新时期广告实践的时代课题。

2004 年 3 月中共中央印发的《关于进一步繁荣发展哲学社会科学的意见》，首先便强调了繁荣发展哲学社会科学必须坚持马克思主义指导地位的问题，指出必须把马克思主义的立场、观点和方法贯穿到哲学社会科学中去，用发展着的马克思主义指导哲学社会科学研究。②

也正是在《关于进一步繁荣发展哲学社会科学的意见》中，与广告学同属新闻学与传播学一级学科下面的新闻学首次被列入国家重点发展的 9 大学科之列。同时被列入的其他 8 个学科分别是哲学、政治经济学、科学社会主义，以及政治学、社会学、史学、法学和文学。新闻学位列第八，排在位列第九的文学之前。对此，长期从事马克思主义新闻学研究和教学工作的郑保卫颇为感慨，也十分自豪。他说："我不知道这种排序是有意还是无意，反正我很在意。咱们新闻学从来没有在文学之前过，从来都是在文学下面。原来是中国语言文学下面的二级学科，1997 年变成一级学科，现在和这些门类学科并列，而且排在文学之前，这说明了中央对新闻学科的高度重视。"③

---

① 《马克思恩格斯文集》第 1 卷，北京，人民出版社，2009，第 17 页。黑体为原文所加。

② "中共中央发出关于进一步繁荣发展哲学社会科学的意见"（2005-07-06）[2020-10-24]，中国政府网，http://www.gov.cn/test/2005-07/06/content_12421.htm.

③ 郑保卫：《中国共产党新闻思想的形成和发展》，李彬、宫京成主编：《马克思主义新闻观十五讲》，北京，清华大学出版社，2018，第 50 页。

2016 年 5 月 17 日，习近平在全国哲学社会科学工作座谈会上发表重要讲话，再次强调必须旗帜鲜明地坚持以马克思主义指导我国的哲学社会科学研究。讲话中，习近平将新闻学与其他 10 个学科共同列为对哲学社会科学"具有支撑作用的学科"①。

不可否认，新闻学能有今天的地位，与其从诞生的第一天起就坚持马克思主义的指导思想，扎根于对马克思主义新闻理论的研究和教学实践有着密不可分的关系。在一大批新闻学界前辈的持续努力下，马克思主义新闻观早在 20 世纪 50 年代起即已确立了其在新闻学领域的主导地位。近年来，更有学者开始提出和论证"中国特色社会主义新闻学"的问题，从而进一步有力地推动着新闻学学科在新时期的发展和繁荣。

长期以来，在宏观层面，我们在广告学的学科建设，特别是在课程教学领域，始终坚持马克思主义的指导地位，形成了一些好的做法，积累起了一些成功经验。比如，一些学校将广告学和新闻学、传播学、编辑出版学、广播电视学等专业共同列入新闻传播学大类进行招生。入学后，大一期间不分专业，开展包括马克思主义新闻观等在内的学科基础教育。与此同时，在教材体系建设方面，以"马克思主义理论研究和建设工程"项目为契机，积极推进相关专业基础课课程教材的编写工作，取得了一定的成绩。

然而，不可否认的是，在具体的学术研究中，始终存在着难以在广告研究和马克思主义之间找到一个有效的"接合"点的问题，致使我们始终难以很好地实现以马克思主义思想为指导的有机的广告学术研究。这已经成为广告研究和广告学学科发展的一个主要障碍。克服这一障碍，就成为当前释放广告研究潜力，推动广告学学科进一步大发展、大繁荣的重要任务。

实现广告研究与马克思主义理论之间的有机"接合"，真正实现运用马克思主义的立场、观点和方法，认识广告、分析广告，推进学术研究、行业实践和专业教育的创新发展，已经成为新时期广告研究界和业界共同面临的紧迫课题，也是我们能否将习近平对"广告宣传也要讲导向"②这一要求落到实处的关键。对此，学术界已经有所认识。因为新一轮的专业和学科竞争较以往更加激烈，如果不能在新的形势和条件下在理论

---

① 习近平：《习近平谈治国理政》第 2 卷，北京，外文出版社，2017，第 345 页。
② 习近平：《习近平谈治国理政》第 2 卷，北京，外文出版社，2017，第 332～333 页。

维度强化本专业和本学科的合法性地位，广告学极有可能面临被边缘化甚至淘汰的危险。这一点，表现在近几年广告专业教育的发展缺乏后劲，一些院校开始出现裁撤（或置换）广告专业的现象。①

第二节　构建马克思主义指导下的广告
研究必须牢牢坚持唯物史观

一般认为，马克思主义哲学包含了自然观和历史观两个层面的内容，二者之间又是有机统一的关系。马克思主义哲学思想在自然观领域，集中体现为辩证唯物主义。

在哲学的发展史上，辩证唯物主义被认为是一种与形形色色的旧唯物主义（包括费尔巴哈的形而上学唯物主义）相对立的"新唯物主义"。辩证唯物主义继承了旧唯物主义的物质本原观，认为世界的本原是物质，而非"精神"（或"意识""理念"），物质第一性，精神第二性，物质决定精神，精神（"意识""理念"）只不过是对物质世界的主观反映。

辩证唯物主义又与旧唯物主义有着原则性的区别。

> 旧唯物主义把世界的本原归结为某一种具体的物质形态或结构层次，并在此基础上描绘世界的物质统一性，这就必然把世界的统一看作是机械的统一。马克思主义哲学则认为，世界的物质统一性包括一切具体物质形态，但不能归结为其中的某一形态或某一层次，世界的物质统一性是在客观实在基础上的统一，是多样性的统一。②

马克思的唯物主义哲学思想还批判性地继承、改造了黑格尔哲学的

---

① 据中国高校广告教育研究会首任会长陈培爱教授提供的资料，2014 年，中国开设本科层次广告学专业教育的院校为 352 所，到了 2019 年，这一数字减少到 302 所。不过与此同时，开设专科层次广告学专业教育的院校却从 2014 年的 99 所，增加到 2019 年的 327 所。本科层次院校的减少和专科层次院校的增加，折射出我国广告学学科正面临着自身发展的困境，其中，学术研究的水平不够高致使学科地位不够稳固或许是一个重要原因。（据笔者 2020 年 10 月 31 日对陈培爱教授的书面采访）

② 李秀林、王于、李淮春主编：《辩证唯物主义和历史唯物主义原理》，北京，中国人民大学出版社，2004，第 59～60 页。

辩证法思想①，因而它是辩证的唯物主义。辩证法，就其本质来看，它"在对现存事物的肯定的理解中同时包含对现存事物的必然的否定的理解"，因而是"批判的和革命的"。②

历史唯物主义则是辩证唯物主义在历史领域的运用，即将辩证唯物主义的原理和指导原则运用于对历史现象和历史问题的考察。根据马克思和恩格斯的观点，"历史**不过是**追求着自己目的的人的活动而已"③。而要研究人、研究人的活动，总得研究具体的人、具体的人的活动。只有通过对具体的人和具体的人的活动的考察，我们才有可能把握人的本质、把握人的本性。正是在这一意义上，马克思敏锐地发现了"现实的人"。马克思的全部"历史理论"都是围绕"现实的个人"展开的。

如何理解"现实的个人"对于全部马克思哲学思想的基础性地位呢？这要从马克思对人类的第一个历史活动的分析说起。

在《德意志意识形态》中，马克思和恩格斯这样写道：

> 全部人类历史的第一个前提无疑是有生命的个人的存在。这些个人把自己和动物区别开来的第一个历史行动不在于他们有思想，而在于他们开始生产自己的生活资料。因此，第一个需要确认的事实就是这些个人的肉体组织以及由此产生的个人对其他自然的关系。④

一个再浅显不过的道理是：人类的第一个历史活动必然是维持自身的生存，而为了生存，现实的人总是需要劳动、需要生产自己必需的生活资料。由此我们可以得出，全部历史的第一个活动，必然是物质资料生产，即人作用于自然（往往需要借助于生产工具），将自己的本质力量对象化到自然中去，实现与自然之间的"物质变换"⑤。

---

① 在哲学史上，黑格尔是第一个系统地论及辩证法的总体运动的哲学家。但不幸的是，黑格尔的辩证法是"头足倒立"的。在黑格尔那里，"观念"（即"思维运动"）是世界的本原，"是现实的创造主"，而现实只不过是观念的"现象形态"。马克思批判、扬弃了黑格尔辩证法中的唯心倾向，将黑格尔的"头足倒立"的辩证法再倒转过来，使之"重新用脚站起来"，从而确立了唯物的辩证法。马克思认为："思维运动不外是移入人的头脑并在人的头脑中改造过的现实运动的反映。"（《马克思恩格斯全集》第43卷，北京，人民出版社，2016，第847～848页）

② 《马克思恩格斯全集》第43卷，北京，人民出版社，2016，第848页。

③ 《马克思恩格斯文集》第1卷，北京，人民出版社，2009，第295页。黑体为原文所加。

④ 《马克思恩格斯文集》第1卷，北京，人民出版社，2009，第519页。

⑤ 《马克思恩格斯全集》第42卷，北京，人民出版社，2016，第29页。

　　这里，我们已经可以看到历史唯物主义的核心逻辑，即生产本体论——生产是人类的第一个历史活动。离开了生产，离开了与自然之间的物质变换活动，人便不能生存，自然也就不会有人类社会和人类历史。

　　在人与自然之间进行物质变换活动的同时，还发生了人与人之间的活动互换，即人与人之间的物质交换活动。这是因为，在生产实践中，人与人之间往往都要结成协作关系，这种协作本身即是一种活动互换。同时，人与人之间往往还需要交换各自的劳动成果、互通有无，这在"共同体的尽头"，在部落与部落之间是一种常见现象。后来，随着分工的发展，人与人之间的物质交换活动越发成为一种普遍现象，成为社会中的必要活动。① 事实上，广告正是在人与自然之间的物质变换活动和人与人之间的物质交换活动中产生的。

　　辩证唯物主义和历史唯物主义对于我们认识、理解和把握广告极为重要。辩证唯物主义的自然的物质本原观提示我们，在回答广告的"历史问题"，解答广告的"历史之谜"②的努力中，我们需要将广告与物质、物质运动联系起来考察。同时，辩证法又从另一个视角提醒我们：对广告的任何肯定的理解中必然包含着对广告的否定的理解——这是同一个问题的两面。也正是在这一意义上，广告批判的价值得到了辩证唯物主义的确认。

　　历史唯物主义则进一步将我们对广告的思考引向了人类社会和人类历史。既然人类的基本历史活动始终都是物质资料的生产，物质生产活动对于人类而言具有永恒的自然必然性，那么广告的存在就具有了唯物史观所赋予的合法性。其中的逻辑在于：广告就其本质而言，无非是一种物质信息的沟通形式；广告存在的必要性，就在于其能够促进物质的运动、流动，加快社会的物质交换过程，促进"普遍的社会物质变换、全面的关系、多方面的需要以及全面的能力的体系"③的形成和发展。笔者曾用"广告的物质指向性"来指称广告的这一本质属性，并认为"广告的物质指向性"，是其存在的根本的合法性依据。④ 现在看来，这种对于广告的定性，不仅符合实际，也符合唯物史观的精神，是对广告的终极"正名"。

---

① 《马克思恩格斯全集》第 42 卷，北京，人民出版社，2016，第 69～70 页。
② 《马克思恩格斯文集》第 1 卷，北京，人民出版社，2009，第 185 页。
③ 《马克思恩格斯全集》第 30 卷，北京，人民出版社，1995，第 107 页。
④ 参见葛在波：《西方马克思主义广告批判理论的时代印记》，《中国社会科学·内部文稿》2020 年第 4 期，第 102～115 页。

第三节　构建马克思主义指导下的广告研究必须
立足于对马克思、恩格斯本人广告思想的研究

陈力丹教授曾对"马克思主义新闻观"的内涵做过说明："马克思主义新闻观的所指，早在 20 世纪 50 年代就有了，即马克思主义经典作家和后来党的主要领导人关于宣传、新闻、文化、传播政策以及党内思想交流等等的论述。"①马克思主义新闻观成立的前提，是马克思和恩格斯本人不仅办过报刊，而且发表过大量涉及办报办刊、新闻（出版）自由、言论和思想交流等的意见、建议或论述。对这两位马克思主义思想奠基人这些意见、建议或论述的梳理和研究，一直都是马克思主义新闻观的核心领域。

同理，构建马克思主义指导下的广告研究即马克思主义广告研究，也必须立足于对马克思、恩格斯本人的广告思想，包括他们的广告批判思想的梳理和研究。② 这便产生了一个全局性的问题：马克思、恩格斯本人有广告思想吗？他们批判过广告吗？

我的回答是：马克思、恩格斯本人不仅有广告思想，而且还批判过广告，广告批判思想是他们广告思想中的有机组成部分。

众所周知，马克思、恩格斯早年的主要工作经历就是投身新闻实践，他们或是参与具有民主进步倾向的资产阶级报刊的编辑和撰稿工作，或是自己亲自办报办刊以指导 19 世纪四五十年代欧洲的革命运动。正是在大量的新闻实践中，他们形成了自己的人民报刊思想，认为报刊就其使命而言，应当"是社会的捍卫者""是热情维护自己自由的人民精神的千呼万应的喉舌"。③ 同样，也是在新闻实践中，马克思、恩格斯形成了对于广告的理解与认知。这些理解与认知，以他们发表的涉及广告的意见或论述为主要表现形式，散布于他们著述的角角落落，需要我们花大力气进行梳理和分析，将它们串联起来，以期在整体上形成马克思、恩格斯广告思想的全貌。

从对马克思、恩格斯早年在新闻实践中对待广告的态度和发表的涉及广告的意见或论述的初步梳理中，我们大致可以得出这么两条结论。

---

① 陈力丹：《马克思主义新闻观教程》，北京，中国人民大学出版社，2015，第 2 页。
② 关于对马克思和恩格斯的广告思想，包括他们的广告批判思想的深入研究，参见本书第八、第九章的相关讨论。
③ 《马克思恩格斯全集》第 6 卷，北京，人民出版社，1961，第 275 页。

其一，马克思、恩格斯十分重视广告收入对于办报办刊的基础作用。

在资本主义国家办报办刊，没有钱是万万不行的。以马克思、恩格斯亲自创办的首份无产阶级报纸《新莱茵报》为例，其在发起创办的时候走的即是市场化的路线，通过公开招股的形式为报纸筹措资金。为此，马克思在很多场合都称《新莱茵报》为"企业"。报纸创办后，在日常运营中，马克思作为报纸的总负责人，一手抓发行，另一手抓广告，报纸的经营活动一度搞得有声有色。《新莱茵报》鼎盛期达到"6000 订户"，成为"革命年代德国最著名的报纸"。[①]

广告是《新莱茵报》日常运转的一个主要经济来源。相关研究显示，该报在其存在的短短不到一年的时间里，广告刊登量十分丰富。每天 4 版正刊，其中第 4 版一般情况下均为广告，有时第 3 版也会刊插广告。研究者做过估算，根据《新莱茵报》公开的广告价格，该报"每天可以获得的广告费在 18—28 塔勒"。[②]

其二，马克思、恩格斯十分重视广告的社会服务功能。

《新莱茵报》时期，马克思、恩格斯不仅极为重视广告的经济功能，还十分重视广告的社会服务功能。事实上，从他们的广告实践来看，很显然他们认为广告的经济功能和社会服务功能是可以做到有机统一的。这从《新莱茵报》上刊登的广告内容中可见一斑。

研究资料显示，《新莱茵报》上刊登的广告内容几乎无所不包。以1849 年 5 月 19 日一期《新莱茵报》为例，该期报纸在 4 版正刊之外，又有两个版面（即第 5 版和第 6 版）的增刊。第 6 版增刊几乎全为广告，其中除了一些商品广告，如"植物汁"的广告、布料和鹿皮促销广告、英国清肺糖浆广告、"五月酒"广告、老鼠药广告、亚努斯神人寿保险广告等之外，还包括一些社会服务广告，如磨坊转让广告、家具转卖广告、寻找失物广告、"健康保姆"求职广告，以及邮轮信息，等等。最令人震撼的是，《新莱茵报》几乎每一期都会在广告栏发布"科隆城市居民情况"，其中包括前一天该市哪些人出生，哪些人死亡，又有哪些新人结婚，等等，十分详细。[③] 广告的社会服务功能在《新莱茵报》上得到了极大的彰显。

当然，马克思、恩格斯也批判过广告。他们的广告批判思想涉及的著述材料时间跨度较大，且他们的广告批判主要针对的是具体的广告的

---

① 《马克思恩格斯文集》第 4 卷，北京，人民出版社，2009，第 12、7 页。
② 陈力丹：《以原版〈新莱茵报〉为基础研究马克思主义新闻观》，《东岳论丛》2020 年第 12 期，第 37~44 页。
③ 根据陈力丹教授提供的《新莱茵报》第 301 期的中译版整理。

资本主义使用形式。如马克思批判《科隆日报》借社论的形式兜售自己的政治主张，以期达到向《新莱茵报》发难和向普鲁士当局表忠的目的。这显然是一种有违媒体伦理的行为。马克思因此将《科隆日报》讥讽为"莱茵情报广告报"，将那篇社论称为"政治产业广告"。① 这显然是一种对广告的转喻和借用。

恩格斯则在著名的《英国工人阶级状况》中，对19世纪40年代初肆虐英国的虚假广告，特别是虚假医药广告带给工人阶级的无尽痛苦进行了深刻的揭露，认为这些虚假广告客观上成为大资产阶级针对工人阶级发动的"社会战争"和"社会谋杀"。② 这便将对广告的批判上升到了阶级分析的层面。

在后期的经济学著作，特别是《资本论》中，马克思多次对广告的"资本主义应用"形式展开了深刻的批判。资本为了达到自己的目的，获取尽可能多的剩余价值、完成资本的原始积累，无所不用其极。如果广告能够帮助资本达成目标，那么，它就必然会被资本运用于针对工人阶级的压榨和剥削。资本对广告血腥的、不知廉耻的应用，造成了资本主义严重的社会问题和经济问题。马克思在资本逻辑视域下对广告开展的深刻批判构成了他的广告批判思想的一个核心面向，需要我们深入挖掘、全面阐发。

整体来看，马克思、恩格斯的广告思想是复杂的、多面向的。我们不能用"肯定"或"否定"这样的标签进行简单化的概括，而应站在辩证唯物主义和历史唯物主义的立场上认真辨析、细心求证，既要看到他们在具体的新闻实践中重视广告的实际，也要看到他们对广告在资本主义生产方式下的全面异化所表露出的深刻批判思想。马克思、恩格斯的广告批判思想，已经超越了现象层面，需要我们将其置入唯物史观的哲学层面进行考察。

全面梳理和研究马克思、恩格斯本人的广告思想，构成了马克思主义指导下的广告研究和广告学学科建设的基石。我们必须有板凳坐到十年冷的恒心和韧劲，认真对待这项工作，这是新时期广告研究界必须承担起的一项职责和使命！

---

① 《马克思恩格斯全集》第1卷，北京，人民出版社，1995，第206页。
② 《马克思恩格斯文集》第1卷，北京，人民出版社，2009，第449、409页。

第四节　构建马克思主义指导下的广告研究必须立足当代中国的广告实践并博采众长

综合本章前面三节的分析，我们可以提出这样的观点：构建马克思主义指导下的广告研究必须坚持以辩证唯物主义和历史唯物主义为根本指引，以马克思、恩格斯本人的广告思想为基础，立足当代中国的广告实践，致力于发展满足当代中国广告实践需要的广告理论、广告专业教育和广告学学科。

与此同时，我们也必须指出，构建马克思主义指导下的广告研究，并不必然排斥西方的广告研究成果和学科建制化经验。相反，马克思主义广告研究坚持对西方的成果和经验进行改造式吸收和吸收式改造，吸取其精华，扬弃其糟粕，使之有机地融入中国的广告研究体系之中。这样做，既有着历史的考量，又有着现实的需要。

历史来看，不仅现代广告始于美国，基于现代广告的广告学术研究和广告学的学科建制化也始于美国。

一般认为，使现代广告区别于之前的各种广告形态的一个根本标志，是现代意义上的广告公司的出现。而历史上第一批现代意义上的广告公司就诞生于 19 世纪中叶的美国，也正是因为这些现代广告公司的出现，才使得原生态的广告行业开始朝着专业化、规范化和科学化的现代行业转型。现代广告公司一头对接广告商，另一头对接广告媒体，它的出现还为广告的科学化运作奠定了基础。

现代广告公司的出现，在为广告的专业化、规范化和科学化作业提供现实基础的同时，也为专业化的广告研究和广告学的学科建制化创造了条件。这主要是因为，随着广告行业的专业化、规范化和科学化，社会上必然要求大量的懂广告的专业人才。这便为广告进入大学课堂、实现由术入学，由一种行业技能向大学专业的转变创造了条件。而这一过程，最早也是在美国完成的。

在广告从社会进入大学，又从大学进入社会的过程中，一个完整的有机运动便诞生了——这一运动在马克思那里，表现为从"实在和具体"开始，上升到抽象，然后，又在新的起点上，由抽象上升到新的"实在和具体"。[①] 正是在这种循环往复的运动中，由对广告实践的总结升华而来

---

① 《马克思恩格斯全集》第 30 卷，北京，人民出版社，1995，第 41～42 页。

的广告理论，反过来又成为指导广告实践在更高水平上向前发展的"思想力量"。

最先完成广告研究专业化和广告学学科建制化的美国，其理论经验理应成为我们构建马克思主义指导下的广告研究的参考。

同时，自20世纪20年代广告学学科建制化以来，业界的广告大师和学界的广告理论家们共同描绘了现代广告理论的学术图谱。从20世纪20年代直至50年代前的"产品推销"理论，到50年代罗瑟·瑞夫斯提出"独特销售主张"（USP），继而大卫·奥格威于60年代提出"品牌形象"论，艾尔·里斯和杰克·特劳特等人于70年代提出"定位"论，直至90年代兴起的"整合营销传播"（IMC）论，整个20世纪的广告传播理论整体上是由西方人（主要是美国人）一统天下的。

西方人在广告理论领域的贡献从一个侧面反映了西方资本主义国家在发展人类社会生产力方面的贡献，他们提出的上述广告理论成果也理应成为中国的广告业界和广告研究界借鉴学习的对象。

现实来看，推进马克思主义指导下的广告研究以服务中国的广告实践，也内在地要求我们对西方广告业界和广告研究界近一个世纪以来从"实在和具体"到抽象，又从抽象上升到"实在和具体"的循环往复运动的过程和结果进行分析和总结。

发生在西方的广告实践和广告理论之间的这种有机运动，既是在资本主义生产方式下进行的，又是在市场经济条件下展开的。在本书第三章中，我们已经分析指出，资本主义生产方式的主导逻辑是"资本逻辑"，即资本要求不断增殖自身这一内在规定性——追求剩余价值的最大化是资本的这种内在规定性的必然体现。在资本逻辑的全面统摄之下，广告必然成为一种从属性的工具，必然沦为资本追求更多剩余价值、实现自身永续增殖的一种手段。资本逻辑对于广告功能的这些要求是资本主义社会中广告异化为阶级压迫、阶级剥削、阶级统治和阶级奴役工具的根本原因。

在现象层面，一方面，广告在资本主义生产方式下的这种功能异化往往表现为唯利是图，鼓吹物质主义，导致全面消费异化、人为物役、制造"虚假需求"，以及虚假广告泛滥等问题。正是在这一意义上，一些西方马克思主义者将广告列入发达工业社会的"文化工业"中予以批判，影响深远。

另一方面，发生在西方的广告实践和广告理论之间的有机运动，是在市场经济条件下展开的，因而与当代中国的实际情况有着一定的相通性。这是我们学习西方广告理论以及西方的许多广告理论能在中国落地的根本原因。

当代中国正在进行着人类历史上一场前所未有的大力发展社会生产力的运动。这场运动的基础条件，就是我们在发展经济时引入了市场的手段，将其与社会主义制度结合起来，创造性地提出了中国特色社会主义市场经济的概念，并在实践中不断改进和完善。历史和现实均已证明，与计划经济相比，市场经济（其背后主要是资本逻辑）更能激发和调动人的积极性，从而在发展社会生产力方面表现出极大的优势。

当代中国的广告产业和广告事业能够取得今天的成就，无疑是与社会主义市场经济的推动密切相关的。同样，当代中国的广告研究、广告学专业教育和广告学学科建制化能够取得今天的成就，其前提条件也是社会主义市场经济的实行。没有经济的繁荣和发展，断不会有广告业的繁荣和发展以及植根于广告业的广告研究的繁荣和发展。资本主义市场经济和社会主义市场经济之间在市场经济层面的某种共通性，是我们学习和借鉴西方广告理论的客观基础，也是西方广告理论能够在中国得到传播和实践的根本原因。同时，社会主义市场经济又不同于资本主义的市场经济。社会主义市场经济是国家宏观调控之下的市场经济，是计划与市场同时起作用的市场经济，社会主义市场经济坚持以人民为中心的发展理念，因而，生成于西方土壤的西方广告理论必定不能完全契合中国的实际，需要我们对之进行必要的改造和扬弃。

总之，构建马克思主义指导下的广告研究既具有开放性，又具有批判性，它立足于当代中国的广告实践，坚持学术话语在自主基础上的创新发展，同时又坚持博采众长，对西方广告理论和西方的广告学学科建制化经验采取批判式吸收的原则。

本章小结

1983 年，也就是在当代中国广告市场重开仅仅四年后，中国的广告学专业教育和学科建制化进程便启动了，其标志便是厦门大学在这一年开办了国内首个广告学本科专业，并于翌年开始面向全国招生。从那时起，当代中国的广告研究、专业教育和学科建制化伴随着国家改革开放的进程扬帆起航。

经过数十年的栉风沐雨，我国的广告研究和广告学学科建设成绩斐然，其中凝结了多少老一辈广告学人的心血与汗水！然而，站在新的历史起点上，中国的广告研究和广告学学科建设也面临着新的压力和挑战，亟需在拓展学术研究思路、增强学术话语权和稳固学科地位等方面有所突破。为此，我们不揣浅陋，提出构建马克思主义指导下的广告研究，发展马克思主义广告学的时代课题，以期抛砖引玉，引发国内外的广泛讨论，目的是凝聚共识，面向未来，继续推进广告研究和广告学科的发展和繁荣。

首先，构建马克思主义指导下的广告研究是学科发展的内在要求。马克思主义是发展我国哲学社会科学的根本指导思想，发展新时期的广告研究和广告学学科必须坚持运用马克思主义的立场、观点和方法分析广告、理解广告和看待广告。在这方面，新闻学等相关学科的发展历史和经验值得我们学习借鉴。

其次，构建马克思主义指导下的广告研究必须牢牢坚持唯物史观。唯物史观是马克思主义的精髓，是指导我们认识世界、改造世界的科学的思想武器。我们对广告这一当代社会中彰明较著的文化景观的认知必须以唯物史观为指引。唯物史观确证了物质资料的生产是人类社会的第一个历史活动，确证了人与自然之间的物质变换活动、人与人之间的物质交换活动的水平代表了社会生产力的发展水平。而广告，无论是在人与自然之间的物质变换活动，还是在人与人之间的物质交换活动中，都发挥着重要作用。事实上，广告不仅是物质变换和物质交换活动的自然产物，它一经出现，便不断地推动着这种物质变换和物质交换活动向着更高的阶段、更高的水平发展。

再次，构建马克思主义指导下的广告研究必须立足于对马克思、恩格斯本人的广告思想的梳理和研究。马克思、恩格斯本人是否拥有广告思想，是马克思主义广告研究这一命题成立与否的关键。我们认为这一命题是成立的，因为这两位经典作家本人的广告思想就包含在他们针对广告发表的大量意见或论述中，这些意见和论述分布于马克思、恩格斯著述的各个角落，其中大部分又都发表于他们早期从事新闻实践期间。此外，对《新莱茵报》上刊登的广告的研究可以印证马克思、恩格斯对于广告的许多看法，因而非常重要，必须下大力气推进这一研究。

最后，构建马克思主义指导下的广告研究绝不是要故步自封，排斥西方的广告理论和西方的广告学学科建制化经验。恰恰相反，马克思主义广告研究既立足当代中国的广告实践，坚持本土学术话语的创新发展，又坚持博采众长，对西方的广告理论和广告学科建制化经验持改造式吸收和吸收式改造的态度，取其精华，弃其糟粕。马克思主义广告研究的这一品格，既体现了历史的实际情况，又体现了当代的现实需要。

　　总之，构建马克思主义指导下的广告研究既有学科发展的内生的迫切性，又有着客观的可能性。理论必须回应时代的要求，体现时代的精神。学术研究和学科建设亦是如此。我们站在新的历史起点上，必须坚持马克思主义对广告研究和广告学学科建设的指导地位，坚持不忘初心、守正创新，从梳理和研究马克思、恩格斯本人的广告思想出发，立足当代中国的广告实践，在博采西方广告研究成果和学科建制化经验的同时，弃其糟粕，力求兼收并蓄，奋力开拓中国的广告学术研究和广告学学科建设新局面。

第五章 从生产本体论到消费本体论：后马克思主义者鲍德里亚的符号狂欢

生产本体论是马克思主义政治经济学的前提，同时，它也构成了唯物史观的基础。然而，随着后工业社会的到来，一些西方学者在面对现实世界中极大丰富的商品选择，以及因此而导致的消费相对于生产的地位上升现象时，产生了错觉，开始逐渐地背离生产本体论，转而无限地拔高消费的地位，从生产本体论滑向消费本体论。

因此，如果我们将生产本体论的核心意涵确定为唯物史观所秉持的物质资料的生产是人类社会的第一个历史前提的话，那么，所谓消费本体论，即是指视消费为人类社会的第一个历史前提。大体而言，消费本体论包含了下述几个方面的指向。第一，消费本体论认为，社会的控制重心是消费而不是生产。这是当代西方各式各样的消费社会理论的一个共同观点。第二，交换价值在与使用价值的较量中大获全胜。这是因为，在消费本体论者看来，推动商品在"世界市场"中成功实现"惊险一跃"的是交换价值。第三，与生产本体论视劳动为人的本质实现的唯一途径不同，消费本体论认为在后现代社会中，人只有在消费中才能确认自己的身份和生命的意义。消费不仅是一种对物质的占有过程，更重要的，它是现代人生命意义的泉源。

在西方思想界，对消费问题的关注由来已久。起初，消费问题主要局限于人类学领域，比如，马塞尔·莫斯（Marcel Mauss）在《礼物》（*The Gift*，1925）中对礼物消费的研究，弗朗茨·博厄斯（Franz Boas）对印第安人"夸富宴"（potlatch）的研究，布罗尼斯洛·马林诺夫斯基（Bronisaw K. Malinowski）在《西太平洋的航海者》（*Argonauts of the Western Pacific*，1922）中对"库拉圈"（Kula）现象的研究等，都曾对消费行为的人类学意义进行过程度不同的考察。后来，随着消费问题的普遍化，特别是西方社会整体进入消费社会之后，对消费问题的考察开始逐渐扩展到社会学、经济学、心理学以及文化研究等领域。其中，在社会学领域，法国学者让·鲍德里亚对消费问题和消费社会的研究代表了一个极端——他试图瓦解唯物史观的生产本体论，转而赋予消费以社会主体性的地位。

然而，草蛇灰线，伏脉千里，鲍德里亚的消费本体论不是凭空出现的，而是有着复杂的思想来源。在本章，我们就从梳理发生在西方学术界的这一从生产本体论转向消费本体论的思想演变入手，讨论以鲍德里亚为代表的消费本体论的特征及其背后的逻辑。

第一节　生产本体论的思想史

生产本体论构成马克思哲学思想中生产逻辑的基础，这在本书第三章中已经进行过分析。同时，生产本体论还是马克思劳动（实践）理论的思想主线，后者则构成历史唯物主义的基石。

一、马克思哲学思想中的劳动主体性思想

在马克思的哲学思想中，生产逻辑是一条贯穿始终的主线。这是因为，生产和劳动不仅是人的本质的需要，同时也是人的本质的体现。说生产和劳动是人的本质的需要，是因为人从其诞生的第一天起，就必须从事自己所需要的生活资料的生产，否则他就不能生存，当然也就无从创造人类的历史。说生产和劳动是人的本质的体现，是因为人只有在生产和劳动的过程中，只有在生产自己所需要的生活资料的过程中，才能把自己同动物区分开来。正如恩格斯在《自然辩证法》中所指出的那样，劳动"是整个人类生活的第一个基本条件，而且达到这样的程度，以致我们在某种意义上不得不说：劳动创造了人本身"①。

恩格斯是在论述"劳动在从猿到人转变过程中的作用"时讲上述这句话的，因此，他的"劳动创造了人本身"说更多是从生物学意义上讲的。而在马克思和恩格斯合著的《德意志意识形态》中，他们更多则是从社会学的意义上来阐述劳动创造人的观点。这是因为，人在生产和劳动过程中，必然要结成一定的联系，这种人与人之间的联系产生社会关系，也正是在这种社会关系中人才能够成为社会的人。

　　这样，生命的生产，无论是通过劳动而生产自己的生命，还是通过生育而生产他人的生命，就立即表现为双重关系：一方面是自然关系，另一方面是社会关系；社会关系的含义在这里是指许多个人的共同活动，不管这种共同活动是在什么条件下、用什么方式和

---

① 《马克思恩格斯全集》第26卷，北京，人民出版社，2014，第759页。

为了什么目的而进行的。①

如果说自然关系反映的是人与自然之间的一种交换关系——这是一种实体的、感性的、表面的关系的话，那么，社会关系反映的则是人与人之间的交往关系，这种交往关系既包含了物质交往关系（物质交换关系），也包含了精神交往关系。因此，它主要是一种社会学意义上的关系。

不管是"自然关系"还是"社会关系"，都是生产和劳动的自然结果。如果说"自然关系"造就了生物学意义上的人的话，那么，"社会关系"则造就了社会学意义上的人。相比之下，马克思认为后者更为复杂，正如他在批判"费尔巴哈把宗教的本质归结于**人的本质**"这一错误观点时指出的那样："人的本质不是单个人所固有的抽象物，在其现实性上，它是一切社会关系的总和。"②

唯物史观中的劳动本体论恰恰是对生产和劳动在无论是对于生物学意义上的人，还是对于社会学意义上的人的塑造方面所发挥的根本性作用的确认。

二、古典政治经济学和黑格尔哲学思想中的劳动思想

从思想史的角度来看，生产本体论的影子甚至可以追溯至西方的古典政治经济学和近代的客观唯心主义哲学。在西方的古典政治经济学领域，威廉·配第很早就提出了"劳动价值论"的命题，他的"土地为财富之母，劳动为财富之父和能动的要素"③这一思想影响了众多的后来者。其中，亚当·斯密作为西方古典政治经济学的集大成者，比较系统地阐述了劳动价值论原理。斯密坚信："一国国民每年的劳动，本来就是供给他们每年消费的一切生活必需品和便利品的源泉。构成这种必需品和便利品的，或是本国劳动的直接产物，或是用这类产物从外国购进来的物品。"④斯密的思想后来又为大卫·李嘉图所发展和完善，从而形成了西方古典政治经济学中较为系统的劳动价值论思想。

对劳动重要性的认识不仅局限在经济学领域。在哲学领域，很多近

---

① 《马克思恩格斯选集》第1卷，北京，人民出版社，2012，第160页。
② 《马克思恩格斯选集》第1卷，北京，人民出版社，2012，第135页。黑体为原文所加。
③ 〔英〕威廉·配第：《赋税论》，《配第经济著作选集》，陈冬野、马清槐、周锦如译，北京，商务印书馆，1981，第63页。
④ 〔英〕亚当·斯密：《国民财富的性质和原因的研究》（上），郭大力、王亚南译，北京，商务印书馆，1972，第1页。

现代的西方哲学大师都曾注意到劳动的作用，其中，黑格尔就是一个典型代表。在黑格尔的两本重要著作——《精神现象学》和《法哲学原理》中，都有关于劳动问题的阐述。

在《精神现象学》中，黑格尔在论述主奴辩证法时肯定了劳动的历史主体性。在黑格尔看来，主人之所以会成为主人，就在于他曾经冒着生命危险去与命运"搏"了一次，并且获得了成功，这样的经历使得他获得了"自由"，获得了作为主人的"自我意识"。黑格尔写道：

> 只有通过冒生命的危险才可以获得自由；只有经过这样的考验才可以证明：自我意识的本质不是一般的存在，不是像最初出现那样的直接的形式，不是沉陷在广泛的生命之中，反之自我意识毋宁只是一个纯粹的自为存在，对于它没有什么东西不是行将消逝的环节。一个不曾把生命拿去拼了一场的个人，诚然也可以被承认为一个人，但是他没有达到他之所以被承认的真理性作为一个独立的自我意识。①

相比之下，奴隶没有勇敢地迈出这一步，因此，他在与命运的抗争中败下阵来，首先在肉体上，其次是在精神上成为依赖于主人的人。主人在与命运抗争的过程中获得的是"独立的意识"，而奴隶在与命运抗争的过程中获得的则是"依赖的意识"。独立的意识，"它的本质是自为存在"；而依赖的意识，"它的本质是为对方而生活或为对方而存在"，"前者是主人，后者是奴隶"。② 黑格尔进而指出，主人一般是不参加劳动的，他把奴隶摆在自己与物之间，而自己只是"通过奴隶间接地与物发生关系"③。

> 奴隶作为一般的自我意识也对物发生否定的关系，并且能够扬弃物。但是对于奴隶来说，物也是独立的，因此通过他的否定作用他不能一下子就把物消灭掉，这就是说，他只能对物予以加工改造。反之，通过这种中介，主人对物的直接关系，就成为对于物的纯粹

---

① 〔德〕黑格尔：《精神现象学》上卷，贺麟、王玖兴译，北京，商务印书馆，1979，第142~143 页。
② 〔德〕黑格尔：《精神现象学》上卷，贺麟、王玖兴译，北京，商务印书馆，1979，第144 页。
③ 〔德〕黑格尔：《精神现象学》上卷，贺麟、王玖兴译，北京，商务印书馆，1979，第145 页。

否定，换言之，主人就享受了物。①

　　然而，在具体的劳动过程中，奴隶却获得了自主的意识，这种自主意识的获得，恰恰是劳动主体性的体现。这是因为，正如黑格尔在《精神现象学》第四章讨论"自我意识"时指出的那样，在劳动中，在与自然的交换中，奴隶真正认识到了自身的力量，形成且承认了自我意识——这是一种双重承认的意识，它一方面承认主人，另一方面又承认自己。这就是生产和劳动的社会学意义，是生产和劳动的历史意义，更是生产和劳动的意识形态意义。只有在生产和劳动中，在与自然的交换中，人才能确认自身的意识，确认自身作为人的意识，确认人的主体性。这就是劳动主体性，它是一种理性的升华。

　　在《法哲学原理》中，黑格尔在论述市民社会时同样谈到了劳动主体性的问题。

　　黑格尔的市民社会实质上是他所谓的"伦理精神"生长发展的三个阶段中的中间一个阶段。伦理精神在生长发展的第一个阶段，直接表现为家庭——自然的伦理精神，这是主要靠血缘关系和宗法制度等来维系的社会。随着自然伦理精神的逐步解体——也就是家庭的解体，产生了市民社会。因此，市民社会是伦理精神丧失了直接的统一，进行分化而达致相对性的阶段。市民社会是自由人的联合，这种联合基于社会成员的需要，即社会成员需要社会建立起一个能够保障他们各自人身和财产权利的法律制度，并通过这种法律制度来维护他们的特殊利益和公共利益的外部秩序。第三个阶段就是国家，即在伦理精神的进一步分化和中介的基础上而实现的统一。如果说，市民社会还只能算是生硬的"外部国家"的话，那么，国家则是伦理精神或实体实现、完成并复归到它自身的辩证统一。显然，国家是黑格尔的伦理精神发展的最高阶段。②

　　黑格尔在论述市民社会时，指出其包含了三个具有内在联系的环节。第一个环节，他认为是对人们的需要的满足，这是通过劳动实现的。第二个环节，是对市民社会中人们的物权的保护，这需要司法予以保障。第三个环节，他认为要想使得市民社会正常运转，还需要警察和同业工会来约束和规范前两个环节中可能存在的"偶然性"。黑格尔写道：

---

①　〔德〕黑格尔：《精神现象学》上卷，贺麟、王玖兴译，北京，商务印书馆，1979，第145页。

②　〔德〕黑格尔：《法哲学原理》，范扬、张企泰译，北京，商务印书馆，1961，第173～174页。

市民社会含有下列三个环节：

第一、通过个人的劳动以及通过其他一切人的劳动与需要的满足，使需要得到中介，个人得到满足——即需要的体系。

第二、包含在上列体系中的自由这一普遍物的现实性——即通过司法对所有权的保护。

第三、通过警察与同业公会，来预防遗留在上列两体系中的偶然性，并把特殊利益作为共同利益予以关怀。①

不难看出，在黑格尔所谓的市民社会的三个环节中，第一个环节是基础性的，因为如果没有了对个人需要的满足，即"需要的体系"的建立，别说是市民社会，任何形式的社会都无法维系。而维系市民社会只能通过生产和劳动来实现，"人通过流汗和劳动而获得满足需要的手段"②。这里，黑格尔受到了古典政治经济学的影响，认为政治经济学就是研究如何通过劳动来满足社会需要的科学。他在论述市民社会时在一条"附释"中指出："政治经济学就是从上述需要和劳动的观点出发、然后按照群众关系和群众运动的质和量的规定性以及它们的复杂性来阐明这些关系和运动的一门科学。"③

尽管黑格尔的市民社会理论是基于客观唯心主义的，这与唯物史观坚持的物质第一性、精神第二性格格不入，但在他对市民社会的分析中，我们却可以解读出他对于劳动之于市民社会的基础性地位的确认。

由此观之，生产本体论虽然是一个唯物史观的基础范畴，但其思想史却是久远的、复杂的。唯物史观的创始人马克思和恩格斯正是在对古典政治经济学中的劳动价值论，以及古典哲学之集大成者黑格尔哲学中的劳动思想进行批判的继承的基础上，才确立了唯物史观的基础——生产本体论。

第二节 消费本体论的思想史暨鲍德里亚的广告与消费社会批判思想溯源

在西方思想史上，与生产本体论相似，消费本体论也经历过一段曲

---

① 〔德〕黑格尔：《法哲学原理》，范扬、张企泰译，北京，商务印书馆，1961，第 203 页。着重号为原文所加。

② 〔德〕黑格尔：《法哲学原理》，范扬、张企泰译，北京，商务印书馆，1961，第 209 页。

③ 〔德〕黑格尔：《法哲学原理》，范扬、张企泰译，北京，商务印书馆，1961，第 204 页。着重号为原文所加。

折的、渐进的发展史，对这段发展史的演变脉络进行简要的勾勒，将是本节的主要任务。

就目前的发展来看，西方的消费本体论思想以让·鲍德里亚的广告与消费社会批判理论最具代表性，也最具颠覆性。因此，在我看来，对鲍德里亚的思想来源与构成进行一番梳理，是可以大致勾勒出消费本体论的发展脉络的。

在本书前面的章节中，我们曾多次提及鲍德里亚关于广告和消费社会的一些理论观点，指出他的这些理论观点代表了当代西方文化马克思主义阵营中的一个重要倾向。由于鲍德里亚的广告与消费社会批判理论在相当程度上背离了马克思主义生产本体论和唯物史观，其与本书的主题本不相容。不过，由于鲍德里亚的思想无论是在国外还是在国内都产生了广泛的影响，因此，在研究唯物史观视域中的广告批判问题时，对这一反唯物史观的广告与消费社会批判思想动向做一番评析还是有意义的，也是必要的。

鲍德里亚是一位极具个性的思想家，他的社会理论和思想有着西方马克思主义的共同特点——批判的矛头从经济基础转向了文化上层建筑。但更重要的是其不同点，即鲍德里亚对消费社会中"符号"和"象征交换"的过度关注，最终使其滑向了"后马克思主义"文化唯心主义的泥潭。

总体来看，鲍德里亚的广告与消费社会批判理论来源复杂，需要首先予以厘清。[①] 在马克思和鲍德里亚的老师、法国学者亨利·列斐伏尔[②]之外，还有三个人的思想对鲍德里亚产生过重要的影响。这三个人分别是托斯丹·凡勃伦（Thorstein B. Veblen）、居伊·德波（Guy Debord）和

---

① 对鲍德里亚的消费本体论思想产生过影响的学者，除了下文列举的之外，还包括莫斯、巴塔耶、拉康、马尔库塞、萨特、阿尔都塞、福柯、德里达、布尔迪厄、德鲁兹、克里斯托娃等一批西方左翼思想家。参见 Mike Gane, *Baudrillard: Critical and Fatal Theory*, London and New York: Routledge, 1991.

② 列斐伏尔不仅是鲍德里亚的博士论文指导老师，他们还曾经有过一段同事的经历。在鲍德里亚任教于巴黎第十大学期间（1966—1987 年），列斐伏尔也在该校任教，且是该校社会学系的系主任。鲍德里亚的早期著述，如《物体系》和《消费社会》，可以看作对列斐伏尔《日常生活批判》一书的延续和扩展。不过，在一次接受莫尼克·阿瑙（Monique Arnaud）和迈克·甘恩（Mike Gane）有关他对年轻一辈法国学者的看法的提问时，鲍德里亚以他和他的老师列斐伏尔之间的关系为例回答说："让下一代来判断吧。再者，我自己和列斐伏尔之间曾经有过类似的经历。列斐伏尔帮了我很多忙。他在大学和其他地方教了我很多。他认为我是他的门徒，而到了后来，这一点搞坏了我们之间的关系，因为我不是他的门徒。他一定曾经这样想过，这个年轻的鲍德里亚不错，他行，等等。不过，他错了。所以，你看，我不想在下一代身上犯下同样的错误。"（Jean Baudrillard, "The Interview with Monique Arnaud and Mike Gane," in *Baudrillard Live. Selected Interviews*, London & New York: Routledge, 1993, p. 204. 转引自〔法〕让·鲍德里亚：《物体系》，林志明译，上海，上海人民出版社，2019，第 224 页）

罗兰·巴特。

一、托斯丹·凡勃伦的"消费社会"理论

首先，对鲍德里亚的广告与消费社会理论产生过重要影响的，是美国制度经济学派代表人物托斯丹·凡勃伦的"炫耀性消费"（conspicuous consumption）思想。

凡勃伦的一生横跨19世纪后半叶及20世纪前二十几年，他在经济学方面的贡献集中体现于那本著名的美国制度经济学奠基性之作——《有闲阶级论》（*The Theory of the Leisure Class*，1899）中。在这本书里，凡勃伦试图将达尔文的进化论思想运用到人类社会经济生活的分析领域。在他看来，工业化大生产要求人们勤勉、高效和彼此协作；同时，控制着工商业界的精英阶层（即他所谓的"有闲阶级"）则醉心于挣钱和展示他们的财富。凡勃伦指出，追根溯源，精英阶层的这些炫耀性思想源自野蛮和未开化时期人们的思想残余——这些思想残余实际上是一种心理学意义上的"炫耀性"倾向、观念和意识。而这些炫耀性的倾向、观念和意识又构成凡勃伦所谓的"制度"（institutions），特定时期的人们就是生活在这些早期遗留下来的"制度"之中的。

> 人们是生活在制度——也就是说，思想习惯——的指导下的，而这些制度是早期遗留下来的；起源的时期或者比较远些，或者比较近些，但不管怎样，它们总是从过去逐渐改进、逐渐遗留下来的。制度是以往过程的产物，同过去的环境相适应，因此同现在的要求决不会完全一致。①

可见，在凡勃伦看来，"制度"是由思想和习惯形成的，而思想和习惯又都源自人类的"本能"；因此，一个时期的经济制度，归根结底是受人的本能所支配的。这便是凡勃伦创建"制度经济学"的基础。按照他的观点，经济学的研究对象就应该是使人类经济生活得以实现的各种所谓"制度"。

凡勃伦着重研究了人类历史上形成的两类制度：一是财产所有权或金钱关系的制度，二是物质生活的生产技术或物质生活的工具供给，前

---

① 〔美〕托斯丹·本德·凡勃伦：《有闲阶级论》，蔡受百译，北京，商务印书馆，1964，第150页。

者源自人类的虚荣本能，后者源自人类的工作本能，它们都广泛存在于社会习惯之中。

凡勃伦认为，人类的虚荣本能外在地表现为"竞赛倾向"，即人们总是倾向于展示出自己在身份、地位、财富、消费、品位等领域的优越性，这种优越性构成了"荣誉性"的基础，同时也是与别人进行"自满的歧视性对比"的资本。关于这一点，凡勃伦说：

> 人类的竞赛倾向利用了对物品的消费作为进行歧视性对比的一个手段，从而使消费品有了作为相对支付能力的证明的派生效用。消费品的这种间接的或派生的用途，使消费行为有了荣誉性，从而使最能适应这个消费的竞赛目的的物品也有了荣誉性。高价品的消费是值得称扬的；物品的成本如果超过了使之具有那个表面的机械目的的程度，那么含有这种显著的成本因素的物品就是有荣誉性的。因此，物品所具有的非常华贵的标志，也就是它很有价值的标志，说明这种物品的消费在适应间接的、歧视性的目的方面，是具有高度效能的；反之，如果物品在适应所追求的机械目的时显得过于俭朴，没有贵贱的差别来据以进行自满的歧视性的对比，那么，它就具有耻辱性，因此是不动人的，不美的。①

这里，凡勃伦指出了炫耀性消费的两个内在统一的目的——荣誉性和歧视性。按照他的看法，一种消费，必须能够带给其消费者以某种荣誉，这种荣誉通常要能够显示出消费者的社会地位和财富拥有量；同时，能够给消费者带来荣誉性的消费行为，自然也会给他带来歧视其他承担不起消费这一物品的人的依据。

凡勃伦以服装消费为例，认为服装消费以追求"高一层"的精神需要为旨归。为此，人们宁愿承受生理上的一些"困苦"。

> 人们在浪费的消费方面为了力求保持认为适当的那个标准，有时候宁可在享受上或生活必需品方面忍受很大的困苦，这种情形在多数消费项目中都在所难免，但在服装方面表现得格外显著；因此在严寒时节为了力求显得漂亮，宁可穿得单薄些。这已是司

---

① 〔美〕托斯丹·本德·凡勃伦：《有闲阶级论》，蔡受百译，北京，商务印书馆，1964，第120～121页。

空见惯的事。在现代社会，有关服装的各种用品的商业价值所含的绝大部分成分是它的时新性和荣誉性，而不是它对穿衣服的人的身体上的机械效用。服装的需要主要是"高一层的"或精神上的需要。①

至于人们这样做的动机，凡勃伦用当时的一位政治家的话进行佐证说："'衣贱人也贱'；这句话的说服力量，大概是没有人会感不到的。"②

消费被赋予了某种炫耀性的成分和功能，这便使得消费具有了某种象征性价值、某种符号性价值、某种表征性价值。而这，正是鲍德里亚对后工业社会中消费的功能、作用、特征以及运行机制的关注重心。只不过，凡勃伦局限于对消费行为的消费者心理洞察，而鲍德里亚则跳出了这一局限，将对消费的符号性和象征性功能的分析扩展到了生产领域乃至整个资本主义的经济体制和运行机制。

二、罗兰·巴特的广告"神话"

对鲍德里亚的广告与消费社会批判思想产生显著影响的另一位法国理论家是罗兰·巴特。③

巴特一生著述丰富，从 1953 年出版第一本著作《零度写作》(*Le Degré zéro de l'écriture*[*Writing Degree Zero*])直至 1980 年去世，他共出版了十多部著作，并发表了大量论文。他的著作包括著名的《神话》(*Mythologies*，1957)、《批判文集》(*Essais Critiques*[*Critical Essays*]，1964)、《埃菲尔铁塔及其他神话》(*La Tour Eiffel*[*The Eiffel Tower*

---

① 〔美〕托斯丹·本德·凡勃伦：《有闲阶级论》，蔡受百译，北京，商务印书馆，1964，第 132 页。

② 〔美〕托斯丹·本德·凡勃伦：《有闲阶级论》，蔡受百译，北京，商务印书馆，1964，第 122 页。

③ 在一定意义上讲，巴特对鲍德里亚的影响丝毫不比列斐伏尔的影响低。鲍德里亚的博士论文《物体系》的分析方法和思路受到巴特"物的语义学"(semantique de l'objet)的深刻影响。此外，鲍德里亚许多著作的名称也与巴特的著作类似，如《流行的体系》(巴特，1967)/《物体系》(鲍德里亚，1968)、《文本的乐趣》(巴特，1973)/《生产之镜》(鲍德里亚，1973)、《巴特论巴特》(巴特，1975)/《他者自述》(鲍德里亚，1987)，等等。鲍德里亚在一次访谈中谈及他和巴特之间的关系时说："罗兰·巴特是一位我觉得非常亲近的人，〔我们的〕立场是如此地接近，以至于他做的许多事，也是我自己可能会去做的，然而，我倒没有意思要把我自己的写作和他的相比较。"(Jean Baudrillard, "The Interview with Monique Arnaud and Mike Gane," in *Baudrillard Live. Selected Interviews*, London & New York：Routledge, 1993, pp. 203-204. 转引自〔法〕让·鲍德里亚：《物体系》，林志明译，上海，上海人民出版社，2019，第 236 页)

and Other Mythologies]，1964），以及《S/Z》(1970)等。在这些著作中，巴特广泛运用结构主义语言学的理论与方法，对包括广告、时装等在内的各种流行文化现象进行了符号学释读。在巴特看来，任何符号材料中都存在着意识形态性，这些意识形态在完成了结构化升级后，便转换成了"神话"。因此，巴特所谓"神话"，指的其实就是结构化的意识形态。

比如，巴特在《今日神话》一文中是这样解释神话的："在今天，何谓神话？我马上就要提出一个初步的、非常简单的解答，这一解答和语源学极为相符：神话是一种言语。"[①]神话是一种言语，这便将其与语言学和符号学直接联系在了一起。什么是符号学呢？按照巴特的解释，"符号学是一种形式的科学，因为它研究的是脱离了内容的意指"[②]。

巴特指出，不同的符号材料中蕴含的神话不尽相同，有的符号材料具有政治神话意识形态，而有的符号材料则具有商业神话意识形态。前者如《巴黎竞赛》杂志一期的封面图片(图 5-1)，后者如一则意大利面广告(图 5-2)。在《巴黎竞赛》封面图片的符号材料中，巴特为我们读出了其中的政治神话意识形态：

> 封面上，一个身着法国军装的年轻黑人在行军礼，双眼上扬，也许是在凝神注视着一面三色国旗。这便是这张照片的意思。但不论天真与否，我清楚地看见它对我意指：法国是一个伟大的国家，她的所有子民，没有肤色歧视，忠实地在她的旗帜下服务，对所谓殖民主义的诽谤者来说，没有什么比这个黑人效忠所谓的压迫者时展示的狂热更好的回答了。因此，我再度面对了一个更大的符号学系统：这里有一个能指，它本身是凭着前一个系统形成的（一个黑人士兵正在行法国式军礼）；还有一个所指（在此是有意把法兰西特征与军队特征混合在一起）；最后，还有通过能指而呈现的所指在场。[③]

[①] 吴琼、杜予：《形象的修辞：广告与当代社会理论》，北京，中国人民大学出版社，2005，第 1 页。

[②] 吴琼、杜予：《形象的修辞：广告与当代社会理论》，北京，中国人民大学出版社，2005，第 4 页。

[③] 吴琼、杜予：《形象的修辞：广告与当代社会理论》，北京，中国人民大学出版社，2005，第 8~9 页。引用时有改动。

图 5-1 《巴黎竞赛》的一期封面 图 5-2 意大利 Panzani 面条广告

在意大利面广告的符号材料中,巴特则读出了商业神话意识形态:"它的能指是聚集在一起的西红柿、胡椒粉和广告招贴的三色(黄色、绿色、红色)搭配,它的所指则是意大利,或者更确切地说是意大利风味。"①

巴特对广告作品中的商业神话意识形态给予了足够的关注,因为广告作为当代资本主义社会中一种彰明较著的文化景观,正在对人们的精神、意识、观念等产生全面且深刻的影响。甚至可以这样说:广告是消费社会中最为鲜明的神话。一如巴特所言:

> 在广告中,形象的意指作用无疑是意向性的:广告信息的所指是由产品的某些属性先行构建的,而且这些所指必须尽可能清晰地被传送出去。如果说形象包含着符号,那我们就能确信,在广告中,这些符号是充盈的,是以最合适的阅读角度形成的:广告形象是坦率的,或者至少是毫不含糊的。②

① 吴琼、杜予:《形象的修辞:广告与当代社会理论》,北京,中国人民大学出版社,2005,第38页。
② 吴琼、杜予:《形象的修辞:广告与当代社会理论》,北京,中国人民大学出版社,2005,第37页。引用时有改动。

巴特对广告神话的关注直接影响了鲍德里亚。事实上，鲍德里亚可以算是巴特的"编外"学生，因为巴特曾于 1962—1963 年在巴黎高等研究实践学院开设过以"当代符号意义组构系统目录：物的体系（衣服、食物、住房）"为主题的讨论课，鲍德里亚当时是参与者之一。在后文将会论述的鲍德里亚的商品符号论中，广告话语是一个关键环节。

三、居伊·德波的"景观社会"理论

鲍德里亚的广告与消费社会批判理论的另一个重要来源，是"情境主义国际"（situationist international）的代表人物居伊·德波提出的"景观社会"理论。

作为一位活跃于第二次世界大战后法国社会的"非正统"马克思主义者，德波的社会批判思想集中体现于他在 1967 年出版的《景观社会》（La société du spectacle）一书中。在这本并不算厚重的著作里，德波运用他所理解的马克思主义理论以及西方的心理分析理论，对发达资本主义社会中的"表征""符号""景观"等问题进行了细致的考察。

德波从马克思提出的"商品拜物教"理论获得启发，将当代资本主义社会中的符号操纵及由此产生的结构化意识形态称为"表征拜物教"（representation fetishism）。他认为，在一个由"表征"堆叠出来的景观社会中，景观获得了意识形态功能，成为形塑人们思想、认识、观念的一种强大力量。正如张一兵在为该书中译本所作"代译序"中所指出的那样：

> 景观，当然是一种隐性的意识形态。换句话说，无论是通过广告，还是通过其他影像呈现在我们面前的各种景观，其本质都是在认同性地，或者是无意识地支配着人们的欲望结构。我们以对商品疯狂的追逐来肯定资本主义的市场体制，或者是在影像文化的引诱下，将现存的资产阶级生活方式误认为本真的存在方式，自愿成为五体投地的奴隶。①

总体来看，在《景观社会》中，德波主要表达了以下几个层面的思想，这几个层面之间具有内在的逻辑关联性。

第一，在表象层面，当代发达资本主义社会已经发展成为一个"景

---

① 张一兵：《代译序》，〔法〕居伊·德波：《景观社会》，王昭风译，南京，南京大学出版社，2006。

观"无处不在的社会，在这样的社会中，生产活动以生产"景观"为目的。德波指出，"现代生产条件无所不在的社会，生活本身展现为景观（spectacles）的庞大堆聚。直接存在的一切全都转化为一个表象"①。一切实在的东西全都转化成了表征，表征构成了无处不在的景观，因此，景观一方面表现为占统治地位的生产方式的结果，另一方面又表现为这种生产方式的目标。

> 景观是对在生产领域或由生产所决定的消费领域中已做出的选择的普遍肯定。在内容和形式方面，景观总是现存体制条件和目标的总的正当性的理由，景观也是这种正当性理由的永久在场，因为它垄断了耗费在生产过程之外的大部分时间。②

值得注意的是，德波还没有完全脱离唯物史观的生产本体论，因为他明确承认：消费领域是由生产领域所决定的。这与马克思强调的，在生产、分配、交换（流通）和消费所构成的资本主义链条中生产居于中心地位是基本吻合的，生产的性质和关系决定了分配、交换（流通）和消费的性质和关系。③ 这与后来鲍德里亚无限地拔高消费的地位和商品的交换价值是不同的。

第二，由于景观已经成为当代发达资本主义社会中生产的目的，那么，马克思曾经论述过的"商品拜物教"也便自然而然地演进到"景观拜物教"阶段。在一个景观统治的社会中，人们由原先的膜拜商品转变为膜拜景观，景观成了社会关系的中介，成了人们的生活追求。景观呈现出来的世界超越了真实的世界而成为一个"超真实"的世界。

> 商品拜物教的基本原则——社会以"可见而不可见之物"的统治，在景观中得到绝对的贯彻，在景观中真实的世界被优于这一世界的

---

① 〔法〕居伊·德波：《景观社会》，王昭风译，南京，南京大学出版社，2006，第3页。
② 〔法〕居伊·德波：《景观社会》，王昭风译，南京，南京大学出版社，2006，第4页。
③ 马克思在《〈政治经济学批判大纲〉导言》中写道："无论我们把生产和消费看作一个主体的活动或者许多个人的活动，它们总是表现为一个过程的两个要素，在这个过程中，生产是实际的起点，因而也是起支配作用的要素。消费，作为必需，作为需要，本身就是生产活动的一个内在要素，是整个过程借以重新实现的起点，因而也是实现的起支配作用的要素，是整个过程借以重新进行的行为。个人生产出一个对象和通过消费这个对象返回自身，然而，他是作为生产的个人和自我再生产的个人。所以，消费表现为生产的要素。"（《马克思恩格斯全集》30卷，北京，人民出版社，1995，第35页）

影像的精选品所取代，然而，同时这些影像又成功地使自己认为是卓越超群的现实之缩影。①

　　这里，德波在"商品拜物教"的基础上迈进了一步。在他看来，如果说"商品拜物教"指出了商品（物）在社会关系中的统治地位的话，那么，在当代资本主义社会中，景观取代了商品（物）成为社会关系中的统治性力量，这就是他所谓"景观拜物教"的力量。不过，德波同时也指出，正如人们献给宗教的越多，留给自己的就越少一样，"景观拜物教"使得社会关系的异化加深，使人们活在景观的逻辑之中。德波写道：

　　　　屈从于预设对象（是他自己无思活动的结果）的观众（spectateur）的异化，以下面的方式表现出来：他预期得越多，他生活得就越少；他将自己认同为需求的主导影像越多，他对自己的生存和欲望就理解得越少。景观与积极主动的主体的疏离，通过以下事实呈现出来：个人的姿势不再是他自己的；它们是另外一个人的，而后者又将这些姿势展示给他看。观众在哪里都感到不自在，因为景观无处不在。②

　　在德波的笔下，"观众"（spectateur）在相当程度上是作为消费者出场的，他们从广告景观中期待得越多，生活得就越少，他们"将自己认同为需求的主导影像越多，他对自己的生存和欲望就理解得越少"。在广告景观无处不在的消费社会中，消费者按照景观的要求进行消费，而在这样的消费行为中，正如德波所言："个人的姿势不再是他自己的；它们是另外一个人的，而后者又将这些姿势展示给他看。"在景观社会中，消费者处处感到不自在，因为广告景观无处不在，且时时都在变换，让他们无所适从。

　　第三，景观的发达是以交换价值的发达为前提条件的，事实上，交换价值与"表征""符号""景观"之间具有内在的亲和性，因为交换价值往往都需要借助"表征"和"符号"来彰显自身——这样的彰显发展到一定程度就成为"景观"。德波分析说，在景观社会中，

①　〔法〕居伊·德波：《景观社会》，王昭风译，南京，南京大学出版社，2006，第13页。
②　〔法〕居伊·德波：《景观社会》，王昭风译，南京，南京大学出版社，2006，第10页。

交换价值仅仅作为使用价值的代理人才能出场，但依靠它自己的武器最终所取得的胜利为它的自治权力创造了条件。通过动员全部人类的使用价值并垄断它的实现，交换价值最终成功地控制了使用价值。根据交换价值的有效性，使用价值变得纯粹是被观看的，并且现在它已经完全被交换价值所摆布。作为使用价值雇佣兵出发的交换价值，为了自己的缘由而终结了它发动的这一战争。①

原先只是使用价值之"雇佣兵"的交换价值，最终成为它自己发动的这场"能见度"争夺战的终结者，成为最后的获胜者。而交换价值的"能见度"需借助符号、象征和景观来达成，因此，景观社会的逻辑其实也正是交换价值的逻辑。从这里可以看出，德波正在一步一步地排挤掉使用价值的本体性，从而滑向交换价值本体论的轨道。

值得指出的是，德波确认了广告在景观社会中的重要作用，这与其后继者鲍德里亚将广告视为消费社会和所谓"符号政治经济学"中一个基础要素的做法是一致的。在《景观社会》中，德波一方面将广告与"谎言"联系起来——"广告产业的每一个新的谎言都是对其先前谎言的一种招认"②；另一方面他也认为，广告与新闻、宣传、娱乐表演等一样，都是构成景观社会的基础要素。德波写道：

> 在其全部特有的形式——新闻、宣传、广告、娱乐表演中，景观成为主导性的生活模式。景观是对在生产领域或由生产所决定的消费领域中已做出的选择的普遍肯定。在内容和形式方面，景观总是现存体制条件和目标的总的正当性的理由，景观也是这种正当性理由的永久在场，因为它垄断了耗费在生产过程之外的大部分时间。③

最后，景观社会的到来，使得无产阶级夺取政权的难度进一步加大，因为景观逻辑已经结构化了整个社会关系，景观由此成为一种普遍的意识形态。"资产阶级获得权力是因为它是发展经济的阶级。无产阶级除非

① 〔法〕居伊·德波：《景观社会》，王昭风译，南京，南京大学出版社，2006，第16页。
② 〔法〕居伊·德波：《景观社会》，王昭风译，南京，南京大学出版社，2006，第27页。
③ 〔法〕居伊·德波：《景观社会》，王昭风译，南京，南京大学出版社，2006，第3~4页。

变成有意识的阶级，否则它不可能获得权力。"①不难看出，德波这里受到了卢卡奇的影响，他希望借助对景观逻辑运行机制的揭示与批判，来唤起无产阶级的"阶级意识"，以期打破景观意识形态。正如他在 1992 年为该书所写的"第三版序言"中告诫读者的那样："在阅读本书时，应牢记在心的是，它的写作抱有一种颠覆景观社会的强烈意图。这不存在任何过分的地方，无论如何，关于这一社会我不得不说些什么。"②

从德波对景观社会持有的深刻批判精神来看，该书具有进步性。但他试图否定马克思的生产本体论，为"表征""符号""景观"等概念招魂，却体现了他对马克思哲学思想的理解的片面性，一定程度上也体现了他对马克思思想的曲解。

德波的景观社会理论对鲍德里亚的影响是直接且深刻的，从德波开始，使用价值的基础地位开始动摇，交换价值的地位被拔高。这一趋势，在鲍德里亚的著作中不仅得到了延续而且走向了极端。在鲍德里亚看来，交换价值在晚期资本主义③社会中取得了相对于使用价值的完全胜利，马克思基于生产本体论的政治经济学批判已成为过去时，取而代之的则是"符号"的政治经济学批判。

综上，我们认为，鲍德里亚的消费本体论大体上经历了凡勃伦炫耀性消费思想的启发，经由巴特的广告神话和德波的景观社会理论的中介之后形成。当然，这其中，其老师亨利·列斐伏尔的日常生活批判理论对他也有较深的影响。碍于篇幅，此处不再赘言。

---

① 〔法〕居伊·德波：《景观社会》，王昭风译，南京，南京大学出版社，2006，第 36～37 页。

② 〔法〕居伊·德波：《景观社会》，王昭风译，南京，南京大学出版社，2006，第三版序言第 13 页。

③ "晚期资本主义"(Late Capitalism)这一概念出自比利时卓越的马克思主义者欧内斯特·曼德尔(Ernest Mandel)，他在一本以这一概念命名的著作中，将资本主义划分为三个相继的阶段。这三个阶段依次为：自由竞争资本主义、古典垄断资本主义(列宁称之为帝国主义)和晚期资本主义。曼德尔认为，晚期资本主义的兴起与第三次技术革命有关，第三次技术革命在推动人类社会生产力登上了前所有未有的高度的同时，也引发了资本主义组织化和控制重心的深刻转变，由生产控制逐渐转向销售(消费)控制。"第三次技术革命的逻辑，就是驱使晚期资本主义的公司来计划它们的销售，以庞大的费用用于市场研究、市场分析、广告和客户的应付、商品的有计划的报废(这很常见的是带来商品质量的降低)等。"参见〔比〕厄尔奈斯特·曼德尔：《晚期资本主义》，马清文译，哈尔滨，黑龙江人民出版社，1983，第 263～264 页。

第三节　鲍德里亚的消费本体论和符号狂欢

正如我们在上一节中讨论的那样，鲍德里亚对当代资本主义社会的考察受到了多种理论来源的影响，从凡勃伦的"炫耀性消费"，到巴特的广告神话，再到德波的景观社会——当然，还有他的老师亨利·列斐伏尔的消费社会和日常生活批判理论，都为他考察后现代社会中的消费问题提供了灵感和视角。

鲍德里亚将自己的代表作命名为《消费社会》(*La Société de consummation*)并不是偶然的。在这本书的开篇，他写下了这样一段话：

> 今天，在我们的周围，存在着一种由不断增长的物、服务和物质财富所构成的惊人的消费和丰盛现象，它构成了人类自然环境中的一种根本变化。恰当地说，富裕的人们不再像过去那样受到人的包围，而是受到物的包围。……我们生活在物的时代：我是说，我们根据它们的节奏和不断替代的现实而生活着。在以往所有的文明中，能够在一代一代人之后存在下来的是物，是经久不衰的工具或建筑物，而今天，看到物的产生、完善与消亡的却是我们自己。①

这本书最早面世于 1970 年，即鲍德里亚刚刚进入不惑之年之际。经过战后 20 多年的恢复和发展，西方社会的物质财富获得了极大的发展，普遍进入了消费社会。物的丰盛不仅改变了人们的生活环境，也使得资本主义运行机制的控制重心发生转移。过去，物质的普遍匮乏要求将生产置于经济运行和控制的重心，其目标是通过控制生产来勉力满足社会的需求。但时过境迁，当代社会已经发展成为一个生产不再是问题而消费却成为问题的时代了。资本主义社会化大生产产生出来的大量商品需要及时销售出去，否则资本就无法回收，剩余价值就无法产生，由生产、分配、交换(流通)和消费所构成的链条就会断裂。因此，现在的资本主义经济运行机制的核心就是控制消费，而消费的首要的、直接的目标就是实现大量商品的销售。

资本主义社会的这一发展变化被鲍德里亚敏锐地把握到了，由《消费

---

① 〔法〕让·鲍德里亚：《消费社会》，刘成富、全志钢译，南京，南京大学出版社，2000，第 1～2 页。

社会》开始，他开始了对当代资本主义社会的系统性考察，所形成的最终理论指向和客观后果，就是生产本体论的瓦解和消费本体论的确立。

一、后马克思主义者鲍德里亚对生产本体论的三重解构

在鲍德里亚的身上，除了哲学家、后现代思想大师、知识的"恐怖主义者"等标签之外，还有一个标签值得一提，这就是"后马克思主义者"。

所谓"后马克思主义"即"非马克思主义"，后马克思主义者（如德里达、鲍德里亚等人）不是出于信奉马克思主义而去读马克思。恰恰相反，他们读马克思是为了颠覆、解构马克思的理论。这一点，在鲍德里亚的身上有着充分的体现。鲍德里亚可以算是一个马克思文本的读者，但他是否读通读透了马克思的文本却需要打上一个大大的问号。鲍德里亚喜欢攻击对他有过启发的思想家（包括马克思），这是人所共知的。颠覆、反叛、解构虽然不是他的专属特质，却是对他恰当的描述。有人称鲍德里亚为"挑衅者"（provocateur），大体上也是抓住了他的这些特点。正如美国文化理论家道格拉斯·凯尔纳（Douglas Kellner）所言，鲍德里亚"寻求的是破坏现代的正统，并经常攻击那些对他的工作产生过巨大影响的人，从而向我们这个时代里一些最流行最有影响力的思想家和观点提出了质疑"[1]。

那么，鲍德里亚是如何颠覆、解构马克思的理论的呢？下面，就让我们试着对他的理论作一番分析。

(一)消费掩蔽了生产

消费掩蔽了生产，是鲍德里亚对马克思的生产理论所做的第一重解构，也是其早期著作中所透露出的一个鲜明的指向。

在《消费社会》一书中，鲍德里亚宣称："我们处在'消费'控制着整个生活的境地。"[2]他认为，当代资本主义社会已经步入后工业社会，它不同于前工业社会。在前工业社会中，生产居于中心地位，人们的消费是为了满足自身的真实需要，商品的使用价值是第一位的。然而，到了后工业社会，情况发生了逆转。后工业社会同时也是一个丰裕的社会，在这样的社会中，由于商品极大丰富，消费逐渐成为社会控制的重心，消费的作用获得了极大提升，相形之下，生产的作用似乎被边缘化了。同

---

① 〔美〕道格拉斯·凯尔纳：《波德里亚：一个批判性读本》，陈维振、陈明达、王峰译，南京，江苏人民出版社，2008，第3页。
② 〔法〕让·鲍德里亚：《消费社会》，刘成富、全志钢译，南京，南京大学出版社，2000，第5页。

时，在后工业社会中，人们不再过多关注商品的实际使用价值，而是更加关注商品的"象征交换价值"。这便提升了商品的符号价值的地位，"需求瞄准的不是物，而是价值。需求的满足首先具有附着这些价值的意义"①。这里，我们可以发现凡勃伦的"炫耀性消费"的影子，也可以发现德波"景观社会"理论中"表征"和"符号"的影子。

消费主要指向附着在商品身上的"价值"和"意义"而不是其有用性，这是鲍德里亚对后现代社会的一个基本预设。正是基于这一预设，鲍德里亚这一"理论暴发户"（张一兵语）惊喜地发现了他的学术空间——通过推翻马克思的生产本体论从而引发一场学界地震来引起人们的关注。

继《消费社会》之后，鲍德里亚紧接着于 1972 年和 1973 年先后出版了《符号政治经济学批判》和《生产之镜》，将对生产本体论的攻击和颠覆推向深入。

在《符号政治经济学批判》一书中，鲍德里亚融符号学研究、马克思主义政治经济学研究以及消费社会的社会学研究于一体，对当代发达工业社会中人与物、主体与客体、本真与象征等之间的复杂关系开展了细腻的分析。鲍德里亚发现，在后现代的消费社会中，

> 物趋向于变成一种地位的符号，每种社会地位都将被交换符号的整体所规定。将物与主体以及与世界的关系纳入其中并无必要。只存在一种体系性的关系适用于所有其他的符号。这种抽象的结合存在于符码的要素之中。②

物变成一种体现地位的符号，因此，消费也转变为对符号的消费。我们知道，在语言学和符号学中，符号是能指和所指的复合体，能指以所指为依托，所指是能指的基底。不过，正如巴特在《符号学原理》一书中论证过的那样，一个意指系统 ERC 包含了一个"表达面"（E）和一个"内容面"（C），而这个意指系统本身（第一系统）又可以成为另一个更为复杂的意指系统（第二系统）的内容面或表达面，这就是所谓的第一系统向第二系统的"换挡加速"。③ 当然，按照巴特的这一分析，还可以有第三系

---

① 〔法〕让·鲍德里亚：《消费社会》，刘成富、全志钢译，南京，南京大学出版社，2000，第 58 页。

② 〔法〕让·鲍德里亚：《符号政治经济学批判》，夏莹译，南京，南京大学出版社，2015，第 66 页。

③ 〔法〕罗兰·巴尔特：《符号学原理》，李幼蒸译，北京，中国人民大学出版社，2008，第 68～69 页。

统、第四系统……这样，经过多次"换挡加速"后产生的新的意指系统便越发与最初的意指关系脱联，成为自由漂浮于现代社会生活空间中的符号。而在鲍德里亚看来，在后现代社会中，人们恰恰就是生活于这样的符号空间之中。

由于符号/交换价值取得了对于使用价值的最后胜利，因此，马克思主义政治经济学对生产方式的批判便不再适用于时代的要求，鲍德里亚转而发展出一套他自鸣得意的符号政治经济学批判构架，并指出：

> 只有符号政治经济学批判能够分析当下的统治方式（mode de domination）如何能够重新获得、整合、同时利用所有那些生产方式——不仅仅是资本主义的生产方式，还有所有"之前的"、"古代的"生产方式与交换方式，在经济范围内，或者在经济范围之外。只有这种批判能够分析经济的统治模式的核心如何能够再发明（或者再生产）符号、等级、隔离以及区别的逻辑和策略；如何重述那些属人关系构成的封建逻辑，甚至那些礼物交换的逻辑以及交互性逻辑，或者竞争性交换的逻辑——以便能够同时既超越"现代的"阶级的社会经济逻辑，又能够让其成为统治力量。但或许经济的剥削和"阶级"的统治只是"历史"的某一阶段，或者整个诸多社会统治形式谱系中的一种。可能当代社会再一次成了一个符号统治的社会，由此导致了对于某种"文化革命"的需要，它包含了整个意识形态生产的过程——而对此进行分析的理论基础只能来自于符号政治经济学。①

"符号统治的社会"是鲍德里亚对当代资本主义社会的一个基本诊断，而他对此开出的药方就是要对符号开展政治经济学的批判，亦即他所谓的"文化革命"。

而在《生产之镜》这部标志着鲍德里亚从西方马克思主义转向后马克思思潮的关键之作中，鲍德里亚正式宣布与马克思的生产本体论分道扬镳，全面滑向消费本体论。在该著中，鲍德里亚将曼德尔的资本主义三段论分期对应于马克思在《哲学的贫困》中提出的政治经济学三阶段。马克思在《哲学的贫困》中曾提出交换的三个发展阶段：第一阶段主要是指古代和中世纪的生产，在这一阶段主要是剩余产品即"生产超过消费的过

---

① 〔法〕让·鲍德里亚：《符号政治经济学批判》，夏莹译，南京，南京大学出版社，2015，第150页。

剩品"的交换，商品交换的规模很小；第二阶段是工业生产阶段，不仅
"一切产品"都处在交换中，而且一切生产活动都"完全取决于交换"；第
三阶段则是一个"普遍贿赂、普遍买卖"的时期，在这一阶段，甚至一些
以前人们认为不能买卖的东西，如德行、爱情、信仰、知识和良心等都
成了买卖的对象。① 鲍德里亚认为，正像马克思认为第二阶段相对于第一
阶段是一场质的变化那样，第三阶段与第二阶段相比也是一种质的转
变——这与马克思认为的第二阶段到第三阶段只是量的变化不同。他指出：

> 在第二阶段和第三阶段之间存在着决定性的转变。第三阶段是
> 对第二阶段的革命，就像第二阶段是对第一阶段的革命一样。政治
> 经济学体系的第三种力量对应于一种新型的社会关系，这种关系与
> 第二阶段的矛盾关系不同，后一矛盾关系适合于资本（《资本论》）。②

这种所谓的发展到第三阶段的政治经济学，就是鲍德里亚急于抛出
的符号政治经济学。这是政治经济学的一场革命性的转变，"这个转变涉
及从形式——商品到形式——符号、从一般等价规律下物质产品交换的
抽象到符码规律下所有交换的操作的转变"③。鲍德里亚指出，当政治经
济学转变到符号政治经济学之后，"所有的价值都转变为处于符码霸权之
下的符号交换价值"④。而到了这一阶段，资本主义的控制和支配结构也
变得更加微妙，更加有效，这是因为：

> 符号不只具有商品的内涵，也不只是交换价值的符号学补充。
> 这是一个让自己进行结构操纵的操作结构，与剩余价值的数量神秘
> 化相比，它显得毫无恶意。符号的超意识形态以及能指的普遍可操
> 作性——今天，它到处都被结构语言学、符号学、信息论、控制论
> 等新学科所认可——已被作为这个体系的理论基础代替了旧的政治
> 经济学。这种利用符码象形文字的新意识形态结构，与利用生产能
> 力的旧意识形态结构相比，更加难以辨认。这种操控，利用了符号

---

① 《马克思恩格斯全集》第 4 卷，北京，人民出版社，1958，第 79～80 页。
② 〔法〕让·鲍德里亚：《生产之镜》，仰海峰译，北京，中央编译出版社，2005，第 105 页。
③ 〔法〕让·鲍德里亚：《生产之镜》，仰海峰译，北京，中央编译出版社，2005，第
107 页。
④ 〔法〕让·鲍德里亚：《生产之镜》，仰海峰译，北京，中央编译出版社，2005，第
107 页。

能生产出意义和差异的能力，比起利用劳动力来更为根本。①

由此，鲍德里亚便与生产本体论彻底决裂，转向消费本体论——一定意义上也是符号本体论。这也标志着他由一个"西方马克思主义者"，蜕变成一位极具颠覆性和破坏性的"后马克思主义者"。

（二）虚幻排挤了真实

既然鲍德里亚将当代社会诊断为一个由"符号统治的社会"，那么，当他指认当代的资本主义社会已经发展成为虚幻排挤了真实的社会时，我们并不感到意外。这是因为：符号总是虚幻的，它起初是附着于每一个物之上的，后来随着能指与所指之间关系的不断复杂化，即巴特所谓的"表达面"（E）和"内容面"（C）之间层层叠化和"换挡加速"，又逐渐地脱离于物而成为漂浮于虚空之中的无数个能指。这样一来，物与物之间的交换就演变成能指与能指之间的交换，能指成为完成"惊险的跳跃"的载体，也是完成这一跳跃的关键。于是，真实的、可触摸的、实实在在的物被排挤到了"不可见"的角落，活跃在人们眼前的是一个个虚幻的"超真实"的符号——能指。正是基于这一点及对其消费社会思想的总体把握，我曾将鲍德里亚的广告与消费社会理论概括为"商品—符号论"。②

我以为，鲍德里亚毕生致力的一项重要事业就是对"商品—符号"关系的分析。在鲍德里亚看来，在一个消费文化占据文化"主因"的社会中，商品的使用价值和交换价值已经渐渐隐退至幕后，而把"符号价值"推向了前台，后者"将商品重新定义为主要是被消费和展示的一个象征"③。"商品""符号""象征"，这些概念在鲍德里亚的消费社会和后现代理论中实际上是有着内在关联性的。他在其后期的作品中进一步发展了这一逻辑，得出"商品即符号，符号即商品"的重要论断。

鲍德里亚的"商品—符号论"是与他后期学术生涯中发展出的所谓"仿真"（simulation）、"内爆"（implosion）、"超真实"（hyperreality）等后现代概念密切相关的。在鲍德里亚的词典里，"仿真"指的是在晚期资本主义或跨国资本主义社会中，由于大众传播媒介对人类生活的全面渗透而产生出的一个个虚幻的"拟态环境"，这其中，电视（互联网在鲍德里亚生活

---

① 〔法〕让·鲍德里亚：《生产之镜》，仰海峰译，北京，中央编译出版社，2005，第107～108页。

② 参见葛在波：《商品—符号论：鲍德里亚消费社会思想评析》，《岭南师范学院学报》2018年第4期，第155～159页。

③ 〔美〕道格拉斯·凯尔纳：《波德里亚：一个批判性读本》，陈维振、陈明达、王峰译，南京，江苏人民出版社，2008，第52页。

的时代尚未成为媒介的主流)的作用绝对不容小觑。包括电视在内的大众传播媒介、主题公园、梦幻般的购物中心……当然，还有广告制造出的一个个"欲望"世界，为身处其中的人们营造出了一个"超真实"的后现代世界。

"超真实"的后现代世界是一个透明的世界，同时也是一个虚幻的世界，是一个让人永远都捉摸不透的世界——因为"超真实"世界的载体和主体不是别的，正是符号。因此，鲍德里亚所谓"超真实"的后现代世界其实指的就是符号的世界，在这样的世界中，虚幻比真实更加真实，因为虚幻总是给人一种触手可及而又永不可及的感觉。虚幻是透明的，它总是不厌其烦地铺陈和展现在人们的眼前，让人感到它就是真实存在的东西，它比实在更实在。

(三)客体打败了主体

主体(人)与客体(物)之间的关系问题是哲学的一个古老命题。在西方，从古代哲学到近代哲学再到现代哲学，主客二分，客体作为被认识的对象始终居于从属性地位是一个已得到广泛接受的基本认识。这一基本认识在黑格尔那里被概括为主体相对于客体的"优越性和理性"。

黑格尔在《法哲学原理》论述"所有权"的一章中着重谈到了主体对客体(物)的支配权，认为主体将自己的意志体现于客体(物)之中，从而获得对客体(物)的占有。在占有的过程中，主体的意志是一种"肯定的东西"，而物的"无我性质"使其只能专为主体的需要而存在。黑格尔写道：

> 通过占有，物乃获得"我的东西"这一谓语，而意志对物也就有了肯定的关系。在物和我的意志这一同一性中，物同时被设定为否定的东西，而我的意志则在这一规定中成为特殊意志，即需要、偏好等。但是我的需要作为单一意志的特殊性是肯定的东西，它要满足自己，至于物作为自在的否定的东西，则专为我的需要而存在，并为其服务。使用就是通过物的变化、消灭和消耗而使我的需要得到实现；这样，物的无我性质就显示出来，该物也就完成了它的使命。
>
> ………………
>
> 如果我采用标志以普遍方式占有物本身，那末，在使用中就存在着更为普遍的关系，因为那时不是物的特殊性得到承认，而是物被我否定了。物沦为满足我的需要手段。当我与物会合时，为了使我与物同一起来，其中一方必须丧失其性质。然而我是活的，是希

求者和真正肯定者，而物是自然的东西。所以物必然要消灭，而我
则依然故我。一般说来，这就是有机体的优越性和理性。①

可见，在黑格尔看来，主体的"优越性和理性"是由主体的"肯定性"
和客体的"无我性"所共同决定的。客体服务于主体的需要，并因主体的
需要而具有价值。客体与主体的"同一"只能建立在客体"丧失其性质"而
主体依然故我的基础之上。这就是现代哲学对主客关系的基本认知。

然而，对消费社会中人与物关系极为着迷的鲍德里亚却颠覆了现代
哲学对主客关系的这一基本认知，而将客体（物）置于主体（人）之上，指
出了客体的主导地位，主体只不过是为客体所奴役的对象。

鲍德里亚关注的重心是晚期资本主义社会中人（主体）与物（客体）之
间的关系问题，因此，他笔下的"客体"事实上指的就是物，也就是马克
思在资本论中分析过的商品。② 应该说，在鲍德里亚早期对消费社会的
研究中，他已经注意到了一个被商品（物）所包围的人类生活环境对于马
克思主义意义上的"拜物""异化"等现象的固化与加深。比如，在《消费社
会》一书中，鲍德里亚敏锐地指出，在后现代社会中，人们生活在"物的

---

① 〔德〕黑格尔：《法哲学原理》，范扬、张企泰译，北京，商务印书馆，1961，第66～
67页。

② 马克思确实曾在分析资本的生产过程时谈到，在一个以交换价值生产为基础的社会中，
工人（劳动力）的"渺小化"与资本（物）支配劳动的权力的"增大化"成正比的问题。比如，
他在《政治经济学批判大纲》中写道：
因此，文明的一切进步，或者换句话说，**社会生产力**的一切增长，也可以说**劳动本身
的生产力**的一切增长，如科学、发明、劳动的分工和结合、交通工具的改善、世界市
场的开辟、机器等等所产生的结果，都不会使工人致富，而只会使**资本**致富；也就是
只会使支配劳动的权力更加增大；只会使资本的生产力增长。因为资本是工人的对立
面，所以文明的进步只会增大支配劳动的**客体的权力**。（《马克思恩格斯全集》第30卷，
北京，人民出版社，1995，第267页。黑体为原文所加。）
马克思在这里提到的"客体"指的是资本，以及资本的化身——物（商品）。资本只有在
吸收了劳动这一"酵母"的前提下，才能创造价值和产生剩余价值；资本越是强大，其
支配劳动力和推动劳动的力量（权力）便越发强大（《马克思恩格斯全集》第30卷，北京，
人民出版社，1995，第256页）。马克思在这里将工人（劳动力）视作主体，而将资本
（物）视作客体，指认了资本主义生产关系不断地压制和排挤主体的现实，这与现代哲
学中主体和客体的所指存在着明显的区别。现代哲学中的主体指的是认识自然的人，
客体则是被认识的对象——自然。
鲍德里亚对消费社会中主体和客体之间关系的分析既背离了现代哲学的基础，也误读
了马克思对资本生产过程的分析。马克思对资本的分析牢固地立足于唯物史观，认为
资本主义社会这种异化的、物化的社会关系是一种颠倒的社会关系，它必将为将来新
的社会形态和社会关系所取代。而鲍德里亚既看不清异化、物化的社会关系的"暂时的
历史性"，更看不到主体的能动性和革命性——这种能动性和革命性注定将把这种颠倒
的社会关系扫进历史的垃圾堆。

时代",并根据"它们(指物——引者)的节奏和不断替代的现实而生活着"①。物(商品)作为客体包围了人,物(商品)的逻辑渗透到了社会关系的各个角落,使得人与人之间的关系呈现为物与物之间的关系。

那么,物(商品)的逻辑是什么呢?对此,马克思在《政治经济学批判。第一分册》中通过分析认为,物(商品)的逻辑就是要实现交换价值。马克思以铁为例,指出铁作为商品,在市场上总是表现出"虔诚的愿望——想变成金,也就是想赋予它本身所包含的劳动时间以一般社会劳动时间的形态"②。商品想变成金的"虔诚的愿望"要想实现,就必须在商品的世界中找到吸引金(货币)的地方。显然,这不仅是一切商品的愿望,更是一切商品的逻辑——促使卖的完成亦即交换价值的实现。也只有当"卖确实完成了,那么这种困难,即商品的惊险的跳跃,就渡过了"③。

由此可见,物(商品)的逻辑就是要实现"惊险的跳跃",亦即实现交换价值。至于商品实现交换价值的方法,马克思只是说要在市场中找到吸引金的地方,并未展开分析。以鲍德里亚为代表的后马克思主义者就此分析认为,在后工业社会中,商品"惊险的跳跃"主要靠自身的符号价值来实现,这是他在经过《符号政治经济学批判》的中介后,最终于《生产之镜》中完成的一次认识论蜕变。这一蜕变体现了鲍德里亚对资本主义社会控制机制转变的理解。在他看来,如果说马克思所生活的时代是"形式—商品"的控制机制的话,那么,在后工业社会中,资本主义的控制机制则是"形式—符号"。鲍德里亚将这一转变称为"从一般等价规律下物质产品交换的抽象到符码规律下所有交换的操作的转变"④。而与这一控制机制转变相对应的,就是从马克思的政治经济学向鲍德里亚的符号政治经济学的转变。

鲍德里亚指出,政治经济学过渡到符号政治经济学之后的一个严重后果,就是对"所有社会关系的象征性破坏,这种破坏并不是由生产资料的所有权完成的,而是由符码的控制完成的"⑤。一切社会关系由符号所操控,主体自然也就丧失了主导地位,而成为物的奴隶。如此,现代哲

---

① 〔法〕让·鲍德里亚:《消费社会》,刘成富、全志钢译,南京,南京大学出版社,2000,第2页。
② 《马克思恩格斯全集》第31卷,北京,人民出版社,1998,第483页。
③ 《马克思恩格斯全集》第31卷,北京,人民出版社,1998,第483页。
④ 〔法〕让·鲍德里亚:《生产之镜》,仰海峰译,北京,中央编译出版社,2005,第107页。
⑤ 〔法〕让·鲍德里亚:《生产之镜》,仰海峰译,北京,中央编译出版社,2005,第108页。

学中主体和客体之间的辩证关系被推翻了；主体，这一现代哲学的宠儿，也在鲍德里亚形而上学的抽象推理和客体的全面胜利中彻底败下阵来。

二、鲍德里亚的商品符号论及广告在其中的作用

理解鲍德里亚消费本体论的一个关键就是符号和符号统治的问题。事实上，鲍德里亚的全部文化社会学理论都是围绕着"符号"问题来回打转的。从他早期的《物体系》(1968)、《消费社会》(1970)、《符号政治经济学批判》(1972)、《生产之镜》(1973)、《象征交换与死亡》(1976)、《拟真与拟像》(1978)、《论诱惑》(1979)，到中后期的《冷酷的记忆》(二卷，1986，1990)、《终结的幻想》(1991)、《罪恶的透明》(1993)、《完美的罪行》(1996)、《不可能的交换》(1999)，等等，鲍德里亚的思想体系中始终萦绕着符号的影子。可以说，在鲍德里亚看来，符号超越了马克思时代的生产理论，已成为当代人类社会面临的一个核心问题。

那么，商品如何变成符号，或者说商品符号化的途径是什么呢？鲍德里亚认为这主要是通过广告来实现的。可以说，在鲍德里亚的消费社会思想中，广告是一条贯穿始终的考察脉络。

1966 年，鲍德里亚完成了博士论文《物体系》，该论文随后于 1968 年出版。在该著中，鲍德里亚提出了当代资本主义的文化体系已经全部立足于消费之上这一条重要论断。消费，而不是生产，成为鲍德里亚考察当代资本主义社会的抓手。资本主义文化体系立足于消费，而消费的对象正是物(商品)，物要想在商品极大丰盛、竞争日趋激烈的后工业社会中完成"惊险一跃"以实现自己的交换价值，必须使出浑身解数。其中，通过广告来为自己赋予特定的"意义"，实现自己的符号化是最为重要的一个途径。

那么，广告的本质是什么呢？鲍德里亚认为，广告的本质就是关于物(商品)的"话语"，它是物体系中一个有机组成部分。他写道：

> 对于物的(des)体系的分析，最后必须包括一项有关针对物的话语(discours sur l'objet)，也就是广告"信息"(形象和文字论述)的分析。因为广告并非物体系的附加现象，我们无法将它规范或限制在"正当"的范围内(完全只是提供信息的广告)。如果它已成为物体系无法分割的一个方面，那正是因为它的不平衡性。这种平衡的缺乏正是体系的"功能化"典范。广告的整体，构成了一个无用的、无关紧要的世界。它是一个纯粹的引申意义。它在物品的生产和使用中，都没有什么作用，然而它却完全可以加入物的体系，不只因为它谈及了消费，更是因为它

本身又反过来变成了消费品。必须好好地辩解这种双重决定机制：它是一种关于物的话语（discours sur l'objet），同时它本身也是一个物品。①

可见，在鲍德里亚看来，广告一方面是关于商品的话语，另一方面其本身又成为人们消费的对象，这种消费，当然指的是消费广告话语中有关商品的意义。商品在市场中要想赢得"金"的青睐，成为消费的对象，必须要变成符号。

> 要成为消费的对象，物品必须成为符号，也就是外在于一个它只作意义指涉（signifier）的关系——因此它和这个具体关系之间，存有的是一种任意偶然的（arbitraite）和不一致的关系，而它的合理一致性，也就是它的意义，来自它和所有其他的符号—物之间，抽象而系统性的关系。②

可见，"商品符号化"早在鲍德里亚写作博士论文时期即已成为他对当代资本主义社会的一个关注重点。在随后的《消费社会》中，鲍德里亚进一步发展了他的这一思想，认为广告主要通过将商品符号化来实现自己的社会功能，并经由社会功能来实现经济功能——促进销售。

> 广告的诀窍就在于到处使用"货轮"魔法（土著们所梦想的总体的奇迹般丰富）来取代市场逻辑。广告的所有把戏都朝着这个方向发展。看看不论在何处，它都显得审慎、友善、不事张扬、不含私心。……一切都是可能的，而且一切都是好的，这并不完全是为了促销，还是为了恢复协调、合作、沟通——简而言之，为了生产出关系、团结、交流。尽管广告引发的这种协调可能随后就落实到对某些物品的依附、落实到购物行为和对消费经济命令内在的服从，这是当然的，但这并不是本质的，无论如何广告的这种经济功能是由其总体社会功能造成的。这就解释了为什么它从来都不是确实可靠的。③

---

① 〔法〕让·鲍德里亚：《物体系》，林志明译，上海，上海人民出版社，2019，第179页。译文有改动。
② 〔法〕让·鲍德里亚：《物体系》，林志明译，上海，上海人民出版社，2019，第213页。
③ 〔法〕让·鲍德里亚：《消费社会》，刘成富、全志钢译，南京，南京大学出版社，2000，第187页。

为了生产出这种"关系、团结和交流"，广告需要为商品赋予意义和象征价值（显然商品本身不具备这样的能力），亦即要将商品进行符号化处理，以便使其能够向消费者传达和交流这种意义和象征价值。可见，鲍德里亚所谓的"商品符号化"过程实际上是一个使商品成为意义和象征价值之"传播者"（communicator）的过程。正如鲍德里亚自己所言："广告将有用的物的价值转变为符号/价值。"①显然，在鲍德里亚看来，商品的符号价值主要是由广告来赋予的（图5-3）。鲍德里亚指出，晚期资本主义社会的控制重心已经从生产领域转移到了消费领域，在这样的社会语境下，人们的需求（或许采用马尔库塞的说法"虚假需求"更为妥帖）乃至社会化过程都被符号牢牢地控制着，其中，广告发挥了巨大的作用。

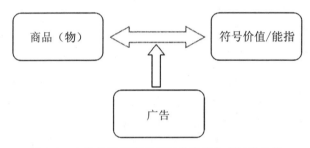

图 5-3 广告作用于商品符号的价值生成过程示意

由此观之，对商品符号化的指认是促使鲍德里亚滑向消费本体论的关键环节，也是促使他彻底转向唯心主义的关键环节。由商品的符号化开始，鲍德里亚对当代资本主义社会的分析开始逐步脱离物质，脱离现实，而进入虚幻的符号的世界。在这样的符号世界中，人类生存最基本的物质需求似乎成了无足轻重的，意义、象征、身份等反而成了基本需求。这显然是一种本末倒置，因而是唯心论的。

本章小结

本章我们从回顾唯物史观生产本体论的内涵和特征出发，梳理和分析了后马克思主义消费本体论的思想史，并在此基础上着重讨论了消费本体论的代表人物鲍德里亚的广告与消费社会批判思想。

与生产本体论具有久远丰富的思想来源相似，消费本体论的思想史也是久远且复杂的。这一点，从鲍德里亚的身上即可以看出端倪。鲍德

---

① 〔法〕让·鲍德里亚：《符号政治经济学批判》，夏莹译，南京，南京大学出版社，2015，第159页。

里亚的消费本体论思想来源成分复杂。在我看来，他的消费本体论思想中存在着从凡勃伦的"炫耀性消费"，到巴特的广告神话，再到德波的"景观社会"理论这一发展演变脉络。特别是在经由巴特和德波的商品符号化思想中介后，鲍德里亚不仅最终确立了商品符号化的理论体系，更为重要的是，也完成了从马克思的政治经济学向他的符号政治经济学的彻底转变。这标志着他从文化马克思主义者蜕变成颠覆和破坏马克思思想的后马克思主义者，也标志着他彻底背离了唯物史观的生产本体论而滑向唯心主义的消费本体论。

在鲍德里亚的消费本体论思想中，符号是一个核心概念，由此衍生出的符号统治、符号结构、符号逻辑等则构成他的符号政治经济学思想的主要内涵。当将商品（物）、消费以及符号联系起来的时候，鲍德里亚自然而然地将考察的视野投向了广告。这条线索，从他的博士论文《物体系》开始萌芽，经由《消费社会》和《符号政治经济学批判》的中介，于《生产之镜》臻于成型。在《生产之镜》中，鲍德里亚完成了从"形式—商品"到"形式—符号"的认识论转变。在鲍德里亚看来，如果说"形式—商品"还只是一般等价规律下物质产品交换的抽象的话，那么，到了"形式—符号"的阶段，所有的交换都处于符号规律的操纵之下。这是一个根本的转变，

> 与这个转变相对应，就是从政治经济学到符号政治经济学的转变，在这里问题不再简单地就是所有价值的"商品卖淫"（这种彻底的浪漫观点来自于《共产党宣言》中的著名段落：为了获取金钱，资本主义践踏着一切人类价值，艺术、文化、劳动等等；这是对利益的浪漫批判），而是所有的价值都转变为处于符码霸权之下的符号交换价值。①

在"形式—符号"的交换体系中，广告作为物的"话语"的能量得到完全的释放，因为这时人们对于"区分的渴望"②已经无以复加。凡物必须具有意义，必须成为符号方能进入消费的视野。而广告，恰恰承担起了为物赋予意义、使物成为符号的职能。这里，我们已经可以见出鲍德里

---

① 〔法〕让·鲍德里亚：《生产之镜》，仰海峰译，北京，中央编译出版社，2005，第107页。
② 〔法〕让·鲍德里亚：《生产之镜》，仰海峰译，北京，中央编译出版社，2005，第108页。

亚的商品符号论的完成。伴随这一完成过程的，就是鲍德里亚的符号逻辑的确立。他在《生产之镜》中的一句话，道出了他对当代资本主义社会的一个基本判断。他说：

> 认为我们这个社会仍然被商品逻辑所决定的观点是落伍的。当马克思开始分析资本时，资本主义工业生产还是未成年现象。当马克思把政治经济学看作是决定性领域时，在很大程度上，宗教仍然是决定性的。理论的决断从来不能建立在量的层面，而必须建立在结构批判的层面。①

由此观之，在鲍德里亚看来，在后现代社会中，商品逻辑落伍了，取而代之的是符号逻辑，这是资本主义"成年时期"的社会的和文化的逻辑。由于这种逻辑在马克思时代还未成形，因而没能成为马克思批判的对象，马克思对资本主义商品逻辑的批判也因此不再适用于对晚期资本主义社会符号逻辑的批判。因此，对马克思的理论做一些修修补补是不够的，必须建立新的批判体系——而要建立新的批判体系，"量变"是不够的，必须在结构层面推进质的批判。

从商品逻辑向符号逻辑的转变，从马克思的政治经济学批判向鲍德里亚的符号政治经济学批判的转变，也正是从生产本体论向消费本体论的转变。在这一转变的过程中，我们见证了鲍德里亚这一后马克思主义"理论暴发户"的符号狂欢，也见证了他彻底滑向唯心主义的思想脉络。

总之，鲍德里亚建立于商品符号化基础之上的消费本体论思想背离了唯物史观中物质资料的生产是人类社会的第一个历史前提这一基本原则，是一种唯心论思想。消费本体论颠覆了物质第一性、意识第二性的科学思想，认为交换价值、符号和象征这些仅仅依附于物质的次生性的东西才是当代资本主义社会的首要问题，进而将批判的矛头转向所谓的符号的政治经济学。这显然是一种本末倒置。

---

① 〔法〕让·鲍德里亚：《生产之镜》，仰海峰译，北京，中央编译出版社，2005，第107页。

第六章 广告传播政治经济学分析

本章，我们要研究广告传播政治经济学的相关问题，因为这些问题都与广告批判紧密关联。

广告是现代传播系统中一个具有基础性作用的因素，因此，广告批判自然而然地包含在对于现代传播系统的批判之中。在西方学术界，对现代传播系统的批判自 20 世纪 70 年代末起，逐渐成为传播学研究的一个重要学派——传播政治经济学。传播政治经济学通过引入马克思主义的政治经济分析方法，致力于揭示由资本（广告是其一个重要表现）支撑之下的商业化传播系统中的不平等的权力关系问题。

当代传播政治经济学领域的重要人物莫斯可认为，传播政治经济学是"关于社会关系，尤其是权力关系的研究，这些权力关系共同建构了包括传播资源在内的各种资源的生产、分配和消费"[①]。依据这一观点，结合马克思主义政治经济学的基本原理，我们不妨将广告传播政治经济学界定为：广告传播政治经济学研究广告传播过程中的社会关系尤其是权力关系，这种社会关系体现于并建构了广告信息产品的生产、交换、分配和消费各个环节。

第一节 广告传播政治经济学的孕育与发展

广告传播政治经济学脱胎于它的母体——传播政治经济学。作为传播学批判学派的一个重要分支，传播政治经济学发轫于 20 世纪六七十年代，在其开创者达拉斯·斯迈思和赫伯特·席勒的带领下，经过数代学者的辛勤耕耘，早已成为传播学批判研究领域的一支中坚力量。在其发展过程中，传播政治经济学深受马克思主义政治经济学的影响，并部分吸收了亚当·斯密、大卫·李嘉图、约翰·斯图亚特·穆勒等人开创的古典政治经济学精髓。同时它还从制度经济学领域汲取养分。以马克思主义政治经济学为基础，汲取西方经济学和制度经济学以及道德哲学中

---

① Vincent Mosco, *The Political Economy of Communication*, London & Thousand Oaks, CA: Sage, 2009, p. 2.

的科学成分，旨在揭橥传播系统中不平等的权力关系，并提出可行的替代性方案，是传播政治经济学的显著特征。

广告传播政治经济学正是在传播政治经济学的发展演变过程中衍生出来的。追根溯源，广告传播政治经济学是在对大众传播系统开展政治经济分析的过程中衍生出的一个分支。斯迈思是广告传播政治经济学的开山鼻祖，同时也是传播政治经济学的开创者。斯迈思在 1977 年发表的《传播：西方马克思主义的盲点》一文中首次论证了"作为商品的受众"的问题，亦即大众传媒生产的主要商品不是内容，而是受众，"作为商品的受众"被大众传媒卖给了广告商，而大众传媒生产的内容只不过是用来吸引受众眼球的"免费的午餐"①。而这，恰恰构成了西方马克思主义传播研究中的"盲点"：西方马克思主义者对传播的研究过于偏重对文化意识形态的分析，而忽视了对大众传播系统的政治经济分析。

"盲点"论抛出四年后，斯迈思又在《依附之路：传播、资本主义、意识及加拿大》一书中进一步分析了受众如何成为商品以及受众的"劳动"及与之相关的剩余价值等问题。斯迈思指出："作为商品的受众"实际上是在为广告商工作，这种工作的实质，

> 就是学会购买商品，并相应地花掉他们的收入。……简言之，他们（受众）的劳动创造了对广告商品的需求——垄断资本主义广告商的目的。受众或许会抵抗，但广告商的预期目标已经充分实现，结果渗透在需求控制的体系之中。②

其实，早于斯迈思九年，美国的两位马克思主义经济学家保罗·贝兰和保罗·斯威齐即对资本主义垄断阶段的经济问题做过系统的研究。他们二人尤其对广告如何服务于资本主义"垄断阶段"的基本经济目的这一问题进行过深入分析③，而分析的视角和工具即来源于马克思主义政治经济学。只不过，囿于学科背景和时代的局限，贝兰和斯威齐的分析没能考虑到广告的传播与文化属性。

如果说贝兰和斯威齐是从传统的政治经济的视角对垄断资本主义时

---

① Dallas W. Smythe, "Communications: Blindspot of Western Marxism," in *Canadian Journal of Political and Society Theory*, 1977, 1, (3): 1-28.
② Dallas W. Smythe, *Dependency Road: Communications, Capitalism, Consciousness and Canada*, Norwood, NJ: Ablex Publishing, 1981, p.39.
③ Paul A. Baran & Paul M. Sweezy, *Monopoly Capital: An Essay on the American Economic and Social Order*, Harmondsworth, UK: Penguin, 1968.

期广告的功能和作用进行了考察的话，那么美国历史学家和消费文化理论家斯图亚特·尤恩则从历史与文化的视角，对截至 20 世纪 70 年代的美国广告业的历史及广告参与形塑的美国大众消费文化做出过深入的分析。尤恩在《意识的掌控者：广告与消费文化的社会根源》一书中认为，广告不仅是"刺激和创造大众消费的一个工具"(an apparatus for the stimulation and creation of mass consumption)，更重要的是，它通过对消费者"心智的帝国主义化"来实现针对"社会意识问题"的"扩张性的操控策略"。[①]

显然，贝兰和斯威齐以及尤恩对广告的研究对于斯迈思以及后来的广告传播政治经济学学者的影响是显著的。斯迈思之后，另一位当代著名学者苏特·加利接过了广告传播政治经济学研究的大旗，并在深度和广度两个维度都有所突破，取得了一批重要成果。加利在《广告符码：消费社会中的政治经济学和拜物现象》一书中从经济和文化两个方面对现代广告开展了系统的批判性讨论。在加利看来，一方面，所有的社会关系都在权力的笼罩之下，受权力的影响；另一方面，由于"商品生产过程中牵涉的各种社会关系已经内敛于商品之中，成为商品整体意义的一部分"[②]，因此，广告传播政治经济学不仅要研究商品生产过程中的权力关系，也要研究广告传播过程中的权力关系，并致力于将消费社会中的拜物教以及主要由广告系统赋予的商品的社会意义政治经济"符码"破译出来。

欧陆学者中对广告的政治经济学分析最具影响的当属让·鲍德里亚。不过，正如上一章我们分析的那样，鲍德里亚的社会批判思想相比其他文化马克思主义者走得更远——他彻底背离了马克思对于经济基础的强调，转而将矛头对准晚期资本主义社会中的"符号控制"，提出了建构所谓"符号政治经济学"的"历史性"任务。在鲍德里亚看来，在晚期资本主义社会中，"物趋向于变成一种地位的符号，每种社会地位都将被交换符号的整体所规定"[③]。这里，鲍德里亚所谓的"物"其实就是马克思曾在《资本论》中分析过的商品。鲍德里亚认为，晚期资本主义社会中物的使用价值已经不再是主要的，取而代之的是物的符号价值，亦即物的"象征交换"价值，对物的交换和消费也因此转变成为"一个作为符号/交换价值体系的大写的'消费'(CONSOMMATION)过程"，"由此，对于符号生

① Stuart Ewen, *Captains of Consciousness: Advertising and the Social Roots of the Consumer Culture*, New York: McGraw Hill, 1976, p. 81.
② 〔加拿大〕苏特·杰哈利：《广告符码：消费社会中的政治经济学和拜物现象》，马姗姗译，北京，中国人民大学出版社，2004，第 7、31 页。
③ 〔法〕让·鲍德里亚：《符号政治经济学批判》，夏莹译，南京，南京大学出版社，2015，第 66 页。

产以及文化生产的分析不能作为与物质生产相对的、外在的、隐蔽的'上层建筑';这将成为一场政治经济学的革命,符号政治经济学全面入侵了理论与实践的领域"[1]。

正如我们在上一章指出的那样,鲍德里亚对广告给予了足够的关注,因为在他看来,广告不仅对于消费社会的正常运转发挥着关键作用,它还承担了大部分的"商品—符号"化功能。因此,对广告的分析将是符号政治经济学批判的主要任务之一。

综上可见,广告传播政治经济学不仅关注"经济",也关注"符号",不仅"务实",而且"务虚"。广告传播政治经济学致力于同时在经济基础和上层建筑两个维度发力,以期全面揭示出广告传播系统中的权力关系及其运作机制。

第二节　广告传播政治经济学与广告经济学的关系

在西方经济学的词典中,由斯密、李嘉图、穆勒等人开辟的古典政治经济学事实上就是经济学。与此相似,马克思主义政治经济学也是经济学而非政治学。但我们也不得不指出,马克思主义政治经济学毕竟与西方经济学存在着本质的区别。这首先是由马克思主义政治经济学的批判性所决定的。马克思的政治经济学思想集中体现在《资本论》中。在这部巨著中,资本主义生产方式所固有的结构性矛盾以及基于这一矛盾的资产阶级与工人阶级之间不平等的权力关系被完全揭示了出来。资本主义社会中,阶级斗争的性质以及社会革命的未来发展方向,也因此得以被清晰地描绘出来。

正如上文已经指出的那样,很多西方的广告传播政治经济学学者深受马克思主义政治经济学思想的影响,从而为广告传播政治经济学研究带来了浓浓的批判意味。这也是广告传播政治经济学研究与广告经济学研究的一个根本区别。广告传播政治经济学分析继承了传播政治经济学的许多特性与品格。传播政治经济学坚持从宏观的、历史的视野审视传播系统,尤其关注媒介所有权与控制、媒介集中(consolidation)、多样化(diversification)、商业化(commercialization)和国际化(internationalization)等过程,以及这些过程中的权力关系表现与影响。传播政治经济

---

① 〔法〕让·鲍德里亚:《符号政治经济学批判》,夏莹译,南京,南京大学出版社,2015,第140页。

学对大众传播媒介的"广告的利润驱动原理及其对媒介行为和媒介内容的影响"①问题尤其保持了足够的警醒与关注。与此相似，广告传播政治经济学也关注宏观的和历史的问题。它对于资本对大众传媒的影响与控制、广告公司在资本主义全球化进程中扮演的角色、广告在帮助跨国集团企业（包括跨国传媒企业）对第三世界国家的经济掠夺和文化控制等方面发挥的作用始终保持着强有力的关注。正如赫伯特·席勒在《大众传播与美帝国》一书中指出的那样：

> 广告公司为了其客户——美国和西欧的消费品生产商——需要依靠传播媒介去开辟市场。国家控制的抵制商业化的广播机构在公共关系中和日常的形象宣传中不断受到来自广告商及其同伙的围攻。……大公司的影响渗透到哪里，哪里的电子传媒就变成了推销工具。②

与广告传播政治经济学不同，广告经济学是广告学与经济学之间的交叉学科，它倾向于运用经济学的研究方法和工具对广告开展主要是行为主义的、技术理性的分析。经济学中的价值与价格、供求关系、外部性、市场集中与产业集聚等概念在广告经济学的分析中经常会被用到。正如国内一位较早对广告经济学进行过认真思考的学者所指出的那样，广告经济学注重"从经济层面研究社会环境中广告产业与国民经济间的关系、广告参与者的经济行为及广告与产品价值、价格、市场集中度间的关系等。其研究取向有别于传播学或市场营销学所做的广告研究"③。

表 6-1　广告传播政治经济学与广告经济学之对比

	思想来源（最相关学科）	研究对象	研究方法	研究旨趣	研究特征
广告传播政治经济学	马克思主义政治经济学	广告传播活动社会关系权力关系	质化为主	批判研究	宏观性历史性人文性
	传播学				
	广告学				
	西方道德哲学				
广告经济学	经济学	广告产业分析	量化为主	行政研究	微观性功利性
	广告学	广告的经济作用			

① 〔英〕奥利弗·博伊德-巴雷特、〔英〕克里斯·纽博尔德：《媒介研究的进路》，汪凯、刘晓红译，北京，新华出版社，2004，第 227 页。
② 〔美〕赫伯特·席勒：《大众传播与美帝国》，李晓红译，上海，上海译文出版社，2013，第 92、95 页。
③ 丁汉青：《广告经济学》，北京，经济管理出版社，2009，第 39 页。

可见，广告传播政治经济学和广告经济学虽然都关注广告的"经济"问题，但二者无论是在研究旨趣还是在研究方法等方面都存在着明显的差异。广告传播政治经济学坚持从宏观的、历史的视野出发审视广告传播系统中的权力关系，这种权力关系往往与经济资本有着复杂而紧密的勾连，而广告正是解开这种勾连的秘密的一把重要的钥匙。20 世纪末以降，西方所谓的"自由多元主义"（liberal pluralism）意识形态逐渐取得了优势，在这种意识形态的统摄之下，政府和国家的功能正在被不断地弱化。与此同时，所谓的"自由市场"越来越受到推崇。这一趋势反映在大众传播领域，就是商业主义趋势越来越明显，而大众传播系统本应具有的哈贝马斯意义上的"公共领域"属性越来越被边缘化。由此产生的一系列问题，如"市民社会"的弱化和"第四权力"的"去合法化"等都是广告传播政治经济学分析所要关注的重要问题。而这些问题通常不会引起广告经济学分析的兴趣。广告经济学从经济学那里引入了一些精巧的分析工具，通常关注一些微观、具体的问题，且尤其注重量化的研究方法，偏重于考察广告与整体经济发展之间、广告与市场集中和垄断之间、广告与商品价格波动之间的关系。广告经济学通常是具体问题具体分析，不具有宏观的和历史的视野，对广告传播系统中的权力关系也缺乏关怀，且一般不具有批判的特征。

第三节　广告传播政治经济学分析的进路

文森特·莫斯可在《传播政治经济学》一书中曾从经济学、空间地理学以及社会学的学科视野为我们描绘出传播政治经济学的三条分析进路。这就是：商品化（commodification）、空间化（spatialization）和结构化（structuration）。莫斯可写道：

> 商品化（commodification）是一个过程，在这一过程中因使用而产生价值的物品被转化为可以销售的产品，其价值来自它们能交换来的东西。一个典型的例子就是将一个朋友们喜欢的故事转变成一部可以在市场上售卖的电影或者小说的过程。人类的传播行为如何成为一种为了牟利而制造的产品？空间化（spatialization）指的是大众媒介和传播技术克服地理空间限制的过程。比如，电视通过将地球上发生的事件的影像传送至世界各地，从而克服了距离障碍。此外，公司越来越多地使用电子信息技术在全世界范围内组织业务，由此能够更广泛地接触顾客、管理工人，以及利用技术和资本。当需求

出现的时候，比如可以在别处获得成本更低或者技能更好的劳动力时，电子信息技术也使得它们能够灵活地采取快速行动。当传播遍布全球、商业利用传播在全世界范围内创造和制作产品的时候，会出现什么情况？第三个关键概念是结构化(structuration)，即创造各种社会关系的过程，主要是那些围绕社会阶级、性别和种族组织起来的社会关系。比如，政治经济学描述了社会阶级的不平等是如何影响人们对大众媒介和新的传播技术的接触的，这种社会阶级的不平等根据收入和财富划分人群，使其中一些人能够接触，而另一些人则被排除在外。①

笔者以为，传播政治经济学的这三条分析进路对于广告传播政治经济学分析同样适用。

一、商品化

现代广告本身即是商品经济大发展的产物，因此，对广告开展商品化分析可谓是以子之矛攻子之盾。在广告传播系统中，至少存在着三种值得关注的商品化趋势。

首先，从经济学中的"外部性"概念来看，广告正在通过资本的手段一步步地实现对大众传媒的整体性控制。与此同时，在广告与传媒业的相互竞逐中，大众传媒的商业化趋势也越来越明显。如果我们将广告和传媒业视作一个整体，并将之视为社会学意义上的一个"场域"②，那么，毫无疑问，在这个场域中存在着多个争夺话语权的力量——这些彼此交织的力量使得广告与传媒场域成为一个布尔迪厄意义上的"权力争夺场"③。只要稍微审视一下当代的传媒与广告业，我们就不难发现，在这

---

① Vincent Mosco, *The Political Economy of Communication*, London & Thousand Oaks, CA: Sage, 2009, pp. 127-128.

② "场域"是布尔迪厄社会学中的一个重要概念。布尔迪厄把"场域"界定为："位置之间客观关系的网络或图式。这些位置的存在，它们加诸其占据者、行动者以及机构之上的决定作用都是通过其在各种权力(或资本)分布结构中现在的与潜在的情境客观地界定的，也是通过其与其他位置之间的客观关系(统治、从属、同一等)而得到界定的。"(Pierre Bourdieu and Loïc J. D. Wacquant, *An invitation to Reflexive Sociology*, Chicago: University of Chicago Press, 1992, p. 97.)

③ 在布尔迪厄看来，"权力场是行动者或机构之间的力量关系空间，这些行动者或机构的共同点是拥有必要的资本，以在不同场(经济场或尤其是文化场)中占据统治位置。"(〔法〕皮埃尔·布尔迪尔：《艺术的法则》，刘晖译，北京，中央编译出版社，2011，第192页)

个场域中，商业主义话语正在成为统摄性的话语，而原本应该占据重要地位的"公共领域""专业主义""市民社会"等话语构型则正在被边缘化和"去合法化"①。这是一个非常值得我们深思的问题。

其次，广告使受众成为商品。这是斯迈思早就为我们指明的一种商品化现象，对这一现象的忽略，曾经被认为是西方马克思主义媒介研究中的一个"盲点"。西方马克思主义学者在对大众传播系统的研究中，曾一度将自己的视野局限在文化与意识形态上层建筑领域。无论是法兰克福学派的文化批判，还是英国的文化研究，它们对大众传媒的研究都曾一度将"经济"问题排除在外。例如，在法兰克福学派霍克海默和阿多诺的笔下，大众传媒是发达资本主义国家中占主导地位的"文化工业"(cultural industry)，它主要执行意识形态上层建筑的功能。文化工业是一种执行标准化生产的工业，它将无产阶级大众塑造成一个个无个性、无抗争意识或欲望的"文化白痴"(cultural dopes)②，听命于统治阶级的摆布。"在文化工业中，个性就是一种幻象，这不仅是因为生产方式已经被标准化。个人只有与之普遍完全达成一致，他才能得到容忍，才是没有问题的。"③在文化工业中，广告的作用是显而易见的，它不仅对于推销文化工业所生产出来的"产品"有举足轻重的作用，还对维持统治阶级的权力至关重要。"广告能够保证权力留在同样的人的手里，就像极权主义国家可以通过经济决定权，来控制各种事务的确立和运行一样。"④

起源于英国伯明翰的文化研究曾经一度纠结于"文化主义"和"结构主义"的范式论争，"转向葛兰西"(the Turn to Gramsci)之后，文化研究开始全面接纳来自欧陆的理论，对文化领域的权力关系的考察也逐渐得到重视。20世纪70年代以降，在第二代中坚人物斯图亚特·霍尔(Stuart Hall)的推动下，文化研究重新发现了"意识形态"对于媒介研究的重要

---

① 李艳红等人曾考察了我国新闻场域中的实践者如何在数字化背景下重构和概念化他们的行为，并得出结论："当下中国的话语实践则显示出单一化的特征，商业的危机构成了今天中国业者想象的核心。……商业主义的统合与专业主义的离场正在也将会对中国的新闻业变迁产生重大而深远的影响。"参见李艳红、陈鹏：《"商业主义"统合与"专业主义"离场：数字化背景下中国新闻业转型的话语形构及其构成作用》，《国际新闻界》2016年第9期，第135～153页。

② Harold Garfinkel, *Studies in Ethnomethodology*, Englewood Cliffs, NJ: Prentice-Hall, 1967.

③ 〔德〕马克斯·霍克海默、〔德〕西奥多·阿道尔诺：《启蒙辩证法：哲学断片》，渠敬东、曹卫东译，上海，上海人民出版社，2006，第140页。

④ 〔德〕马克斯·霍克海默、〔德〕西奥多·阿道尔诺：《启蒙辩证法：哲学断片》，渠敬东、曹卫东译，上海，上海人民出版社，2006，第147页。

性，并开始对大众传播系统中的"被压迫者"（the repressed）给予更多的关注。在霍尔看来，随着 20 世纪五六十年代"批判"范式的兴起①，大众传播研究领域出现了一次"断裂"。而刻画这种"断裂"（从"主流"转向"批判"）特征的"最简单的方法本质上源于从行为视角向意识形态的转变"。霍尔将这一转变称为"再次发现了意识形态，更确切地说——回归被压迫者"②。

不过，无论是法兰克福学派还是文化研究，都没有对大众传播系统中的"经济"问题给予足够的关注。这不得不说是 20 世纪 70 年代以前西方传播研究的一个缺憾。不过，随着斯迈思"受众商品论"的提出以及后来诸多传播政治经济学学者研究成果的推出，这一局面得到了极大的改观。

最后，如果我们从马克思主义政治经济学的视点来分析，就会发现在广告传播系统中还存在着另一种商品化的问题——"内容的商品化"。而这种商品化就存在于广告主和广告公司的互动过程之中。在此过程中，实际上存在着广告公司生产广告传播的内容——广告作品，并将这一内容卖给广告主的交易过程。在这一交易过程中，广告公司生产的产品——广告作品的交换价值得以实现。

二、空间化

空间化是一个地理学的概念，它在传播政治经济学中指的是因传播技术的进步，大众传播媒介克服地理空间的限制的过程。事实上，空间化并不是一个新概念，它是资本主义现代性的一个必然伴生物。关于这一点，马克思和恩格斯在《共产党宣言》中早就有所论述。在马克思和恩格斯看来，资本主义现代性的一个基本趋向就是用时间消灭空间。加拿大著名媒介理论家麦克卢汉对于传播技术的发展对时空的"压缩"也有着深刻的认识，在他看来，不仅传播技术的进步延伸了人的身体感官，事

---

① 根据汉诺·哈特的研究，美国的传播研究直至 20 世纪 40 年代末仍旧固守自己的行为主义、经验主义研究旨趣，尽管那时学术界已经认识到了传播研究具有跨学科的性质，"但它还是紧守行为科学的取向，没有尝试跳出单一性的圈子，即使做过尝试也没有成功"。不过，在以后的岁月里，"由于承认社会语境的文化路径，传播研究领域表现出的意愿显示，它愿意吸收马克思主义批判传统的理论或方法论，包括法兰克福学派的批判理论，而不仅仅囿于重新给自己定位，不仅仅重新思考在推出传播理论时的弱点或失败，因为传播理论同时又是社会理论"。（〔美〕汉诺·哈特：《传播学批判研究：美国的传播、历史和理论》，何道宽译，北京，北京大学出版社，2008，第 102 页）

② Stuart Hall, "The Rediscovery of Ideology: Return of the Repressed in Media Studies," in T. Bennett, J. Curran et al. (eds), *Culture, Media and Society*, London: Routledge, 1982, pp. 59-90.

实上"一切技术都是肉体和神经系统增加力量和速度的延伸"①。随着空间化的发展，美国以及西方发达资本主义国家的大众传播系统已经将触角伸到了地球的每一个角落。

空间化的概念被引入传播政治经济学是为了分析这一过程中隐藏着的西方发达国家相对于第三世界国家的不平等的权力关系。现代以降，西方发达资本主义国家凭借强大的经济资本和先进的传播技术手段，大肆向第三世界国家倾销自己的文化产品，造成了南北之间严重的信息不对称。学界将这种不平等的权力关系称为"文化帝国主义"。20 世纪 80年代，文化帝国主义的问题上升成为国际性的政治问题。第三世界国家联合起来，借助联合国的舞台要求改变这一不平等的状况，但却遭到美国的强烈反对。1980 年公布的麦克布莱德报告《多种声音，一个世界》也因此而变成了纸面上的呼吁。

在广告传播政治经济学中，空间化的概念与经济全球化有着密不可分的关联。现代广告的图景是与经济全球化的进程紧密相关的。以美国这个现代广告的发源地为例，美国的广告业在世界范围的落地生根与经济全球化进程完全同步。这一点，在约翰·辛克莱的《广告、传媒与全球化：一个变动不居的世界》一书中有着清楚的论述。在该书中，辛克莱为了描述广告、传媒与经济全球化之间的关系，精心勾勒出了一个由"生产制造/营销/传媒复合体"(Manufacturing/Marketing/Media complex)组成的分析框架。在这样的三角关系中，生产制造的全球扩张必然会要求营销与传媒的跟进。根据美国广告业行规中关于"共同客户"(common accounts)的规定，正常情况下，广告客户在海外市场中的营销职能应当由其在国内签约的广告公司承担。于是，美国的广告公司便自然而然地将业务的触角延伸到了世界各地。

美国广告公司的第一波海外扩张发生在 20 世纪 20 年代。其时，包括智威汤逊广告公司(J. Walter Thompson，通用汽车公司的广告代理商)和艾耶父子广告公司(N. W. Ayer & Son，福特汽车公司的广告代理商)等在内的广告公司跟随它们的客户扩张到了海外。第二次世界大战以后，美国的广告公司开始了第二波海外扩张，与前一波相比，这一波的扩张无论是规模还是力度都大大增强。在第二波的扩张中，美国的许多大型广告公司进入了欧洲、拉美和亚洲市场。对此，美国《电视杂志》

---

① 〔加拿大〕马歇尔·麦克卢汉：《理解媒介：论人的延伸》，何道宽译，南京，译林出版社，2011，第 111 页。

（*Television Magazine*）早在 1965 年就曾做过这样的描述：

> 大约是 1959 年，描绘美国广告公司海外发展的一条平缓曲线突然攀高，并且不曾拉平……海外电视的发展与这种急剧攀升不无关系，因为在媒介商业化方面领先的美国公司已经为他们提供了可以大量出口的窍门。但是电视并不是主要的原动力。那个角色属于委托方：美国的消费品生产商。①

可见，为了帮助美国企业在海外的工厂面向其所在国及全球市场输出产品和服务，美国的广告公司一直忠实地陪伴着它们的客户。不过，虽然《电视杂志》认为包括电视在内的大众传媒并非这一进程的原动力——它将原动力的角色指派给了广告主——但事实上，美国传媒业在空间化进程中发挥的作用绝对不容小觑。正是美国传媒业不遗余力地将美国的消费主义意识形态传播向世界各地，"帮助"第三世界国家人民养成了"现代的生活方式和消费方式"，才使得美国广告业的空间化进程得以顺利展开。因此，我们说，是生产制造/营销/传媒复合体协力推进了空间化的进程，缺少其中的任何一方，这一进程都不可能顺利展开。

除此之外，广告传播政治经济学的空间化分析还应关注世界范围内的广告公司集中与集聚，尤其是这种集中与集聚背后的权力关系问题。发端于 20 世纪末并绵延至今的国际性广告公司大规模集中与集聚改变了世界范围的广告图景，使得全球的广告市场越来越为几大营销传播巨头所把控。这样的局面给发展中国家的广告公司带来了巨大的生存压力，也威胁到了世界范围的消费与文化多样性。

三、结构化

结构化是一个社会学的概念。在社会学理论中，"结构"（structure）、"行动"（action）、"能动性"（agency）是一组基础概念。社会学对结构的认识至少可以追溯至马克思。在马克思看来，尽管历史是由人创造的，但人却并不能随心所欲地创造历史，而是要受到社会结构的制约。马克思在《路易·波拿巴的雾月十八日》中写道："人们自己创造自己的历史，但是他们并不是随心所欲地创造，并不是在他们自己选定的条件下创造，

---

① 〔美〕赫伯特·席勒：《大众传播与美帝国》，李晓红译，上海，上海译文出版社，2013，第 91 页。

而是在直接碰到的、既定的、从过去继承下来的条件下创造。"①马克思这里所说的继承来的"条件"指的就是包含着文化传统的社会结构。而在20世纪另一位社会学大师马克斯·韦伯看来，资本主义现代性已经为现代人编织了一个"钢铁般坚硬的外壳"(Stahlhartes Gehäuse)②，而要打破这一外壳，人类或许只能期盼"克里斯玛"式的人物重降人间。

诚然，韦伯的观点悲观了一点。晚近的社会学者和社会理论家则修正了这一点，他们更加倾向于认为结构固然具有刚性的一面，但理性的人所具有的能动性还是能够在与结构的周旋中实现突破的。比如，英国马克思主义历史学家霍布斯鲍姆就认为：

> 一种仅仅认识到系统的维持的结构模式是不充分的。它应当反映出稳定性(stabilizing)和破坏性(disruptive)两种要素的同时存在……这样的一个二元(辩证的)模式的建立和运用都是困难的，因为在实践中我们往往会根据趣味和情境的不同，倾向于将其或者是作为稳定的功能主义(stable functionalism)，或者是作为一种革命性变化(revolutionary change)来操作。而事实上，有趣的是，它实际上二者都是。③

可见，在霍布斯鲍姆看来，如果说结构代表了稳定性因素的话，那么，个体的能动性则代表了一种破坏性的因素，二者的互动构成了结构模式的动态性。

另一位英国社会学家安东尼·吉登斯(Anthony Giddens)则认为在结构与能动性之间简单地强调任何一方的做法都失之偏颇。为了弥合两方的分歧，他提出了"二元性结构"论：

> "结构"既包括强制规则，又包括能动资源。结构不再是给社会生活套上样板的僵硬框架，它既型构行为，又为行为所重构。就此而言，结构和行为在不断变迁的社会模式中相互联接。④

---

① 《马克思恩格斯选集》第1卷，北京，人民出版社，2012，第669页。
② 〔德〕马克斯·韦伯：《新教伦理与资本主义精神》，苏国勋、覃方明、赵立玮、秦明瑞译，北京，社会科学文献出版社，2010，第117页。
③ Eric Hobsbawm, "Karl Marx's Contribution to Historiography," in R. Blackburn (ed), *Ideology in the Social Sciences*, New York: Vintage, 1973, p. 280.
④ 转引自〔加拿大〕文森特·莫斯可：《传播政治经济学》，胡春阳、黄红宇、姚建华译，上海，上海译文出版社，2013，第240页。

如果说功能主义者、制度主义者和结构主义者的结构模式是一种相对静态的模式的话，那么吉登斯提出的结构化模式则是一种相对动态的过程模式。

那么，广告传播系统中存在着结构化问题吗？答案是肯定的。笔者曾分析过广告传播系统的三种结构化倾向——阶级（层）、性别和文化领导权。[①] 广告主要在三个维度对现代人的阶级（层）身份进行结构化——明晰人们的阶级（层）身份、设立比照阶级（层）、推动阶级（层）向上流动。这三个维度之间存在着环环相扣的递进关系，通过三个连续的步骤，广告最终成功地发挥了塑造人们阶级（层）身份的作用，同时以动态方式推动着阶级（层）之间的流动。与对阶级（层）身份的结构化相比，广告对现代人性别的结构化效应显得更为突出。在广告中，正如约翰·伯杰为我们分析过的那样，

> 男子重行动而女子重外观，男性观察女性；女性注意自己被别人观察。这不仅决定了大多数的男女关系，还决定了女性自己的内在联系，女性自身的观察者是男性，而被观察者为女性。因此，她把自己变作对象——而且是一个极特殊的对象：景观。[②]

"文化领导权"作为一个学术概念始终是与意大利马克思主义者安东尼奥·葛兰西紧密联系在一起的。在葛兰西看来，发达资本主义社会中统治阶级相对于被统治阶级的领导权，主要是通过文化与意识形态上层建筑领域的"协商"与"妥协"来实现的。文化领导权理论被引入媒介研究领域，就产生了所谓的媒介领导权，它指大众媒介通过传播包含着统治阶级意识形态的内容，来同化被统治阶级乃至整个社会的价值观，从而实现对社会思想观念的整合。赛佛林和坦卡德在《传播理论——起源、方法与应用》一书中认为，美国的新闻和其他媒介内容，是为了满足资本主义或"公司意识形态"[③]的需要。这里所谓的"公司意识形态"主要依靠广告来传播。一方面，广告通过传播包含着公司意识形态的影像和文字信息，将受众"结构化"进符合公司利益的意识框架中，从而实现自身的文

---

① 葛在波：《广告传播系统的结构化效应研究》，《当代传播》2016 年第 2 期，第 94～96 页。

② 〔英〕约翰·伯杰：《视觉艺术鉴赏》，戴行钺译，北京，商务印书馆，1994，第 51 页。

③ 〔美〕沃纳·赛佛林、〔美〕小詹姆斯·坦卡德：《传播理论——起源、方法与应用》，郭镇之、徐培喜等译，北京，中国传媒大学出版社，2006，第 244 页。

化领导权。另一方面，广告在传播公司意识形态的同时，也传播统治阶级或社会主流意识形态。正如理查德·奥曼（Richard M. Ohmann）在《广告的双重言说与意识形态：教师手记》一文中引用的美国通用电气公司首席执行官查尔斯·E. 威尔逊（Charles E. Wilson）的那句名言："对通用公司有益的，对这个国家也是有益的。"①广告是社会秩序的维护者而不是破坏者，这是由广告自身的利益所决定的。

由此观之，广告已经为现代人编织起了一张张无形的结构之网。这些由广告编织的结构与其他社会机制——国家、法律、制度、科层化等编织的结构一起，共同造就了我们现代人生活于其中的无形的社会结构。

第四节　广告传播政治经济学分析的意义

在新时期，广告传播政治经济学分析在实践与理论两个维度都具有重要意义。在实践的维度，广告传播政治经济学研究可以为中国企业开展全球传播服务，并进而为"一带一路"倡议提供智力支持。在理论的维度，广告传播政治经济学研究有助于我们认识现代广告在参与建构全球不平等的传播秩序中发挥的作用，开辟出广告批判研究的一块新领域，从而为促进广告研究工具理性和价值理性的均衡发展，加强广告学学科的学理性建设做出贡献。

一、实践的维度

2013 年以来，随着"一带一路"倡议的全面铺开，中国企业正在大踏步走向世界，全面参与全球竞争。然而，在国际市场上，中国企业面临着与国内市场差异巨大的竞争环境，西方企业历经三个多世纪建立起来的商业话语霸权必然会在各个领域对参与全球角逐的中国企业进行压制。如何消解西方企业的这种商业话语霸权，并建立起我们自己的商业话语体系？经济全球化背景下中国企业的广告传播可以从西方学习些什么，又该摒弃些什么？回答这些问题，需要我们加强对广告传播政治经济学的分析与研究。

归结起来，广告传播政治经济学分析在实践层面对我们的意义与价值主要体现于三个方面。其一，它有助于我们看清西方发达资本主义国

---

① 转引自罗钢、刘象愚：《文化研究读本》，北京，中国社会科学出版社，2000，第 406 页。

家历经三百多年建立起来的霸权式商业话语体系的运作机制，特别是其中蕴含着的不平等的权力关系。这种不平等的权力关系体现在传播资源的生产、分配、交换和消费等各个领域。其二，它有助于我们在看清这种不平等的权力关系的基础上，思考和提出消解西方发达国家商业话语霸权的策略。其三，基于前两者，它有助于我们思考和提出中国企业开展全球性广告和商业传播的恰当的战略、策略以及具体的操作路径。

西方发达资本主义国家的这种商业话语霸权是其政治霸权、经济霸权、军事霸权、文化霸权等在商业传播领域的延伸。同时，商业话语霸权还带有约瑟夫·奈（Joseph Nye）所谓文化"软实力"的诸多特征。因此，对商业话语霸权的考察，实际上横跨了政治、经济、军事以及文化分析等多个方面，是一个系统工程。

二、理论的维度

早在 1941 年，保罗·拉扎斯菲尔德便指出，传播学研究中存在着"行政"研究与"批判"研究两个范式的问题。[①] 在拉扎斯菲尔德看来，行政研究主要指的是那些在由大众媒体本身，或是由广告商、代理商以及政府部门等机构设定的框架内开展的研究。可想而知，这样的研究必然是工具性的，是以达成委托方期待的某种目的为旨归的。行政研究自诩为具备科学主义、实证主义的取向，它通常对数据感兴趣，重视对量化研究方法的运用，而缺乏历史的和社会的视角，对于传播对文化的影响的考察也十分不够。拉扎斯菲尔德笔下的批判研究是与行政研究相对立的一种研究范式，以这种范式指导的研究通常会关注现有传播系统中可能存在的不平等的权力关系，这些不平等的权力关系可能限制了"自由民主社会"中公众的参与和表达，从而形成了传播的权势阶层和传播的被剥夺阶层。这样的局面对于社会稳定可能会产生潜在的破坏作用。

值得指出的是，尽管拉扎斯菲尔德曾与法兰克福学派的重要成员阿多诺共事，但拉扎斯菲尔德本人受马克思主义批判思想的影响十分有限。因此，拉扎斯菲尔德所谓的批判研究并不一定与马克思主义思想有着必然的关联。正如汉诺·哈特指出的那样：

---

① Paul F. Lazarsfeld，"Remarks on Administrative and Critical Communications Research," in *Studies in Philosophy and Social Science*，1941，9(1)，pp. 2-16.

在拉扎斯菲尔德著作的语境下，批评的角色仍然是为适应美国社会的主导力量而提供科学的原理。虽然拉扎斯菲尔德在奥地利接触过社会主义思想，但他的批评不针对现存的政治经济体制，也不试图挑战当下媒介研究基础的实证主义，亦不试图将一个（社会）民主社会的新景观强加于现存的政治体制之上。①

进入 20 世纪 60 年代，随着马克思主义思想在美国的广泛传播，以及现有功能主义和实用主义传播研究的局限性越来越为人所认识，传播学批判学派逐渐注意到了马克思主义思想对于传播研究的指导性价值，并开始自觉地用马克思主义思想来指导他们的具体研究工作。随着后来传播政治经济学以及传播的文化研究的兴起，传播学逐渐摆脱了行政研究一家独大的局面，实现了工具理性和价值理性的均衡发展，从而大大促进了传播学的学理性建设，使得传播学作为一门学科的地位得到了巩固。

传播学的发展历史对于广告研究具有很强的启示意义。与传播学一样，现代意义上的广告研究也发端于美国，并深受美国功能主义和自由多元主义意识形态的影响。其对于广告的影响更甚于对传播学的影响。因为与传播相比，广告本身的功能主义和实用主义倾向更为明显。这些倾向体现在研究旨趣和研究成果领域，就是工具理性取得了一统天下的局面，而理论拷问和价值反思式研究基本上被排除在了专业广告研究的视野之外，从而使得现有的广告研究成了名副其实的"跛足者"。

为了改变广告研究和广告学这种尴尬的现状，学科亟须引入批判的研究视野。而广告传播政治经济学的兴起无疑将对于丰富和加强广告批判研究具有十分重要的意义。因此，我们可以将广告传播政治经济学分析视作广告批判研究的一支重要力量，它的发展和壮大对于加强广告研究和广告学学科的学理性建设，加强学科的合法性等都具有十分重要的意义。当然，如果我们将广告批判研究比作一座大厦，那么，支撑起这座大厦的绝不仅仅是广告传播政治经济学一支力量。与传播批判研究一样，支撑起广告批判研究大厦的还应包括文化研究（图 6-1）。正如上文已经提及的那样，起源于英国伯明翰的文化研究倾向于将传播系统置于整个文化和社会背景下来开展分析，这种分析在"转向葛兰西"之后，逐渐

① 〔美〕汉诺·哈特：《传播学批判研究：美国的传播、历史和理论》，何道宽译，北京，北京大学出版社，2008，第 93 页。

实现了与马克思主义的合流,并重新发现了意识形态以及"被压迫者"的重要性。可见,广告文化研究为广告批判研究带来的是文化与意识形态等上层建筑的分析路径,这是对广告传播政治经济学分析的一个重要补充,是广告批判研究所不可或缺的一个维度。

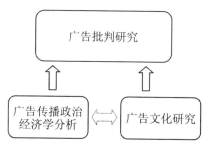

图6-1　广告批判研究的两个支柱

综上可见,广告批判研究的大厦至少应有两个重要支柱,一是广告传播政治经济学分析,它专注于对广告传播系统开展政治经济分析,尤其是权力关系分析;二是广告文化研究,它专注于对广告参与塑造大众文化和消费文化、建构社会的消费主义意识形态问题开展文化式的研究。广告批判研究"只有将政治经济分析和文化和意识形态分析有机结合起来,才能全面认识广告文化的作用与局限,为实现人的自由与全面发展贡献知识力量"①。

本章小结

广告传播政治经济学脱胎于传播政治经济学,传播政治经济学的许多特征与品格也为广告传播政治经济学所继承和发展。广告传播政治经济学与传播政治经济学有着共同的理论导师——达拉斯·斯迈思,且后来的许多广告传播政治经济学学者同时也是传播政治经济学学者。作为传播学批判研究的中坚力量,传播政治经济学深受马克思主义政治经济学思想的影响,它关注大众传播系统中的社会关系,尤其是权力关系,注重考察这些权力关系对包括传播资源在内的各种社会资源的生产、分配、交换和消费。与此相似,广告传播政治经济学也是批判性的,专注于对广告传播系统中权力关系的考察与揭示。

广告传播政治经济学与传播政治经济学有着相同的分析进路。传播

---

① 葛在波:《马克思主义批评视域下的广告学批判研究》,《当代传播》2016年第5期,第99~101页。

政治经济学学者文森特·莫斯可提出的"商品化""空间化""结构化"分析框架可以很好地用于对广告传播的政治经济分析。在广告传播系统中，至少存在着三种商品化的趋势。第一，广告对于大众传播系统的商业化负有主要责任。这样的商品化趋势削弱甚至完全压抑了大众传播系统的"公共领域"属性，媒介的"第四权力"地位也面临着合法性危机。越发具有统摄性的"商业主义"话语隐抑甚至抹消了大众传媒的"专业主义"话语。第二，正如斯迈思指出的那样，广告使受众成为商品。这不仅是传播政治经济学关注的焦点问题，更是广告传播政治经济学关注的焦点问题。第三，广告信息产品的生产过程本身也存在着商品化的问题，这就是传统马克思主义政治经济学意义上的企业（广告公司）对工人（广告人）的剩余价值的剥夺和占有。

广告传播政治经济学分析的第二条进路是空间化。这一问题与经济全球化问题密切关联。经济全球化是资本主义现代性发展的必然产物，这一点，马克思很早就曾预测到。全球化首先是资本的全球化，由此带来的生产、分配、交换（流通）、消费的全球化必然引发广告的全球化。美国是现代广告的发源地，这里也塑造了现代广告的基本形态——现代广告公司成为广告业的轴心机构。因此，广告的全球化就是以美国广告公司为代表的一大批西方发达资本主义国家的广告集团将触角延伸至世界各地的过程。在这一过程中，资本的权力、文化的权力、政治的权力乃至军事的权力交织其中，共同建构了西方发达国家相对于发展中国家的不平等的权力关系。

广告传播政治经济学分析的第三条进路是结构化。广告参与结构了现代人的生活空间，这绝非危言耸听。广告传播系统的结构化效应至少体现在三个维度——阶级（层）、性别、文化领导权。在美国，至少还有一个结构化维度值得关注——种族。美国历史学家大卫·波特早在 20 世纪 50 年代即已提醒人们注意广告的结构化效应。波特在《富足的人民》一书中将现代广告与教育、教会等传统制度相提并论，并认为广告控制着大众传媒，其对于形塑人们的生活方式和生活习惯，直至实现"社会控制"（social control）都具有重要作用，总之，"广告是能调控社会的少数几个制度之一"①。制度，当然是一种社会学意义上的结构！

广告传播政治经济学分析的意义与价值体现在实践和理论两个维度。

---

① David M. Potter, *People of Plenty: Economic Abundance and the American Character*, Chicago: The University of Chicago Press, 1954, pp. 167-168, 175-176, 188.

在实践的维度，它有助于我们在看清西方发达资本主义国家历经三百多年建立起来的霸权式商业话语体系运作机制的基础上，思考和提出消解这种话语霸权的策略、路径和方法，进而为中国企业开展全球传播和服务国家"一带一路"倡议提供智力支持。在理论的维度，它有助于我们加深对现代广告在参与建构全球不平等的传播秩序中发挥的作用的认识，开辟出广告批判研究的一块新领域，从而为促进广告研究工具理性和价值理性的均衡发展，加强广告研究和广告学学科的学理性建设做出贡献。

批判性的广告传播政治经济学作为传播政治经济学和广告学的一个共同分支，其研究旨趣主要集中于政治经济分析，因而是"基础"性的，是广告批判研究大厦的一个重要支柱。而要支撑起广告批判研究的大厦，还需要另一根支柱即文化研究。这根"文化研究"的支柱，正如20世纪以来许多西方马克思主义理论家已经为我们揭示的那样，其研究旨趣主要集中于文化和意识形态领域。

最后，需要强调指出的是，在当代中国语境下，广告传播政治经济学必须坚持以马克思主义政治经济学为根本指南。马克思主义政治经济学的理论与方法也应成为广告传播政治经济学分析的根本的理论与方法。其中，最为重要的是：马克思主义政治经济学牢固地立足于唯物史观。这便要求我们在开展广告传播政治经济学研究的过程中，时刻都要注意我们对广告传播系统的政治经济分析应该植根于辩证唯物主义和历史唯物主义。当然，马克思主义政治经济学是一个开放的、发展着的科学体系。因此，广告传播政治经济学理应是一个开放的体系，在坚持马克思主义政治经济学基本原理和思想品格的基础上，也不应故步自封，而应海纳百川，不断地从西方的传播学、经济学、政治学、社会学和文化学等学科汲取营养，服务于自身的知识生产和学科建设。唯其如此，广告传播政治经济学才能在服务国家发展和学科建设两方面有所作为。

第七章　西方马克思主义广告批判思想研究

西方马克思主义广告批判思想是西方马克思主义文化与社会批判思想的重要组成部分。作为马克思、恩格斯之后主要兴起于西欧，并在后来的岁月里逐步蔓延至东欧和大西洋彼岸的一股重要社会思潮，西方马克思主义内部又存在着所谓"人道主义马克思主义"与"科学主义马克思主义"两个对立的派别。但抛开此二者各自的理论阐释与表述方式之差异不谈，西方马克思主义整体上又具有一个共同的特征："他们都坚持马克思哲学的彻底的批判精神，并努力使马克思的思想成为发达资本主义的深刻的、具有活力的批判精神。"[①]

西方马克思主义对发达资本主义社会的批判总体上表现出了文化的取向，其中，大众文化批判和意识形态批判无疑是两个十分重要的面向。而在这两个面向中都存在着广告的影子。

第一节　大众文化批判

一、文化的分层

在西方的文化批判语境中，文化的内部历来就存在着高雅和通俗、精英与大众之分。在英国"文化主义"者利维斯（F. R. Leavis）看来，文化的分层是完全必要的，维护与坚守高雅文化与精英文化，对于推动社会文明向前发展具有至关重要的意义。因此，工业社会试图在文化领域将高就低是万万要不得的，因为这样的文化"标准化"势必会导致人的"标准化"。[②] 对文化的这种理解构成了"利维斯主义"（Leavisism）的核心："文化始终是少数人的专利。"[③]这里的文化指的显然是精英文化或高雅文化。而在对利维斯有着重要影响的另一位英国文化理论家马修·阿诺德（Matthew Arnold）看来，文化首要的，应该是"世界上最优秀的思想和知识/

---

① 衣俊卿：《西方马克思主义概论》，北京，北京大学出版社，2008，第 2 页。

② F. R. Leavis, *Mass Civilization and Minority Culture*, London：Arden Library, 1930.

③ 〔英〕约翰·斯道雷：《文化理论与大众文化导论》，常江译，北京，北京大学出版社，2010，第 28 页。

言论"(the best that has been thought and known / said in the world)。①
这同样体现了文化精英主义的色彩。不过,尽管利维斯和阿诺德等人极
力强调高雅文化与精英文化的重要性,但是,随着工业社会的到来,大
众文化的兴起却变成了不可逆转的趋势。

而就概念本身来看,大众文化(mass culture)在许多其他场合也被称
为"通俗文化"(popular culture)。这种文化的一个基本特征,正如同其产
生的土壤——工业社会——为我们所展现的那样,是一种工业社会标准
生产出的文化,通俗文学、电影、电视、报纸、流行歌曲、MTV等,
都属于这类文化的范畴。

二、文化工业与大众文化批判

大众文化的兴起令文化精英主义者们忧心忡忡。他们担心大众文化
的勃兴不仅会将高雅文化排挤至角落,甚至还会玷污高雅文化,最终消
弭高雅文化与大众文化之间的界线,从而在整体上降低整个社会的美学
趣味。于是,对大众文化的批判成为20世纪以来西方众多文化学者不遗
余力耕耘的领域。其中,西方马克思主义学者在这一领域的建树尤为引
人注目。比如,在法兰克福学派成员本雅明看来,大众文化的兴起有消
弭高雅文化"灵韵"(aura)的倾向,从而构成了对高雅文化的一种实实在
在的威胁。② 当然,在其后期的著述中,本雅明又流露出对于大众文化
所具有的民主化潜力的赞赏之意。本雅明的这种思想转变体现了许多西
方文化理论家对于大众文化的矛盾态度。

如果说本雅明对大众文化的批判主要着眼于大众文化降低了社会整
体的美学趣味的话,那么法兰克福学派其他理论家对大众文化的批判矛
头则在美学趣味的考量之外,重点对准了大众文化的"阶级统治"属性与
功能。在他们看来,这种植根于西方发达工业社会的大众文化是"文化工
业"的产物,而随着文化工业的发展与渗透,大众文化这种"柔性的阶级
统治"手段已经成为发达工业社会中一种越发坚固的"结构"。

法兰克福学派的文化与社会批判思想直接承袭自第一代西方马克思
主义者卢卡奇、科尔施和葛兰西的"哲学革命"思想,其中又以卢卡奇的
"意识革命"和葛兰西的"文化领导权"理论的影响最为突出。在西方马克

---

① 〔英〕马修·阿诺德:《文化与无政府状态》,韩敏中译,北京,生活·读书·新知三联
书店,2012,第18页。
② 〔德〕沃尔特·本雅明:《机械复制时代的艺术作品》,王才勇译,北京,中国城市出版
社,2001。

思主义思想中，卢卡奇的《历史与阶级意识》一书占有举足轻重的地位。从一定意义上讲，该书将西方发达工业社会中的革命与解放的焦点从原来的"物质斗争"（争夺物质生产资料所有权的斗争）引向了"意识斗争"乃至更广泛意义上的"文化斗争"。这一倾向在葛兰西那里得到了增强。葛兰西在《狱中札记》中深刻分析了西方发达工业社会的现状，论证了"文化领导权"的争夺将成为无产阶级反对资产阶级斗争的主要领域。①

第二代西方马克思主义者如法兰克福学派的理论家们继承了这一思想，他们对西方社会的观察、分析和批判的矛头也大都聚焦于文化与上层建筑领域。在他们看来，文化工业及大众文化产品事实上是一种经过精心设计的统治工具。在发达工业社会中，

> 文化给一切事物都贴上了同样的标签。电影、广播和杂志制造了一个系统。不仅各个部分之间能够取得一致，各个部分在整体上也能够取得一致。甚至对那些政治上针锋相对的人来说，他们的审美活动也总是满怀热情，对钢铁机器的节奏韵律充满褒扬和赞颂。②

社会在文化上取得了"共识"，形成了一致，斗争的可能性至少在思想领域被暂时排除了。

三、作为大众文化批判有机构成的广告批判

文化工业的发达自然离不开广告。因此，在法兰克福学派理论家们的笔下，广告不啻为文化工业的帮凶，是不折不扣的反自由、反人类解放的一支重要力量。这不仅是因为广告巧妙地实现了与文化的"混同"从而"变得无所不能"，成为"生命的灵丹妙药"和"社会权力的纯粹表现"，更因为"广告能够保证权力留在同样的人的手里，就像极权主义国家可以通过经济决定权，来控制各种事务的确立和运行一样"③。

不难看出，法兰克福学派理论家们对这种文化工业流水线上生产出来的大众文化产品持深深的怀疑与批判态度。原因有二。一方面，"大众文化鼓励人们逃避现实，借传播微不足道的快感使受众误以为自己生活

①　〔意〕安东尼奥·葛兰西：《狱中札记》，葆煦译，北京，人民出版社，1983，第240～241页。

②　〔德〕马克斯·霍克海默、〔德〕西奥多·阿道尔诺：《启蒙辩证法：哲学断片》，渠敬东、曹卫东译，上海，上海人民出版社，2006，第107页。

③　〔德〕马克斯·霍克海默、〔德〕西奥多·阿道尔诺：《启蒙辩证法：哲学断片》，渠敬东、曹卫东译，上海，上海人民出版社，2006，第147页。

的世界完美无瑕，从而也就丧失了批判力，沦为霸权的奴隶"①。另一方面，大众文化将高就低，通过戏仿、模拟等"下作"手法消弭了高雅文化与大众文化之间的界线，从而降低了人们的美学趣味。这其中，广告的"艺术化"尤其引起了他们的警觉，因为广告在帮助文化工业向大众灌输"虚假意识"（霍克海默语）、腐蚀无产阶级斗争意志的同时，其自身的艺术化外衣也使之成为"宣传"和"鼓动家"们对公众进行意识操纵的重要工具。比如，霍克海默和阿多诺指出，发达工业社会中，"广告变成了纯粹的艺术，戈培尔就很有预见，把广告和艺术结合在一起：为艺术而艺术（l'art pour l'art），为自己做广告，广告就是社会权力的纯粹表现"②。这里，霍克海默和阿多诺将广告视作法西斯实现社会统治的一种"宣传艺术"，这种宣传艺术的功能与作用就在于：它能够确保社会权力始终为统治阶级所掌控而不致旁落。

　　从 20 世纪 20 年代起，法兰克福学派活跃了整整四十年，其文化与社会批判思想深深地影响了一大批追随者，成为现代以降西方批判理论的一个重要的发源点。但是，法兰克福学派的批判理论也因其过于浓厚的悲观主义色彩，特别是其几乎完全忽视人的"主体性"这一特征而遭到了一些学者的质疑乃至批评。③ 在法兰克福学派第三代领军人物尤尔根·哈贝马斯（Jürgen Habermas）那里，法兰克福学派的悲观情绪开始有所改观。哈贝马斯认为大众传媒的"公共领域"属性使之有可能成为一股民主化的力量；同时，他提出的"交往行动理性"则试图为改良发达资本主义社会开出药方。④

---

① 〔美〕伊莱休·卡茨、〔美〕约翰·杜伦·彼得斯、〔美〕泰玛·利比斯、〔美〕艾薇儿·奥尔洛夫：《媒介研究经典文本解读》，常江译，北京，北京大学出版社，2011，第 57 页。

② 〔德〕马克斯·霍克海默、〔德〕西奥多·阿道尔诺：《启蒙辩证法：哲学断片》，渠敬东、曹卫东译，上海，上海人民出版社，2006，第 148 页。

③ 学者们对法兰克福学派的批评主要聚焦于其几乎完全忽略了大众传播系统中的受众接受环节——在这里，在他们看来，消费者的"主体性"与"能动性"本来是一个十分值得研究的领域。比如，英国文化研究的开山祖雷蒙·威廉斯（Raymond Williams）就认为："传播不仅是信息的传递，更是接收与反馈。"参见 Raymond Williams, *Culture and Society*, London：Chatto & Windus, 1990, p. 313. 美国文化民粹主义者约翰·费斯克则声称："在法兰克福学派的词典里，根本没有'抵抗'和'规避'这样的字眼。"参见 John Fiske, *Reading the Popular*, London：Routledge, 1989, p. 183.

④ 参见〔德〕尤尔根·哈贝马斯：《公共领域的结构转型》，曹卫东、王晓珏、刘北城、宋伟杰译，上海，学林出版社，1999；〔德〕尤尔根·哈贝马斯：《交往行动理论》第 2 卷，洪佩郁、蔺青译，重庆，重庆出版社，1994。

第二节　意识形态批判

西方马克思主义理论家将广告置入文化工业从而对大众文化整体开展批判的一个重要抓手，正是意识形态批判。西方马克思主义理论家的一个较为普遍的观点是：广告是资产阶级意识形态的一个重要的维护性力量。

一、马克思主义意识形态理论的继承与影响

在西方学术界，对意识形态问题的考察可以追溯至 18 世纪的法国大革命时期。不过，就对现代意义上的意识形态问题的系统性分析而言，马克思和恩格斯无疑坐在了"第一小提琴手"的位子上。马克思和恩格斯在《德意志意识形态》中曾不无深刻地指出："统治阶级的思想在每一时代都是占统治地位的思想。这就是说，一个阶级是社会上占统治地位的**物质力量**，同时也是社会上占统治地位的**精神力量**。"①这里，马克思和恩格斯对意识形态的属性做了科学的界定，指出意识形态同样体现了阶级差别和阶级不平等。一个社会中统治性的意识形态一定代表和反映着这一社会中统治阶级的利益和价值观，是统治阶级用来整合社会、维护自身领导权的上层建筑国家机器的一部分。

马克思和恩格斯的意识形态批判思想为后来的西方马克思主义学者所继承。与大众文化批判一样，西方马克思主义学者对广告的意识形态批判思想同样源于其第一代理论家卢卡奇、科尔施、葛兰西的"意识革命"与文化转向理论，而第一代理论家的思想又是对马克思和恩格斯意识形态批判思想的继承和发挥。这里的思想脉络是十分清晰的。

事实上，在法兰克福学派理论家们的笔下，我们已经可以清楚地看到西方马克思主义的文化与意识形态批判的影子，包括他们对广告的意识形态批判思想。比如，在上文提及的霍克海默和阿多诺合著的《启蒙辩证法》中，广告是作为文化工业的一个基础性要素而成为批判对象的。如果说发达工业社会中的文化工业腐蚀了工人阶级的斗争意识，并使得"人类之间最亲密的反应都已经被彻底物化了，对他们自身来说，任何特殊的观念，现在都不过是一种极端抽象的概念：人格所能表示的，不过是

---

① 《马克思恩格斯选集》第 1 卷，北京，人民出版社，2012，第 178 页。黑体为原文所加。

龇龇牙、放放屁和煞煞气的自由"①的话，那么，作为文化工业支撑性要素的广告难道能逃脱对被统治阶级实行"意识操纵"以及物化社会关系的嫌疑吗？

随着马克思主义意识形态理论以及法兰克福学派的批判思想在大西洋两岸的传播，英国和北美的一些文化学者也深受影响。在英国，伯明翰文化研究中心的第二代当家人物斯图亚特·霍尔将文化研究从以往的"重经验轻理论"的"文化主义"研究范式，引向了具有马克思主义权力关系分析色彩的"结构主义"研究进路。霍尔也因此成为西方文化马克思主义者阵营中的一位重要人物。霍尔继1980年发文分析和论述文化研究的"两种范式"②之后，又于1982年在《"意识形态"再发现：媒介研究中被压迫者的回归》一文中，较早提出了媒介研究应该扭转"行政研究"的那种功能主义研究理路，而应更多地关注大众传播系统中的意识形态与被统治者问题。在霍尔看来：

> 当传统的分析框架已经明显地崩溃，当重视实际的经验实证主义"媒介研究"的美好时光已经慢慢成为过去时，它鼓励媒介研究采取新起点。这就是它的价值和重要性。这个范式转变的核心就是首次发现意识形态、语言的社会意义和政治意义，符号与话语的政治立场——再次发现意识形态，更恰当地说——回归被压迫者。③

文化研究发现了媒介研究中的意识形态问题，从而也为英国乃至整个欧洲大陆的大众传播研究开辟了一块针对广告意识形态的分析领域，进而将传播与文化和社会更加紧密地连接在了一起，拓宽了传播的研究视野。

二、欧陆的广告意识形态批判

在西方马克思主义学者阵营中，对广告开展意识形态批判的除了前述法兰克福学派第一代理论家霍克海默和阿多诺外，赫伯特·马尔库塞

---

① 〔德〕马克斯·霍克海默、〔德〕西奥多·阿道尔诺：《启蒙辩证法：哲学断片》，渠敬东、曹卫东译，上海，上海人民出版社，2006，第151页。

② Stuart Hall, "Cultural Studies: Two Paradigms," in *Media, Culture and Society*, London: Sage, 1980, 2(1), pp. 57-72.

③ Stuart Hall, "The Rediscovery of Ideology: Return of the Repressed in Media Studies," in T. Bennett, J. Curran *et al.* (eds), *Culture, Media and Society*, London: Routledge, 1982, p. 90.

和亨利·列斐伏尔的广告意识形态批判观点同样值得关注。

马尔库塞认为，第二次世界大战以后的西方发达工业社会已经扭曲成了一个"单向度的社会"，因为这样的社会已经被"整一化"而再无阶级斗争成功的可能性。生活于"单向度的社会"中的人，也沦为丧失了否定、批判和超越能力的"单向度的人"。

马尔库塞将对"单向度的社会"和"单向度的人"的分析与商品、广告、大众文化、消费等联系了起来。在这样的社会中，广告及其推销的商品"起着思想灌输和操纵的作用；它们引起一种虚假的难以看出其为谬误的意识"①。在这种"虚假"和"谬误"意识的支配下，

> 人们似乎是为商品而生活。小轿车、高清晰度的仿真装置、错层式家庭住宅以及厨房设备成了人们生活的灵魂。把个人束缚于社会的机制已经改变，而社会控制就是在它所产生的新的需要中得以稳定的。②

道格拉斯·凯尔纳在《单向度的人》（1991 年英文版）再版导言中指出："马尔库塞是最早分析消费主义、广告、大众文化和意识形态如何把个人整合进资本主义制度，并通过它们来巩固其制度，从而对消费社会进行分析的批判理论家之一。"③凯尔纳此言不虚。

如果说马尔库塞的批判矛头对准的是发达工业社会中的意识形态统治的话，那么法国马克思主义者列斐伏尔的批判矛头则对准了发达工业社会中的"日常生活"（everyday life）。不过，与马尔库塞相似，列斐伏尔同样将对于日常生活的批判聚焦于广告与消费社会的文化逻辑——消费主义意识形态，并对之进行了多维度的细致考察。在列斐伏尔看来，将第二次世界大战后发达资本主义社会界定为"工业社会""技术社会""丰裕社会""休闲社会""消费社会"等，都显得不尽如人意。为了更好地描述这样的社会，列斐伏尔转而从"消费""控制""科层制"等视角对之进行考察，得出当代社会是一个"消费受控制的科层制社会"这一重要结论。在列斐

---

① 〔德〕赫伯特·马尔库塞：《单向度的人：发达工业社会意识形态研究》，刘继译，上海，上海译文出版社，2008，第 11 页。

② 〔德〕赫伯特·马尔库塞：《单向度的人：发达工业社会意识形态研究》，刘继译，上海，上海译文出版社，2008，第 9 页。

③ Douglas Kellner, "Introduction to the Second Edition," in H. Marcuse, *One-Dimensional Man: Studies in the Ideology of Advanced Industrial Society*, London: Routledge, Beacon Press, 1991, p. xxx.

伏尔看来，"消费受控制的科层制社会"一方面寓意着消费取代生产成为资本主义社会的控制重心，另一方面它也意味着人们的日常生活作为消费，依赖于运行的独立平台并受到科层制的控制。

列斐伏尔对"消费受控制的科层制社会"的批判矛头也指向了广告。因为在他看来，在这样的社会中，"广告起到了意识形态的作用，将意识形态的主题输入物体中（如刮脸用品），并且赋予物品真实和双重的存在（dual existence）"①。列斐伏尔进而认为，在这样的社会中，"没有任何东西，不管是物品、个人或社会团体，是在其双重存在，即广告及其神圣化的意象之外被赋予价值的。这种意象不仅复制着物品的物质性及其能感觉到的存在，而且复制着欲望和快乐"②。列斐伏尔认定，在"消费受控制的科层制社会"中，广告作为一种包含了象征、修辞和元语言的商品语言，已经成为制造消费意识和意象的主要途径，广告承担着意识形态的所有功能，包括遮盖、掩饰、改变现实，生产出各种关系等。

由此可见，在欧洲大陆，以法兰克福学派理论家为代表的西方马克思主义者对广告的批判具有传统的一致性，他们的批判不约而同地对准了广告的文化属性和功能，其中，广告的意识形态问题又是他们关注的一个焦点。

三、北美的广告意识形态批判

法兰克福学派理论家的广告意识形态批判同样影响了北美的一批西方马克思主义学者。在北美，较早运用马克思主义意识形态批判理论对广告开展分析的学者是朱迪思·威廉森。威廉森在其 1978 年出版的《解码广告：广告中的意识形态与意义》一书中曾对百余幅平面广告作品进行了分析，分析的理论视角也主要是马克思主义意识形态批判思想。③ 威廉森认为，广告借助意识形态来发挥对现代人的生活的"模塑"(moulding)与"再现"(reflecting)作用，

　　它们无处不在，已成为每个人生活中不可缺少的部分：即使你不读报不看电视，由广告制造出来的、弥布于我们的城市环境中的

---

① Henry Lefebvre *Everyday Life in the Modern World*, English tr. S. Rabinovitch, London & New York: Continuum, 1994, p. 106.
② Henry Lefebvre, *Everyday Life in the Modern World*, English tr. S. Rabinovitch, London & New York: Continuum, 1994, p. 105.
③ 在马克思主义意识形态批判理论之外，弗洛伊德的精神分析理论也在威廉森的广告分析中得到了较多运用。

影像也会令你无处遁逃。充斥于所有媒体——但却不限于任何一种媒体，广告构成了一个巨大的超级结构，这种超级结构具有明显的自治存在和巨大的影响力。①

她继而认为，正是在这样的超级结构中"我们与那些商品之间是可交换的，广告向我们销售的是我们自己"②。

这里，威廉森为我们揭示了一种重要而又易于被忽视的现象，即广告已经成为现代社会中一种重要的"结构化"力量，且这种"结构化"力量主要在意识形态上层建筑维度发挥作用。

北美另一位对广告"符号"中的意识形态问题开展批判性分析的重要马克思主义学者是苏特·加利。不过，与威廉森在纯粹文化上层建筑意义上的"解码广告"不同，加利的分析视角还涉及马克思主义政治经济分析的维度，尤其是我们后文中还会讨论的马克思主义商品拜物教理论。在加利看来，"在资本主义体系中……广告不仅仅反映了而且它本身（除了实现剩余价值以外）也是剩余价值抽取过程中的一部分。资本侵入了意义的建构过程——资本使意识本身增殖"③。

那么，广告是如何为商品赋予意义，并使意识本身增殖的呢？加利进而通过马克思的"商品拜物教"理论进行分析认为：广告先挖空商品的真实的意义，掩盖真实的社会关系，继而用广告符号的"能指"填充进去。如此一来，商品中凝结的真实的人与人之间的社会关系就被广告营造出来的虚假的"能指"符号所遮蔽和代替了。加利写道：

> 商品拜物教中最重要的就是挖空商品的意义，藏匿真实的社会关系，通过人们的劳动将社会关系客体化于商品中，然后再使虚幻的/符号的社会关系乘虚而入，在间接的层面上建构意义。生产已被掏空，广告重新填充。真实在虚幻的遮掩之下已经无影无踪。
>
> ············
>
> 正是由于这个原因，看起来"微不足道"的广告才会有这么强大的力量。本质上（per se），广告给商品所赋予的意义并不是虚假的，

---

① Judith Williamson, *Decoding Advertisements*: *Ideology and Meaning in Advertising*, London: Marion Boyars, 2010, p. 11.

② Judith Williamson, *Decoding Advertisements*: *Ideology and Meaning in Advertising*, London: Marion Boyars, 2010, p. 11.

③ 〔加拿大〕苏特·杰哈利：《广告符码：消费社会中的政治经济学和拜物现象》，马姗姗译，北京，中国人民大学出版社，2004，第228～229页。

而是这个意义在商品的生产意义被掏空后的空地上成了统治者。在与商品的互动过程中，人需要有关商品的意义。资本主义的社会关系打破了传统上生产者与产品之间的"有机联系"。同时，可能来填充这个空隙的其他机构与制度（如家庭、社区、宗教）也被资本主义削弱了。这时广告就有了力量，因为它提供的有关商品的意义是无法从其他地方获得的。这样的力量，源自人对意义的渴望，即人总要在商品的世界中，以符号来确定自己的位置。①

不难看出，加利的广告意识形态批判思想不仅植根于马克思主义政治经济学中的商品拜物教理论，同时，在一定意义上，它也是对卢卡奇物化理论的回应。在加利看来，现代人的生存意义要到主要由广告创造出的一个个漂浮的"所指"中去找寻；而广告对于维护资本主义体系的价值就在于，它抽空人与人之间原本存在的真实的社会关系，并用广告符号指代的物化关系进行填充。如此一来，社会中真实存在着的不平等的权力关系便在主要由广告参与塑造的消费文化和消费主义意识形态面前退居幕后。人与人之间、阶级与阶级之间的争夺场域似乎已经转移到了广告符号领域。

在北美，较早对广告传播系统中的意识形态问题开展研究的另一位学者是斯图亚特·尤恩。而且，与威廉森和加利不同，尤恩的研究体现出了宏阔的历史视角，这显然与其历史学的专业背景有关。尤恩将广告视作 20 世纪 20 年代至 70 年代末美国社会转型过程中的一股重要力量。在这场社会转型中，"工业主义"逐步让位于"消费主义"，而广告则构成了消费主义意识形态中关键性的形塑力量。在尤恩看来，广告是发达资本主义社会中当之无愧的"意识的掌控者"（captains of consciousness）。作为现代社会中的"意识的掌控者"，广告不仅是"刺激和创造大众消费的一种工具"，更使得资本主义企业可以通过对人的"心智的帝国主义化"来执行"一种对于大众意识问题的扩张主义和控制策略"。②

综合来看，北美马克思主义者对广告的批判与欧陆学者相比，既有相同之处，也有不同之处。相同之处体现在，双方都对广告在现代社会中强大的结构化作用予以高度重视。广告的这种结构化作用，主要体现

---

① 〔加拿大〕苏特·杰哈利：《广告符码：消费社会中的政治经济学和拜物现象》，马姗姗译，北京，中国人民大学出版社，2004，第 60～61 页。

② Stuart Ewen, *Captains of Consciousness: Advertising and the Social Roots of the Consumer Culture*, New York: McGraw Hill, 1976, p. 81.

在其对于人的"意识""精神""思想""价值观"等的影响和控制。在阶级矛盾空前复杂尖锐的资本主义社会中，广告这种影响与控制人的"意识""精神""思想""价值观"的功能与作用，得到了前所未有的强化，广告也因此在一定程度上异化为资产阶级压迫与奴役无产阶级的工具和手段。因此，西方马克思主义者站在马克思主义阶级分析的视角上，对广告意识形态问题进行的分析，具有很强的实践意义。

北美马克思主义者对广告的批判与欧陆学者相比，最大的不同之处在于：北美的马克思主义者，特别是加利，开始尝试在文化意识形态之外，运用马克思的政治经济学理论框架，分析广告对于传播系统的控制和影响，以及这种控制和影响在整个社会控制机制中的作用。

第三节　西方马克思主义广告批判的理论来源

在本章的前面两节中，我们从大众文化批判和意识形态批判两个视角梳理、分析了西方马克思主义广告批判的主要特征，以及一些主要代表人物的基本观点。本节，我们将着重讨论西方马克思主义广告批判的理论来源。

整体来看，西方马克思主义广告批判存在着基本理论来源和直接理论来源。其中，基本理论来源又包括三个：商品拜物教、异化论和阶级斗争论，它们都源于马克思的文化与社会批判思想。直接理论来源主要包括卢卡奇的"阶级意识"和葛兰西的"文化领导权"，这两人都是第一代西方马克思主义学者中的代表性人物。

需要说明的是，基本理论来源和直接理论来源之间的关系，是源头与支流之间的关系。无论是卢卡奇的"阶级意识"，还是葛兰西的"文化领导权"，追根溯源，它们又都源自马克思的文化与社会批判思想，是对马克思社会批判思想的一定程度上的继承和发展。之所以说是"一定程度上"的继承和发展，是因为这种继承和发展并非完全建立在马克思主义思想基础之上。这一点，已为当代中国马克思主义研究和西方马克思主义研究所得出的结论所廓清。①

---

① 徐崇温认为，西方马克思主义"从一开始就用形形色色的唯心主义的精神去解释、发挥、补充和'结合'马克思主义，把不同哲学世界观的折中混合奉为指导思想，同马列主义相抗衡，这就使它同马克思主义区别了开来，不能把它和马克思主义画等号，不能认为它就是马克思主义"。参见徐崇温：《怎样认识"西方马克思主义"》，重庆，重庆出版社，2012，第28~29页。

一、基本理论来源

马克思的商品拜物教、异化论和阶级斗争论，构成了西方马克思主义广告批判的三个基本思想来源。

（一）商品拜物教

在马克思那里，商品拜物教指的是在资本主义生产方式下，生产的唯一目的是交换而非自用，由此，劳动生产出的产品也将进入市场进行交换从而转变成为商品。在这一过程中，原本人与人之间实实在在的社会关系便被物与物之间的交换关系所取代了。这就是"商品形式的奥秘"，它"把生产者同总劳动的社会关系反映成存在于生产者之外的物与物之间的社会关系"。① 换句话说，人与人之间的社会关系现在是以物与物之间的关系这一虚幻形式呈现出来的。为了形象地指称这一现象，马克思从宗教领域借用了"拜物"的概念，将之称为"拜物教"。

马克思认为，商品拜物教根源于生产商品的劳动在特定社会形式中所具有的社会性质。只有在一个生产资料的所有权和生产者相分离，交换上升为生产的根本目的的社会中，商品拜物教现象才会产生。易言之，如果生产不再以交换为唯一目的，而是作为自由联合的人的产物并处于人有意识控制之下的时候，商品拜物教便会消失。这显然是指将来的共产主义社会。但要实现它，需要社会生产力的高度发展和物质基础的极大增强。因此，这必然需要一个长期的发展过程。

马克思对资本主义社会的分析是从对这一社会形式的细胞——商品的分析开始的。总体来看，马克思对资本主义体系下的商品生产持辩证的观点。一方面，他从唯物史观的视域出发，对商品生产在发展社会生产力、增加社会物质财富方面的作用予以充分肯定；另一方面，他又对商品生产过程离间了人与人之间原本存在的亲密的社会联系，导致资本主义社会中的阶级对立等问题保持了足够的警惕。

马克思批判的商品拜物教现象纵然始于商品的生产过程，但如果没有交换（流通）环节的促成，商品的生产便失去了目标，商品拜物教现象自然也无从发生。正如约翰·辛克莱分析的那样："对马克思来说，'拜物'发生在交换（领域），亦即是说，（拜物的）幻象遮蔽了商品价值的真正源头——劳动，在商品、货币的交换过程中更是如此。"②

---

① 《马克思恩格斯选集》第 2 卷，北京，人民出版社，2012，第 123 页。

② John Sinclair, *Advertising, the Media and Globalisation: A World in Motion*, London: Routledge, 2012, p. 5.

　　而商品的交换环节，正是广告发挥作用的主要场所。因此，从一定意义上讲，广告是商品拜物教现象的催化剂。广告在促成商品交换价值的实现从而完成"惊险的跳跃"①的同时，也在客观上促成了商品拜物教的发生并为其推波助澜。这种现象在晚期资本主义社会中更为明显。晚期资本主义社会也是一个消费占据"主因"的社会，在这样的社会中，消费而不是生产成为资本主义生产体系的核心环节和控制重心。在消费社会中，每个人都是消费者，都自觉或不自觉地被卷入消费资本主义编织的巨网之中，人与人之间的关系全面物化，人正在沦为物的奴隶。用让·鲍德里亚的观点来看：在消费社会中，物包围了人，客体（物）打败了主体（人）。②

（二）异化论

　　马克思在分析政治国家和货币问题时都曾使用过异化的概念，但他对劳动异化问题的深入讨论却是在《1844年经济学哲学手稿》中完成的。马克思发现，在资本主义生产方式下，工人生产出的产品并不为自己所占有，而是为劳动生产的物质条件的占有者即资本家所占有，因而异化为与自身相对抗的一种力量、一种"**异己的存在物**"③。因此，"工人对**自己的劳动的产品**的关系就是对一个**异己**的对象的关系"④，这就是工人劳动的异化。马克思分析了异化劳动的四个基本特征。首先，工人同自己的劳动产品相异化。其次，工人同自己的生产活动相异化。再次，人同自己的"类本质"相异化。最后，人同人相异化，最终导致社会关系的全面异化。⑤

　　资本主义生产的本质是通过交换来实现剩余价值，资本逐利的本性必然导致不断地扩大再生产，以便榨取工人更多的"无酬劳动"⑥。在这一过程中，正如马克思指出的那样，对象化的劳动本身一方面反映为"对象的丧失"，另一方面则表现为对象化的"**主体**"（雇佣工人）"**被对象奴役**"⑦。工人生产的产品不仅成为一种异己性的存在，而且这种存在反过来还成为奴役工人的对象。工人生产得越多，其获得的就越少，为自己

---

① 《马克思恩格斯全集》第31卷，北京，人民出版社，1998，第483页。
② Jean Baudrillard, *The Consumer Society: Myths and Structures*, London & Thousand Oaks: Sage, 1998, p. 25.
③ 《马克思恩格斯全集》第3卷，北京，人民出版社，2002，第267页。黑体为原文所加。
④ 《马克思恩格斯全集》第3卷，北京，人民出版社，2002，第268页。黑体为原文所加。
⑤ 参见《马克思恩格斯全集》第3卷，人民出版社，2002，第272~276页。
⑥ 《马克思恩格斯全集》第44卷，北京，人民出版社，2001，第651页。
⑦ 《马克思恩格斯全集》第3卷，北京，人民出版社，2002，第268页。黑体为原文所加。

创造的奴役自己的对象就越强大。这是马克思极力批判的反自由、反人类解放的一种资本主义社会现象。

在资本主义条件下，商品生产的目的是实现交换价值。产品作为商品生产出来，进而通过包括广告在内的各种营销传播手段推销出去从而变成消费品。在大量生产、大量消费的现实条件下，广告的作用举足轻重，其不仅对于维持资本主义生产、分配、交换（流通）、消费链条的正常运转至关重要，更是资本主义现代性的急先锋。可以毫不夸张地说，资本主义已经到了离开了广告便难以为继的地步。

以简单商品生产和流通为例，我们可以发现，在生产、商品、交换（流通）、广告、消费、对象化、异化、商品拜物教、物化等环节或概念之间存在着某种内在的联系。对于这种联系，我们大体上可以做这样简单的描述：在资本主义生产方式中，工人生产（对象化）得越多，奴役自己的异己的存在物就越强大（异化）；同理，广告越是发达，消费就越是旺盛，从而对生产的要求就越高，工人被压榨得就越多，社会关系的物化和拜物现象也就越严重（图 7-1）。

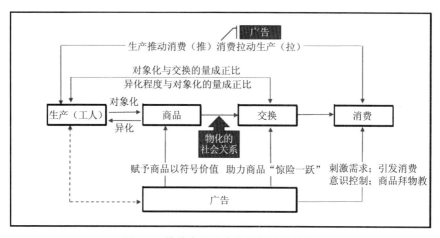

图 7-1　简单商品生产和流通中的广告

(三)阶级斗争论

阶级和阶级斗争是马克思主义思想体系中的重要概念，但马克思本人并未系统地对这两个概念展开论述。阶级和阶级斗争只在马克思的著作中被零散地提及。

1852 年 3 月 5 日，马克思在一封写给约瑟夫·魏德迈的信中提及阶级斗争，指出阶级和阶级斗争是一种"历史现象"，资本主义社会中的阶级斗争必然导致无产阶级专政，但这样的专政的历史作用不过是为了"消灭一切阶级"，并且为了实现向"无阶级社会的过渡"①准备条件。可见，在马克思看来，阶级和阶级斗争具有历史的暂时性。在资本主义社会制度下，（无产阶级反抗资产阶级的）阶级斗争必然导致无产阶级专政，而这种专政的最终目的并非建立新的阶级压迫，而是为在将来的共产主义社会中消灭阶级和阶级斗争做准备。

"商品拜物教""异化论""阶级斗争论"，广告批判的三大思想来源对于马克思、恩格斯身后兴起的西方马克思主义学者，尤其是法兰克福学派理论家，以及当代的许多广告批判学者都产生了广泛而深远的影响，使得他们的研究都带上了鲜明的马克思主义批判的印记。

二、直接理论来源

在马克思的文化与社会批判思想之外，第一代西方马克思主义学者中，卢卡奇的"物化论"和葛兰西的"文化领导权"理论，对西方马克思主义广告批判产生了直接的重要影响，尽管这两位理论家本人并没有对广告做过系统的分析。

(一)卢卡奇

卢卡奇的文化与社会批判思想集中体现于两个概念：一是"阶级意识"，二是"物化"。

阶级意识是卢卡奇的原创概念。他认为，无产阶级革命取得成功的关键，是必须清楚地知道自己的历史方位和历史使命，确立起清晰准确的本阶级的阶级意识，这在一定程度上可以反映出一个阶级"在意识形态上的成熟程度"②。

"物化"概念可以追溯至马克思。马克思在《资本论》中分析商品形式的奥秘时曾指出，劳动产品因社会关系而转换成商品之后便"成了可感觉而又超感觉的物或社会的物"，"从而把生产者同总劳动的社会关系反映成存在于生产者之外的物与物的社会关系"。③ 这是马克思对资本主义生产方式下，人与人之间的关系通过商品而物化的深刻揭示。

卢卡奇对马克思的物化思想进行了发挥性的阐释。他认为，社会关系的商品化不仅在客观层面"产生出一个物以及物与物之间关系构成的世

---

① 《马克思恩格斯选集》第4卷，北京，人民出版社，2012，第426页。
② 〔匈牙利〕格奥尔格·卢卡奇：《历史与阶级意识——关于马克思主义辩证法的研究》，杜章智、任立、燕宏远译，北京，商务印书馆，2009，第131~132页。
③ 《马克思恩格斯全集》第44卷，北京，人民出版社，2001，第89页。

界(即商品及其在市场上的运动的世界),同人相对立"①,更为严重的是,在资本主义条件下,物化已经深入工人阶级的主观意识层面。"物化结构越来越深入地、注定地、决定性地沉浸入人的意识里。"②

卢卡奇认为,无产阶级革命的关键,相当程度上取决于能否打破物化了的主观意识;为此,他提出要培育无产阶级的阶级意识,推动无产阶级真正从一个自在的阶级转化为一个自为的阶级——这个阶级必须具备拨云见日、洞察真理的眼光和智慧,同时还需要具有强大的行动能力。为此,他提出历史唯物主义不仅要为无产阶级提供理论武器,还应动员无产阶级起来开展行动。在他看来,历史唯物主义不应该只是一种科学的理论,它更应该是一种行动的指南。③

无论是物化还是阶级意识,都与后来的西方马克思主义学者开展广告批判产生了内在的关联。因为物化实质上是商品关系掩蔽了人与人之间的真实关系——广告在现代资产阶级社会中的坐大,强化了这种物化的社会关系。无产阶级要想打破因广告而不断被强化的物化关系,首先要建立起强大的阶级意识,并在此基础上能动地开展行动。

(二)葛兰西

葛兰西留给后人的思想遗产,集中体现于他在《狱中札记》中提出的"文化领导权"理论。葛兰西使用"文化领导权"以强调在资产阶级建立起稳固统治的发达资本主义国家中,无产阶级革命要想取得成功,必须与资产阶级争夺文化领域的领导权,即首先要在思想意识层面打破占统治地位的资产阶级的意识形态,打破这种意识形态对无产阶级思想意识的束缚。

根据马克思的意识形态理论,由于资产阶级是资本主义社会中占统治地位的"物质力量"——资产阶级占有生产资料,因此,它也必然是这个社会中占统治地位的"精神力量"。又由于资产阶级掌握着国家政权,它又必然会运用自己掌握的政治权力向无产阶级灌输这样的意识:现有的社会秩序是"永恒的规律"④。这样一来,资本主义社会中的主流意识形态必定是反映资产阶级利益的意识形态,而无产阶级由于不掌握精神

---

① 〔匈牙利〕格奥尔格·卢卡奇:《历史与阶级意识——关于马克思主义辩证法的研究》,杜章智、任立、燕宏远译,北京,商务印书馆,2009,第150页。
② 〔匈牙利〕格奥尔格·卢卡奇:《历史与阶级意识——关于马克思主义辩证法的研究》,杜章智、任立、燕宏远译,北京,商务印书馆,2009,第159页。
③ 〔匈牙利〕格奥尔格·卢卡奇:《历史与阶级意识——关于马克思主义辩证法的研究》,杜章智、任立、燕宏远译,北京,商务印书馆,2009,第313页。
④ 《马克思恩格斯文集》第1卷,北京,人民出版社,2009,第551页。

生产资料，因此，一般来说，其意识形态只能居于从属地位。资产阶级通过把自己的意识形态变成无产阶级的意识形态，来实现社会控制和阶级领导。

正是在这一意义上，葛兰西认为，无产阶级要想打破在意识层面的被统治地位，与资产阶级争夺文化领导权，必须培养出自己的"有机的知识分子"。这些"有机的知识分子"应当植根于本阶级的"普通人"之中，运用自己的知识去戳穿资产阶级意识形态的谎言，从统治阶级手中夺取文化层面的领导权，引领本阶级实现自身的政治解放和精神解放。[①]

广告是资本主义商业意识形态中的一个关键要素，资本主义通过广告来宣扬消费主义的意识形态，促进商品的销售，实现资本流通和资本周转的顺利进行和剩余价值的实现。可见，站在阶级分析的立场上，广告不仅表现为资本主义生产方式下的一个经济工具，同时它还是文化工具——广告发挥着维护资产阶级意识形态、维护资产阶级的文化领导权和阶级统治的作用。这也是后来的西方马克思主义学者考察广告的一个重要视角。

第四节　西方马克思主义广告批判的当代价值及局限

西方马克思主义广告批判在当代依然具有理论意义。同时，随着时代的推移，其局限性也越来越多地暴露出来。这种局限性，尤其需要我们运用马克思主义的立场、观点和方法，并结合当代中国广告的具体实践，进行仔细辨析。

一、西方马克思主义广告批判的当代价值

西方马克思主义广告批判是广告研究史上一场绵延近一个世纪、直至今日仍在发挥重要且广泛影响的浩大的知识运动，其学术影响和现实意义均不容忽视。西方马克思主义广告批判研究的当代价值主要体现在，其在长期的发展演变历程中形成的大量研究成果加深了我们对现代广告的认识，这些研究成果无论是对于拓宽广告研究的视角，还是对于增加广告研究的理论厚度，抑或是对于提升现代人的广告素养乃至媒介素养等都具有重要意义。

---

① 〔意大利〕安东尼奥·葛兰西：《狱中札记》，曹雷雨、姜丽、张跣译，北京，社会科学文献出版社，2000，第240~241页。

　　西方马克思主义广告批判的根本旨趣在于揭露广告传播系统中潜藏着的各种不平等的权力关系——广告实施主体相对于广告受众的不平等权力关系，广告行业内部各方之间的不平等权力关系，发达国家相对于发展中国家在商业传播领域享有的不平等的权力关系……简言之，"经济资本"和"文化资本"，"硬实力"和"软实力"在广告传播领域令人眼花缭乱的形式变换背后的不平等权力关系，都是西方马克思主义广告批判研究所关注的领域。

　　在后现代社会，面对"经济文化化"和"文化经济化"的现实，西方马克思主义广告批判研究正在以消费文化批判、"生活方式"批判、"话语批判"等新的形式，继续致力于揭示越来越商业化的传播系统中的不平等权力关系。这与福柯和布尔迪厄等人开辟的批判文化社会学研究路径高度吻合。易言之，西方马克思主义广告批判向消费文化批判的演变，反映了西方人文与社会科学研究范式的整体转换。

　　总之，西方马克思主义广告批判近一个世纪的发展演变是西方人文与社会科学研究范式转变在广告研究领域的具体体现。但是，不管是法兰克福学派理论家的广告批判思想，还是许多当代深受马克思主义思想影响的西方社会理论家的广告批判思想，对广告传播系统中不平等权力关系的揭露与批判是始终如一的，其目标则是要为建设一个更加民主、平等、正义、和谐的社会输送知识与力量。

二、西方马克思主义广告批判的局限

　　当然，与人类历史上的任何一场知识运动一样，西方马克思主义广告批判也并非尽善尽美、无懈可击，而是瑕瑜互见、争议不绝，暴露出其一定的局限性。

　　首先，西方马克思主义广告批判是由西方马克思主义者开创并发展起来的一场有关广告的知识运动，它虽然深受马克思主义文化与社会批判思想的影响，但却并不能代表马克思和恩格斯本人对广告的真实看法。西方马克思主义广告批判虽然被冠以"马克思主义"之名，但实际上，它信奉的却是"西马"。马克思和恩格斯虽然也批判过广告，但他们对广告的批判大都与具体的广告的"资本主义应用"①形式有关。整体来看，马克思和恩格斯对广告的看法是中性的。在具体的办报办刊实践中，马克思和恩格斯都非常重视广告，他们不仅视广告为一种重要的经济来源，

---

① 《马克思恩格斯全集》第44卷，北京，人民出版社，2001，第493页。

更是将广告看作一种有效的社会信息沟通形式。因此可以说，马克思和恩格斯对广告的看法是辩证的，是"两点论"而非"一点论"。这与西方马克思主义的广告批判有着本质区别。

其次，西方马克思主义广告批判体现出浓厚的空想性特征，其在埋头解构的同时却没能建构出解决问题的方案，从而大大削弱了其理论意义与实践价值。这一点，是与西方马克思主义的总体特征相吻合的。作为"与经典马克思主义发展中出现扭曲和偏离相伴随而产生的一种独特思潮"①，西方马克思主义对西方发达工业社会的种种批判——意识形态批判、技术理性批判、大众文化（文化工业）批判、性格结构与心理机制批判，等等，无不透露出形而上学的玄妙，体现出"从概念到概念，从思想到思想，从主观到主观，从文本到文本"②的意识革命、观念批判的特征，所提出的理论主张也多半因缺乏实践基础和物质承担主体而最终被束于历史的高阁，体现出一定的唯心论趋向。

再次，西方马克思主义广告批判体现出浓厚的"批判目的论"色彩，它对于广告在人类社会发展进程中所具有的积极意义往往视而不见，这便背离了唯物史观和辩证法的基本观点。不可否认，现代广告的确在一定程度上发挥着西方马克思主义理论家们所指出的结构化消费主义意识形态功能，其背后的"资本逻辑"要求将生产、分配、交换（流通）和消费等环节统统纳入资本主义剩余价值生产体系之中，产生的一个深刻后果便是全面加深了资本主义社会中人的异化以及社会关系的普遍物化。但这只是问题的一面。

在问题的另一面，正如我们在第三章中分析的那样，广告背后还挺立着"生产逻辑"，即构成唯物史观之基础的"生产本体论"。因为，"摆在面前的对象，首先是**物质生产**"③，"物质生产和它所包含的关系是社会生活的基础"④。如果我们承认"普遍的社会物质变换、全面的关系、多方面的需要以及全面的能力的体系"⑤的形成和发展代表了社会进步，且这种进步将为未来的自由人的联合体的更为高级的社会形态创造条件，那么，我们就必须承认广告存在的价值。这是因为，广告的首要功能便

---

① 刘放桐：《从经典马克思主义到西方马克思主义》，《求是学刊》2004 年第 5 期，第 18～25 页。
② 李潇潇：《马克思回归历史具体的阐释原则》，《哲学研究》2019 年第 9 期，第 11～18 页。
③ 《马克思恩格斯全集》第 30 卷，北京，人民出版社，1995，第 22 页。黑体为原文所加。
④ 《马克思恩格斯全集》第 43 卷，北京，人民出版社，2016，第 73 页。
⑤ 《马克思恩格斯全集》第 30 卷，北京，人民出版社，1995，第 107 页。

是促进**"社会的物质变换"**①，加快物质运动、流动，沟通有无，促进社会生产力的发展和社会财富的增长，从而增进总体社会福祉。而且，按照马克思的观点，对于广告所参与塑造的晚期资本主义社会中的结构化意识形态问题，我们也只能通过继续大力发展社会生产力，推动生产方式和生产关系之间的矛盾运动来解决。而这将是一个漫长的过程，在此过程中，广告因其对于推动社会生产力发展的积极作用将一直存在。

最后，具体到当代中国的现实语境，我们必须从辩证唯物主义和历史唯物主义的视角出发认识和对待广告，必须以马克思和恩格斯本人的广告思想为指引，在社会主义现代化建设事业中，大力发展广告事业和广告产业，充分发挥广告在沟通产供销、加快商品流通、改善人民群众的生活、增进社会总体福祉方面的积极作用，大力发展社会生产力。同时，从马克思和恩格斯对广告的"资本主义应用"过程中产生的种种"不良广告现象"的深刻批判出发，对于广告业发展过程中出现的一些消极现象（如各种违法违规广告），必须采取坚决措施予以打击，以保护消费者的权益，净化市场环境，维护社会的公平正义。依据这样的原则来理解习近平提出的"广告宣传也要讲导向"②，我们就不难确认什么才是当代中国正确的广告观。

当然，对于西方马克思主义广告批判所揭示的许多问题，我们还要结合当代的中国广告实践进行具体问题具体分析。比如，对于西方马克思主义学者所批判的"商品拜物教"问题，我们可以通过宣扬和倡导正确的物质观来予以消解。对于"消费主义意识形态"和"生活方式"问题，我们需要在全社会大力提倡低碳绿色的生活方式，用正确的消费观引导社会。再比如，对于广告的资本逻辑对新闻自由和民主政治的危害，我们必须坚持社会主义办媒体方向，始终将媒体的所有权牢牢掌握在社会主义国家的手中，坚守大众传播媒体的公共属性，在实践中努力将资本逻辑的负面效应降至最小。

本章小结

20世纪20年代以降，随着消费社会在美国的逐步形成并在以后数十年间向全球的蔓延，广告这一"大众文化王国的总理"③很快便成为现

---

① 《马克思恩格斯全集》第42卷，北京，人民出版社，2016，第85页。黑体为原文所加。
② 习近平：《论党的宣传思想工作》，北京，中央文献出版社，2020，第186页。
③ 〔法〕热拉尔·拉尼奥：《广告社会学》，林文译，北京，商务印书馆，1998，第2页。

代人呼吸的空气的组成部分，成为现代社会中一种彰明较著的文化景观。

广告在现代社会中的不断坐大，引起了批判学者们的警惕。在广告研究的批判阵营中，由西方马克思主义学者开创的广告批判研究传统的影响尤为深远。西方马克思主义广告批判的三个基本思想来源——商品拜物教、异化论和阶级斗争论，都源自马克思。同时，西方马克思主义第一代学者卢卡奇和葛兰西的理论则对西方马克思主义广告批判产生了直接的重要影响。

最早将批判的矛头直接对准广告的西方马克思主义者是初兴于20世纪二三十年代的法兰克福学派理论家。法兰克福学派之后，当代的西方批判理论家们接过了西方马克思主义广告批判的大旗，他们研究广告的视野更加宽阔，既有经济分析的视角，也有文化和意识形态分析的视角，形成了一批重要的成果。及至20世纪七八十年代，西方马克思主义广告批判发展成为西方人文社科领域对广告开展批判研究的一种主流范式，产生了广泛而深刻的影响。

西方马克思主义广告批判的当代价值主要在于，其对于揭露广告传播系统中潜藏着的种种不平等权力关系，对于加深人们对广告的认识，对于提高大众的广告素养等都具有重要意义。

当然，西方马克思主义广告批判最大的局限性就是其唯心论倾向，特别是其浓厚的"批判目的论"背离了马克思主义唯物史观和辩证法思想，在埋头于对广告在资本主义社会形式中的种种意识形态表现进行解构的同时，却对广告在发展社会生产力方面的积极作用视而不见。事实上，如同商品生产和商品交换在人类社会发展进程中将长期存在一样，广告在人类历史进程中存在的合法性是由其物质指向性所决定的，即它能够加快商品交换、促进物质流通、增进社会的总体福祉。唯物史观告诉我们，物质资料的生产是人类社会的第一个历史活动，"是人类生活的永恒的自然条件"①。从这样的前提出发，广告无疑是有着其存在的价值的，因为它可以促进物质的运动、流动，从而加快生产、分配、交换（流通）和消费的循环。广告的物质指向性是我们在当代必须大力发展广告业的根本依据。

对于当代中国的广告研究而言，我们唯有从唯物史观中汲取智慧和力量，运用马克思主义的立场、观点和方法，从全面梳理和研究马克思

---

① 《马克思恩格斯全集》第42卷，北京，人民出版社，2016，第175页。

和恩格斯本人的广告思想出发,博采包括西方马克思主义广告批判等在内的各种广告研究传统之众长,同时牢固地立足中国本土的广告实践,才能使我们的研究始终立于稳固的基础之上,也才能开创出适应新时期要求的广告研究新局面。

第八章　马克思、恩格斯重视广告在政论活动和新闻实践中的沟通和经济作用

本章和下一章，我们将研究马克思、恩格斯的广告思想。马克思、恩格斯(尤其是马克思)的广告思想是一个复杂的统一体，其中既包含了他们在政论活动和新闻传播活动过程中对广告作用与功能的重视以及发表的涉及广告的意见或论述，又包含了他们对广告的各种资本主义应用形式和案例所作的深刻批判。

表面上看，上述两方面的内容互相对立，将它们糅合于一章显得有点生硬。因此，我们将分两章分别予以研究。在本章，我们将梳理和分析马克思和恩格斯在政论活动中重视广告的信息沟通作用的具体表现，他们在新闻实践中重视广告的经济功能的具体表现，以及发表的涉及广告的观点、意见或论述，逐步走近他们的广告思想。

第一节　马克思、恩格斯重视广告在政论活动中的沟通作用

马克思于 1841 年大学毕业后步入社会，至 1883 年逝世，在长达 40 余年的职业生涯中，"传播"构成贯穿他思想发展演变始终的一条重要线索。无论是初涉社会时的政论活动和办报办刊活动，还是后来"从社会舞台退回书房"①从事经济学研究，马克思职业生涯的绝大部分时间都在致力于传播革命的思想，传播无产阶级的哲学——历史唯物主义。

在比马克思更长的职业生涯中，恩格斯同样非常重视传播的作用。而且，和马克思一样，恩格斯很早就认识到了广告对于传播的重要性，这在一定程度上是由当时的德国乃至西欧社会的文化"惯例"所决定的。

在马克思、恩格斯生活的那个时代，电报、广播以及电视等电子媒介都还没有出现，大众传播活动最重要的媒介就是报刊。报刊不仅是社会信息沟通的主渠道，也是文人墨客和政论家表达自己的观点、传播自己的思想的重要载体。甚至文人出书也都要按照"惯例"，在相关的报刊

①　《马克思恩格斯全集》第 31 卷，北京，人民出版社，1998，第 412 页。

上刊登新书广告进行推介，以期能够引起社会各界的广泛关注。为了满足这一市场需要，德国国内甚至还出现了专门刊登新书广告的刊物，比如《哈雷年鉴附刊》就是这样一份刊物。①

一、马克思、恩格斯重视运用广告推广相关刊物和自己的著作

从 1842 年至 1843 年，马克思陆续为《德国年鉴》《莱茵报》等一些青年黑格尔派报刊撰稿，开始正式涉足政论活动。从 1842 年 8 月起，马克思还被任命为《莱茵报》的编辑部成员，推动该报日益表现出"明显的革命民主主义"倾向。② 这一期间，马克思针对德国当时实行的书报检查令、德国社会中宗教对人民的精神麻醉、德国唯心主义哲学家的空谈倾向，以及唯心主义哲学对人民的毒害等种种问题，创作了一系列政论文章。其中包括《评普鲁士最近的书报检查令》《论宗教的艺术》《论浪漫派》《历史法学派的哲学宣言》《实证哲学家》《第六届莱茵省议会的辩论（第一篇论文）》等。这些文章中，有的发表在《德国年鉴》上，如《评普鲁士最近的书报检查令》，有的发表在《莱茵报》上，如《第六届莱茵省议会的辩论（第一篇论文）》和《历史法学派的哲学宣言》，还有的则出于种种原因，没能发表。但即便没有发表，这些文章的写作仍然具有重要价值，因为它们反映出这一时期马克思的思想正在逐渐摆脱唯心主义的束缚，转向唯物主义。

在政论活动中，无论是马克思还是恩格斯，都十分重视广告的作用，特别是重视利用广告推广新书和即将出版的刊物。他们对广告功能的这一认识，在二人的相关通信中有着充分的体现。

在一封大约写于 1845 年 1 月 20 日的信中，恩格斯告诉马克思，他和莫泽斯·赫斯将于当年 4 月 1 日起通过蒂默—布茨出版社发行《社会明镜》月刊，并计划通过该刊物来"描述社会贫困和资产阶级制度"的罪恶，捍卫工人的利益，倡导对社会制度进行根本变革。③ 恩格斯在信中特别告诉马克思，关于《社会明镜》的"广告等等最近就要登出来了"④。

《社会明镜》的全称是《社会明镜。维护无产阶级利益和阐明当前社会关系的刊物》。该刊 1845 年至 1846 年在埃尔伯费尔德出版，共发行了 12 期，其在当时被称为"德国的'真正的'社会主义者的月刊"⑤。马克思、

---

① 《哈雷年鉴附刊》即《哈雷年鉴》（又名《德国年鉴》）的附刊，于 1838—1841 年在德国的德累斯顿出版，主编为政论家、青年黑格尔派成员阿尔诺德·卢格。
② 《马克思恩格斯文集》第 2 卷，北京，人民出版社，2009，第 749～750 页。
③ 《马克思恩格斯全集》第 47 卷，北京，人民出版社，2004，第 648 页。
④ 《马克思恩格斯全集》第 47 卷，北京，人民出版社，2004，第 335 页。
⑤ 《马克思恩格斯全集》第 47 卷，北京，人民出版社，2004，第 792 页。

恩格斯原本计划利用该刊来"发表纯粹共产主义的文章"①，因此，对于该刊物的出版表现出了极大的关注。

前已言及，19 世纪四五十年代的西欧文人圈子中，流行着为自己即将出版的新书打广告的文化"惯例"。马克思、恩格斯也不能免俗。1845年 2 月，由马克思、恩格斯共同完成的第一部重要哲学著作《神圣家族，或对批判的批判所作的批判。驳布鲁诺·鲍威尔及其伙伴》（以下简称《神圣家族》），在美因河畔法兰克福出版。在这部著作中，马克思、恩格斯批判了青年黑格尔派和黑格尔本人的唯心主义哲学观点，初步阐述了唯物史观的一些重要思想。

从马克思、恩格斯在这部著作写作期间和前后的通信内容来看，该书的大部分内容为马克思所写。恩格斯在 1844 年 8 月底至 9 月初逗留巴黎期间，曾同马克思共同拟定了全书的大纲，并合写了《序言》。恩格斯在离开巴黎之前写完了自己分担的几个章节，马克思则承担了全书绝大部分的写作任务。但是，在新书出版时，马克思将恩格斯的名字排在了自己的名字之前。

《神圣家族》出版之前，按照当时的文化"惯例"，宣传该书的出版广告便已在德国的文化出版界传播开来。当时，正在德国巴门的恩格斯看到了宣传他和马克思的这部新书的广告，他在一封于 1845 年 2 月 22 日至 3 月 7 日写给马克思的信中谈及此事时说：

> 《批判的批判》**还是没有收到**！新的书名《神圣家族》肯定会使我和我家虔诚的、现在本来就已十分恼火的老头儿（恩格斯的父亲弗·恩格斯——引者）发生争吵，这一点你自然不会知道。我从出版广告上看到，你把我的名字写在前面了，为什么这样？我可是几乎什么也没有写，而且[你的]文风确实是每一个人都能看出来的。②

从这段话中，我们可以看出这么几点。第一，恩格斯为没有及时收

---

① 《马克思恩格斯全集》第 47 卷，北京，人民出版社，2004，第 335 页。
② 《马克思恩格斯全集》第 47 卷，北京，人民出版社，2004，第 346 页。黑体为原文所加。
关于这件事，恩格斯多年后在另一封致马克思的信（写于 1851 年 11 月 27 日）中再次提及。恩格斯写道："这大概又像《批判的批判》的情况一样，为这本书我也只写了几个印张，因为我所设想的是一本小册子，而你把它搞成了一部 20 印张的巨著，我写的那一点东西在其中显得非常可笑。"（《马克思恩格斯全集》第 48 卷，北京，人民出版社，2007，第 436 页）

到新书而感到十分焦急，所以在信中着重强调了**"还是没有收到"**几个字。第二，马克思应该是在著作付印的过程中才在标题中加上了"神圣家族"①一词，恩格斯对此并不知情。第三，恩格斯当时和他的父亲老弗里德里希·恩格斯之间的关系紧张，老恩格斯对儿子不安心在商行里学习经商而心系"文坛和论坛"②的思想和行为表现极为不满。③ 第四，《神圣家族》的出版广告在德国的传播范围还是很广泛的，其影响力甚至在地理位置偏僻的小镇巴门都能感受到。第五，恩格斯对自己的名字被马克思写在前面一事表现出了诚实和谦逊的一面。当然，这件事从侧面也可以反映出马克思高尚的情操和他对恩格斯这位亲密战友深深的尊重。

二、马克思、恩格斯重视通过广告了解文坛和论坛新动向

马克思和恩格斯不仅重视运用广告推广相关刊物和自己著作的出版，他们还时刻关注着对于他们的研究工作有重要意义的新书以及论敌们新书的出版情况，关注的主要途径正是"出版广告"。

1846 年 8 月 1 日，马克思致信卡·列斯凯，商量继续在列斯凯出版社出版自己的《政治和国民经济学批判》一书。信中，马克思提到了一本对他的经济学研究可能具有重要价值的著作的出版广告：

> 顺便告诉您：对开本两卷集的《重农学派》**7 月底**才出版，几天后才能运到这里，虽然我在巴黎的时候该书的出版广告就已登了出来。现在必须充分注意这两卷书。这部书（指马克思的《政治和国民经济学批判》——引者）现在将作较大的修改，以致它甚至可以在**您**

---

① "神圣家族"是马克思对青年黑格尔派成员鲍威尔兄弟及其追随者的"谑称"。马克思同青年黑格尔派的决裂始于后者于 1842 年夏季在柏林成立所谓的"自由人"小组。"自由人"小组醉心于唯心主义哲学思辨，热衷于空洞抽象的哲学争论。随着马克思和恩格斯由唯心主义转向唯物主义、由革命民主主义转向共产主义，他们同青年黑格尔派之间的分歧也日益明显，甚至发展到了"在理论上和政治上根本对立的程度"（参见《马克思恩格斯文集》第 1 卷，北京，人民出版社，2009，第 793～794 页）。《神圣家族》正是马克思和恩格斯为了批判青年黑格尔派的理论观点和政治主张，阐述和捍卫唯物主义和共产主义观点而共同写作的。

② 蔡金发：《恩格斯经商生涯的历史考订》，《马克思主义研究》2003 年第 3 期，第 18～25 页。

③ 普鲁士警察局长敦克尔在 1845 年 10 月 18 日呈给内务部大臣冯·博德尔施文格的报告中，说明了当时在巴伐利亚和莱茵地区社会主义圈子的存在，其中提及恩格斯是这个圈子中的一名"狂热的共产主义者"："巴门的弗里德里希·恩格斯是一个绝对可靠的人，但他有一个儿子，是个狂热的共产主义者和四处游荡的作家，他可能也叫弗里德里希。"（《马克思恩格斯全集》第 47 卷，北京，人民出版社，2004，第 649～650 页）

的商号的名下出版。①

《重农学派》是一部两卷本的著作集，其中收录了弗朗索瓦·魁奈、杜邦·德奈穆尔以及其他重农学派成员的著作。该著的出版对于马克思的《政治和国民经济学批判》可能具有重要价值。因为从马克思写给列斯凯的这封信中，我们显然可以看出他希望拿到并研究这部著作集，认为这会对《政治和国民经济学批判》②的增补和修订有所帮助。

从马克思给列斯凯的这封信中我们还可以看出，马克思对文坛上正在发生的与他的研究工作密切相关的学术动向十分关注，嗅觉非常敏锐。新书出版广告为马克思了解文坛动向提供了重要的情报来源。

同样，恩格斯也通过广告密切关注文坛和论坛的动向。1846 年 8 月，布鲁塞尔共产主义通讯委员会委派恩格斯前往巴黎，宣传科学社会主义思想，帮助那里的德国共产主义者摆脱蒲鲁东主义和格律恩所谓"真正的社会主义"③思想的影响，并成立一个与布鲁塞尔共产主义通讯委员会保持经常联系的组织。恩格斯经过艰苦细致的工作，成功地达成了目标，驳倒了"在蒲鲁东的万应灵药中找到了新生命力的格律恩的'真正的社会主义'"，证明了这种思想不过是"反无产阶级、小资产阶级的和庸人的东西"④。

恩格斯在一封于 1846 年 10 月 23 日从巴黎写给布鲁塞尔共产主义通讯委员会的信中，报告了他在巴黎的工作情况。信中，恩格斯还特地提到了蒲鲁东的新书《经济矛盾的体系，或贫困的哲学》一书的出版广告。他写道："你们想必已看到了蒲鲁东著作（即《贫困的哲学》——引者）的广告。这本书

① 《马克思恩格斯全集》第 47 卷，北京，人民出版社，2004，第 384 页。黑体为原文所加。
② 马克思拟在列斯凯出版社出版的《政治和国民经济学批判》一书出于种种原因最终没能出版，马克思也没有实现撰写这一经济学著作的计划。1847 年 2 月，列斯凯出版社单方面取消了同马克思签订的出版合同（《马克思恩格斯全集》第 47 卷，北京，人民出版社，2004，第 654 页）。马克思的政治经济学批判研究和写作计划在后来的《资本论》及相关手稿中得到了实现。
③ "真正的社会主义"实质上是一种"假社会主义"，这种思想 1844 年起开始在德国传播，它反映了德国小资产阶级的思想体系，其代表人物是卡尔·格律恩（Karl Grün，1817—1887）。"真正的社会主义者"拒绝进行政治活动或争取民主的斗争，崇拜爱和抽象的"人性"。这种思想同沙文主义、市侩行为和政治上的怯懦结合在一起，试图否认在德国进行资产阶级民主革命的必要性，在 19 世纪 40 年代的德国成了当时不断发展的工人运动的阻碍，不利于实现当时的主要任务——团结民主力量进行反对专制制度和封建秩序的斗争，同时在革命的阶级斗争的基础上形成独立的无产阶级运动。马克思和恩格斯在 1846—1847 年对"真正的社会主义"进行了不懈的批判（参见《马克思恩格斯全集》第 47 卷，北京，人民出版社，2004，第 659~660 页）。
④ 《马克思恩格斯全集》第 47 卷，北京，人民出版社，2004，第 422 页。

最近我就能弄到手；这本书售价 15 法郎，人们买不起，太贵了。"①

在恩格斯写下上述这封信两个月后，马克思读到了蒲鲁东的这部著作。他在 1846 年 12 月 28 日写给俄国文学评论家和政论家帕·瓦·安年科夫的回信中②，开门见山地指出这本书"整个说来是一本坏书，是一本很坏的书"③，并接着对该书做了详细的分析和批判。马克思给安年科夫回信中的思想也成为他后来撰写《哲学的贫困》的基础。

综上可见，马克思、恩格斯在政论活动中十分重视广告的社会沟通作用，广告成为他们宣传刊物和新书出版的重要传播工具，同时，他们也十分重视从广告中了解文坛和论坛的最新动向，广告也开启了他们学术研究和社会活动的新视野。

第二节　马克思、恩格斯重视广告在新闻实践中的经济作用

马克思、恩格斯不仅在政论活动中重视广告的沟通作用，他们在具体的新闻实践中也十分重视广告对于办报办刊的基础性经济作用。

办报办刊是需要钱的，况且还是在资本主义国家办报办刊。无论是马克思还是恩格斯，对于这一点都有着非常清醒的认识。比如，马克思曾在 1851 年 8 月 31 日写给恩格斯的一封信中，嘲讽海因岑说：仅靠"精神资本"是办不了一家报纸的。④ 恩格斯则在 1848 年 12 月初写的《蒲鲁东》一文中，讽刺蒲鲁东"企图不依靠资本、而借助于不亚于轻视三重规则的计算的计算来出版'人民代表'日报"⑤的想法幼稚可笑。

而在实际的办报办刊实践中，马克思、恩格斯对广告的认识又包含在他们的报刊经营思想中。具体来看，马克思、恩格斯的报刊经营思想

---

① 《马克思恩格斯全集》第 47 卷，北京，人民出版社，2004，第 425 页。
② 安年科夫于 1846 年 11 月 1 日给马克思来信，信中对蒲鲁东刚刚出版的《贫困的哲学》一书做了这样的评论："老实说，我认为这部著作的结构本身只不过是观察了德国哲学的一个角落的人的幻想的结果，而并不是研究某一个题目及其逻辑发展的必然的结论。"（《马克思恩格斯全集》第 47 卷，北京，人民出版社，2004，第 667 页）需要指出的是，安年科夫既不是一名唯物主义者，也不是一名共产主义者，但他对蒲鲁东这部著作的评论引发了马克思在回信中针对该著的系统的分析和批判。安年科夫在读了马克思的回信后，又于 1847 年 1 月 6 日给马克思写信说："您对蒲鲁东的著作的看法精确、明晰，尤其是不逾越现实的界线，真的令我耳目一新。"（《马克思恩格斯全集》第 47 卷，北京，人民出版社，2004，第 667 页）
③ 《马克思恩格斯全集》第 47 卷，北京，人民出版社，2004，第 439 页。
④ 《马克思恩格斯全集》第 48 卷，北京，人民出版社，2007，第 376 页。
⑤ 《马克思恩格斯全集》第 6 卷，北京，人民出版社，1961，第 670 页。

包含了他们对广告的重视和对报刊发行工作的重视。

众所周知，马克思、恩格斯不仅是无产阶级的理论大师，而且是无产阶级办报办刊的先驱。有研究者统计过，马克思、恩格斯一生创办、主编和参与编辑的报刊有十五份之多，为之写信、撰稿的报刊则有近百家。① 在长期的办报办刊实践中，马克思和恩格斯充分认识到，报刊要想取得成功就不能没有经济收入，没有经济收入的报刊注定要失败。为此，良好的经营是办好报刊的基础，其中，广告和发行又是做好报刊经营的两个重要抓手。

一、《新莱茵报》时期

1848 年 6 月 1 日，马克思、恩格斯在德国的莱茵河畔科隆，创办了让他们一生都引以为豪的第一份无产阶级性质的报纸——《新莱茵报》。在创办《新莱茵报》的过程中，马克思、恩格斯非常重视报纸的经营工作，也取得了不俗的成绩，使之成为"革命年代德国最著名的报纸"②。

马克思、恩格斯在创办《新莱茵报》之初就坚持"企业化"道路，具体而言就是两条：一是集股办报，二是企业化经营。在当时的现实条件下，集股办报，首先可以解决启动资金不足的问题；其次也可以有效地分担办报的经营风险；再次可以扩大报纸的声势，吸引社会的关注；最后，还可以在一定程度上检验社会上对《新莱茵报》这一新生的无产阶级民主报刊的欢迎程度。

在《〈新莱茵报〉创办发起书》（以下简称《创办发起书》）中，人民对民主的渴望和普鲁士专制制度之间的矛盾被认为是当时德国社会的主要矛盾；民主派的呼声需要一个表达的平台，而《新莱茵报》正是这样的一个表达平台，它的出现顺应了时代的要求。因此，正如《创办发起书》宣称的那样，它"在各方面都有着取得成功的最好的前景"③。

不过，任何一份报纸在创办初期都很难立即获得足够的订户和广告以支持其日常运转，《新莱茵报》也不例外。这便需要筹措到一笔启动资金。对此，《创办发起书》这样分析："这里也遇到了经费问题，在办报初期，如订户和广告的数目还不能保证报社的经营，就必须筹集弥补开支所需之经费。为此就需要三万塔勒的资本，其中有一半要留作准备金。这笔资本将由一个股份有限公司筹集。"④根据《创办发起书》，《新莱茵

① 童兵：《马克思恩格斯创立人民报刊的思想初探》，《社会科学辑刊》1980 年第 5 期，第 156～160 页。
② 《马克思恩格斯文集》第 4 卷，北京，人民出版社，2009，第 7 页。
③ 《马克思恩格斯全集》第 43 卷，北京，人民出版社，1982，第 489 页。
④ 《马克思恩格斯全集》第 43 卷，北京，人民出版社，1982，第 489 页。

报》计划发行 600 股，每股认购金额为 50 塔勒，并且，股金可以分期缴付，以便资金不太富裕的人士也能参股。

从《创办发起书》中我们还可以看出，马克思、恩格斯在《新莱茵报》创办初期即已认识到发行和广告对于报纸运营的极端重要性。在实践中，《新莱茵报》对发行和广告十分重视。发行方面，《新莱茵报》在总编辑马克思的带领下，**坚持革命立场，通过不断提高稿件质量，反映人民呼声**，获得了广大工人阶级以及资产阶级民主派人士的欢迎，订户数量不断增长。

根据恩格斯在马克思逝世一周年之际写的纪念性文章《马克思和〈新莱茵报〉(1848—1849 年)》一文提供的数字：报纸在 1848 年 9 月的发行量约为 5000 份；到 1849 年 5 月，报纸获得了 6000 个订户。恩格斯不无骄傲地指出："没有一家德国报纸——无论在以前或以后——像《新莱茵报》这样有威力和有影响，这样善于鼓舞无产阶级群众。……而这一点首先归功于**马克思**。"①

《新莱茵报》采取多种措施扩大发行量。首先，广设收订人。报纸除了在德国国内设有发行科和专职收订人之外，还在法国、英国、荷兰和比利时等国设有收订人，以方便国外读者订阅。其次，适时调整报价，吸引读者订阅。由于普鲁士当局在资产阶级革命等进步势力的压力之下，于 1848 年废除了书报检查制度和报刊印花税，使得报纸成本有所降低，报社随即决定降低报纸售价，并在 1849 年第一季度的"预订通知"中予以说明。这份落款署名"《新莱茵报》发行负责人"的预订通知指出："今后**科伦**②一季的订费**只收一塔勒七银格罗申六分尼**，在普鲁士各地邮寄（包括邮资）**只收一塔勒十七银格罗申**；德国其他各地的订户酌加邮资。"③

在做好发行工作的同时，《新莱茵报》还通过广泛刊登广告来增加收入，使得广告成为报社的一个重要经济来源。为了招徕广告，《新莱茵报》每天都会将详细的广告价目表刊登在较为醒目的版面上，并采用大号字体传达类似"由于本报具有广泛联系，各种广告都能广泛传播"④这样的招徕广告的信息。比如，在《新莱茵报》1849 年第一季度的"预订通知"中，广告价格被明确为："**刊登广告**：第四版小号字一行或者相应的篇幅收广告费一银格罗申六分尼。"⑤（图 8-1）

---

① 《马克思恩格斯文集》第 4 卷，北京，人民出版社，2009，第 12 页。黑体为原文所加。

② "科隆"的旧译。

③ 《马克思恩格斯全集》第 6 卷，北京，人民出版社，1961，第 683 页。黑体和着重号均为原文所加。

④ 《马克思恩格斯全集》第 6 卷，北京，人民出版社，1961，第 684 页。

⑤ 《马克思恩格斯全集》第 6 卷，北京，人民出版社，1961，第 684 页。黑体为原文所加。

图 8-1　《新莱茵报》创刊号的头版头条，马克思写的新莱茵报发行部征订启事

　　《新莱茵报》不仅是马克思、恩格斯同敌人战斗的"**堡垒**"和共产主义者同盟坚强的"**政治阵地**"①，还是他们的广告和报刊经营思想的实验场。据陈力丹教授组织力量对德文原版《新莱茵报》进行翻译的情况来看，该报"除了我们熟知的坚定的革命立场外，它同时也是遵循新闻规律、报纸经营规律的典范"②。比如，《新莱茵报》1848 年 6 月 1 日第一期（创刊号）的头版头条不是新闻，而是马克思亲自撰写的《新莱茵报》发行部关于报纸征订和广告招徕的启事：

　　《新莱茵报》将于 6 月 1 日起**每日**发行。

　　订阅价格：科隆地区一季度 1 塔勒 15 银格罗申。除科隆外，普鲁士其他地区 2 塔勒 3 银格罗申 9 分尼。普鲁士以外地区需要加收邮费。

　　6 月只能与下一个季度（7 月，8 月，9 月）同时订阅。这四个月订阅的价格是：科隆地区 2 塔勒；科隆地区之外 2 塔勒 25 银格罗申。

　　可通过国内外所有的邮局和书店订阅。或在报纸发行部**威·克劳特先生**处订阅，地址：科隆 **圣阿加塔街** 12 号

────────

　　可在报纸发行部继续认购股票，外埠认购股票者也请与该处联系。

────────

刊登广告费用

四栏版面 8 磅活字每行或相同篇幅⋯⋯1 银格罗申 6 分尼

《新莱茵报》发行部③

────────

① 《马克思恩格斯全集》第 48 卷，北京，人民出版社，2007，第 40 页。黑体为原文所加。

② 陈力丹：《以原版〈新莱茵报〉为基础研究马克思主义新闻观》，《东岳论丛》2020 年第 12 期，第 37～44 页。翻译：刘然；审读：夏琪。

③ 陈力丹：《以原版〈新莱茵报〉为基础研究马克思主义新闻观》，《东岳论丛》2020 年第 12 期，第 37～44 页。翻译：刘然；审读：夏琪。

一般情况下，《新莱茵报》每期4版正刊，其中第4版几乎全部为广告。以1848年6月1日第1期创刊号为例，第四版的广告内容十分丰富，既有一般的商品广告，如金属打磨设备广告、乐器销售广告、"樱桃蛋糕"广告、冰激凌广告、家具和镜子店广告等，也有其他各类商业广告，如酒庄开业广告、"第8骑兵乐团演出"广告、教堂落成纪念日庆祝仪式广告、艺术展览会广告、房屋出租广告、排字工人招聘广告等；其他一些社会服务类广告如邮轮服务信息、司法拍卖信息、煤气价格调整信息等，也都同版呈现（图8-2、图8-3）。

1849年5月19日出版的第301期《新莱茵报》是最后一期，这一期的报纸增加了两个版面（即第五、第六版）的增刊。其中，第六版全部为广告，内容从普通的商品广告（植物汁出售广告、磨坊出售广告、布料和鹿皮促销广告、英国清肺糖浆广告、家具出售广告等），到社会服务类广告（公证文件、求职广告、寻找失物广告、法院民事审理公告，二级外科医生申明等），再到各种司法拍卖和科隆市民情况（出生、死亡）等社会沟通信息，总计28个广告，且内容十分广泛，涵盖社会生活的众多方面。①

图8-2 《新莱茵报》第1号
（创刊号）第4版

图8-3 《新莱茵报》第1号（创刊号）
第4版版面示意②

---

① 参见何渊、杜渐：《马克思主编〈新莱茵报〉第301号（终刊号）》，《新闻与传播研究》2020年增刊，第68～109页。

② 参见刘然、陈力丹、杜渐：《马克思主编〈新莱茵报〉第1号（创刊号）》，《新闻与传播研究》2020年增刊，第5～35页。

有研究者根据《新莱茵报》公开的广告价格和订阅费推算，该报每天的广告费收入为 18～28 塔勒，按 1848 年 9 月统计的 5000 个订户计算，每天的发行收入约为 80 塔勒，"尽管经费仍然很紧，但可以维持正常出版了"①。

马克思、恩格斯创办《新莱茵报》主要有三个目的：第一，通过它来宣传无产阶级在资产阶级民主革命中的主张；第二，动员群众反对封建专制；第三，对分散在各地的共产主义者同盟盟员的活动给予指导。②因此，政治上的成功是他们追求的首要目标。但是他们深知，报纸要想取得政治上的成功，没有一定的经济基础是不行的。因此，马克思、恩格斯始终如一地以办企业的精神来办报，并在报纸的实际运作中取得了不俗的成绩。然而，由于报纸的进步倾向为普鲁士专制政府所不容，同时这一倾向也为资产阶级保守派的股东们所不容，加之当局接二连三的"诉讼和迫害"③，《新莱茵报》于 1849 年 5 月 19 日出版了最后一期之后，不得不关张了。但这并不能说明马克思、恩格斯办报的水平和能力不行，而主要是由于政治上的迫害。正如有研究者指出的那样，马克思、恩格斯对报业经营是内行而不是外行，"只是由于政治上遭到种种迫害，才使他们创办的质量很高的报刊被逼得破产"④。

二、后《新莱茵报》时期

1.《新莱茵报。政治经济评论》

《新莱茵报》被迫关张后，马克思因普鲁士当局的迫害，失去了在德国的居住权。他先是在巴黎短暂生活了一段时间，后于 1849 年 8 月 26 日前后到达英国伦敦。同年 11 月 10 日左右，恩格斯也抵达伦敦。重建

---

① 陈力丹：《以原版〈新莱茵报〉为基础研究马克思主义新闻观》，《东岳论丛》2020 年第 12 期，第 37～44 页。翻译：刘然；审读：夏琪。
② 参见《马克思恩格斯全集》第 48 卷，北京，人民出版社，2007 年版，《前言》第 4 页。
③ 《马克思恩格斯全集》第 7 卷，北京，人民出版社，1959，第 600 页。由于《新莱茵报》鲜明的革命立场，其在群众中不断增大的影响力，马克思在报纸存在的短短不到一年的时间里，遭到了普鲁士反动当局接二连三的迫害。1848 年 4 月 13 日，马克思写信给科隆警察局申请恢复普鲁士国籍，遭拒。同年 8 月 23 日，马克思就此事又写信给柏林内务大臣弗里德里希·冯·屈尔韦特（Friedrich Christian Hubert von Kühlwetter，1809—1882)提出申诉。无果。同时，马克思还多次遭到法院的传讯和警察的威胁。1848 年 11 月上半月，马克思写信给当时正流亡瑞士的恩格斯，信中说："我被三四起违反出版法的诉讼案所纠缠，每天都可能被捕。"《马克思恩格斯全集》第 48 卷，北京，人民出版社，2007，第 40 页）
④ 陈力丹：《马克思主义新闻观思想体系》，北京，中国人民大学出版社，2006，第 142 页。

共产主义者同盟、恢复同同盟各地支部和盟员的联系，以及总结 1848—1849 年革命的经验教训，是马克思、恩格斯在 1850 年活动的主要内容。为此，他们认为出版一份刊物作为《新莱茵报》的"续刊"是必要的。这份"续刊"，就是《新莱茵报。政治经济评论》。

《新莱茵报。政治经济评论》严格说来不是报纸，而是一份不定期出版的杂志，因为它自 1850 年 3 月 6 日在德国汉堡①出版第一期开始，到 1850 年 11 月 29 日出版最后一期，总计出版了 6 期，其中，第 5、第 6 两期为合刊。出版日期也不固定，第 1 期于 1850 年 3 月初出版，第 2 期于 1850 年 3 月底出版，第 3 期于 1850 年 4 月 17 日前后出版，第 4 期于 1850 年 5 月 19 日前后出版，第 5、第 6 期的合刊于 1850 年 11 月 29 日出版。② 杂志封面上注明的出版地点，包括马克思和恩格斯所在地伦敦、杂志的印刷地汉堡，以及纽约。杂志的出版商为汉堡的舒伯特出版社。③

马克思和恩格斯为了推广《新莱茵报。政治经济评论》、扩大其影响，在半个月内先后以《新莱茵报》出版负责人康·施拉姆的名义写了一份"出版启事"和一份"召股启事"。这两份材料，实质上都是关于杂志的广告。

马克思、恩格斯，以及杂志出版负责人康·施拉姆为了推广杂志，给多家德国和瑞士的报纸编辑写信，请他们把"出版启事"刊登在相关的报纸上。在这些信中，"出版启事"均被称作"广告"。

1849 年 12 月 19 日，马克思从伦敦写信给当时还在法兰克福的约瑟夫·魏德迈，请后者将《〈新莱茵报。政治经济评论〉出版启事》刊登在《新德意志报》上。马克思在信中特别提到杂志除了"通过书商推销"外，还计划由身处德国国内的共产主义同盟盟员来"组织订阅"，并将订单寄到伦敦。马克思写道：

---

① 《新莱茵报。政治经济评论》的组稿工作主要由马克思和恩格斯在英国伦敦完成。组稿完成后，编辑部会将稿件寄回德国汉堡出版。汉堡的舒伯特出版公司承担杂志的发行工作，杂志印刷则由同处汉堡的克勒印刷厂印刷。舒伯特出版公司的老板是格奥尔格·斐迪南·尤利乌斯·舒伯特（Georg Ferdinand Julius Schuberth，1804—1875），克勒印刷厂的老板是克勒（J. E. M. Kohler）。杂志主要面向德国国内的订户和身在英国的德国革命流亡者发行，但在美国纽约也有少量发行，因为 1848—1949 年德国革命参加者中有许多人在革命失败后流亡美国。参见《马克思恩格斯全集》第 48 卷，北京，人民出版社，2007，第 101 页；《马克思恩格斯全集》第 10 卷，北京，人民出版社，1998，第 761~762 页。

② 参见阮志孝：《马克思、恩格斯从事报刊编辑活动简要年表》，《编辑之友》1988 第 8 期，第 93~96 页。

③ 《马克思恩格斯全集》第 10 卷，北京，人民出版社，1998，第 761~762 页。

我请你把下面附上的广告①登在你们的报纸②上，……你将从广告中看到，我们除了通过书商推销，还想采用另外一种方式，就是由我们党内的同志③来组织订阅，并把订单寄给我们。我们暂时还不得不把价格定得相当高而篇幅却不大。如果我们的资金因杂志销路扩大而增加的话，那么，这些不足之处就会得到克服。④

在马克思给魏德迈写下上述信件后仅仅三天，恩格斯也从伦敦给瑞士巴塞尔的布·卢卡斯·沙贝利茨写信，推广即将诞生的《新莱茵报。政治经济评论》。恩格斯在信中也附上了《〈新莱茵报。政治经济评论〉出版启事》，并将之称为"广告"，请沙贝利茨将其刊登在瑞士的《国民报》上。"请把附上的广告刊登在《国民报》上，如果你间或需要用广告来填补空白，那就请你首先用这个广告。"⑤

康·施拉姆在1850年1月8日写给魏德迈的信中，也将"出版启事"称为"广告"。"请您把广告⑥马上登出来。"⑦施拉姆在信中还要求魏德迈修改"出版启事"上的杂志定价："还有一件事，请您在广告上把价格由24银格罗申改成25银格罗申或20银格罗申，后一个价格比较合适，所以书商也建议定这个价格。"⑧

《〈新莱茵报。政治经济评论〉出版启事》写于1849年12月15日，全文共分为五段。其中，第一和第三段分别扼要阐明了办刊的目的并交代了办刊的背景。办刊的目的——"本杂志的任务之一，就是发表一些探讨过去事件的评论来阐述《新莱茵报》被迫停刊以来的一段时期"⑨。办刊的背景——"目前这个表面上平静的时期，正应当用来剖析前一段革命时期，说明正在进行斗争的各党派的性质，以及决定这些党派生存和斗争的社会关系"⑩。

---

① 马克思和恩格斯：《〈新莱茵报。政治经济评论〉出版启事》。
② 即《新德意志报》，全称为《新德意志报·民主派机关报》（Neue Deutsche Zeitung. Organ der Demokratie）——德国的一家日报，1848年7月1日至1849年4月1日在达姆斯塔特、4月1日以后至1850年12月14日在美因河畔法兰克福出版。魏德迈于1849年10月1日以后出任该报编辑。
③ 共产主义者同盟在德国的盟员。
④ 《马克思恩格斯全集》第48卷，北京，人民出版社，2007，第102页。
⑤ 《马克思恩格斯全集》第48卷，北京，人民出版社，2007，第105页。
⑥ 马克思和恩格斯：《〈新莱茵报。政治经济评论〉出版启事》。
⑦ 《马克思恩格斯全集》第48卷，北京，人民出版社，2007，第475～476页。
⑧ 《马克思恩格斯全集》第48卷，北京，人民出版社，2007，第476页。
⑨ 《马克思恩格斯全集》第10卷，北京，人民出版社，1998，第115页。
⑩ 《马克思恩格斯全集》第10卷，北京，人民出版社，1998，第116页。

第三段话分析了杂志和报纸各自的特点。第四、第五段话是重点，说明了杂志的出版设想、订阅和零售价格，以及订阅方法。从这两段话中我们知道，《新莱茵报。政治经济评论》原打算每月出一期，每期不少于5个印张。订阅价格为每季度25银格罗申，读者收到第一期杂志后须付清订费。零售价格为每期10银格罗申。原《新莱茵报》的读者可以在当地索取订单，填写好后，将订单寄交给出版负责人康·施拉姆。①

有研究者认为，《〈新莱茵报。政治经济评论〉出版启事》"作为杂志出版的广告，有着自己的经济目的，他们（指马克思和恩格斯——引者）希望通过广告扩大杂志的发行量，维持杂志的经营，扩大征订量，达到更广泛的传播影响和获取必要的办报资金"②。

《〈新莱茵报。政治经济评论〉召股启事》写于1850年1月1日，其主要目的是为刊物征集股份、募集资金。在"召股启事"中，马克思和恩格斯五次使用了"企业"一词来称呼这一即将诞生的刊物，这反映了他们决心继续坚持走《新莱茵报》时期形成的企业化办报办刊的路线。"召股启事"特别强调了新刊物的两大目标：一是政治上的成功，二是经济上的收获。其中，政治上成功的标志是"经常而深刻地影响舆论"③。为此，他们认为"只有编辑部能够以后一期跟着一期间隔时间更短地出版"才有可能实现；同时，也只有实现了连续出版，"经济方面也才会有很大的希望"。④

马克思和恩格斯分析了杂志的盈利前景，认为如果杂志能够每两周出版一期，每期印数300份的话，每年的收入可以达到1900塔勒。"召股启事"中写道："为了企业能够自立，使'评论'每两周或一周发行一次，必须要有500镑的资本，为此，现在开始认购股票。"紧接着，开出了认股的5个"条件"：

　　1. 每股50法郎，在领收据时一次付清，以后再以收据换取正式股票。

　　2. 每个股东承担的责任只限于他所具有的股票数量以内。

　　3. 股东有权指定自己在伦敦的代表，对整个账目进行检查。

① 《马克思恩格斯全集》第10卷，北京，人民出版社，1998，第116页。
② 陈力丹：《马克思格斯为创办〈新莱茵报评论〉写广告》，《新闻知识》2018年第7期，第41～43页。
③ 《马克思恩格斯全集》第7卷，北京，人民出版社，1959，第600页。
④ 《马克思格斯全集》第7卷，北京，人民出版社，1959，第600页。

4. 每年召开全体大会 4 次，听取关于整个企业的发展情况和经济状况，通过关于监督业务经营的今后措施的决议。关于企业状况的报告用石印发送每个股东。

5. 企业所获得的利润在"新莱茵报"还不可能每周出版以前均转入资本。在这一任务实现以后，利润分做 3 部分，1/3 作准备金，1/3 作股息分给股东，其余 1/3 归编辑部。①

如果说《〈新莱茵报。政治经济评论〉出版启事》是杂志的出版广告的话，那么，《〈新莱茵报。政治经济评论〉召股启事》则是杂志的招股广告。它连同恩格斯写于 1849 年 12 月的《〈新莱茵报。政治经济评论〉的盈利和发行量的估价单》②一道，都是我们研究马克思、恩格斯的广告及报刊经营思想的重要材料。

2.《人民报》和《共和国》周报

1859 年 7—8 月，马克思曾负责设在伦敦的德意志工人教育协会机关报《人民报》实际上的领导与编辑工作。其间，他曾多次谈及发行和广告的问题。为了使报纸能够吸引更多的订户，马克思要求恩格斯提供能吸引人的稿件，特别是有关战事的稿件。他说：**"不要忽视这一点。有了独具风格的关于战事的文章，就能够在伦敦至少多获得五十家订户。"**③ 关于广告，马克思同样非常看重，他就此写道："如果正确经营（现在这种经营刚开始，几个星期后才能看出结果），只靠广告就可以维持这家小报。"④遗憾的是，由于当时恶劣的政治环境和资产者的排斥，以及其他一些客观原因，《人民报》还是因经费困难被迫于 1859 年 8 月 20 日出版最后一号（第 16 号）后宣布停刊。

1866 年 2 月 10 日，马克思受邀担任第一国际总委员会正式机关报《共和国》周报的监察委员并对该报的编辑和运营工作给予指导。在此期间，马克思在 1866 年 5 月 4 日从伦敦写给威廉·李卜克内西的信中谈到了该报，指出发行与广告对于报纸的成功所具有的基础重要性。马克思写道：

---

① 《马克思恩格斯全集》第 7 卷，北京，人民出版社，1959，第 601 页。
② 《马克思恩格斯全集》第 10 卷，北京，人民出版社，1998，第 112～114 页。
③ 《马克思恩格斯全集》第 29 卷，北京，人民出版社，1972，第 421 页。黑体为原文所加。
④ 《马克思恩格斯全集》第 29 卷，北京，人民出版社，1972，第 444 页。

> 这家报纸（指《共和国报》——引者）的财政状况是：它一星期一
> 星期地苟延残喘，对国外通讯连一个法寻也付不出来。它的发行量
> 虽在增长，但是你是知道的，一种便宜报纸至少需要有两万订户，
> 而且只有刊登大量广告才能收支相抵。而《共和国》创办不久，还没
> 有这些必要的条件。①

显然，在马克思看来，一份定价低廉的报纸要想获得成功，除了需
要获得一定数量的订户外，还需要招徕到大量的广告才行。

总之，马克思、恩格斯在具体的新闻实践中非常重视广告的基础性
经济作用，他们对广告经济功能的这一认识，不仅体现在他们自己创办
的《新莱茵报》和《新莱茵报。政治经济评论》的运作过程中，也体现在他
们参与撰稿或编辑的其他报刊的运作过程中。

马克思、恩格斯在新闻实践中形成的对广告的认识包含在他们的报
刊经营思想之中。概括来看，马克思、恩格斯的报刊经营思想主要有这
么几条。

首先，在市场经济条件下，报刊必须坚持走企业化经营的道路。他
们在许多场合将自己亲手创办的《新莱茵报》和《新莱茵报。政治经济评
论》称为"企业"，说明他们并没有将传媒的政治性质与企业属性看成一对
矛盾。

其次，对于一份无产阶级性质的报刊，政治上的成功首先取决于报
刊的内容，而内容又直接决定了报刊的发行能否取得成功。马克思和恩
格斯办报办刊十分重视刊物的文章质量，他们不仅亲自写稿，还积极通
过各种方式约稿和组稿，这使得他们主办的报刊都能吸引到大量的读者。

最后，发行和广告是报刊经营的两大要素，缺一不可，这也是马克
思、恩格斯报刊经营思想的核心。

本章小结

思想需要传播，特别是对旧的落后思想具有颠覆性意义的先进思想
一经出现，要想获得人民的支持，就更需要借助大众传播媒介进行广泛
传播。诚如马克思所云：理论只有掌握了群众，才能转变成"物质

---

① 《马克思恩格斯全集》第31卷下册，北京，人民出版社，1972，第519页。

力量"①。

19世纪40年代，正是这两位唯物史观的创始人从唯心主义转向唯物主义，从革命民主主义转向共产主义的关键时期。在与旧的德国唯心主义哲学的辩论中，在与普鲁士封建专制主义以及形形色色的所谓"真正的"社会主义思潮进行斗争的过程中，马克思、恩格斯深知传播的重要性。通过传播，可以驳斥和批判旧的反动的思想；通过传播，可以鞭挞封建的专制主义。

也正是在传播实践中，马克思、恩格斯认识到了广告的重要性。他们无论是在政论活动中，还是在具体的办报办刊实践中，都十分重视广告的作用。在政论活动中，马克思、恩格斯一方面借助广告来宣传自己的新著和与自己关系密切的报刊的出版，另一方面又通过广告来了解论敌和政敌们在文坛和论坛上的新动向。广告成为他们宣传自己的著作和思想，推广自己参与创办的刊物的重要手段，同时，广告也成为他们了解文坛和论坛最新动向的一个重要窗口。

在办报办刊实践中，马克思、恩格斯高度重视广告是必然的。因为，正如马克思本人所言：光靠"精神资本"是办不了一家报纸的。唯物主义者从不羞于谈钱，相反，他们始终视经济为基础，视物质生产为人类社会存续的第一个历史条件，认为物质生产对于人和人类社会而言具有永恒的自然必然性。以马克思和恩格斯一手创办起来的《新莱茵报》为例，他们对广告的重视通过《新莱茵报》的版面安排即可表现出来。《新莱茵报》一天四版正刊，第四版基本上都是广告，第三版有时也会刊插一些广告信息。第301号《新莱茵报》增加的第五、第六版增刊中，第六版全部为广告。而且，《新莱茵报》的广告信息十分丰富，囊括了一般商品信息、社会服务信息、个人事项公告信息、招聘求职信息等各种类型，甚至连广大市民的生老病死信息都大量刊登。这些都足以证明，马克思、恩格斯认为广告不仅不与传播革命思想这一报刊的政治目标产生冲突，甚至还对报刊政治目标的达成具有促进作用，因为在广告为报刊实现自己的政治目标提供重要经济基础的同时，特定形式的广告（如政治广告）本身还能够传播政治主张。

从马克思、恩格斯的办报办刊实践来看，报刊不仅是共产主义者同盟坚强的"政治阵地"和战斗"堡垒"，也是服务社会、服务市民生活的有效沟通手段。

---

① 《马克思恩格斯文集》第1卷，北京，人民出版社，2009，第11页。

总之，马克思、恩格斯在政论活动中对广告沟通作用的重视，以及他们在具体的新闻实践中对广告经济作用的重视，都充分体现了他们二人的革命无产阶级报刊经营理念。正如有研究者指出的那样："他们都很清楚，没有资金，报纸不可能无中生有。政治路线确定之后，资金是报纸生存的决定因素。党报必须通过自己的努力，保障资金的良性运转。"①

马克思、恩格斯的广告思想处处都闪烁着唯物主义者的光辉品质。

① 陈力丹：《以原版〈新莱茵报〉为基础研究马克思主义新闻观》，《东岳论丛》2020 年第 12 期，第 37～44 页。

第九章　马克思、恩格斯的
广告批判思想研究

马克思、恩格斯在政论活动和新闻实践中对于广告的沟通与经济作用的重视，只是他们整体广告思想中的一个组成部分，它构成我们考察马克思、恩格斯广告思想的一个基本向度。在马克思、恩格斯的广告思想中，还包含着另一个基本向度——广告批判。

马克思和恩格斯都批判过广告，而且，他们（尤其是马克思）的广告批判思想深刻而复杂，涉及在不同时期、不同场合、不同语境下发表的有关广告的看法、意见或论述。在这些看法、意见或论述中，有些只是一些现象层面的表达，如马克思针对一些资产阶级报刊的"不良广告行为"所发表的批评性看法或意见；有些则与马克思针对资本主义生产方式开展的政治经济学批判有关，如马克思对广告被运用于资本商业投机所导致的严重经济问题所开展的批判；还有些则与阶级压迫、与马克思主义哲学思想中对"人的问题"的关注产生关联，如恩格斯对 19 世纪 40 年代英国社会中泛滥成灾的虚假广告，尤其是虚假医药广告的揭露和批判，以及马克思对童工招聘广告和童工贩卖广告开展的深刻批判，等等。因此，对马克思、恩格斯广告批判思想的解读，需要从多个视角、多个维度展开。

本章，我们将从对马克思有关广告的一般认识的梳理和分析出发，过渡到对恩格斯将阶级分析视角引入广告批判的考察，最后以对马克思广告批判思想的多学科、多视角的分析讨论作为总结，以期能够全面展现马克思、恩格斯广告批判思想的本来面貌，并尝试揭示他们广告批判思想的当代意义和价值。

第一节　马克思对广告的一般认识

在考察马克思的广告批判思想之前，有必要先交代一下马克思对广告这一现代社会中常见的社会性物质信息沟通工具的一般认识。这是因为，在笔者看来，无论是马克思对广告的"肯定性认识"——比如他在政论活动和新闻实践中对广告的重视，还是他对广告的"否定性认识"——

广告批判，都可以在他对广告的一般认识中找到根源。

马克思对广告的一般认识，集中体现于他早年从事新闻工作时期发表在《莱茵报》上的两篇文章中。其中一篇即著名的《〈科隆日报〉第 179 号的社论》，该文发表于 1842 年 7 月 10 日、12 日和 14 日《莱茵报》第 191、第 193 和第 195 号附刊上。另一篇，《评奥格斯堡〈总汇报〉第 335 号和第 336 号论普鲁士等级委员会的文章》，载登于 1842 年 12 月 11 日、20 日和 31 日《莱茵报》第 345、第 354 和第 365 号上。

在《评奥格斯堡〈总汇报〉第 335 号和第 336 号论普鲁士等级委员会的文章》中，马克思在一般意义上将广告看作"物"（如"土地"等物质性实体）、"利益"和"愿望"等的所有者对自己权益的一种伸张式的传播活动，因而广告普遍都具有"讲求功利的""智力的表现"。马克思写道：

> 任何报纸广告都是智力的表现。但是，谁会因此说广告就代表出版物呢？土地不会说话，会说话的只是土地占有者。因此，土地必须以智力的**形式**出现，才能表达自己的要求；愿望、利益本身是不会说话的，会说话的只是人；但是，难道土地、利益、愿望通过人，通过有智力的人表达了自己的要求，就会失去其局限性吗？①

马克思在文中进而区分了两种不同的智力——"为自己的家园而奋斗的**讲求功利的**"，和"不顾自己的家园为正义事业而斗争的**自由的**智力"。② 马克思认为这两种智力之间存在着根本的不同，前者代表了少数人或群体的利益，后者则代表了全体人民的利益。依笔者之见，这两种"智力"的区分同样适用于广告。事实上，在广告领域，同样存在着"功利的广告"——主要以商业广告为代表，和"自由的广告"——主要以公益广告为代表。这两种"智力形式"之间的区别毋庸赘言。

既然广告是一种"智力的表现"，那么它必然与"精神生产"③、"精神交往"④活动发生内在的关联。这便是马克思在《〈科隆日报〉第 179 号的社论》中为我们展示的他对广告的另一种认识。尽管马克思写作这篇文章

① 《马克思恩格斯全集》第 1 卷，北京，人民出版社，1995，第 339 页。黑体为原文所加。
② 《马克思恩格斯全集》第 1 卷，北京，人民出版社，1995，第 339 页。黑体为原文所加。
③ 《马克思恩格斯全集》第 46 卷，北京，人民出版社，2003，第 96 页。
④ 陈力丹教授以"精神交往"为主题，展开对马克思、恩格斯传播思想的研究，其中多次涉及对马克思、恩格斯发表的有关广告的意见的分析，这些分析也正是建立在对广告是"智力的表现"的理解的基础上的（参见陈力丹：《精神交往论》，北京，中国人民大学出版社，2008）。

的主要目的是批判《科隆日报》有意混淆报纸社论和广告之间的界线而违背新闻伦理的下作行为[①]，但其中有一句话却在无意中表达了他对广告的基本认识。马克思写道：

> 我们至今尽管不把《科隆日报》看作是"**莱茵知识界报纸**"，但是我们把它看作是"**莱茵情报广告报**"而加以尊重。我们认为，该报的"政治性社论"主要是促使读者厌恶政治的一种绝妙的手段，目的是使读者转而更狂热地醉心于充满活力的、洋溢着产业精神的、常常是妙趣横生的广告领域。[②]

在这段引文中，马克思用三个短语表达了他对现代广告的基本认识："充满活力"（lebensfrische）、"产业精神"（industriewogende）和"妙趣横生"（schöngeistig pikante Reich）。这三个短语实际上也是现代广告的三个基本特征。事实上，马克思总结的这三个特征是由广告的性质所决定的。

根据威廉·阿伦斯对广告所下的定义，"（现代）广告，是由可识别的出资人通过各种媒介进行的，有关商品（产品、服务和观念）的，通常是有偿的、有组织的、综合的和劝服性的非人员信息传播活动"[③]，打广告一般来说都是有偿的，其目的是推销商品——产品、服务或观念。因此，广告作品本身需要"充满活力"，以激发、调动或刺激潜在买家的兴趣和购买欲望。

再者，现代广告诞生于资本主义工业化大生产全面勃兴的时期，常见的付费打广告的人基本上都是工业资本家或商业资本家，他们打广告是为了推销商品。无论是工业资本家还是商业资本家，他们背后的驱动力都是资本逻辑。事实上，按照马克思的意见，资本家无非是"人格化"了的资本而已。[④] 而我们知道，资本的身上天生具有"产业精神"，这种

---

① 有关对马克思广告批判思想的新闻学视角解读，参见本章第三节的内容。

② 《马克思恩格斯全集》第1卷，北京，人民出版社，1995，第206页。黑体为原文所加。

③ 〔美〕威廉·阿伦斯：《当代广告学》，丁俊杰、程坪译，北京，人民邮电出版社，2005，第7页。

④ 马克思在《资本论》第1卷中这样写道："作为资本家，他只是人格化的资本。他的灵魂就是资本的灵魂。而资本只有一种生活本能，这就是增殖自身，创造剩余价值，用自己的不变部分即生产资料吮吸尽可能多的剩余劳动。资本是死劳动，它像吸血鬼一样，只有吮吸活劳动才有生命，吮吸的活劳动越多，它的生命就越旺盛。"（《马克思恩格斯全集》第42卷，北京，人民出版社，2016，第228页。）

"产业精神"表现为"发财的坚强意志"①和"经济上的进取精神"②。关于资本天生具有的这种积极进取的"产业精神",在西方古典经济学界享有盛誉的亚当·斯密,在他最重要的一本著作里表达了类似的观点。他说,资本"既以谋取利润为唯一目的",它自然总是使其"所支持的产业的生产物能具有最大价值"。③

可见,广告身上的"产业精神"从根本上说,是由资本身上的"产业精神"所决定的。

最后,广告的身上还具有"妙趣横生"的特点。广告的这一特点是与它的"活力"和"产业精神"密切相关的——根本上则是由资本的"发财意志"和"进取精神"所决定的。资本逻辑主导之下的生产以追求剩余价值最大化为目的,而剩余价值的实现有赖于生产出来的产品通过交换环节被交换出去,从商品形态转变为货币形态,从而实现资本周转。资本主义生产的直接目的并不是给社会创造使用价值,而是实现交换价值。因此,推动商品被交换出去,从而实现"惊险的跳跃"④,是资本主义生产方式内在的要求。广告的作用恰恰体现在这里。广告能够帮助资本实现商品的"惊险一跃",推动资本循环和资本流动的顺利进行。

事实上,现代资本主义生产一天也离不开广告,广告与资本之间具有天然的亲和性。根据著名的 AIDMA 法则,广告推动商品交换的第一步,就是要引起潜在买主的"注意"(attention)。⑤ 为此,各种元素——包括文学的、艺术的、美学的、宗教的、神话的、玄学的,等等,只要能够有助于引起消费者的注意,都为广告所吸纳,共同推动了广告"妙趣横生"的特点。

广告是"智力的表现",它为了达成自己的传播目标,往往都需要"充满活力","洋溢着产业精神",且最好还具有"妙趣横生"的特点,以引起

---

① 〔法〕保尔·芒图:《十八世纪产业革命——英国近代大工业初期概况》,杨人楩、陈希秦、吴绪译,北京,商务印书馆,1983,第 181 页。
② 〔美〕道格拉斯·C. 诺思、罗伯特·托马斯:《西方世界的兴起》,张炳九译,北京,学苑出版社,1988,第 2 页。
③ 〔英〕亚当·斯密:《国民财富的性质和原因的研究》(下),郭大力、王亚南译,北京,商务印书馆,1974,第 30 页。
④ 《马克思恩格斯全集》第 31 卷,北京,人民出版社,1998,第 483 页。
⑤ 一般认为,AIDMA 广告法则最早由罗兰·霍尔(Roland Hall)提出,它在 20 世纪 20 年代的美国广告与营销传播界备受推崇。AIDMA 法则将广告传播引起受众反应的过程划分为前后相贯的五个基本环节——Attention(注意)→ Interest(兴趣)→ Desire(欲望)→ Memory(记忆)→ Action(行动)。参见 Kotaro Sugiyama & Tim Andree, *The Dentsu Way: Secrets of Cross Switch Marketing from World Most Innovative Advertising Agency*, London & New York: McGraw-Hill, 2011, pp. 77-78.

人们的注意。马克思对现代广告的这些基本认识，与现代广告高度讲求创意的要求是完全一致的。而且，他对广告的这些认识，整体来看，是中性的，也与现代广告的本质、承担的功能、发挥的作用，以及实际表现形式等相符。

第二节　恩格斯广告批判思想的阶级分析视角

在广告研究的学术史上，恩格斯最早将阶级分析的视角引入广告批判研究。他从阶级斗争的视角对广告在资本主义生产方式下异化为阶级压迫和阶级奴役工具的现象所开展的揭露和批判，也启发了在他和马克思身后兴起的一大批西方马克思主义者对广告的看法。

考察恩格斯将阶级分析视角引入广告批判研究，要从他在青年时期写的一部重要著作说起。

1842 年 10 月，即将年满 22 岁的恩格斯兵役期满后离开了柏林，回到了他的家乡——巴门。一个月后，恩格斯根据他父亲老弗里德里希·恩格斯的安排，从巴门来到英国的曼彻斯特，成为老恩格斯参股的"欧门—恩格斯公司"的一名办事员。恩格斯在曼彻斯特一直待到 1844 年 8 月。这 21 个月的实习经商生活也为恩格斯了解英国工人阶级生存状况提供了便利条件。其间，恩格斯深入英国工人住宅区进行实地调查，了解英国工人阶级的劳动和生活状况，同时通过各种渠道搜集官方文件和资料并进行认真研究。根据亲自调查和考证的翔实材料，恩格斯写下了调查报告《英国工人阶级状况》。

调查报告以大量生动具体的材料全面展现了工人阶级在资本主义制度下遭受残酷压迫和剥削的悲惨状况，揭示了资本主义生产方式的深刻矛盾，指明了资本家与雇佣工人之间的阶级矛盾的不可调和性。其中，调查报告对当时肆虐英国的虚假广告，尤其是虚假医药广告问题的分析和揭露尤为让人印象深刻。

分析中，恩格斯将虚假医药广告与"社会战争"[①]联系起来，指出这些广告实质上充当了大资产阶级针对工人阶级的一种特殊的"社会谋杀"工具。[②]

从恩格斯在《英国工人阶级状况》中的行文来看，他分析问题的逻辑

---

① 《马克思恩格斯文集》第 1 卷，北京，人民出版社，2009，第 446 页。

② 《马克思恩格斯文集》第 1 卷，北京，人民出版社，2009，第 409 页。

是这样的。首先,虚假广告,尤其是虚假医药广告的泛滥,已经成为当时英国社会生活中的一部分;工人阶级由于生活条件所迫,生了病往往没有能力去正规医院就诊或请正规医生诊治,只得按照虚假医药广告上的宣传,购买和服用劣质药甚至假药治疗。其结果自然可想而知。

其次,虚假广告,特别是虚假医药广告成为英国社会生活中的一部分,表面上看是一些黑心药商和黑心药店的行为,但从根源上讲,是英国的社会制度造成的。是英国的社会制度造成了工人阶级的悲惨生活状况,是英国的社会制度"把工人置于这样一种境地,使他们不能保持健康,不能活得长久","英国社会就这样不停地一点一点地葬送了这些工人的生命,过早地把他们送进坟墓"。① 恩格斯进而论证说:当一个社会明知道虚假广告,特别是虚假医药广告"对工人的健康和生命是多么有害,却一点也不设法来改善这种状况"②;当"社会**知道**它所建立的制度会引起怎样的后果"却对此放任不管,这就不是单纯的"杀人"问题,而是——"谋杀"。③

恩格斯在调查报告中指出,英国工人阶级遭受肉体上的痛苦的一个重要原因,是生了病看不起医生,从而为大量的"江湖医生"和虚假医药广告提供了可乘之机。他写道:

> 英国医生收费很高,工人是出不起这笔费用的。因此,他们只好根本不看病,或者不得不求助于收费低廉的江湖医生,服用那些从长远看来弊大于利的假药。在英国的所有城市都有大批江湖医生在干这种勾当,他们靠广告、招贴以及其他伎俩在贫穷的阶级中招揽顾客。④

因为贫穷,英国工人尽管知道这些"江湖医生"医术低劣,且给他们服用的尽是一些"从长远来看弊大于利的假药",但却不得不冒着健康甚至生命危险接受这些人的诊治,服用其宣传的药物。也正是因为这样,大量的游走于英国各地的"江湖医生"才能够靠着虚假广告、招贴等伎俩骗取工人阶级本就不多的钱财。

在"江湖医生"之外,当时的英国社会中还泛滥着大量的所谓"专利成

---

① 《马克思恩格斯文集》第 1 卷,北京,人民出版社,2009,第 409 页。
② 《马克思恩格斯文集》第 1 卷,北京,人民出版社,2009,第 409 页。
③ 《马克思恩格斯文集》第 1 卷,北京,人民出版社,2009,第 409 页。黑体为原文所加。
④ 《马克思恩格斯文集》第 1 卷,北京,人民出版社,2009,第 417 页。

药"，这些药品都通过广告吹嘘能够包治百病以骗取工人的钱财。其结果自然是工人一方面被骗了钱财，另一方面耽误了治病，损害了身体健康，有的甚至搭上了性命，落得个人财两空。恩格斯写道：

> 此外，还有许多包治百病的所谓专利成药（patent medicines）出卖，什么莫里逊氏丸、帕尔氏生命丸、曼威灵博士丸以及成千种的其他丸药、香精和药膏等等，所有这些药剂都有一个特点，就是能医治世界上的一切疾病。这些药品固然很少含有直接有害的东西，但是经常大量服用，对身体常常是有害的，因为所有的广告都向不明药理的工人宣传说，这些药品怎样吃也不会过量，所以无怪乎工人们不管有没有必要，总是大量吞服这些药品。帕尔氏生命丸的制造者在一星期之内卖出 20 000—25 000 盒这种万应灵药是常有的事，这些丸药有的人用来治便秘，有的人用来治腹泻，有的人用来治热病、虚脱以及各种各样的疾病。正如我们德国的农民喜欢在一定的季节拔火罐或放血一样，英国工人现在喜欢吃专利成药，结果是戕害了自己，同时把自己的钱装进了这些药品制造者的口袋。①

恩格斯特别提到了一种"最有害"的专利成药——"戈弗雷强心剂"。这种药实际上就是一种用鸦片制剂特别是鸦片酊制成的"水药"，对人体有着长期、潜在的危害。但是药商却通过广告和招贴宣传它是一种"强心剂"，不仅能够使孩子安睡，还能使他们强壮起来。这样的宣传很轻易地就能骗取大量在家里干活同时还要照顾自己或别人孩子的妇女们的信任。这些妇女"不知道这种'强心剂'是多么有害，常常是在孩子一生下来就给他们吃这种药，直到孩子们死去为止。孩子的身体对鸦片的作用越迟钝，服用量就越多。如果这种'强心剂'不再起作用，就给孩子吃纯粹的鸦片酊，常常是一次 15—20 滴"②。

至于"戈弗雷强心剂"的制作，恩格斯在调查报告中通过引证诺丁汉的一位验尸官理查·杜加德·格兰杰（Richard Dugard Grainger，1801—1865）向一个政府调查委员会提供的证词予以了揭露："据一个制药者供认，他在一年内为配制'戈弗雷强心剂'使用了 13 公担糖浆。"③大量服用这种药水的孩子会有怎样的后果呢？恩格斯进而写道："他们变得面色苍

① 《马克思恩格斯文集》第 1 卷，北京，人民出版社，2009，第 417 页。
② 《马克思恩格斯文集》第 1 卷，北京，人民出版社，2009，第 417 页。
③ 《马克思恩格斯文集》第 1 卷，北京，人民出版社，2009，第 418 页。

白，精神委靡，身体衰弱，大部分不到两岁就死了。这种药品在英国的一切大城市和工业区里都有很广的销路。"①

19 世纪中叶的英国是当时世界上经济最强大的国家，也是当时世界上广告业最发达的国家。然而，工业资本主义的快速发展在创造了巨大的社会财富的同时，却将财富的创造者——工人——推入了赤贫与水深火热的境地。严重的阶级对立和血腥的"社会战争"不仅体现在政治和经济维度，还延伸到了广告领域。广告已经成为阶级掠夺的新领域。虚假医药广告的泛滥，再加上其他许多恶劣的社会境遇——繁重的工厂劳动、恶劣的居住和卫生条件、饮食和空气污染，等等，致使"工人的身体普遍衰弱"，"在他们中间很少看到强壮的、体格好的和健康的人"。② 结果是，工人们普遍衰弱的身体无力抵抗疾病，他们的结局通常都是"老得快，死得早"③。

在恩格斯看来，英国工人阶级的悲惨境遇客观上可以看作资产阶级发动的针对工人阶级的"社会谋杀"，因为资产阶级作为社会中的支配阶级，作为国家的领导阶级，自然要为社会成员的悲惨境遇负责。而广告，则可以看作这种社会谋杀的帮凶。④

第三节　马克思广告批判思想的三重解读视角

在上一章的研究中我们曾经指出，马克思无论是在早期的政论活动，还是在新闻活动中，都十分重视广告的功能与作用。其中，在政论活动中，马克思主要重视广告的社会沟通和情报作用，在新闻实践中，马克思主要重视广告的经济作用。也正是因为广告的功能与作用表现在多个方面，所以，从对立的层面来看，马克思才会对广告在资本主义社会形态下的种种"社会使用形式"⑤所引发的种种问题持深刻的批判态度。

需要指出的是，马克思的广告批判思想不仅形成时间跨度大，而且内涵也十分丰富，其中既包括他早年和恩格斯投身政论工作和新闻活动期间发表的涉及广告的批判性意见或看法，也包括后期他从事经济学研究期间发表的有关广告的评论和思考。整体来看，对于马克思广告批判

---

① 《马克思恩格斯文集》第 1 卷，北京，人民出版社，2009，第 418 页。
② 《马克思恩格斯文集》第 1 卷，北京，人民出版社，2009，第 418 页。
③ 《马克思恩格斯文集》第 1 卷，北京，人民出版社，2009，第 418 页。
④ 参见王凤翔：《略论马克思、恩格斯的广告批评思想》，《新闻与传播研究》2015 年第 6 期，第 5～19 页。
⑤ 《马克思恩格斯全集》第 44 卷，北京，人民出版社，2001，第 493 页。

思想的解读，大体上可以从三个视角展开，一是新闻学的视角，二是经济学的视角，三是哲学的视角。本节，我们将就这三个视角分别展开讨论。

一、马克思广告批判思想的新闻学解读视角

从新闻学的视角来看，马克思的广告批判思想集中表现在他批判资产阶级反动报刊模糊新闻、言论性社论与广告之间的界线，为了自己不可告人的政治或经济目的阻挠进步新闻出版法令的实施；大搞"报纸受贿"①和刊登广告式"软文"等，扰乱社会视听，混淆思想是非，从而违背媒体伦理，罔顾新闻职业道德的种种做法。

19世纪40年代初，《科隆日报》作为一家"忠顺的机关报刊"②，作为当时德国的主流媒体和温和自由派的喉舌，站在维护莱茵地区资产阶级利益的立场上，对资产阶级民主主义反对派采取打压的姿态。该报于1842年6月28日发表了政治编辑卡尔·亨利希·海尔梅斯（Karl Heinrich Hermes）写的一篇社论，攻击当时马克思参与编辑的《莱茵报》的政治立场，鼓动普鲁士书报检查机关禁止青年黑格尔派在政治报刊上批判普鲁士国家和基督教。③ 海尔梅斯在文中以半是向当局献媚半是告发同行的口吻写道：

> 我们认为，通过报纸传播哲学和宗教观点，或者在报纸上攻击这些观点，都是不能容许的。④

这显然是在影射《莱茵报》等进步报刊，与马克思主张不仅哲学有权利干预现实生活，而且报刊也有权利讨论宗教问题的立场根本对立。对于《科隆日报》这种针对新闻同行的"公开的告密"⑤行为，马克思撰写了著名的《〈科隆日报〉第179号的社论》一文。文中，马克思将《科隆日报》

---

① 《马克思恩格斯全集》第14卷，北京，人民出版社，2013，第266页。
② 《马克思恩格斯全集》第1卷，北京，人民出版社，1995，第967页。
③ 《莱茵报》于1842年1月1日—1843年3月31日在德国科隆发行。该报的创办人为当时莱茵省的一些反对普鲁士专制政体的资产阶级人士，也吸收了一些青年黑格尔分子为报纸撰稿，使得报纸在一定程度上成了青年黑格尔派的喉舌。马克思于1842年4月起开始为《莱茵报》撰稿，同年10月被任命为编辑部成员。在马克思担任编辑期间，报纸日益表现出"明显的革命民主主义"倾向（《马克思恩格斯文集》第2卷，北京，人民出版社，2009，第749～750页）。
④ 《马克思恩格斯全集》第1卷，北京，人民出版社，1995，第208页。
⑤ 《马克思恩格斯全集》第1卷，北京，人民出版社，1995，第1013页。

嘲讽为**"莱茵情报广告报"**①——因为对方经常为了向当局献媚而充当告发同行的"耳目";而将对方这篇社论本身讥讽为"政治产业广告",而且是带有"告密书"色彩的那种"广告"。②

马克思指出,如果说以前的《科隆日报》还能保持"政治"和"广告"之间"恰当的比例"的话,那么,这种比例已因该报社论的"政治产业广告"化而被破坏了。马克思暗示《科隆日报》这篇"政治产业广告"化的社论有可能是收了相关利益集团的"献金",因而他不无讥讽地指出:"如果这种广告是付了钱的,那就径直称为'广告'好了。"③

从马克思这篇文章的字里行间我们还可以了解到,在本应安排社论的位置刊登"广告",这对于《科隆日报》来说早已不是什么新鲜事了,因为该报在那之前还曾多次在"头版头条位置"刊登另一家当地报纸"发行的消息"。④ 而我们知道,在当时的德国乃至整个西欧地区,在别人的报纸上无论是发布新书"出版广告"⑤,还是发布新报纸的"发行广告",抑或是发布报纸编辑部"声明"等,一般来讲都是付费的商业行为,得"按照收费广告办理"⑥。

不仅报纸的新闻与广告之间应该有严格的界线,报纸的言论性社论与广告之间也应该有清晰的界线,这是马克思从事新闻活动期间严格遵循的一条原则。比如,《新莱茵报》正常情况下每天出版4版正刊,其中,广告一般情况下都集中刊登在第4版,第3版偶尔也会刊插广告。在广告与报纸正文之间,采用一粗一细(上粗下细)双黑线条(马克思笼统地称之为"横线")隔开,以示区别。⑦ 而《科隆日报》或者是为了打压和攻击持不同政见的报刊以向当局献媚,或者是出于纯粹的商业目的,让社论沦

---

① 《马克思恩格斯全集》第1卷,北京,人民出版社,1995,第206页。黑体为原文所加。
② 《马克思恩格斯全集》第1卷,北京,人民出版社,1995,第206页。
③ 《马克思恩格斯全集》第1卷,北京,人民出版社,1995,第206页。
④ 《马克思恩格斯全集》第1卷,北京,人民出版社,1995,第1014页。
⑤ 《马克思恩格斯全集》第47卷,北京,人民出版社,2004,第384页。
⑥ 《马克思恩格斯全集》第48卷,北京,人民出版社,2007,第73页。
⑦ 参见本书第八章图8-2和图8-3。《新莱茵报》的这种做法,还曾成功地使之规避了一起可能的司法麻烦。1849年3月2日,莱茵普鲁士第十六步兵团八连两名军士来到马克思在科隆的住处,要求马克思供出该报2月28日第233号上发表的一篇匿名简讯的作者姓名。这篇简讯揭露第十六步兵团第八连上尉冯·乌腾霍芬滥用军队燃料和用军队燃料做投机买卖的事。显然,这样的新闻在我们今天看来应该属于正常的舆论监督。马克思以这篇简讯"登在横线以下",其性质等同于"广告",而报纸主编与"刊登在横线以下的东西……完全没有关系",主编只对报上"签了字的那部分文章负责"为由,拒绝了对方的要求(参见《马克思恩格斯全集》第48卷,北京,人民出版社,2007,第64~66页)。

为"政治产业广告"、让广告占据社论的位置，这种罔顾新闻伦理和职业规范的行为自然会遭到马克思的猛烈抨击。

马克思对一些资产阶级报刊为了自身政治和经济等方面的利益，不惜违背新闻伦理和职业道德，出卖媒体良知等行为的批判是一贯的。而且，他的批判矛头不仅对准德国的报刊，也对准其他国家的报刊，英国的《泰晤士报》就是其中一例。

《泰晤士报》在19世纪四五十年代曾一度自命为"世界新闻界的统治者"和"欧洲所有新闻工作者的保护人"，是英国唯一"值得保存下来的报纸"。① 但该报的种种丑行却为新闻界同行所不齿，更为马克思所不容。

1855年3月26日和6月15日，迫于压力，在英国实行了140余年的报纸广告税和印花税法案先后被议会下院和上院宣布废除。这对于整个新闻业而言本是一件好事，然而，包括《泰晤士报》在内的许多资产阶级报刊却"掀起了一个下流无耻的运动"②，反对取消这两项印花税的新法案。事出反常必有妖。原来，资产阶级报刊反常行为的背后隐藏着自己的私利。

始于1712年的报纸广告税和印花税法案实质上是英国政府通过征税的办法来压制反对派报刊的一种政治和经济手段。"旧的报纸课税制度"③沉重打击了工人阶级的报刊，使得它们中的许多不堪重负而关张，因而在实质上有利于资产阶级报刊。沉重的广告税和印花税使得"少数代表工人阶级利益的周报（当然谈不上日报），只能靠工人的每周捐助来勉强维持其生存"④。对《泰晤士报》等资产阶级报刊的丑陋表现，马克思一针见血地指出，英国的"旧制度"是通过征税来保护资产阶级报刊，同时禁锢以"自由精神"进行创作的无产阶级报刊。⑤

《泰晤士报》的另一项丑行指向"报纸受贿"，即它为了攫取经济上的好处，竟然可以毫无原则地时而攻击某人，时而又发表洗白的"软文"为同一个人进行辩护。关于《泰晤士报》的这一特点，历史上恐怕再没有人比拿破仑的体会更加深切了！据拿破仑的私人医生巴里·爱德华·奥马拉（Barrie Edward O'Meara）披露，《泰晤士报》曾每月从拿破仑的仇敌——波旁王朝——那里收受6000法郎的好处费。作为回报，《泰晤士

---

① 《马克思恩格斯全集》第14卷，北京，人民出版社，2013，第266页。
② 《马克思恩格斯全集》第14卷，北京，人民出版社，2013，第265页。
③ 《马克思恩格斯全集》第14卷，北京，人民出版社，2013，第265页。
④ 《马克思恩格斯全集》第14卷，北京，人民出版社，2013，第265页。
⑤ 《马克思恩格斯全集》第14卷，北京，人民出版社，2013，第265页。

报》"曾坚决主张把它称之为欧洲蛊惑宣传中心的拿破仑交付军事法庭处决"①。更加无耻的是,该报后来在拿破仑被放逐到厄尔巴岛之前,又提出可由后者的团队给报纸"写稿的建议"。②　自然,我们有充足的理由将这样的"稿件"与一种收费的、旨在为拿破仑开脱的辩护性"软文"联系起来。

报刊刊登付费文章,不仅仅是一种商业行为,当文章本身含有不可告人的政治目的的时候,这样的文章就成了一种政治蛊惑。一定意义上讲,付费文章在本质上还是一种广义上的广告行为。对于付费文章这样的广告式"软文",应该将其编排在广告版面或广告栏内,否则就是对公众的欺骗和愚弄。《泰晤士报》的行为与马克思所秉持的"报刊的本质总是真实的和纯洁的"③,它的活动应该符合"自己的高贵天性"④的观点水火不容。《泰晤士报》滥用新闻自由、罔顾媒体伦理和职业规范,为了不可告人的政治或商业目的,大肆刊登广告式软文或软文式广告,必然会遭到马克思无情的揭露和批判。

二、马克思广告批判思想的经济学解读视角

马克思从经济学的视角批判广告,主要是在他后期从事经济学研究期间,这一时期也是马克思著述最为丰富的时期。此外,在一篇时事评论中,马克思还曾考察了广告与资本主义商业投机之间的相互作用。

马克思很早即开始关注经济问题,他对经济问题的关注甚至可以追溯到《莱茵报》时期。正是在《莱茵报》工作期间,马克思遇到了"要对所谓物质利益发表意见的难事"⑤。这成为他研究经济问题的起点。只是后来德国和欧洲革命形势的发展变化,迫使他中断了经济学研究。

1848—1849 年的欧洲大革命失败后,马克思被迫侨居英国,从社会舞台退回书房,得以重拾经济学研究。《资本论》及相关手稿正是在这一时期写成的。

马克思在《资本论》中将资本运动分解为两个阶段——"生产领域"和"流通领域",并分别予以考察;指出在资本运动的过程中,先后存在着三种资本形式,即"货币资本"形式、"生产资本"形式和"商品资本"形

①　《马克思恩格斯全集》第 14 卷,北京,人民出版社,2013,第 267 页。
②　《马克思恩格斯全集》第 14 卷,北京,人民出版社,2013,第 267 页。
③　《马克思恩格斯全集》第 1 卷,北京,人民出版社,1995,第 353 页。
④　《马克思恩格斯全集》第 1 卷,北京,人民出版社,1995,第 192 页。
⑤　《马克思恩格斯文集》第 2 卷,北京,人民出版社,2009,第 588 页。

式。① 我们知道，剩余价值只能在生产阶段产生，流通阶段虽然不产生剩余价值，但它却是剩余价值生产必不可少的条件。因为剩余价值"只是在流通过程中才得到实现"②。由于流通阶段占用的资本并不产生剩余价值，因此，想方设法缩短流通时间，便成了资本普遍的要求。"流通时间越等于零或近于零，资本的职能就越大，资本的生产效率就越高，它的自行增殖就越大。"③为了缩短流通时间，加快流通过程，资本自然而然地将目光投向了营销（广告）。

广告在商品流通领域表现得最为活跃，因而，一般来讲，广告费用是包含在"商业流通费用"之中的。商业流通费用，按照马克思的理解，指的是这样一些费用，它们是"为了实现商品的价值，使之由商品转化为货币或由货币转化为商品，对商品交换起中介作用所必需的"④费用。正是在分析商业流通费用的构成时，马克思首次提到了"营销"费用的问题，并指出"营销"费用是包含在商业流通费用之中的。"我们在这里考察的费用，是指买和卖方面的费用。……这种费用归结为计算、簿记、营销⑤、通讯等方面的开支。"⑥马克思指出，商业流通费用"不加入直接的生产过程，但是加入流通过程，因而加入再生产的总过程"⑦。马克思这里虽然没有明确提及广告，但是，营销包含了广告是现代营销学和广告学界普遍的认识，广告本质上是一种营销传播。又由于在马克思生活的时代，现代营销传播中的一些复杂工具如公共关系、活动营销、借势营销等都还没有成型，甚至连概念都还没有，营销的主要手段即为广告，因此可以认为，这里的"营销"基本上就是广告的代名词。

可见，马克思认为"营销"（广告）是资本主义商业流通的一个有机组成部分，其功能与作用就在于促进商品交换，推动商品转化为货币（卖），或是推动货币转化为商品（买）。很显然，这里是广告的主要用武之地，广告的基础作用就在于它能帮助卖方寻找到己方商品"吸引金的地方"，

---

① 《马克思恩格斯全集》第 45 卷，北京，人民出版社，2003，第 60～63、138 页。

② 《马克思恩格斯全集》第 46 卷，北京，人民出版社，2003，第 51 页。

③ 《马克思恩格斯全集》第 45 卷，北京，人民出版社，2003，第 142 页。

④ 《马克思恩格斯全集》第 46 卷，北京，人民出版社，2003，第 321 页。

⑤ 在《马克思恩格斯全集》中文第 2 版第 46 卷中，这里对应的译文为"市场"。笔者查阅了英文版的《资本论》，发现这个词对应的英译为"marketing"。显然，正确的译文应该是"营销"。在营销学和广告学中，营销都是一个重要概念，广告本身即是一种营销传播工具，广告费用也包含于营销传播费用之中。参见 Karl Marx, *Capital: A Critique of Political Economy*, New York: International Publishers, 1894, p. 199.

⑥ 《马克思恩格斯全集》第 46 卷，北京，人民出版社，2003，第 322 页。引用时有改动。

⑦ 《马克思恩格斯全集》第 46 卷，北京，人民出版社，2003，第 322 页。

推动其实现"惊险的跳跃"①。如果说马克思写作《资本论》及手稿是为了批判资本、批判资本逻辑②、批判资本主义社会形式,那么广告服务于资本主义商业流通,继而服务于资本流通和资本周转,也应该是资本逻辑批判的题中应有之义。

除了在宏观层面将营销(广告)置入商业流通领域,考察其如何服务于整体的资本流通进而服务于资本逻辑之外,马克思还在一篇与恩格斯合写的"时评"③中,考察了广告被运用于资本主义商业投机引发严重商业危机的问题。

经济史的研究表明,资本主义工业循环存在着周期变换的规律,这种规律本身,在现象层面表现为经济活动"按照中常活跃、繁荣、生产过剩、危机、停滞这几个时期的顺序而不断地转换"④。在缺乏宏观国家干预的条件下,工商业的繁荣极易造成生产过剩;这时,商业投机就会出现。投机虽然一方面可以暂时缓解生产过剩的压力,但它在另一方面却又加快了经济危机的来临。

英国在经历了长达 6 年之久的经济萧条之后,终于在 1843—1845 年迎来了工商业的繁荣期。但是好景不长,经济繁荣很快就造成生产过剩,从而引发了市场上的投机风潮。投机风潮先是在棉纺织业出现,后又迅速蔓延到铁路建设领域。统计资料显示,仅在 1845 年一年,英国国内登记成立铁路公司的申请书就多达 1035 份。1847 年,英国政府向这些铁路投资公司收取的保证金超过 4200 万英镑,其中包括国内的 3600 万英镑和国外的 550 万英镑。⑤

1845 年夏秋两季迎来英国铁路系统投机活动的高潮,大量社会资金

---

① 《马克思恩格斯全集》第 31 卷,北京,人民出版社,1998,第 483 页。

② 这里是在马克思主义哲学的层面使用"资本逻辑"这一概念。当代的马克思主义哲学研究界区分了历史唯物主义思想中的两条理论主线——"生产逻辑"和"资本逻辑"。前者反映了唯物史观的理论主线——物质资料的生产对于人类社会的存续而言具有"永恒的自然必然性";后者则是马克思考察资本主义社会形式的主导逻辑,是一个有待扬弃的逻辑。有关历史唯物主义的双重逻辑特别是对资本逻辑的分析,参见仰海峰:《〈资本论〉的哲学》,北京,北京师范大学出版社,2017。

③ 即《时评.1850 年 5—10 月》。据考证,这篇时评写于 1850 年 10 月—11 月 1 日,最早发表于 1850 年 5—10 月《新莱茵报.政治经济评论》第 5—6 期合刊上。由于时评的主要段落是根据马克思写于 1850 年 9—10 月的三个笔记本(这三个笔记本摘录了包括戴·莫·伊文思[David Morier Evans]《1847—1848 年商业危机》等三份有关经济问题的分析材料)写成的,因而可以认为:马克思是该文的主要作者。参见《马克思恩格斯全集》第 10 卷,北京,人民出版社,1998,第 818 页。

④ 《马克思恩格斯全集》第 44 卷,北京,人民出版社,2001,第 522 页。

⑤ 《马克思恩格斯全集》第 10 卷,北京,人民出版社,1998,第 576 页。

流入铁路股票市场，导致铁路股票价格持续上涨。

> 公爵和伯爵跟商人和厂主争相参加有利可图的各铁路线的董事会。下院议员、法官和神父也广泛参加这些董事会。即使只有一点点储蓄的人，即使只能弄到一点点贷款的人，都干起了铁路股票的投机。①

铁路投资市场的"繁荣"也带动了与铁路相关的传媒业的扩张。一时间，投资"铁路报纸"成了传媒业的"新风口"。截至 1845 年年底，英国国内与铁路有关的报纸数量迅速由原来的 3 家增加到 20 多家。广告商也纷纷看好铁路报纸，大量的广告经费流入铁路报刊，使得凡是跟铁路有关的报刊都赚了个盆满钵满。相关资料显示，这一时期，"一些大的日报常常在一周之内就能收入 14000 英镑的铁路广告费"②。

另外，与报纸和广告相关的周边行业也迅速发展起来，"承制广告、设计图和地图等的印刷商、石印商、装订商和纸张商等和为雨后春笋般建立起来的许多新的董事会和临时委员会等的办公室承制家具的家具商都赚了大笔的钱"③。

总之，一方面，铁路行业的繁荣引发了投机铁路建设的风潮，造成大量社会资金流入铁路行业。"由于英国和大陆的铁路系统确实有了发展并且产生了投机，这个时期逐渐形成了……投机取巧风气。"④投机之风盛行之下，许多个人或机构甚至不惜大量举债购买铁路股票，这给整个国家的经济和社会稳定造成了极大的隐患。另一方面，大量的广告费流向铁路报刊以及与广告承制、设计、装订等业务相关的周边行业，从而也大大助长了投机之风，推高了国家的经济风险，这必然会造成铁路经济乃至整个国民经济的泡沫化。随后，因长时间"铁路危机"而引发的波及巴黎、汉堡、法兰克福、阿姆斯特丹等地的股市暴跌在资本主义世界产生了持久的震荡。"铁路危机"一直持续到 1848 年秋；另外，"由于在投机的其他领域中，如工商业中，也爆发了危机，致使铁路危机更加尖锐了"⑤。

---

① 《马克思恩格斯全集》第 10 卷，北京，人民出版社，1998，第 576 页。
② 《马克思恩格斯全集》第 10 卷，北京，人民出版社，1998，第 576 页。
③ 《马克思恩格斯全集》第 10 卷，北京，人民出版社，1998，第 576 页。
④ 《马克思恩格斯全集》第 10 卷，北京，人民出版社，1998，第 576 页。
⑤ 《马克思恩格斯全集》第 10 卷，北京，人民出版社，1998，第 577 页。

三、马克思广告批判思想的哲学解读视角

马克思的经济学思想在其形成过程中，始终都伴随着他的哲学思想的影响，这从他早期写就的《1844 年经济学哲学手稿》即可见一斑。《1844 年经济学哲学手稿》中提出的"异化劳动"等概念不仅是经济学概念，也是哲学概念。此外，《1844 年经济学哲学手稿》中对劳动本体论思想的初步阐释，对资本主义私有制生产给整个人类带来的灾难性后果的分析，以及对共产主义观点的初步阐述，等等，都已超越了经济学的范畴而延伸到了哲学层面。同样，在《资本论》中，马克思在分析经济问题时，往往都会插入大段的哲学思辨，这也反映出他强大深邃的经济问题哲学化思考能力。也正是因为这一点，看似不起眼的一条对广告的"资本主义应用"案例的分析，在马克思那里却总能闪烁出深邃的哲学思想光辉，映射出马克思哲学对人的终极关怀。

需要指出的是，马克思在哲学层面对广告开展的批判，始终都与广告在资本主义社会形式下所发生的功能异化有关，而广告的这种功能异化又与人、与人的本质自由紧密关联。

广告，本质上是一种物质信息沟通形式，其基础功能就在于消除买者与卖者之间的信息不对称。广告的这种基础功能在资本主义以前的各种社会形式中，具有一致的表现。但自从"世界历史"进入资本主义时代之后，广告的这一基础功能尽管依然存在，但其却为新的功能所掩蔽。广告的这种新功能，就是阶级压迫和阶级奴役——这是一种只在资本主义社会形式中才得以全面彰显出来的蒙罩在广告身上的"普照的光"和"特殊的以太"。[①]

这一切，都与资本主义社会形式下资本逻辑对广告逻辑的统摄有关。资本逻辑作为资本主义社会中的主导逻辑，必然地会要求物质生产和社会关系再生产中的各个要素都服从和服务于它的需要，即服从和服务于资本增殖的需要。广告作为一种能促进商品流通、加快资本周转、推动剩余价值快速实现的重要工具，自然也不会例外。而在资本主义生产条件下，剩余价值实现得越多，意味着资本对工人的压榨和剥削就越多。

即使是在具体的应用层面，广告在它的一些"资本主义应用"形式中也存在着针对无产阶级的阶级压迫和阶级奴役问题。对此，马克思深恶痛绝。以下举两例以资说明。

---

① 《马克思恩格斯全集》第 30 卷，北京，人民出版社，1995，第 48 页。

众所周知，招聘广告是现代广告中除商品广告之外的另一个重要形式。可是，在资本主义早期野蛮竞争的时代，招聘广告曾一度明目张胆地将招聘对象锁定在"外表看上去在 13 岁以上"的童工，不得不说这折射出了资本的残暴和毫无人性！

一位名叫亚历山大·雷德格雷夫（Alexander Redgrave）的英国工厂视察员，在一份由其起草，落款日期为 1858 年 10 月 31 日的《工厂视察员报告》中就提供了这样一则童工招聘广告材料：

> 在我的管区的一个最重要的工业城市里，地方报纸的一条广告引起了我的注意，广告写道：**兹征求 12—20 名少年，外貌要 13 岁以上**。工资每周 4 先令。报名处……①

之所以要着重强调广告文案中的第一句话，按照马克思的解释，是因为根据当时英国工厂法的规定，不满 13 岁的儿童每天的劳动时间不得超过 6 小时。儿童的年龄还要求有合格医生的证明。因此，英国的工厂主们普遍青睐外表看上去比实际年龄要大的"长相老成"的儿童，因为这样就可以不受 6 小时工作时间的限制，从而增加儿童的实际劳动时间——最终目的是获得比竞争对手更多的剩余劳动时间乃至剩余价值量。

资本家想从工人身上榨取最大化的剩余劳动时间，这表面上看是一个经济问题，但实质上却是一个深刻的社会学乃至哲学问题。机器化大生产中紧张繁重的劳动，一方面严重摧残了儿童的身心健康，另一方面也给工人带来了严重的家庭问题，进而导致严重的社会问题。很多工人父母受生活所迫，不得已将自己年纪尚幼的孩子送去工厂，听受资本家的摆布，听受资本的剥削。"资本购买未成年人或半成年人。"②在资本逻辑的裹挟之下，工人父母开始"贩卖"自己的孩子，丈夫"贩卖"自己的妻子和子女——他们都成了"**奴隶贩卖者**"③。难怪马克思愤慨地写道："对儿童劳动的需求，在形式上也往往同美国报纸广告上常见的对黑奴的需求相似。"④

在资本逻辑统摄之下，广告不仅可以被用来招聘童工，还能被用来"拍卖"童工。这是马克思所深切痛恨的广告的另一种资本主义使用形式。

---

① 《马克思恩格斯全集》第 42 卷，北京，人民出版社，2016，第 408 页。黑体为原文所加。
② 《马克思恩格斯全集》第 42 卷，北京，人民出版社，2016，第 408 页。
③ 《马克思恩格斯全集》第 42 卷，北京，人民出版社，2016，第 408 页。黑体为原文所加。
④ 《马克思恩格斯全集》第 42 卷，北京，人民出版社，2016，第 408 页。

1815 年，英国议会议员、辉格党人弗兰西斯·霍纳（Francis Horner）有一次在议会下院作证时，无意中提供了一则广告被用来"拍卖"儿童的案件，为我们揭开了在资本积累初期，广告逻辑屈从于资本逻辑的另一种丑恶表现。霍纳作证说：

> 大家都知道，有一帮工厂儿童（如果可以这样说的话）被列为一个破产者的财产的一部分，同他的动产一起公开登广告拍卖，并且卖掉了。①

这里，广告被公开用于"拍卖"人口！广告的这种"资本主义应用"形式难道不是它在资本主义社会形式下异化为阶级压迫和阶级奴役工具的铁证吗？甚至连身为资产者的议会议员霍纳都对此感到愤慨。当然，像拍卖奴隶一样拍卖"工厂儿童"现象的社会根源不可能在广告本身之中找到，而要到资本主义社会制度和这种社会制度的主导逻辑——资本逻辑中去寻找。因为，正如霍纳在作证时提供的另一个案件所揭示的那样，在资本逻辑的统摄之下，甚至连教会都参与到贩卖"工厂儿童"的卑鄙勾当中。霍纳在提及这一"更令人愤慨的"案件时说：

> 几年前，伦敦某一教区和兰开夏郡一个工厂主签订了一项合同，规定这个工厂主每购买 20 个健全的儿童，必须购买一个白痴。②

资本主义机器化大生产一方面推动人类社会生产力迈上了前所未有的高度，另一方面却又将人这一近现代哲学所公认的"主体"降格到了"死机构"的水平之下，使人作为"活的附属物"被并入"死机构"③，从而沦为资本的附庸，沦为资本的奴隶。资本逻辑在使人的劳动与人相异化从而使人"非人化"④的同时，也使广告成了资本家针对工人阶级的一种阶级压迫和阶级奴役的工具。这是广告在资本主义社会形式下发生功能异化的深层次原因，也是马克思广告批判思想的最深刻之处。

---

① 《马克思恩格斯全集》第 44 卷，北京，人民出版社，2001，第 869 页。
② 《马克思恩格斯全集》第 44 卷，北京，人民出版社，2001，第 869 页。
③ 《马克思恩格斯全集》第 42 卷，北京，人民出版社，2016，第 437 页。
④ 《马克思恩格斯全集》第 47 卷，北京，人民出版社，2004，第 58 页。

四、对马克思广告批判思想的进一步思考与解读

马克思的广告批判思想是在特定的社会历史条件下形成的，因此，我们对其的解读必定不能脱离具体的历史语境。

首先，从社会的层面来看，19世纪40年代之后的四十年是资本主义世界阶级矛盾不断激化的时期。在动荡的历史时期，不同的阶级——工人阶级、资产阶级、地主阶级和封建贵族阶级等，都需要借助媒体发表自己的意见，传播自己的声音，伸张和维护本阶级的利益。在这些阶级中，资产阶级、地主阶级和封建贵族阶级可整体上被归入"守成阶级"，是"治人者"，他们与新兴的"治于人者"即无产阶级之间的矛盾不断激化。其中，资产阶级和无产阶级之间的矛盾又构成了当时社会的主要矛盾。反映在传播领域，就是"守成阶级"，特别是其中的资产阶级，利用各种可能的手段遏制和打压新兴的无产阶级的声音。因此，从新闻学的视角看，马克思批判资产阶级反动报刊刻意模糊新闻、社论与广告之间的界线，让社论"政治产业广告"化，大搞"报纸受贿"和刊登广告式"软文"，凡此种种违反基本媒体伦理、罔顾新闻职业道德的现象，一定程度上是当时社会矛盾的反映。

其次，从经济的层面来看，19世纪40年代以降是资本主义机器大工业生产快速发展的时期，也是资本主义由自由竞争阶段向垄断阶段过渡的关键时期。生产的社会化和生产资料的资本家私人占有这一对矛盾的存在是社会生产无序化的根本原因，同时也是资本主义经济活动规律性地按照活跃、繁荣、过剩、危机和停滞的顺序不断转换的根本原因。繁荣引发过剩，过剩引发投机。这时，广告与投机便产生了交集。无论是生产领域的投机行为，还是流通领域的投机行为，其中都可以见到广告的身影。广告与投机的结合，进一步加深了社会矛盾，加快了经济危机的来临。而在宏观的层面，马克思则是将营销（广告）作为资本主义商业流通领域的一个要素来看待的。营销（广告）的基本功能与作用就在于：它能够帮助商品实现"惊险一跃"，从而实现商品资本向货币资本的转换，加快剩余价值的积累。这是广告逻辑服务于资本逻辑所产生的必然结果。

最后，从文化的层面来看，我们发现，从1846年《德意志意识形态》完成，到1848年《共产党宣言》诞生，无产阶级的哲学——历史唯物主义——最终确立并开始逐渐"掌握群众"从而变成"物质力量"①，无产阶

---

① 《马克思恩格斯文集》第1卷，北京，人民出版社，2009，第11页。

级的阶级意识逐渐形成。历史唯物主义也成为指导马克思写作《资本论》及手稿的纲领思想。他在《资本论》中对资本利用童工广告的形式加大对工人阶级剥削的批判正是站在唯物史观的根基之上，站在人的自由与全面解放的共产主义视角，对广告的这种残暴无耻的资本主义使用形式开展的批判，体现了马克思主义哲学深厚的人道主义关怀。因此，我们可以说，马克思对广告服务于资本主义生产和资本主义商业流通的批判，从根本上说，是从属于他对资本逻辑的批判的。

在当代，马克思的广告批判思想依然具有很强的理论价值和实践指导意义。

首先，在理论的维度，我们发现广告批判只不过是马克思整体广告思想的一个组成部分，绝非全部。广告只是一种营销传播工具，而工具本身是无所谓对错的。马克思本人当年也曾提醒人们，要把工具和工具的资本主义应用区别开来。① 这对于广告也完全适用。广告作为一种实用有效的信息沟通形式，无论是在人类的物质交往中，还是在人类的精神交往中，都不可或缺。广告在本质上具有沟通社会有无、增进整体社会福祉的功能与作用。因此，社会主义国家建立后，必须大力发展广告业，以促进社会性的物质交换和经济发展，改善人民的生活，推动社会生产力不断发展。

其次，在实践的维度，马克思批判广告的种种资本主义使用形式，又给予我们以下几点重要启示。

第一，资本主义社会形势下，新闻媒体唯利是图引发的种种违背新闻伦理的现象，从根本来看，是新闻媒体的生产资料私人占有造成的。因此，我们必须坚持社会主义办媒体的方针，坚持马克思主义的新闻伦理观，杜绝任何形式的有偿新闻和新闻广告化、广告新闻化现象，营造风清气正的新闻业和新闻界。

第二，必须坚持广告服务中国特色社会主义经济建设的基本原则，坚决制止任何广告扰乱社会主义市场秩序、助推行业垄断和商业投机、破坏公平竞争的现象和行为，确保社会主义广告业始终在合法、有序、良性竞争的轨道上运行。

第三，从文化的层面看，要更加重视和发挥好广告服务社会主义精神文明建设的功能与作用。社会主义中国是人民当家作主的国家，因此，马克思当年从阶级斗争的角度对广告所做的种种批判，与我们今天的社

---

① 《马克思恩格斯全集》第 44 卷，北京，人民出版社，2001，第 493 页。

会实际之间可能存在着较大的语境落差。但是，马克思对广告在文化层面作用的重视却并没有过时。

当代中国的广告一方面应该首先致力于引导公民树立正确的消费观，自觉抵制西方的物质主义、拜金主义和消费主义思潮；另一方面需要自觉传播主流文化，自觉抵制"三俗"文化现象对社会的污染和腐蚀，为营造健康积极向上的社会主义消费文化做出贡献。以这样的视角来看待习近平在全国新闻舆论工作座谈会上提出的"广告宣传也要讲导向"①的要求，我们就能够更加明确新时代中国广告的使命和担当。

总之，马克思的广告批判思想的形成有着特殊的社会和历史背景，其内涵十分丰富。马克思的广告批判思想的深刻性和复杂性一方面表现在它是辩证的和唯物的，另一方面又表现在它是多维度、多面向的，因而对其解读的视角也应是多学科、多层面的。马克思的广告批判思想是马克思思想的有机组成部分，对其进行梳理和研究既是新时期广告研究和马克思主义新闻观研究的一个共同领域，也是拓展和深化马克思思想研究的内在要求。马克思的广告批判思想在当代依然具有很强的理论价值和实践指导意义。

本章小结

本章，我们重点讨论了马克思、恩格斯的广告批判思想，从而在上一章研究的基础上，达成较为完整地展现两位马克思主义创始人的广告思想的目标。

马克思、恩格斯的广告批判思想是一个复杂的统一体。说它复杂，是因为他们的广告思想中既包含了对广告的"肯定性认识"，也包含了对广告的"否定性认识"；同时，他们（尤其是马克思）对广告的批判涉及多学科、多维度、多层面，需要我们回到具体的历史语境中仔细辨析、细心求证。谓其是一个统一体，是因为马克思、恩格斯对广告的正反两方面看法又统一于他们的哲学思想——历史唯物主义。

在上一章的研究中，我们曾经指出马克思、恩格斯早年在政论活动和新闻实践中十分重视广告的沟通和经济作用，这反映了唯物主义者的可贵品质。在政论活动中，思想的传播、观点的交锋需要一定的物质载体，这个物质载体，在马克思、恩格斯生活的时代，主要就是报刊。马

---

① 习近平：《论党的宣传思想工作》，北京，中央文献出版社，2020，第186页。

克思、恩格斯重视通过广告推广自己创办的报刊或与自己关系密切的报刊，体现了他们强烈的"阵地"和"堡垒"意识。马克思、恩格斯也重视通过广告推广自己的新作，重视通过广告了解文坛和论坛上的最新动向，特别是论敌的新书出版广告。这些都体现出他们关注现实、立足现实，将他们的理论建立在现实基础之上的唯物主义思想。

至于他们在具体的办报办刊活动中重视广告的经济作用，就更加体现了他们的唯物主义思想。关于这一点，马克思关于光靠"精神资本"办不了报纸的观点不仅朴实无华，而且发人深思。

马克思、恩格斯的广告批判思想同样体现了他们的唯物主义哲学思想。广告的作用不仅体现在经济层面，也体现在文化层面。这两方面，在马克思对广告的一般认识中都有着鲜明的体现。恩格斯从阶级斗争的视角出发，将19世纪40年代中期泛滥于英国社会的虚假广告，尤其是虚假医药广告看作资产阶级发动的针对无产阶级的"社会战争"，也包含了对广告的经济作用和文化作用两方面的考虑。

马克思的广告批判思想同样体现在经济和文化两个维度，这与他对资本逻辑的批判路径是一脉相承的。在资本主义生产方式下，广告逻辑服从和服务于资本逻辑是必然的。因此，资本对无产阶级的剥削和压迫一定会反映到广告中来。广告服务于资本和资本逻辑的经济需要，是其首要的也是基础性的作用，但正如马克思、恩格斯在《德意志意识形态》中所指出的那样，一个在社会经济上占支配地位的阶级，在文化领域一定也是主导性的。对马克思的广告批判思想的新闻学解读和哲学解读恰恰体现了这一点。

总之，马克思、恩格斯的广告批判思想不仅深刻，而且复杂，他们的广告批判思想与他们的新闻学思想、经济学思想乃至哲学思想之间有着复杂的关联性。马克思、恩格斯的广告批判思想统一于历史唯物主义。对马克思、恩格斯广告批判思想的梳理和研究，对于广告研究，特别是广告批判研究而言，具有基础性的重要意义。

第十章　列宁苏俄时期广告思想的唯物史观考察

本章，我们将从唯物史观出发，考察列宁在苏俄时期对广告认识的前后变化。这种发生在思想领域的变化，在实践层面，则表现为列宁在这一时期制定的广告政策的发展变化。

作为第一个社会主义国家的开国领导人，列宁在俄罗斯苏维埃联邦社会主义共和国（以下简称"苏俄"）建立后，直至 1924 年 1 月逝世这段时期对广告认识的发展变化，集中体现了社会主义国家初建时对广告认识的矛盾性。这种矛盾性主要体现在两个方面。一方面，现代广告作为资本主义商品经济大发展的产物，在新生的社会主义国家中很容易被认定为"资本主义的罪恶之一"①，从而导致在意识形态领域形成对广告的猛烈批判和否定。另一方面，经济基础决定上层建筑的唯物史观法则又必然决定了社会主义国家建立后或迟或早都会把发展经济作为首要工作，而广告作为一种必要的商业信息流通方式，对于发展经济是必要的。对比来看，前一种情况恰恰反映了对资本逻辑所统摄的广告的否定，后一种情况则反映了对生产逻辑统摄之下的广告的肯定。

上述两方面在列宁苏俄时期的广告思想中都有所体现，从而构成了列宁对广告的认识的矛盾性。这种发生在社会主义国家建立初期的对广告的矛盾看法在新中国成立后的相当长一段时期内同样存在。因此，对列宁苏俄时期的广告思想进行梳理和研究，对于我们构建基于唯物史观的广告批判理论有着重要的借鉴意义。

第一节　列宁苏俄时期广告思想概貌及"十月革命"前的俄国新闻出版与广告业

在本节，我们将首先对列宁在苏俄时期的广告思想做一个粗略式的描述，并在此基础上引出对"十月革命"前的俄国新闻出版与广告业的考察。

---

① Alexander Repiev, "A Glimpse of Russia's Advertising and Marketing,"（2011-10-01）[2021-06-11]，http：//www. repiev. ru/doc/Russian-Advertising. pdf.

一、列宁苏俄时期广告思想概貌

苏维埃俄国建立后，列宁对广告功能与作用的认识出现过波折和变化。从十月革命胜利至"战时共产主义"时期，列宁主要是将广告视作工具，通过广告与资产阶级控制的"反革命报刊"①开展斗争。"国家垄断广告"政策是这一时期列宁对广告的认识在国家政策层面的具体体现。这一系列违背经济发展规律的政策和做法在后来的战时共产主义时期发展到了极致，致使商业广告在苏俄国内基本消失，国家经济难以发展，迫使苏俄转而于 1921 年春实施"新经济政策"。

在新经济政策时期，国内国际环境的变化，特别是战时共产主义政策的碰壁，迫使列宁重新思考经济建设和广告问题。这一时期由于在一定程度上恢复了商品生产和自由交换，苏俄国内的广告市场重现活力，广告获得了短暂的快速发展。列宁这时也恢复了对广告作用的一般认识——一种市场必需的商品信息流通手段。他不仅鼓励党报党刊刊登广告，也允许私营报刊刊登广告；社会主义经济建设呈现出一派新气象。

由于苏俄时期列宁的广告思想零散地分布于他在这段时期的不同阶段、不同场合针对广告所发表的谈话、制定的政策，以及所采取的行动等多个维度，因此，研究列宁的广告思想，需要从梳理和分析他的这些论述、谈话和政策等入手，以期从这些零散的材料中勾勒出他对广告的认识的发展演变轨迹。

不过，由于列宁对广告的认识的形成有着十分复杂的社会和历史动因，因此，在具体分析他的广告思想之前，还需要我们进一步拉长视野，考察"十月革命"以前，19、20 世纪之交的俄国新闻出版与广告业。

二、"十月革命"前的俄国新闻出版与广告业

不了解"十月革命"以前俄国广告业的发达，就很难理解列宁为什么对广告问题高度重视，甚至将其上升到阶级斗争的高度。

相关研究显示，在 1917 年以前的数十年间，俄国发展出了一个高度发达的报刊与广告市场。这主要得益于 1863 年沙皇俄国政府废除了对报刊刊登商业广告的限制。在 19 世纪的最后三十多年，自由资本主义的发展推动了俄罗斯新闻出版和广告业的繁荣。许多大众报纸如《呼声报》(Голос)、《圣彼得堡小报》(Петербургский листок)、《莫斯科快报》(Московский Листок) 等

---

① 《列宁全集》第 30 卷，北京，人民出版社，2017，第 324 页。

很受读者欢迎，大量刊登广告。① 与此同时，许多城市还涌现出众多商业促销类报刊，其中有名的有《商业快报》（*Коммерческий Листок*）、《贸易通讯》（*Торговый бюллетень*）、《下诺夫哥罗德展销会》（*Нижегородская ярмарка*）、《商务快讯》（*Деловой будильник*），以及《经纪人》（*комиссионер*）等。这些商业报刊主要刊登商品和服务信息，用词花哨，且善于运用韵文进行推销。②

有研究者认为："至 19 世纪末，俄国已经形成了一个集中化且具竞争性的报纸市场。"③而且，这一市场逐渐分成了两个层级：一是"都市类"（metropolitan）报纸，二是"地方性"（provincial）报纸。后者主要是一些面向农村的日报。此外还有数量众多的图文并茂的杂志——如知名的《火花》（*Искры*）和《麦田》（*Нива*），且这两本杂志都大量刊登商业广告。其中，《麦田》1894 年一期的一页中竟刊登了多达 13 种商品的广告，这些商品涉及木椅、自行车、打字机、留声机、水滤器、婴儿洋甘菊皂、女士美容美肤用品等（图 10-1）。

图 10-1　《麦田》（*Нива*）杂志 1894 年第 28 期中的广告插页

---

①　V. V. Uchenova & N. V. Starikh, *History, Childhood and Adolescence of Advertising*, Moscow: Smisl, 1994.

②　V. V. Usov & E. V. Vas'kin, *The Magic World of Advertising*, Moscow: Moscow Worker, 1982.

③　M. Y. Sheresheva & A. A. Antonov-Ovseenko, "Advertising in Russian Periodicals at the Turn of the Communist Era," in *Journal of Historical Research in Marketing*, 2015, 7(2), pp. 165-183.

　　这些都表明，19 世纪末 20 世纪初，"俄国新闻出版市场已经形成了一个发展良好的广告系统。俄国的新闻业可以视作由广告支撑起的印刷传媒业的实例"①。

　　即使是到了 1917 年，俄国的报刊和广告行业依然发达。谢瑞舍娃和安东诺夫-奥夫辛科曾对这一年春季至秋季的报刊广告进行过统计分析。结果显示，1917 年的广告商品和服务主要包括：商业演出和马戏表演类广告、药品广告、医疗服务广告、培训类广告、房屋租售广告、马车配件广告、香烟广告，以及银行财务声明等。② 研究同时显示，从 1917 年上半年开始，俄国报刊上的政治性文章与报告、政治讲演与集会等内容开始大幅度增加。这是革命风暴来临前的征兆(图 10-2)。

图 10-2　亲孟什维克报纸《日报》(*День*)1917 年 8 月 1 日号中的一版。其中，推销保险的广告、报纸征订广告、演出广告与有关"俄国中小制造商大会"的文章以及政治讲演文章同框。

　　广告业的发达总是与传媒业的发达相生相伴。19 世纪末 20 世纪初，发达的资产阶级商业报刊和发达的商业广告市场预示着资产阶级的崛起。1917 年的"二月革命"推翻了沙皇俄国的封建专制，一个资本主义俄国似乎已呼之欲出。然而，短短几个月后，"十月革命"便让短命的资产阶级

①　M. Y. Sheresheva & A. A. Antonov-Ovseenko, "Advertising in Russian Periodicals at the Turn of the Communist Era," in *Journal of Historical Research in Marketing*，2015，7 (2)，pp. 165-183.

②　M. Y. Sheresheva & A. A. Antonov-Ovseenko, "Advertising in Russian Periodicals at the Turn of the Communist Era," in *Journal of Historical Research in Marketing*，2015，7 (2)，pp. 165-183.

"临时政府"成为历史，同时宣告了世界上第一个无产阶级专政国家的成立。

"十月革命"虽然建立起了无产阶级政权，但俄国国内发达的资产阶级出版市场和广告行业仍然客观存在着。凭借对报刊和广告的控制，资产阶级仍然控制着意识形态斗争的主动权。因此，很显然，尽快"控制信息领域是消除丧失其他组织和政治成果之高风险的唯一办法"[①]。这是形成列宁苏俄时期广告思想的重要历史土壤。

第二节　列宁"十月革命"前后的广告思想

"十月革命"胜利后，新生的社会主义苏俄政权面临着来自各个领域的挑战，其中，意识形态领域的挑战尤为严峻。革命虽然取得了胜利，但资产阶级的势力依然十分强大，他们不仅控制着国家的经济命脉，还控制着当时国内绝大部分报刊和广告业务，从而牢牢把持着思想和舆论斗争领域。这对新政权是极其不利的。列宁此时的新闻和广告思想正是在这样的现实条件下形成的。

其中，关于广告，列宁在这一时期的论述较多，核心的思想是通过行政手段——只在必要时才借助强制力——将广告资源从资产阶级报刊的手中"夺"过来，使之流向无产阶级所控制的报刊。

一、发现广告的斗争作用

1917 年，在从"二月革命"到"十月革命"的半年多时间内，俄国国内的斗争形势异常复杂尖锐，列宁领导的布尔什维克一面要与资产阶级反动派作斗争，一面又要同"革命民主派"内部的孟什维克和社会革命党中的机会主义路线作斗争。后两者当时在苏维埃政权中占多数，列宁笼统地称其为"执政党"。

孟什维克当时有一份重要的日报——《工人报》。该报对当时俄国国内反革命报刊到处动员、大肆活动的迹象有所察觉，但却拿不出斗争的策略，更不知道应该从何处着手开展斗争。倒是列宁本人及时、敏锐地发现了问题的症结所在——反革命报刊的强大相当大程度上是由于它们对广告资源的控制，而革命民主派报刊对广告的认识普遍不到位，重视

---

① A. A. Antonov-Ovseenko, "The Legal Framework Limits Freedom of the Press on the Eve of Revolutionary Change in Russia in 1917," in *Mass Media*, Tver State University, Tver, 2013, vol. 13, no. 1, pp. 14-22.

程度更是不够。针对这一问题，列宁在俄历1917年6月17日（公历6月30日）发表于《真理报》第84号上的《怎样同反革命作斗争》一文中，对革命民主派提出了批评。他写道：

> 先生们，你们不是执政党吗？你们采取了什么办法来管束这种下流的反革命报刊呢？既然你们自称为"革命民主派"，对这种为所欲为的显然是反革命的报刊，你们怎么能拒绝采取革命措施呢？其次，你们为什么不出版国家（这里的国家指的是苏维埃，不是临时政府——引者）的机关报来刊登广告，以便剥夺下流的反革命报刊的主要收入来源，从而使它们失去欺骗人民的主要机会呢？①

列宁是当时布尔什维克和"革命民主派"阵营中少有的看到了广告在阶级斗争中的作用的领导人之一，这也是他较早地表露出的意欲通过控制广告来控制和削弱反革命报刊的想法。

随着革命形势的发展，短短三个月后，列宁对于广告的认识取得了进一步的发展，并初步形成了国家垄断广告的思想。这与当时俄国国内的新闻出版业状况以及复杂的阶级斗争形势密切相关。

"十月革命"前夕，俄国国内的资产阶级报刊数量众多，影响面广，在意识形态领域占据主导地位。《言语报》《交易所小报》《新时报》和《俄罗斯言论报》等在列宁看来"虚伪透顶的、反革命资产阶级的和'黄色的'报纸"②，不仅掌握着绝大多数的办报办刊所必需的纸张和印刷所等生产资料，而且握有大量的广告资源，在发行量上的优势就更加明显。相形之下，社会革命党、孟什维克和布尔什维克等社会主义政党控制的报刊不仅占有的纸张和印刷所等生产资料很少，而且获得的广告资源也极其有限，这使其与资产阶级报刊相比"显得十分软弱无力"③。统计资料显示，"十月革命"前，俄国国内发行的社会主义报刊的总和不到资产阶级报刊的1/4甚至1/5④，广告收入的占比甚至更低。

二、在理论上戳穿资产阶级"出版自由"的虚伪本质

资产阶级报刊过于强大和社会主义报刊过于弱小，使得俄国国内的

---

① 《列宁全集》第30卷，北京，人民出版社，2017，第324页。
② 《列宁全集》第32卷，北京，人民出版社，2017，第227页。
③ 《列宁全集》第32卷，北京，人民出版社，2017，第227页。
④ 《列宁全集》第32卷，北京，人民出版社，2017，第228页。

舆论态势对社会革命党、孟什维克和布尔什维克等社会主义政党极其不利。更为严峻的是，资产阶级报刊通过自身掌握的舆论工具大肆宣称的所谓"出版自由"，居然迷惑住了许多"革命民主派"人士。资产阶级报刊宣称，"私有权和继承权（广告收入的私有权和继承权）是神圣的"①，不容侵犯。谁要是侵犯了资产阶级报刊对纸张和印刷所的私有权和广告收入的继承权，谁就是在破坏"出版自由"。这样的宣传与舆论造势在当时的俄国国内很有市场，甚至连许多布尔什维克、孟什维克和社会革命党人士也接受了这样的说法，认为剥夺资产阶级反动派报刊的广告刊登权会破坏"出版自由"。

对此，列宁十分着急，并进行了针锋相对的揭露与斗争。为了尽快扭转不利的局面，也为了确保即将于两个月后召开的立宪会议能够顺利进行，俄历1917年9月12日（公历9月25日），列宁专门就"出版自由"问题撰文，分析了当时国内的新闻业现状，揭露了资产阶级报刊所谓"出版自由"的反动本质，批驳了"革命民主派"（主要指孟什维克和社会革命党，此两派当时在革命阵营中居于优势地位）人士的软弱和幼稚。

在这篇发表于俄历1917年9月15日（公历9月28日）《工人之路报》第11号上的文章中，列宁通过摆事实、讲道理，逐条驳斥了反动派的一些说辞和主张。

针对反动派所谓的"出版自由"，列宁指出，在当时彼得格勒和莫斯科两个首都，资产阶级报刊占据绝对优势的状况，绝不是多数人民意志的反映。"因为选举表明两个首都的大多数人（而且是绝大多数人）是站在民主派即社会革命党人、孟什维克和布尔什维克这方面的。这3个党所获得的票数占全部票数的3/4到4/5。"②这说明资产阶级报刊的优势地位并不是人民赋予的，而是建立在虚假理由和非法手段之上的。

在当时的形势下，为了确保两个月后举行的立宪会议能取得有利于苏维埃政权的结果，必须加强对国内人口中占多数的农民的鼓动工作，因为"立宪会议的成功与否取决于对农民的教育"③。而要实现对广大农民的鼓动和教育，需要印刷大量的宣传材料，并将这些材料运送到千千万万个村庄去。但是，社会主义报刊的弱小直接影响到了这方面的工作。解决问题的办法显然是加强社会主义报刊，削弱资产阶级反动派的报刊。而要做到这一点，首先要在理论上戳穿资产阶级出版自由的虚伪本质；

---

① 《列宁全集》第32卷，北京，人民出版社，2017，第230页。
② 《列宁全集》第32卷，北京，人民出版社，2017，第228页。
③ 《列宁全集》第32卷，北京，人民出版社，2017，第226页。

其次是要采取切实有效的措施，使纸张和印刷所等生产资料转移到无产阶级报刊的手中；最后是引导广告大量流向无产阶级报刊。

三、印刷所、纸张及广告：发展无产阶级新闻事业的物质基础

列宁在戳穿了反动派报刊所谓"出版自由"的虚伪本质，从而在理论上做了铺垫之后，话锋一转，指向了生产资料问题。他写道：

> 到哪儿去找印刷所和纸张呢？这才是关键!!! 问题不在于"出版自由"，而在于剥削者对他们占有的印刷所和纸张拥有神圣的所有权!!! 为什么我们工人和农民要承认这种神圣的权利呢？……苏维埃形式的国家政权要把所有的印刷所和所有的纸张拿来公平地分配。①

按照列宁的想法，在当时的条件下，可以有三种分配印刷所和纸张的方案。首先是确保国家手中掌握一定数量的印刷所和纸张，这是保证大多数人民特别是大多数穷人利益的必要条件。其次是分配给那些获得10万或20万选票的"大党"。最后是分配给"比较小的党以及任何一个达到一定人数或征集到一定数量签名的公民团体"②。列宁认为，只有这样分配印刷所和纸张才是公平的；而且，在苏维埃掌握政权的前提下，这也是容易办得到的。

对于广告问题，列宁同样十分关注。他在戳穿了反动派报刊所谓"出版自由"本质的同时，也否定了它们所谓的"广告收入的私有权和继承权"，从而为他提出广告业务由国家垄断的设想奠定了法理基础。列宁反问道：

> 为什么自称革命的民主派不能实行这项措施，不能宣布报纸的私人广告业务由国家垄断呢？为什么不能宣布**除了**省、市苏维埃出版的报纸以及彼得格勒**中央苏维埃**出版的全国性报纸，其他任何报纸不得刊登广告呢？③

这是列宁首次清晰地表达出国家垄断广告的设想，而且，他的这一

---

① 《列宁全集》第32卷，北京，人民出版社，2017，第230页。
② 《列宁全集》第32卷，北京，人民出版社，2017，第230～231页。
③ 《列宁全集》第32卷，北京，人民出版社，2017，第229页。黑体为原文所加。

设想，显然是在与资产阶级反动派以及社会主义政党内部错误思想的斗争过程中萌生出来的。

"十月革命"胜利后，列宁终于有机会将自己的"广告业务由国家垄断"的设想付诸实施了。胜利的当月，根据人民委员会颁布的《关于国家对广告实行垄断的布告》法令①，所有形式的付费广告以及广告发布业务均被收归国有，实行国家垄断。彼得格勒工农政府和地方苏维埃政府负责统一管理全国的广告业务。② 当然，这是在对原有广告经营者支付了必要的补偿——特别是偿付小经营者和股票持有人的投资后——进行的。

需要指出的是，法令主要针对资产阶级反动报刊，并不适用于一般的商业性小报——这些小报较少刊登广告，主要依靠发行收入维持经营。这与列宁当初将广告全部收归国有的设想稍有出入。对此，列宁自己曾有一段非常符合实际的解释。他说，法令的颁行意味着，

> 争得国家政权的无产阶级设想，向新的社会经济关系过渡尽可能采用渐进的办法——不取消私人报刊，而使它们在某种程度上服从国家的领导，把它们纳入国家资本主义轨道。法令规定国家垄断广告业务，也就是设想还保留私营报纸而把它作为一种常规。③

以渐进而非激进的方式逐步实现国家向社会主义的过渡，是列宁在"十月革命"前后的基本设想。根据他的这一设想，革命胜利后主要还是要通过和平、理性、合法的方式削弱和压制资产阶级的报刊，壮大无产阶级的报刊——实现广告的国家垄断是重要手段；而对于一些小资产阶级的私营报刊，只要它们合法经营、不捣乱、服从国家的领导，是可以允许它们继续存在的。遗憾的是，列宁的这些正确想法和主张在后来的具体实践中并未得到一以贯之的落实。阶级斗争的巨大压力和保卫新生的无产阶级政权的需要，迫使他不自觉地走向极端，采取暴力和革命的

---

① 法令俄文版参见 ДЕКРЕТ СНК РСФСР от 08.11.1917 О ГОСУДАРСТВЕННОЙ МОНОПОЛИИ НА ПЕЧАТАНИЕ ОБЪЯВЛЕНИЙ. [от 8 ноября 1917 года]. [2018-06-18]. https://www.lawmix.ru/docs_cccp/8324.

② 根据一封不晚于 1917 年 12 月 28 日由俄国社会民主工党（布）中央下发给各级地方党委员会的通告信，苏俄在 1917 年年底开始全面执行针对"反革命出版物"的限制措施。这些措施包括：（1）执行出版物和广告专营的法令；（2）封闭一切宣传种族歧视和反革命的资产阶级出版物；（3）关闭私营广告事务所，在苏维埃下设立国营广告总事务所，扩大苏维埃的报纸以便刊登广告。参见中国人民大学科学社会主义系编：《国际共产主义运动史文献史料汇编》第 4 卷，北京，中国人民大学出版社，1985，第 123 页。

③ 《列宁全集》第 42 卷，北京，人民出版社，2017，第 233 页。

手段加快实现生产方式向社会主义的过渡。列宁自己对此的解释是："斗争愈艰巨，实行慎重过渡的余地就愈小。"①

第三节　从"战时共产主义"到"新经济政策"：
苏俄广告从消失到复活

在1918年夏至1921年春的"战时共产主义"时期，商业广告在苏俄一度消失，直至1921年3月实行"新经济政策"后才逐渐恢复。

一、战时共产主义时期

1918年夏，俄国爆发了大规模的国内战争；同时，外国的武装干涉也一直阴魂不散。新生的苏维埃政权被从四面八方包围，处于异常凶险的境地。在这种情况下，列宁在这年春拟定的从资本主义到社会主义的谨慎的、实事求是的过渡计划被迫搁置，转而开始实施非常时期的战时共产主义政策。这一政策从1918年夏一直持续到1921年年初。

战时共产主义政策在农业方面实行余粮收集制，走集体化道路；在工业方面实施企业国有化；在交换和分配领域取消商品生产，禁止自由贸易，搞平均主义分配；实际上取消货币；整个国家则采取"军事化"的管理方法。究其实质，战时共产主义政策是在面临国内战争和外国武装干涉的特殊历史时期实行的具有军事强制式"共产主义"特征的一系列经济和政治举措。战时共产主义既是一套政策，又是一种体制，其内容"包括生产、交换、分配、领导方法等各个方面"②。

在战时共产主义时期，苏俄取消了商品交换，试图依靠广大人民的热情去解决政治和军事问题，同时也解决经济问题。这种"凯歌行进"的运动式共产主义虽然对于军事斗争的最后胜利发挥了一定的作用，但也付出了惨痛的政治和经济代价。③

事实上，就连列宁自己后来在总结战时共产主义政策的教训时也认为：

　　在经济战线上，由于我们企图过渡到共产主义，到1921年春天

---

① 《列宁全集》第42卷，北京，人民出版社，2017，第236页。

② 杨彦君：《苏俄"战时共产主义"政策的内容、后果和教训》，《国际共运史研究资料》第4辑，1982，第73～98页。

③ 参见 История Всесоюзной Коммунистической Партии（Большевиков）：Краткий кур，1938. 另参见杨彦君：《苏俄"战时共产主义"政策的内容、后果和教训》，《国际共运史研究资料》第4辑，1982，第73～98页。

我们就遭到了严重的失败……我们最后的一项事业，也是最重要最困难而又远远没有完成的事业，就是经济建设……在这一最重要最困难的事业中，我们遭受的失败最多，犯的错误最多。[①]

战时共产主义期间，由于执行了禁止自由贸易、取消商品生产和交换的政策，自然也就没有商业广告生存的空间，商业广告大范围地从报刊等媒体上消失了。

不过，这一时期的苏俄却诞生了大量"政府广告"，由于这类广告的主题和目的多为"宣传"（propaganda）和"鼓动"（agitation），因此也被称为"宣传鼓动招贴"（Agitprop Posters）。其中，最有名的当属"罗斯塔社招贴"（Окна РОСТА）。苏维埃诗人、剧作家和艺术家弗拉基米尔·马雅可夫斯基（Vladimir Mayakovsky）当时为俄罗斯电讯社创作了大量这类招贴。这些招贴中有的鼓动人们去当志愿者，有的鼓动人们团结起来共同击退"白军"，有的鼓动人们购买国债，还有的鼓动人们积极投身生产、支持国家建设（图 10-3）。

图 10-3　马雅可夫斯基创作的广告招贴
图中内容翻译：1. 你想征服寒冷吗？
2. 你想征服饥饿吗？3. 你想吃东西吗？
4. 你想喝吗？快来加入劳动模范突击队吧！

---

① 《列宁全集》，第 42 卷，北京，人民出版社，2017，第 195、186 页。

二、新经济政策时期

战时共产主义政策的失败迫使苏俄自 1921 年 3 月起逐步转向"新经济政策"。新经济政策带有一定的市场经济成分，商品交换因此得以恢复，市场重又焕发了生机，广告市场重新开启。值得指出的是，新经济政策实施后，不仅全俄中央委员会机关报《消息报》和党中央机关报《真理报》等大报开始刊登广告，就连一些新出现的私人报刊也被允许刊登广告，广告重新成为报刊的一个重要经济来源。

相关研究显示，新经济政策时期曾是苏俄广告史上的一段"黄金时期"，尽管它短暂且充满争议。在新经济政策时期，政府允许私人生产和商品的自由交换，商业得以恢复，"十月革命"后一度消失的豪华餐馆、皮草和香槟等豪华设施和高档消费品重又出现，使得"（十月）革命前曾经为人们所熟悉的'资产阶级奢侈生活'(extravagant bourgeois life)在一定程度上复兴了"①。

短暂的自由交换引发了广告业的短暂复兴。这一时期，广告不仅广泛出现在各类报刊上，甚至连橱窗广告、路牌广告也重现江湖，且这一时期的广告十分讲究创意。其中，马雅可夫斯基和另一位先锋派艺术家亚历山大·罗德钦科(Aleksandr Rodchenko)合作创作的广告作品尤其让人印象深刻。两位艺术家共同创立了一个"广告创作社"(Reklam-Konstruktor)，合作创作商品海报、包装和商标。他们为当时著名的国营莫斯科食品百货商店创作的许多广告招贴画以简洁的线条和大胆艳丽的色彩著称。在这些作品中，马雅可夫斯基诙谐有趣且不乏智慧的广告文案，与罗德钦科极富想象力的美术创作相得益彰，让人们在了解商品信息的同时，还能获得艺术上的享受(图 10-4)。

然而，尽管商业广告在新经济政策时期获得了短暂的发展和繁荣，但在俄共(布)内部，人们在战时共产主义时期形成的广告是"资本主义的罪恶之一"②、党报与"商"结缘不是"纯粹共产主义"的思想认识和心理定式仍在作祟。1922 年 3 月，在俄共(布)十一大上，在梁赞诺夫的建议下，大会在《关于报刊和宣传的决议草案》中加入了停止在党的报刊上刊

---

①　Dmitry Romendik, "How the Bolshevik Revolution Changed Advertising,"(2014-10-28)[2021-06-11], https：//www.rbth.com/arts/2014/10/28/how _ the _ bolshevik _ revolution _ changed _ advertising _ 39341.

②　Alexander Repiev, "A Glimpse of Russia's Advertising and Marketing,"(2011-10-01)[2021-06-11]，http：//www.repiev.ru/doc/Russian-Advertising.pdf.

图 10-4 罗德钦科创作的广告招贴——
"三山牌啤酒，家酿酒，呼之欲出"(1923)

登广告的内容。后经过大会讨论，最终通过了米高扬的折中方案，即不
是禁止在党的所有报刊上，而仅仅是禁止在《真理报》上刊登广告。《消息
报》和其他地方党报可以继续刊登广告。

列宁由于身体原因没有出席通过这一决议的大会，当他参加大会最后
一次全体会议得知这一决议已经通过时，给大会主持人写了一张便条："加
米涅夫同志：据说代表大会决定取消《真理报》上的广告？能否纠正？因为
这显然是错误的。"①加米涅夫认为不能改变已通过的决定，主张另找办法
补贴《真理报》。在代表大会宣布中央委员会和中央监察委员会选举结果之
后，列宁发言建议撤销这一决定，理由是在新经济政策条件下，只靠从黄
金储备或税收中给报刊拨款进行补贴是不正确的。列宁的建议获得了通过。

列宁在发言中首先请大会变通一下程序和常规，因为如他自己所言：
"按程序规定，决定通过以后，对该问题的任何干预都是不对的。"②列宁
在发言中对大会通过一项"错误决定"(即《关于报刊和宣传的决议草案》禁
止《真理报》刊登广告的决定)批评道：

---

① 《列宁全集》第 43 卷，北京，人民出版社，2017，第 529 页。
② 《列宁全集》第 43 卷，北京，人民出版社，2017，第 135 页。

我听说代表大会通过了这个决定，还听说梁赞诺夫同志为它辩护……（梁赞诺夫："这不是事实。"）好极了，总算有一个荒诞决定的通过与梁赞诺夫无关。如果在我们面前真的是一个昨天才听说世界上有共产主义的 12 岁左右的天真的年轻小姐，她穿着洁白的连衣裙，系着红色绦带，说共产党员们是些十足的生意人——这固然可笑，但对此可以宽容地一笑了之。然而我们现在在郑重其事地干些什么呢？你们不准《真理报》刊登广告，它到哪里去拿钱呢？请问，为了使《真理报》不落后于《消息报》，它需要多少钱？你们不知道吗？那我也不知道！①

梁赞诺夫是当时党内著名的马克思主义理论家，一方面，他的建议具有普遍的影响力；另一方面，其他大部分代表也附和他的建议。从这一点也可以看出，在当时，党报不应该与广告这一"资本主义的生意经"结缘，这在俄共（布）的党代表们中间是一种普遍的认识，尽管这时实行新经济政策已经有一段时间了。倒是列宁本人随着形势的发展变化，迅速改变了自己在非常时期所持的观点，认识到发展市场经济就离不开商品的自由交换和广告，不让党报党刊刊登广告显然是错误的。由此可见，列宁对广告的认识始终是与时俱进的。

第四节　从"国家垄断广告"到承认广告在市场流通中的作用

总体来看，苏维埃俄国建立后，列宁的广告思想经历了从"国家垄断广告"到承认广告在市场流通中的作用的重大转变。

一、"国家垄断广告"是阶级斗争思想的体现

列宁在"十月革命"前后形成的"国家垄断广告"思想，实质上是他的阶级斗争思想的延续。可以说，列宁在这一时期对广告的一个基本认识是广告是阶级斗争的工具。

阶级和阶级斗争是马克思主义思想体系中的重要概念，马克思主义思想体系的基本方法便是阶级分析。在马克思、恩格斯合著的《共产党宣言》中，他们开门见山地指出："至今一切社会的历史都是阶级斗争的历

---

① 《列宁全集》第 43 卷，北京，人民出版社，2017，第 135 页。

史。"①不过，马克思在另一场合也曾指出，阶级和阶级斗争都是历史现象；在资本主义社会制度下，阶级斗争必然导致无产阶级专政，其最终目的并不是为了建立新的阶级压迫，"这个专政不过是达到**消灭一切阶级**和进入**无阶级社会**的过渡"②。

列宁继承并发展了马克思的阶级和阶级斗争理论，在他看来："所谓阶级，就是这样一些集团，由于它们在一定社会经济结构中所处的地位不同，其中一个集团能够占有另一个集团的劳动。"③一个集团要想占有另一个集团的劳动，当然需要政治权力的保证。同样，被剥削阶级要想摆脱剥削阶级的剥削，也必须通过政治斗争。由此可见，阶级斗争的实质正是政治斗争，"任何阶级斗争都是政治斗争"④。

既然资产阶级能够以它们掌握的国家政权为政治前提，来占有无产阶级的劳动，那么，当无产阶级夺取了国家政权之后，能否以同样的手段剥夺和占有资产阶级的劳动呢？对此，马克思、恩格斯曾经提出"一步一步地夺取资产阶级的全部资本，把一切生产工具集中在国家即组织成为统治阶级的无产阶级手里，并且尽可能快地增加生产力的总量"⑤的设想，这一设想在列宁这里变成了可以采取急风暴雨般的行动迅速地加以解决。有研究者认为："通过暴力夺取政权的切身体验，和一心想要把俄国变成世界革命出发点的渴望，使列宁更多地考虑的是如何迅速巩固政权和改造俄国，使之适应革命所需。"⑥

20世纪初的俄国，阶级斗争正处在空前激烈的时期。为此，列宁曾不止一次告诫全党：无产阶级革命的目标就是要建立无产阶级专政，实现无产阶级的"政治统治"。他说：

> 剥削阶级需要政治统治是为了维持剥削，也就是为了极少数人的私利，去反对绝大多数人。被剥削阶级需要政治统治是为了彻底消灭一切剥削，也就是为了绝大多数人的利益，去反对极少数的现代奴隶主——地主和资本家。⑦

---

① 《马克思恩格斯文集》第2卷，北京，人民出版社，2009，第31页。
② 《马克思恩格斯全集》第49卷，北京，人民出版社，2016，第79页。黑体为原文所加。
③ 《列宁全集》第37卷，北京，人民出版社，2017，第13页。
④ 《列宁全集》第2卷，北京，人民出版社，2013，第2页。
⑤ 《马克思恩格斯文集》第2卷，北京，人民出版社，2009，第52页。
⑥ 杨奎松：《十月革命前后列宁的社会主义主张与实践》，《俄罗斯研究》2013年第1期，第107~146页。
⑦ 《列宁全集》第31卷，北京，人民出版社，2017，第23页。

因此，列宁认为，为了实现无产阶级专政，特别是在无产阶级政权建立初期，阶级斗争将空前残酷，斗争的形势势必复杂尖锐。

不难想见，列宁在"十月革命"胜利前后，对当时俄国社会的全部分析都是基于阶级斗争这一基础的。从这一基础出发，列宁认为广告和报刊一样，也应该是阶级斗争的一个环节，广告可以成为阶级斗争的一个重要工具。将广告的刊布权收归国有，恰恰体现了他的这些认识。

二、新经济政策时期承认广告在市场流通中的作用

1921 年实行新经济政策以后，苏俄国内的商品生产和自由贸易逐渐恢复，大量的企业需要广告来沟通信息。同时，大量的社会广告和政府广告也推动着苏俄广告行业的复苏。这一时期的苏俄广告市场迎来了一个短暂的繁荣期。

必须指出的是，在新经济政策时期，苏俄的社会主义制度和国家政权已经趋于稳定，国内的主要矛盾已经不再是阶级矛盾，而是严重的物质匮乏与人民群众对改善生活条件的需求之间的矛盾。发展经济上升为国家的首要任务。因此，这一时期，列宁又恢复了一般的对于广告作用的认识——一种市场必需的信息流通手段。

新经济政策时期的苏俄在一定程度上实行的是"市场经济"，不过，这种"市场"是社会主义制度控制下的"市场"。自由商品交换需要广告。在这种情况下，列宁对广告的认识开始逐渐摆脱了阶级斗争思想的束缚，转而更多地从经济的视角来看待广告，承认广告在社会主义市场流通中的重要作用，并采取了一些措施恢复广告。但遗憾的是，列宁还没有来得及形成成熟的社会主义广告理论，便于 1922 年 5 月退出政治生活，于 1924 年 1 月逝世。

本章小结

列宁苏俄时期对广告的认识不仅是其新闻传播思想的重要组成部分，同时也渗透着他的政治思想、经济思想，甚至军事思想的影子，是一个复杂的统一体。

列宁苏俄时期广告思想形成的历史动因要到"十月革命"前的"自由资本主义"时期去寻找。在"十月革命"前的数十年间，俄罗斯已经形成了一个十分发达的资产阶级商业出版市场和与之适应的商业广告市场。在那段长达近 40 年的时间里，俄国的路牌广告、招贴广告、报纸广告、杂志

广告每天都在向人们传递着各种各样的商品信息和社会信息，广告俨然已经成为百姓日常生活中的一部分。① "十月革命"虽然推翻了沙皇的统治，建立起了世界上第一个社会主义国家，但报刊、广告以及绝大部分的新闻事业仍然控制在资产阶级的手中。这使得无产阶级在与资产阶级争夺意识形态领域领导权的斗争中处于十分不利的地位。对此，列宁有着清醒的认识。也正是基于对这一现实状况的洞悉，他才形成了后来的具有鲜明阶级斗争色彩的"国家垄断广告"思想。

国家垄断广告的思想充分体现了阶级斗争思想在列宁对广告的认识中的重要影响。作为彻底的唯物主义者，列宁深知经济基础决定上层建筑的道理，深知控制了广告就等于控制了资产阶级商业报刊的命脉，也就在相当程度上控制了意识形态斗争领域。

从"十月革命"到"战时共产主义"时期，苏俄国内的阶级斗争异常残酷，阶级矛盾异常尖锐，同时还要面对国际上敌对势力的封锁甚至军事挑衅。无产阶级在从资产阶级手中夺取国家政权后，必须高度警惕后者的反扑。因此，时刻绷紧阶级斗争这根弦，就成为列宁和他的布尔什维克同志们的必修课。在这样的大环境下，广告被赋予阶级斗争工具这样的角色也就不难理解了。

从阶级斗争概念出发，列宁自然而然地将广告与报刊一起，都视作阶级斗争的工具。报刊是意识形态斗争的重要领域，而广告在兼具意识形态斗争（如意识形态类广告）作用的同时，还有着物质性的作用，即它在相当程度上为报刊同时也为阶级斗争提供了"经济基础"。换言之，在一定的社会历史条件下，广告可以同时在经济基础和意识形态上层建筑两方面发挥斗争工具的作用。广告如此重要，列宁自然不会放过。此其一。

其二，列宁重视广告，还与他希望发展社会主义"出版自由"的想法有关。关于社会主义"出版自由"，列宁曾设想"保留私营报刊，通过国家控制广告的方式间接控制这类报纸"②，并大力发展无产阶级报刊。早在"十月革命"胜利前夕，列宁就曾设想革命胜利后应该采取渐进的方式，在政治、经济和文化等领域逐步将国家过渡到社会主义。这种过渡是基

---

① Dmitry Romendik, "How the Bolshevik Revolution Changed Advertising," (2014-10-28) [2021-06-11], https：//www. rbth. com/arts/2014/10/28/how _ the _ bolshevik _ revolution _ changed _ advertising _ 39341.

② 陈力丹：《马克思主义新闻观思想体系》，北京，中国人民大学出版社，2006，第374页。

于法制的过渡而不是武力强制和蛮干，对于资产阶级的改造也应该在法治范围内展开，并区别顽固的反动派和小资产阶级民主派。比如，他在"十月革命"胜利初期允许相当一部分资产阶级报刊合法存在，即是一个很好的例证。

然而，随着国内斗争形势的复杂化和尖锐化，列宁不得不及时调整他原本相对温和的对待小资产阶级民主派的做法。"为巩固到手的政权，面对来自政治、经济、社会、文化以及各种不同人群的敌视、怀疑和歧见，列宁不能不把苏联推上了一条依靠集权和强力统治的道路。"①于是，阶级斗争被扩大化了。小资产阶级民主派报刊原本具有的有限的"出版自由"在阶级斗争的需要下也被取消了，剩下的就只有城市无产阶级和广大贫苦农民的"出版自由"。将纸张、印刷所和广告从资产阶级报刊手中转移到无产阶级报刊手中，可以推动后者的发展，以确保广大工农群众的媒体使用权，为他们提供发表意见的渠道，保障他们的"出版自由"。可见，列宁始终是站在无产阶级革命的全局来看待和思考广告问题的，他的广告思想有现实的考量，其中又掺杂了一些理想化的因素。

其三，在新经济政策时期，列宁转而允许一些私营报刊刊登广告。这看似与他之前的"国家垄断广告"思想相矛盾，但细分析起来也不难理解。因为一方面，在经历了战时共产主义时期的物质极度匮乏之后，列宁开始认识到社会主义经济建设离不开自由的商品交换，离不开广告。另一方面，这时苏俄国内形势也有所缓和，无产阶级报刊占据了支配地位，为数不多的私营报刊不再对国家政权构成威胁，而是成为社会主义国家统一领导下的新闻业的一个组成部分。允许它们刊登广告，对加强流通、发展经济是有利的。

其四，新经济政策时期列宁支持党报党刊（包括《真理报》）刊登广告，是对党内极"左"思想的纠正。作为一位务实的政治家，列宁的广告思想体现出许多同时代苏俄政治家不具备的与时俱进性。在战时共产主义时期，由于取消了商品生产和自由交换，商业广告自然也就没有了生存空间，广泛地从报刊上消失了，只留下大量的"宣传鼓动招贴"还在提醒人们："广告"并未远离他们的生活。战时共产主义政策虽然在确保军事胜利方面发挥了作用，但却给国家的政治尤其是经济建设造成了灾难性的后果。同时，这一时期形成的极"左"思想在党内取得了压倒性的优势，

① 杨奎松：《十月革命前后列宁的社会主义主张与实践》，《俄罗斯研究》2013 年第 1 期，第 107～146 页。

广告是资本主义的"罪恶",社会主义国家的报纸尤其是党报党刊不应与"商"有染的认识在党内极有市场。这些思想认识甚至在战时共产主义时期新经济政策结束后仍在相当范围内存在。

比如,在1922年4月结束的俄共(布)第十一次全国代表大会上,梁赞诺夫等人还建议在大会通过的《关于报刊和宣传的决议草案》中加入停止在党的报刊上刊登广告的内容,尽管这时距离新经济政策实施已有近一年的时间。好在列宁的思想认识是与时俱进的,在他的极力反对下,这一错误得到了及时纠正。然而,由于健康原因,1922年5月后,列宁基本上淡出了人们的视线,也没有再对新闻出版和广告表达过任何意见。

列宁时期的苏俄广告政策有可取之处,也有失策之处。可取之处在于,列宁和俄共(布)政权有效地运用广告同资产阶级"反革命报刊"进行了斗争。这在当时的历史条件下是不得已的选择,具有一定的合理性。失策之处在于,列宁有时过分强调了阶级斗争的严峻性,致使阶级斗争扩大化,甚至波及广告领域。实施国家垄断广告[①],实质上是对广告自身发展规律的人为破坏,进而也破坏了经济的自由发展,给国内经济发展造成了不良后果。这种局面到了战时共产主义时期臻于极致——取消商品交换和自由贸易,彻底挖掉了广告赖以存续的社会土壤,致使国家经济倒退,加剧了国内矛盾,得不偿失。

---

① 关于国家垄断广告法令,列宁后来在他于1921年10月29日做的"在莫斯科省第七次党代表会议上关于新经济政策的报告"中进行了反思,指出:"我们现在从后来历史的发展这个背景上来评价事件,不能不认为这个法令是天真的,而且从某种意义上说是错误的。"(《列宁全集》第42卷,北京,人民出版社,2017,第235页)

第十一章　社会形态的演变和物的依赖性社会中广告的异化

历史唯物主义在与哲学史上出现过的形形色色的唯心主义的斗争中取得了胜利，但若是就此以为唯心主义彻底退出了历史舞台，那就大错特错了。马克思主义意识形态理论告诉我们：人在历史上形成的任何一种思想、一种观念、一种意识，在一定的、合适的历史条件下，会再次从坟墓中爬出来，纠缠活人。作为对广告的一种认识，唯心主义广告观就是这样。

唯心主义倾向的西方马克思主义广告批判，在法国后现代主义大师让·鲍德里亚那里，与其说是复活了，不如说是在新的历史条件下获得了新生。这个新的历史条件，就是所谓的"后工业社会""后现代社会"，抑或说"丰裕社会"所带来的一系列政治、经济和文化维度的变化。

20世纪70年代以降，西方发达工业国家的资产阶级适度放松了对工人阶级的剥削和压迫，提高了工人阶级的生活条件；同时，新自由主义市场经济政策的实施在表面上增加了每个社会成员的机会。而在文化层面，由资本所牢牢掌控着的大众传媒冲在了"意识形态斗争"的最前沿，资产阶级"意识工业"①的功能与作用在这一新时期不但没有被削弱，相反得到了增强。资产阶级"意识工业"对内继续实施着社会性的针对工人阶级的"麻醉"功能，对外则不遗余力地向第三世界国家倾销西方国家的意识形态和价值观。

在这种新的历史语境下，广告批判重又获得动力也就不足为怪。这是因为，一方面，广告在相当程度上支撑着资产阶级"意识工业"；另一方面，广告的社会麻醉功能的进一步增强引起了人们的警惕。这种情况下，我们尤其需要警惕西方唯心主义广告批判的重新抬头。为此，在基于马克思主义唯物史观的广告批判理论基础上确立唯物主义广告观，就成为一项历史的课题。而要达成这样的目标，我们必须尝试说清楚广告的"历史问题"，尝试解答广告的"历史之谜"②。

---

① Hans M. Enzensberger, *The Consciousness Industry*: *On Literature*, *Politics and the Media*, London, Continuum, 1974.
② 《马克思恩格斯文集》第1卷，北京，人民出版社，2009，第185页。

第一节　人类社会形态的历史演变

作为一种社会文化现象，广告的勃兴与现代资产阶级的兴起以及现代资产阶级社会形式的出现有着内在的关联。在不同的社会形态中，广告有着不同的存在基础和发展际遇。因此，回答广告的"历史问题"，解答广告的"历史之谜"，需要从对人类社会形态的历史演变的梳理切入。

一、人类社会演变的五形态说

一般认为，自有历史以来，人类社会迄今先后经历了原始社会、奴隶社会、封建社会、资本主义社会和社会主义社会——共产主义社会的初级形式。这也是大多数历史教科书所持的观点。

长期以来，在马克思主义哲学研究界，一直存在着对马克思和恩格斯有关社会历史的"五形态"说和"三形态"说的争论。"五形态"说的依据主要来自恩格斯的有关论述。恩格斯在《家庭、私有制和国家的起源》中曾提出过四种社会形式，即氏族（社会）[①]、（古希腊罗马时代的）奴隶制、（中世纪的）农奴制和近代的雇佣劳动制。其中，氏族（社会）"构成地球上即使不是所有的也是大多数野蛮民族的社会制度的基础，并且在希腊和罗马我们还由氏族直接进入了文明时代"[②]。需要注意的是，恩格斯在这里将氏族社会之后相继出现的几种社会形态笼统地称为"文明时代"。比如，他在《家庭、私有制和国家的起源》的另一处继续写道：

> 随着在文明时代获得最充分发展的奴隶制的出现，就发生了社会分成剥削阶级和被剥削阶级的第一次大分裂。这种分裂继续存在

---

① 恩格斯在《家庭、私有制和国家的起源》中提到的氏族（社会）即是指具有共产主义特征的原始社会——"原始共产主义社会"。他在 1888 年英文版《共产党宣言》的开头一句"至今一切社会的历史"中的"历史"后面加了一个注："这是指有文字记载的全部历史。在 1847 年，社会的史前史、成文史以前的社会组织，几乎还没有人知道。后来，哈克斯特豪森发现了俄国的土地公有制，毛勒证明了这种公有制是一切条顿族的历史起源的社会基础，而且人们逐渐发现，农村公社是或者曾经是从印度到爱尔兰的各地社会的原始形态。最后，摩尔根发现了氏族的真正本质及其对部落的关系，这一卓绝发现把这种原始共产主义社会的内部组织的典型形式揭示出来了。随着这种原始公社的解体，社会开始分裂为各个独特的、终于彼此对立的阶级。"（《马克思恩格斯文集》第 2 卷，北京，人民出版社，2009，第 31 页）可见，氏族（社会）实质上就是"原始公社"，它具有原始共产主义社会的一些基本特征。

② 《马克思恩格斯文集》第 4 卷，北京，人民出版社，2009，第 49～50 页。

于整个文明期。奴隶制是古希腊罗马时代世界所固有的第一个剥削形式；继之而来的是中世纪的农奴制和近代的雇佣劳动制。这就是文明时代的三大时期所特有的三大奴役形式；公开的而近来是隐蔽的奴隶制始终伴随着文明时代。①

那么，未来的第五种社会形式又会是什么呢？恩格斯虽然没有直接说出这一社会形态，但却征引摩尔根在《古代社会》一书中的一段话，点出了第五种社会形态其实就是共产主义。关于这种未来的社会形态能够出现的条件及其特征，摩尔根是这样描述的：

> 然而，总有一天，人类的理智一定会强健到能够支配财富，一定会规定国家对它所保护的财产的关系，以及所有者的权利的范围。社会的利益绝对地高于个人的利益，必须使这两者处于一种公正而和谐的关系之中。只要进步仍将是未来的规律，像它对于过去那样，那么单纯追求财富就不是人类的最终的命运了。自从文明时代开始以来所经过的时间，只是人类已经经历过的生存时间的一小部分，只是人类将要经历的生存时间的一小部分。社会的瓦解，即将成为以财富为唯一的最终目的的那个历程的终结，因为这一历程包含着自我消灭的因素。管理上的民主，社会中的博爱，权利的平等，教育的普及，将揭开社会的下一个更高的阶段，经验、理智和科学正在不断向这个阶段努力。**这将是古代民族的自由、平等和博爱的复活，但却是在更高级形式上的复活**。②

可见，恩格斯认可了摩尔根的观点，即这个"社会的下一个更高的阶段"，将在继承"文明时代"以来特别是雇佣劳动制社会所创造的巨大的物质财富的基础上，在更为高级的形式上复归到强调社会整体的利益高于个人的利益，并力求实现二者处于公正和和谐的关系之中。人与人之间的关系也将复归到古代氏族社会（原始社会）的自由、平等和博爱。这一社会形式对人自身提出了一条基本的要求，即人类的理智要足够强健，能够"支配财富"。

不难看出，恩格斯提出的五种社会形态中的第一种即氏族（社会），

---

① 《马克思恩格斯文集》第 4 卷，北京，人民出版社，2009，第 195 页。
② 《马克思恩格斯文集》第 4 卷，北京，人民出版社，2009，第 198 页。黑体为原文所加。

相当于原始社会，第三种农奴制社会则大体上相当于我们熟知的封建社会，雇佣劳动制则相当于资本主义社会。五种社会形态的依次更替，总体上体现了历史的进步。但其中，从原始的体现着自由、平等和博爱思想的氏族社会，过渡到以阶级"奴役"为特征的奴隶制、农奴制以及雇佣劳动制社会形态，是否是一种历史进步？对此，不同的人站在不同的视角，恐怕会得出不尽相同的结论。人本主义者如卢梭，恐怕会认为这是一种历史的倒退。① 但从马克思主义历史进步观的视角来看，由于阶级社会代替原始的无阶级社会释放了社会生产力的发展潜力，尽管这种生产力发展在相当程度上是以人的牺牲为代价的，它依然具有进步的意义。②

二、人类社会演变的三形态说

在马克思大约写于 1857 年年底至 1858 年 5 月的《政治经济学批判(1857—1858 年手稿)》(即《政治经济学批判大纲》)中，有一段关于历史发展三形态说的经典论述。这段论述从人的自由与发展的视角出发，将社会历史划分为三个基本形态——"人的依赖性"社会、"物的依赖性"社会，以及"个人全面发展"的共产主义社会。马克思写道：

---

① 在卢梭看来，奴隶社会以降的人类"文明社会"中形成的私有制，是人与人之间的不平等的源头。"文明社会"中的人是不自由的，因为他们要遭受各种奴役，身上戴着永远摆脱不掉的枷锁。卢梭认为，人与人之间的不平等现象在社会初期的"自然状态"中是不存在的，不平等的产生和发展，"得助于我们的能力的发展和人类知识的进步，并最终是由私有制的出现和法律的实施而变得十分牢固和合法的"(〔法〕让-雅克·卢梭：《论人与人之间不平等的起因和基础》，李平沤译，北京，商务印书馆，2015，第 124 页)。

② 从中世纪的农奴制，向近代资本主义社会登上历史舞台后逐渐取得主导性的雇佣劳动制的过渡，尽管实质上只是用一种新的剥削形式代替了一种旧的剥削形式，但站在唯物史观的立场上，这一转变依然具有历史进步意义。因为在这一过程中，中世纪居人口主体的大批农奴对教会和庄园主的人身依附关系得以逐渐解除，从而使农奴获得了人身自由。至此，人与人之间至少在法的意义上取得了平等。这是社会生产力大发展的前提条件。至于奴隶制度为什么会在近代欧洲消灭，进而为资本主义生产方式的出现扫平道路，不同的理论家从不同的视角给出了不同的解释。其中，黑格尔对此问题的解释极具影响力。黑格尔把奴隶制度在近代欧洲的消亡与宗教(基督教)联系起来，认为基督教是"绝对自由的宗教"，本质上与奴隶制的人身依附特征根本对立，因此，从本质上讲，基督教是反奴隶制的。"基督教是绝对自由的宗教，只有对于基督教，人才被当作人，有其无限性和普遍性。奴隶所缺乏的，就是对他的人格的承认，而人格的原则就是普遍性。"(〔德〕黑格尔：《小逻辑》，贺麟译，北京，商务印书馆，2019，第 335 页)值得一提的是，继黑格尔之后，马克斯·韦伯在考察近代资本主义社会制度时，也将资本主义的起源与宗教联系了起来。具体而言，韦伯认为资本主义的起源要到"新教伦理"中去寻找，"新教伦理"构成了韦伯笔下的"资本主义精神"的基质。参见〔德〕马克斯·韦伯：《新教伦理与资本主义精神》，苏国勋、覃方明、赵立玮、秦明瑞译，北京，社会科学文献出版社，2010。

人的依赖关系(起初完全是自然发生的),是最初的社会形式,在这种形式下,人的生产能力只是在狭小的范围内和孤立的地点上发展着。以**物的**依赖性为基础的人的独立性,是第二大形式,在这种形式下,才形成普遍的社会物质变换、全面的关系、多方面的需要以及全面的能力的体系。建立在个人全面发展和他们共同的、社会的生产能力成为从属于他们的社会财富这一基础上的自由个性,是第三个阶段。第二个阶段为第三个阶段创造条件。因此,家长制的,古代的(以及封建的)状态随着商业、奢侈、**货币、交换价值**的发展而没落下去,现代社会则随着这些东西同步发展起来。①

从这段话中,我们可以看到,在马克思看来,资产阶级社会以前的各种社会形式,包括家长制的(比如氏族社会)、古代的(比如奴隶制社会)以及封建社会等,都属于人的依赖性社会形态的不同发展阶段。在人的依赖性社会形态中,人身依附关系是一个基本特征,人不具有普遍的独立的主体性,社会中的绝大多数人都要依附于其他人才能生存。比如,在家长制的社会(氏族社会)中,家长或氏族首领对族人享有完全的人身支配权。在奴隶制社会中,奴隶主对奴隶享有绝对的人身支配权。即使是在封建社会中,封建主也对自己领地上的农民或农奴享有相当程度的人身支配权。② 在人的依赖性社会形式中,必然不会产生普遍的交换,因为普遍的交换的出现必然是以"人的独立性",即在法的意义上的人与人之

---

① 《马克思恩格斯全集》第 30 卷,北京,人民出版社,1995,第 107~108 页。黑体为原文所加。

② 中世纪的欧洲,从整体上看,处于封建社会时期,这一时期的欧洲存在着三个主要的"等级"(阶级),即僧侣、贵族和平民(农奴)。他们的分工是:僧侣负责"祷告、赞扬上帝并在精神上救济人类",贵族负责"保护秩序、执行警察权并防御侵犯",平民负责"劳动来支持上面两个特权等级"(〔美〕詹姆斯·W. 汤普逊:《中世纪经济社会史:300—1300 年》下册,耿淡如译,北京,商务印书馆,1963,第 392~393 页)。在这三个等级的人群中,平民阶级无疑占绝大多数,而农奴又占据了其中的主要部分。
农奴不同于奴隶,奴隶完全没有人身自由,是奴隶主可以自由买卖的私有财产。农奴名义上享有人身自由,他们原先也确实拥有"自由人"的身份,但后来因为种种原因而"沦于经济的依附地位"。农奴"由于拖欠地租一代又一代地束缚于(教会或贵族的)领地上;这些欠租,在理论上是可以还清的,但实际上,永远是还不清的"(〔美〕詹姆斯·W. 汤普逊:《中世纪经济社会史:300—1300 年》下册,耿淡如译,北京,商务印书馆,1963,第 427~428 页)。
中世纪欧洲的封建社会与东方的封建社会一样,由于占社会主体的农奴被牢牢地束缚于教会或贵族的领地之上,因而使得整个社会结构呈现出"静止状态"和"固定性",使得整个社会的经济形式主要是"自然经济"而非"货币经济",交换不发达且大部分地区长时期停留于物物交换的水平。(〔美〕詹姆斯·W. 汤普逊:《中世纪经济社会史:300—1300 年》下册,耿淡如译,北京,商务印书馆,1963,第 258 页)

间的平等为条件的。这一条件，在资本主义社会形态出现后成为现实。

第一，资本主义社会形态下，形成了普遍的、社会性的"物质变换"①。这首先表现为人与自然之间的物质变换速度和广度获得了空前的提高和扩大。一方面，科学和技术的发展拓展了人征服自然、改造自然和利用自然的能力，使得自然在人类面前不断地"祛魅"；自然这一客体越来越为人这一主体所利用，在主体不断客体化的同时，客体也在不断主体化。另一方面，人与人之间的物质交换活动也得到了空前的发展。资本主义条件下，由于生产沦为手段而非目的，生产的目的化表现为对产品的交换价值的追求和实现，因此，社会生产普遍地以交换为目的。

第二，在资本主义社会形态下，形成了"全面的关系"。这既包括了人与自然之间全面的交往关系，更包括了人与人之间全面的交往关系，而且，这样的交往不仅是区域性的，更是世界性的。资产阶级机器大工业生产内在地需要以全世界作为自己的市场。"不断扩大产品销路的需要，驱使资产阶级奔走于全球各地。它必须到处落户，到处开发，到处建立联系。"②世界范围的物质交往伴随着世界范围的精神交往，推动着经济全球化时代的到来。

第三，资本主义社会形态下，形成了"多方面的需要以及全面的能力的体系"。资本主义生产是机器大工业生产，它以交换为中介，以获取剩余价值为最终目的。一方面，人的物质生活需要的方方面面都要靠交换来满足；另一方面，资本控制下的营销传播体系为了不断扩大利润，必然会想方设法激发起人的各种欲求。资本主义还给人类社会带来了前所未有的全方位的"能力体系"。科学技术在生产中的广泛应用，迅速提升了人类的生产能力，进而增强了人类的行动能力，同时，人类认识宇宙、探索宇宙的能力也得到了空前的提高。

第四，在资本主义社会形态下，以法为基础的"市民社会"建立起了一系列社会规则，尽管这些规则是按照资产阶级的利益建立起来的，但

---

① 在《资本论》中，一般而言，马克思在谈到人作用于自然以获取生存资料的劳动过程时，倾向于使用"物质变换"。比如，他在解释"劳动过程"这一概念的时候就指出："劳动过程……是制造使用价值的有目的的活动，是为了人类的需要而对自然物的占有，是人和自然之间的物质变换的一般条件，是人类生活的永恒的自然条件。"(《马克思恩格斯全集》第42卷，北京，人民出版社，2016，第175页)另外，马克思有时也使用"物质变换"来描述人与土地之间的物质互换活动。比如，他在批判资本主义生产迫使大量农村劳动力向城市转移以满足工业生产需要，使得"人以衣食形式消费掉的土地的组成部分不能回归土地，从而破坏土地持久肥力的永恒的自然条件"时，写道："资本主义生产使它汇集在各大中心的城市越来越占优势，这样一来，它一方面聚集着社会的历史动力，另一方面又破坏着人和土地之间的物质变换。"(《马克思恩格斯全集》第42卷，北京，人民出版社，2016，第518～519页)为了统一起见，本书在涉及人与自然之间的劳动过程时，一律使用"物质变换"，涉及人与人之间的互换活动时，一律使用"物质交换"。

② 《马克思恩格斯文集》第2卷，北京，人民出版社，2009，第35页。

毕竟还是体现出了一些历史进步之处。比如人和人之间至少在法的意义上是平等的，工人阶级享有一定的人身自由，可以根据自己的意愿自由地出卖自己的劳动力，以便与资本家提供的劳动工资相交换。当然，工人阶级并不享有真正的自由，因为他们除了向资本家出卖自己的劳动力以换取工资维持生存之外，没有其他的出路。

自 17 世纪物的依赖性社会正式登上历史舞台以来，迄今已经过去了近 500 年。其间，资本主义先是在西欧地区局部萌芽，后逐渐向世界范围扩展，逐步地将全世界纳入资本主义现代性的运动之中。这是一个历史的过程，其一个彰明较著的特征，恰如《共产党宣言》中所描述的那样，是人类整体社会生产力的巨大发展。但作为代价，这一过程也伴随着血与火的掠夺，伴随着以"人为物役"为基础的一系列对人的戕害，伴随着人与人之间的"对抗"和阶级与阶级之间的斗争。也正是在这一意义上，马克思在《〈政治经济学批判〉序言》中将人的依赖性社会和物的依赖性社会统称为"人类社会的史前时期"，而真正的"属人的历史"只有在未来的共产主义社会才会到来。[①] 这个"属人的"社会具有怎样的特征，马克思在这里只是进行了简要的描述，这就是"建立在个人全面发展和他们共同的、社会的生产能力成为从属于他们的社会财富这一基础上的自由个性"。易言之，共产主义社会具有两个基本特征：一是人的自由而全面的发展，二是全社会的生产能力处于人的有意识的控制之下。

第二节　广告在两种不同社会形态中的不同际遇

接下来，我们要考察在人的依赖性社会和物的依赖性社会中广告的发展情况。

一、人的依赖性社会中广告的低水平发展

由第一节的分析可以知道，根据马克思的人类社会形态发展演变理论，人类迄今为止经历了两种社会形态——人的依赖性社会和物的依赖性社会。而且，在马克思看来，由于这两种社会形态都存在着对人的压迫现象——在人的依赖性社会形式中，整体上表现为"人为人役"，在物的依赖性社会中，则主要表现为"人为物役"，因此，这两种社会形态都不是"属人的"社会。也正是因为这一点，马克思将它们在整体上称为"人类社会的史前时期"。我们现在所要考察的问题是：在这两种社会形态中，广告的发展情况如何，又具有怎样的表现？

---

① 　参见《马克思恩格斯全集》第 31 卷，北京，人民出版社，1998，第 413 页。

在人的依赖性社会中，广告虽然存在，但其发展水平是极低的，处于自发的、初级的状态。人的依赖性社会形态，大致相当于"五形态"说中的原始社会、奴隶社会和封建社会的集合。在原始社会中，社会生产力极端低下，氏族是原始社会的基本形式。在氏族社会形式下，生产力的低下使得很少会出现剩余产品——而没有剩余产品自然也就不会有交换。氏族作为一个共同体，一方面，其内部具有原始共产主义公社的特征——朴素的自由、平等和博爱的精神渗透于生产过程和生活过程的方方面面；另一方面，在氏族社会中，由于不存在产品交换，自然也就不会有广告存在的空间。在这种社会形式中，正像马克思分析的那样，只是在"共同体的尽头"，即氏族与氏族之间、部落与部落之间，才存在着零星的交换行为，且这种交换主要表现为物物交换。① 也正是在这种物物交换中，诞生了一些较为原始的广告形式——口头吆喝式广告、物品陈列式广告等。

到了奴隶社会，原始的、具有共产主义公社性质的氏族解体，社会在整体上形成了奴隶主和奴隶两大阶级。人类由此正式进入了阶级社会。奴隶社会的生产力虽然较原始社会有所提高（这主要得益于生产工具的改进。进入奴隶社会，冶炼和铸造技术的改进，特别是铁器的使用提高了人类改造自然的能力，从而提高了整体的社会生产力），然而，由于这时社会关系的基本特征是奴隶主享有对奴隶的人身支配权——奴隶完全是奴隶主的私人财产，是奴隶主的"一种动产"②，因此，奴隶的生产积极性并不高，甚至存在着奴隶故意破坏生产工具的情况。在奴隶制度下，社会性的物质运动、流动水平是低下的。这一方面表现为人改造自然、从自然获取生活资料的能力和水平低下；另一方面则表现为人与人之间的物质交换水平低下。

在奴隶社会中，占人口大部分的奴隶阶级和占人口少数的奴隶主阶级之间基本上不存在物质交换，奴隶与奴隶之间同样基本上不存在物质交换，

---

① 马克思在《资本论》中指出，在古代社会中，产品交换行为和现象是十分少见的，处于从属性地位，且这种行为和现象主要只存在于"共同体"之间。但随着"共同体"走向解体，交换现象也就开始变得重要。马克思写道："在古亚细亚的、古代的等等生产方式下，产品转化为商品、从而人作为商品生产者而存在的现象，处于从属地位，但是共同体越是走向没落阶段，这种现象就越重要。真正的商业民族只存在于古代世界的空隙中，就像伊壁鸠鲁的神只存在于世界的空隙中，或者犹太人只存在于波兰社会的缝隙中一样。这些古老的社会生产有机体比资产阶级的社会生产有机体简单明了得多，但它们或者以个人尚未成熟，尚未脱掉同其他人的自然血缘联系的脐带为基础，或者以直接的统治和服从的关系为基础。它们存在的条件是：劳动生产力处于低级发展阶段，与此相应，人们在物质生活生产过程内部的关系，即他们彼此之间以及他们同自然之间的关系是很狭隘的。"（《马克思恩格斯全集》第42卷，北京，人民出版社，2016，第60～61页）

② 〔美〕詹姆斯·W. 汤普逊：《中世纪经济社会史：300—1300年》下册，耿淡如译，北京，商务印书馆，1963，第427页。

致使整个社会的物质交换水平低下。奴隶社会中，交换活动主要发生在奴隶主之间，这种交换不仅包括物质交换，甚至还包括对作为奴隶的人的交换。① 可以想见，这些存在交换的地方，也是广告活动开展的地方。但是，整个奴隶社会中社会性的物质交换活动水平低下——这种低下是整个社会生产力水平低下造成的——致使整个社会的广告活动水平低下。

　　进入封建社会，社会生产力由于生产工具的改进特别是铁器的使用而大为提升，人类征服自然、改造自然、与自然之间进行物质变换的能力因而大大提高，发生在人与人之间的物质交换水平也得到了提高。②

---

①　恩格斯指出，在存在对人的奴役的社会中，"人也可以成为商品"，"如果把人变为奴隶，人力也是可以交换和消费的"（《马克思恩格斯文集》第4卷，北京，人民出版社，2009，第195页）。

②　与奴隶社会相比，封建社会的交换水平得到了一定的发展，这无论是在中国，还是在西方，都是事实。中国两千多年的封建社会，虽然从整体上来看，自给自足的自然经济是主导性的经济形式——这种经济形式必然会限制交换活动的发展——但在乡村与乡村之间，城镇与城镇之间，乃至较大的区域与区域之间，交换活动仍然得到了一定程度的发展。在封建社会，"集市"是交换活动得以发生的重要载体，也是交换活动存在的主要形式，集市的发达水平一定程度上反映了当时的经济社会发展水平乃至生产力发展水平。

在中国古代，除了一些作为商业中心的主要城市之外，在广大的乡村，则盛行着"草市""亥市"等定期集市。这些集市在南北方又有着不同的称谓，在北方地区一般通称为"集""庙会"，等等，而在南方一般称为"场""街""墟（圩）"，等等。这些集市一般每年定期举行。如在笔者的家乡，旧时每年四月初八一般都会举行著名的海州"白虎山庙会"，庙会期间，八方宾客云集，商家辐辏一隅，交易活跃；庙会不仅是一种重要的商业活动，在今天甚至还发展成为一项重要的非遗文化展示活动。

在中世纪的欧洲，"市集"（fair）同样是重要的交换中心。历史上著名的香槟市集从12世纪一直活跃到14世纪，曾是封建欧洲最重要的商业中心。在三百多年内，香槟市集一直是从意大利来的黎凡特货物（如丝绸、瓷器、珍珠、象牙、香料以及其他奢侈品）和从北欧来的货物（如干鱼、兽皮、干酪、琥珀等）的交换中心。

在香槟市集之外，中世纪的欧洲各地还盛行着无数个大大小小的"市场"。现有的中世纪史研究已经证实，这些"市场"是当时封建领主采邑的一部分，"它是一种庄园制度，陷在属于一个领主的庄园或他的庄园集合体范围之内的"（〔美〕詹姆斯·W. 汤普逊：《中世纪经济社会史：300—1300年》下册，耿淡如译，北京，商务印书馆，1963，第216页）。此外，中世纪时期教堂的院地，也往往成为市场的地点，这便使得星期日下午逐渐发展成为"共同的市场日子"。一位12世纪的作家写道："在周六的日子，乡下人为了做买卖，从周围各地云集而来；他们运入蚕豆、大麦或任何种类的谷物来出售，而在市场上鞋匠和其他手工业者摆设着货摊。"（〔美〕詹姆斯·W. 汤普逊：《中世纪经济社会史：300—1300年》下册，耿淡如译，北京，商务印书馆，1963，第216页）中世纪欧洲的这些地方性"市场"上的主要商品是粮食、牲畜、农副产品和其他手工艺品，因而带有一种"农家风味"，市场"是当地农民所常逛的地方"（〔美〕詹姆斯·W. 汤普逊：《中世纪经济社会史：300—1300年》下册，耿淡如译，北京，商务印书馆，1963，第216页）；而且，久而久之，市场逐渐转变成为每周举行的活动，"在那里，每月中的某几天——第二周的星期三，第三周的星期四，等等——还举行特种市场来出售谷物、木材、葡萄酒、马匹、牛羊等等"（〔美〕詹姆斯·W. 汤普逊：《中世纪经济社会史：300—1300年》下册，耿淡如译，北京，商务印书馆，1963，第216～217页）。

中西方封建社会时期的集市、"市集"和"市场"，为古代广告的发展提供了重要的历史土壤，我们今天所熟悉的各种广告形式，如口头叫卖广告、响器广告、店招广告、实物展示广告等，都曾在集市上获得重要发展。

然而，封建社会中的两大阶级——地主和农民——都主要依靠土地的生产获得物生存，整个社会经济基本上是自给自足，交换活动和交换水平受到限制。封建社会形式下，手工业者开始作为一个独立的阶级分化出来，他们主要居住在城镇，靠出售自己生产的手工制品谋生。城镇因而成为社会性交换活动的中心。同时，在封建社会中，专门从事交换的商人阶层不断发展壮大，发挥着沟通有无、促进交换和繁荣经济的作用。因此，在封建社会中，无论是人与自然之间的物质变换活动，还是人与人之间的物质交换活动，都获得了前所未有的发展。但是，由于这种发展受到土地所有权的限制——特别是存在农奴制的地方，农奴在相当程度上还对地主阶级存在人身依附关系——受到作坊式的手工业生产能力较为低下的限制，因此整体来说社会交换活动和交换水平依然不高。这也在一定程度上限制了封建社会中广告活动的水平。

我国民国时期的新闻史大家戈公振，曾将商业勃兴认定为广告业繁荣发展的基础，指出"广告为商业发展之史乘，亦即文化进步之记录"[1]。商业的核心是"交换"，人与人之间互通有无的活动的水平（物质交换水平）决定了广告的发展水平。中国两千多年的封建社会发展史也是一部封建社会的商业史和广告史。其间虽然也有商业繁荣和广告发达的时期，但即使是在其鼎盛时期的两宋，广告业也远远不能与现代资本主义社会中广告业的发达程度相比。[2] 这固然有技术的、经济的、社会的、文化的等多种原因，但根本的一条还是在于中国封建社会整体上存在着较强的人身依附关系——人对土地的依附关系、人对人的依附关系（如农民对地主、仆人对主人都存在着较强的人身依附关系），致使人与人之间的以至于社会性的物质交换水平难以得到充分发展。

总之，在人的依赖性社会形态中，广告虽然一直存在，且在从原始社会到奴隶社会再到封建社会的发展演变过程中，广告整体上呈现出不断向前发展的趋势，但总体而言水平不高。广告在人的依赖性社会形态中的这种低水平发展，在现象层面来看，表现为整个社会的物质运动、

---

① 戈公振：《中国报学史》，北京，生活·读书·新知三联书店，2011，第201页。

② 广告史学界公认两宋时期（960—1279年）是中国两千多年封建史上商业和广告业最为繁荣发达的一个时期。这一时期经济繁荣、城市发展、人口增长、商业发达，推动广告业达到高峰。"宋代商业的发达、商品及商业竞争的激烈，促进了广告事业的空前繁荣……宋代广告活动千姿百态，各出巧思，花样翻新，争奇斗胜，是我国古代广告事业的鼎盛时期。"（刘家林：《新编中外广告通史》，广州，暨南大学出版社，2011，第55页）

流动水平相对不高，而在根本上，却是由社会生产力的相对低下所造成的。

广告真正的大发展，是在人类历史进入物的依赖性社会形态之后。

二、物的依赖性社会形态中广告的全面勃兴

前已言及，在马克思的笔下，物的依赖性社会形态，指的就是资本主义社会，它也是"人类社会的史前时期"的最后一个阶段。在历史的这一阶段，社会性的物质交换活动成为普遍现象；人与人之间、民族与民族之间、国家与国家之间、大陆与大陆之间、文明与文明之间形成了普遍的联系，结成了全面的关系；世界性交往在物质和精神两个层面上都获得了空前的发展。人的各个方面的需要被激发出来。而为了满足这些全方位的需要，社会性的生产能力伴随着科学和技术的飞速进步而得到全面提高。人类征服自然、改造自然、利用自然，与自然之间的物质变换能力获得了空前的提升。对此，马克思和恩格斯在《共产党宣言》中有一段话很好地做了描述：

> 资产阶级在它的不到一百年的阶级统治中所创造的生产力，比过去一切世代创造的全部生产力还要多，还要大。自然力的征服，机器的采用，化学在工业和农业中的应用，轮船的行驶，铁路的通行，电报的使用，整个整个大陆的开垦，河川的通航，仿佛用法术从地下呼唤出来的大量人口——过去哪一个世纪料想到在社会劳动里蕴藏有这样的生产力呢？①

值得注意的是，在考察资本主义社会时，马克思站在"现实的个人"的立场上，特别强调了这一社会形式的一个基础特征是——"以物的依赖性为基础的人的独立性"。这点明了我们分析资本主义社会时的基本视角。

首先，资本主义社会是一个以物的依赖性为基础的社会。在资本主义社会形态中，人与人之间普遍是一种交换的（即买卖的）关系②，这种

---

① 《马克思恩格斯文集》第2卷，北京，人民出版社，2009，第36页。
② 马克思在《资本论》中于分析商品时，指出了资本主义社会中商品化现象臻至极盛，它甚至将人的良心、名誉等本不是商品的东西变成商品进行交易。"有些东西本身并不是商品，例如良心、名誉等等，但是也可以被它们的占有者出卖以换取金钱，并通过它们的价格，取得**商品形式**。"《马克思恩格斯全集》第42卷，北京，人民出版社，2016，第83页。黑体为原文所加）

交换（买卖）通过物（客体）来进行。因此，物（客体）的交换价值的实现，就成为社会关系的纽带。显然，资本主义社会是一个社会关系普遍物化的社会。

其次，资本主义社会中的人的"独立性"，是建立在物的依赖性的基础之上的，易言之，没有了对物的依赖，便不会有人的独立性。资产阶级古典政治经济学家亚当·斯密认为，个人对自身利益的追求会自然而然地促进整个社会的利益，人们在自由交换中可以增进整体的社会福祉。[①] 斯密的这一观点成为后来西方经济学中"经济人"概念的一个重要的思想来源。显然，斯密的这一思想是站在资产阶级立场上的，他没能看到也不可能看到资本主义社会中这种人的独立性和对个人利益的追求，是在生产关系中的不平等地位的基础上产生的，而这种不平等地位是由生产者和生产条件相分离而造成的。

总之，在进入物的依赖性社会形式之后，一方面，整个社会的生产力获得了空前的大发展，无论是人与自然之间的物质变换活动，还是人与人之间的物质交换活动水平，都达到了历史上前所未有的高峰；另一方面，在物的依赖性社会中，个人获得了相对的自由和独立，尽管这种自由和独立基于物的依赖性。在物的依赖性社会中，人与人之间的关系普遍是以物质交换为特征的关系，换言之，一个人（主体），现在是通过物（客体），实现与另一个人（主体）之间的联系的，由此导致了整个社会关系的物化。

在物的依赖性社会形式中，交换的普遍性，推动广告活动迎来了前所未有的大发展，也推动着广告在经历了古代广告和近代广告的发展演变之后，全面进入现代广告的形态转变。其标志就是现代意义上的广告公司的出现。

现代意义上的广告公司，正如我们在第二章对广告批判进行哲学层面的考察时指出的那样，诞生于19世纪中叶，其最初的形式和职能是由帮助报刊推销广告版面的一些掮客所定义的，后来逐渐发展成为媒介与广告商之间的一个中介。通常而言，现代广告公司有两种业务模式，一是从媒介那里以较低的价格批量购买媒介版面，随后再将这些版面划分为较小的单元，向企业或其他有商品或服务推广需求的广告者出售，从而赚取其中的价格差额。二是以广告商的代理人的名义，与媒介（主要是

---

① 参见〔英〕亚当·斯密：《国民财富的性质和原因的研究》（上），郭大力、王亚南译，北京，商务印书馆，1972。

大众传播媒介）谈判以购买需要的版面，用来刊播客户的产品或服务信息。其间，广告公司还通常会承担起为广告商提供市场调查、广告活动/广告运动的策划、广告发布、效果评估等相关服务。久而久之，现代广告业就在现代广告公司的推动下逐渐发展起来，成为现代社会分工过程中诞生的一个新的相对独立的行业和产业，并逐渐发展壮大。后来，随着消费社会于20世纪20年代在美国初步形成，特别是第二次世界大战后，西方发达国家整体步入消费社会之后，广告业逐渐发展成为国民经济中的一个重要产业，广告也因此越发成为一种重要的社会和文化现象，渗透进现代人生活的每一个角落，并相当程度上参与了对大众文化的塑造。

总之，在历史进入物的依赖性社会之后，每个人都作为一个独立的自由个体处在社会关系之中。个人与其他人之间的物质交换成为其生存的基本条件，使得物（客体）成为人（主体）与人（主体）之间关系的纽带。整个社会是交换的社会。其中，一方面，物在人与人之间不停地运动和流动，且这种运动和流动的速度和水平不断加快；另一方面，人与自然之间的物质交换活动（物质变换）的速度和水平也在不断加快。马克思在考察资本主义社会时，于分析货币时对这一现象进行了深刻的思考，并用"社会联系的物化""物化的关系"①等表述来对其进行表征，影响深远。因为，诚如马克思指出的那样，在交换和货币之间，先有交换，后有货币。然而，货币出现之后，又推动交换在更高的水平上更快地发展。其对于人类社会的一个自然结果，就是社会关系的普遍物化。

在一个以社会关系的普遍物化为特征的物的依赖性社会中，广告因交换活动和水平的空前发展而获得了前所未有的大发展。在这一大发展的背后，深层次来看，这是社会生产力和生产关系之间的矛盾运动的结果。一条不容忽视的主线是：从人的依赖性社会过渡到物的依赖性社会，正如前文引用马克思、恩格斯在《共产党宣言》中指出的那样，是一个社会生产力获得解放和发展的过程。在这一过程中，生产力的发展是根本的动因，生产力的发展推动着生产关系的发展。当农奴制的、封建制的生产关系不再适应生产力的发展，甚至成为生产力发展的障碍的时候，

① 《马克思恩格斯全集》第30卷，北京，人民出版社，1995，第110页。

旧的生产关系就要被打破，从而为新的生产关系的发展开辟道路。① 这一新的生产关系，就是资本主义的生产关系，它以生产者与生产条件的分离为基本特征，以资本家对剩余价值的无止境追求为动力，以无产者和资产者之间的阶级斗争为社会基本矛盾。

　　资本主义社会是一个以物的依赖性为基本特征的社会，是一个社会关系即人与人之间的联系普遍物化的社会。在这样的社会中，作为客体的物的地位显著提高，人们普遍追求自己手中的物（客体）的交换价值，即把物交换出去。这便推动着整个社会的物质运动、流动的速度和水平向前发展。这既是广告发展的历史土壤，亦是广告大发展的社会结果。不过，在社会的维度，由于资本主义制度建立在生产者与生产条件之间的分离、建立在生产的"主观因素"——工人和生产资料的所有者即资本家之间的阶级对立的基础之上，阶级压迫和阶级对抗是必然的。又由于资本逻辑主导了资本主义的经济、政治、文化和社会各个维度、各种社会要素和生产关系的生产和再生产，广告也不例外。在资本主义社会形态下，广告逻辑为资本逻辑所全面统摄，广告自然也就带上了阶级压迫和阶级奴役的色彩。因此，若想切中肯綮，广告批判必须指向对资本逻辑的批判。

---

①　美国中世纪史家汤普逊在研究中世纪欧洲的经济社会史时，曾恰当地指出了欧洲封建生产关系向近代资本主义生产关系转变的动因和过程。其中，庄园经济的解体和城市的兴起无疑是两个最重要的驱动力。封建欧洲的庄园经济在 9 世纪至 11 世纪一度十分强大，但这种经济是以牺牲农民的人身自由为代价的。在庄园内，和在教会领地内一样，蓄积着大量的农奴，这些农奴牢固地依附于所租种的土地，很多人世世代代摆脱不了对庄园主和土地的依附关系，这也使得中世纪的封建欧洲整体上是一个静态的、缺少流动性的社会。

12、13 世纪"城市运动"的日益兴起，"比任何其他中世纪运动更明显地标志着中世纪时代的消逝和近代的开端"（〔美〕詹姆斯·W. 汤普逊：《中世纪经济社会史：300—1300 年》下册，耿淡如译，北京，商务印书馆，1963，第 480 页）。城市安身立命的基础是工业和商业，因此，很自然地，城市成为大量手工业者和商人的聚集地；同时，大量不堪教会和庄园主压迫的农奴逃往城市，加入了城市自由"市民"的行列。

在城市中，诞生了最早的资产阶级。研究显示，无论是在南欧，还是在北欧，资产阶级有着同样的起源——"它是一个商人的集团或过去商人而现在为土地所有者集团"（〔美〕詹姆斯·W. 汤普逊：《中世纪经济社会史：300—1300 年》下册，耿淡如译，北京，商务印书馆，1963，第 497 页）。这些商人中的佼佼者，逐渐发展成为中世纪后期城市中最早的一批资本家，而大量手工业者以及从教会和庄园领地上逃亡出来的农奴，则构成城市市民的主体。"中世纪城市大多是从当地商人殖民地获得了它们城市地位的起源；这一项理论比任何其他理论更符合于已知道的事实。"（〔美〕詹姆斯·W. 汤普逊：《中世纪经济社会史：300—1300 年》下册，耿淡如译，北京，商务印书馆，1963，第 497 页）庄园经济的逐步解体和城市经济的兴起，为资产阶级的诞生创造了条件，一个新兴的近代资本主义社会已经在地平线上隐约显现出来。

第三节　广告批判的资本逻辑指向

既然我们不能也无法彻底否定广告，那么两个不可回避的问题就出现了：其一，当代的广告批判究竟应该批判什么？其二，批判又该建立在怎样的哲学基础之上？

我们在第七章中分析西方马克思主义的广告批判理论以及在第五章中单独分析鲍德里亚的广告批判思想时，都曾指出过西方马克思主义的广告批判思想在一定程度上表现出了唯心论的倾向。这主要是因为西方马克思主义的广告批判理论主要聚焦于资本主义社会中广告的文化功能，且这种聚焦从阶级分析的视角出发，认为广告在相当程度上充当了资产阶级针对无产阶级的阶级麻醉剂，进而成为维护资产阶级的文化领导权的工具。这种观点，实质上是视广告为阶级压迫和阶级奴役的手段。

20世纪60年代，美国的"垄断资本学派"发现了广告对于资本主义的经济功能，并对之予以剖析。这些研究成果对于后来首先兴起于北美的传播政治经济学派产生了重要影响。传播政治经济学的创始人达拉斯·斯迈思开始考察传播研究中的政治经济问题，试图消除西方马克思主义传播研究中的"盲点"。必须承认，"垄断资本学派"和传播政治经济学派对广告的"再发现"，对于传统的西方马克思主义广告批判理论具有重要的丰赡作用，客观上也加深了我们对于广告的认识，因而在一定程度上弥补了西方马克思主义广告批判理论的缺陷。

然而，无论是传统西方马克思主义广告批判，还是"垄断资本学派"和传播政治经济学派的广告批判，虽然在批判广告的层面达成了一致并形成了某种程度的互补，但却都没能回答广告为什么能够存在，或者说广告存在的根本的合法性依据是什么的问题。质言之，西方的广告批判理论没能在哲学层面解答广告的"历史之谜"。

解答广告的"历史之谜"，必须回到历史唯物主义的双重逻辑框架，回到马克思哲学的出发点——"现实的个人"及其生产活动和生活过程。

一、资本逻辑统摄下的广告异化

在第三章中，我们曾初步尝试在历史唯物主义的双重逻辑框架下分析广告问题，得出了一些初步的结论。现在，我们要沿着这一分析线索，深入探讨广告批判背后的资本逻辑指向问题。

所谓资本逻辑即是指资本的内在规定性，它规定了资本追求的目标、发展方向以及总体特征表现。一般认为，马克思由历史唯物主义的核心逻辑——生产逻辑，转向对资本逻辑的关注，大致始于《政治经济学批判大纲》。在这部被普遍认为是《资本论》"最初稿"的重要文献中，马克思开始触及资本主义批判的核心——资本逻辑。这也就是说，批判资本主义生产方式的关键，是要将资本逻辑揭示出来，并力求找到超越资本逻辑和实现历史革命的"主体"和路径。为此，马克思从对资本主义社会的细胞——商品——的分析开始，细致考察资本的生产过程和流通过程。正是在这样的考察过程中，马克思制定了他的价值理论，并进而以此为基础制定了他的剩余价值理论。

马克思对资本逻辑的批判涉及多重维度。

首先，资本逻辑批判指向经济维度。资本以赚取最大化的剩余价值、实现最大化的价值增殖为目的。"资本的合乎目的的活动只能是发财致富，也就是使自身变大或增大。"①马克思在《1861—1863年经济学手稿》中指出，资本就其本质而言，无非是一种"价值"，但是，这种充当资本的"价值"与别的价值有所不同。充当资本的价值是"**处于过程中的货币或处于过程中的价值**"，是能够"生产出价值"的价值，即能够"产生剩余价值的价值"。②而这些由资本"生产"出来的超出预付资本的"价值"，即剩余价值，是由工人在剩余劳动时间内生产出来并被资本家无偿占有的"价值余额"。因而对这种价值的生产和占有，实质上体现了资本主义的社会关系，是资本主义社会关系的产物。

其次，资本逻辑批判指向政治维度。在资本主义社会中，存在着资本家和工人两大基本阶级。在这两个阶级中，资本家由于掌握着"物质生产条件"而掌握着社会中的政治权力，国家政权，则是资本家掌握政治权力的象征。相比之下，工人阶级除了自身的劳动力以外一无所有，只能靠向资本家出卖自己的劳动力以换取自身有限的生活资料，因而他们是资本主义社会中的被统治者。正如马克思指出的那样："物质生活的生产方式制约着整个社会生活、政治生活和精神生活的过程。"③恩格斯则在《反杜林论》中一针见血地指出：在资本主义生产方式下，"金钱"是"社会权力的第一杠杆"。④

再次，资本逻辑批判指向了社会维度。马克思指出，资本是一种"社

---

① 《马克思恩格斯全集》第30卷，北京，人民出版社，1995，第228页。
② 《马克思恩格斯全集》第32卷，北京，人民出版社，1998，第18、19页。
③ 《马克思恩格斯全集》第31卷，北京，人民出版社，1998，第412页。
④ 《马克思恩格斯选集》第3卷，北京，人民出版社，2012，第644页。

会权力"。一方面，它要求将"生产过程借以进行的全部社会前提"纳入它的掌控之下，成为"从属于它的特殊性质和它的内在规律"的要素；另一方面，它还要求资本主义生产的"主观因素"——工人，按照它的需要"变来变去"，把他们"从一个生产部门抛到另一个生产部门"。① 在资本主义生产方式下，资本逻辑的统摄性，要求社会生产的"主观因素"全面屈从于它。人本身不是目的，资本的增殖才是。

最后，资本逻辑批判还指向了文化维度。经济层面的"被剥削"地位，政治层面和社会层面的"被压迫"地位，必然导致工人阶级在文化层面处于"被奴役"地位。唯物史观告诉我们：社会存在决定意识。

> 统治阶级的思想在每一时代都是占统治地位的思想。这就是说，一个阶级是社会上占统治地位的**物质**力量，同时也是社会上占统治地位的**精神**力量。支配着物质生产资料的阶级，同时也支配着精神生产资料，因此，那些没有精神生产资料的人的思想，一般地是隶属于这个阶级的。②

资产阶级的"意识形态家"还编织了许多文化谎言，如将"资产阶级生产关系"描绘成"天然的"，资本主义是历史的最后形态。③ 而无产阶级由于受到自身社会存在方式的限制，极易为这些文化谎言所蒙蔽和欺骗。

显然，资本逻辑统摄了资本主义社会的方方面面，包括全部人的要素和物的要素，甚至连人的意识都难逃资本逻辑的渗透。正是在这一意义上，有研究者认为马克思通过《资本论》这样的巨著，对资本逻辑开展的系统性深刻批判，一定意义上还包蕴着面向无产阶级的"精神解放意蕴"④。

二、广告：资本流通中的"幽灵"

作为物的依赖性社会形式，在资本主义社会中，广告因无产阶级和资产阶级之间的阶级对抗而带上了阶级奴役的色彩，因为资产阶级除了应用广告来达成自己的经济目标之外，还附带地运用广告来达成本阶级的政治目标和文化目标。这是资本逻辑统摄下的社会形式中的必然产物。

---

① 《马克思恩格斯全集》第46卷，北京，人民出版社，2003，第217、218页。
② 《马克思恩格斯文集》第1卷，北京，人民出版社，2009，第550页。黑体为原文所加。
③ 《马克思恩格斯文集》第1卷，北京，人民出版社，2009，第612页。
④ 牟成文：《〈资本论〉的精神解放意蕴》，《学术研究》2019年第9期，第7～12页。

那么，广告与资本逻辑之间有什么样的关系？

广告与资本逻辑之间的关系，需要到资本流通的过程中去寻找。

资本流通，按照马克思在《资本论》中的分析，一般都要经历三个阶段——流通阶段、生产阶段、流通阶段。这是一个始于流通，历经生产后又回归流通的有机闭环。在第一个流通阶段中，"一个货币额转化为生产资料和劳动力，这是要执行资本职能的价值的第一个运动，这个运动是在市场上，在流通领域内进行的"①。资本深知，要想实现价值增殖，赚取剩余价值，必须先在生产资料和劳动力的身上实现自己的价值。易言之，要想通过"卖"来获取利润，必须先得"买"。因此，整体来看，资本的逻辑都是"为卖而买"②。

第二个阶段是生产过程，是资本家将在市场上"购买"来的生产的"主观因素"（工人），和"客观因素"（生产资料）结合起来，进行生产（这种生产的特征表现为机器化大工业生产），实现将人的本质性力量对象化到生产对象中去，以生产出产品的过程。在这个过程的末尾，资本家会得到一个"价值"，而且是一个整体"大于其组成部分的价值"。③ 这个增殖了的"价值"以商品的形式，被再次投入流通领域。

由此产生资本流通的第三个阶段，即商品销售阶段，把商品的价值"实现在货币上"④。至此，资本家的预付资本得到了货币上的实现。但整个过程还没有结束。在这个阶段中，资本家还要把获得的货币重新转化为资本，以使过程能够周而复始地不断进行。"这种通过这样一些连续阶段的循环运动，就是资本流通。"⑤

虽然马克思在分析资本流通的上述三个阶段时，绝少提及广告，但以我们今天的视角来重新审视上述全过程，就会发现：广告如同一个"幽灵"，活跃于资本运动的每一个阶段。

资本运动的第一个阶段实质上是资本家采购生产资料和招聘"自由"工人的阶段，因此，在这一阶段，生产资料广告和招工广告是常见的广告"社会使用形式"。其中，生产资料广告是一种能够推动物质运动、流动的信息沟通形式，其在一个社会形态中的活跃度一定程度上能够反映该社会的物质生产力水平。与之相对，招工广告则是一种旨在推动人的

① 《马克思恩格斯全集》第 43 卷，北京，人民出版社，2016，第 597 页。
② 《马克思恩格斯全集》第 30 卷，北京，人民出版社，1995，第 208 页。
③ 《马克思恩格斯全集》第 43 卷，北京，人民出版社，2016，第 597 页。
④ 《马克思恩格斯全集》第 43 卷，北京，人民出版社，2016，第 597 页。
⑤ 《马克思恩格斯全集》第 43 卷，北京，人民出版社，2016，第 597 页。

运动、流动的信息沟通形式，它在一个社会形态中的活跃度能够在一定程度上反映该社会的经济活动水平。但在资本逻辑的统摄之下，特别是在资本原始积累时期，招工广告作为一种重要的广告的资本主义社会使用形式，却暴露出了最多的无耻与残暴。

我们在第九章讨论马克思的广告批判思想时，曾经引用的 19 世纪 40 年代英国资本家招聘童工的例子就很好地证明了这一点。在那个例子中，工厂视察员雷德格雷夫在《工厂视察员报告》中征引的一则童工招聘广告中，特别要求应聘儿童的外表看上去要在 13 岁以上。① 这是因为，根据当时的英国工厂法，只有年满 13 岁的工人，日工作时间才能超过 6 小时；同时，雇用童工的代价较成年工人低很多。这便促使资本家普遍希望大量雇用童工，而且是雇用那些"长相老成"的童工。其结果必然是工人家庭支离破碎，产生严重的社会问题。马克思指出这样的童工招聘广告与 19 世纪初美国报纸上常见的黑奴贩卖广告并无二致。资本逻辑追求无止境的价值增殖。在资本逻辑的统摄之下，人这种"活的附属物"被降格至机器那种"死机构"的水平之下②，它到处迫使工人"出卖妻子儿女"，成为"奴隶贩卖者"。③ 马克思对广告的这种资本主义社会使用形式的揭露，反映出他对资本逻辑统摄下的广告的深刻批判思想。

资本运动的第二个阶段实质上是生产阶段，是资本离开流通领域，执行"生产资本"职能的阶段。表面上看，这一阶段似乎与广告的关联不大，但实际上，资本家为了确保自己的产品生产出来后能够迅速占领市场，往往会提前发布广告，以期能够在产品信息覆盖方面全面压制竞争对手。这在除"繁荣时期"以外的其他几个"工业的生命"时期中都有所表现，在"生产过剩""危机"和"停滞"时期则表现得尤为突出。"除了繁荣期以外，资本家之间总是进行十分激烈的斗争，以争夺各自在市场上的份额。这个份额同产品的便宜程度成正比。"④广告和促销是资本家在这些场合常用的手段。但是，资本家在营销领域的费用增加，往往要通过加深对工人的剥削程度来抵消。"为了追求商品便宜，（资本家）强制地把（工人的）工资压低到劳动力价值以下。"⑤这是资本逻辑的必然。

在资本运动的第三个阶段，"生产资本"转换成了"商品资本"，重又

---

① 参见《马克思恩格斯全集》第 44 卷，北京，人民出版社，2001，第 456 页。
② 《马克思恩格斯全集》第 42 卷，北京，人民出版社，2016，第 437 页。
③ 《马克思恩格斯全集》第 44 卷，北京，人民出版社，2001，第 455 页。
④ 《马克思恩格斯全集》第 44 卷，北京，人民出版社，2001，第 522 页。
⑤ 《马克思恩格斯全集》第 44 卷，北京，人民出版社，2001，第 522 页。

进入流通领域。在这一阶段，资本逻辑内在地要求"商品资本"尽快复归到"货币资本"形式，以便能够重新开始循环过程。同时，如果在这一过程的结尾，100塔勒原预付资本只得到了100塔勒的货币，这对于资本家而言是没有意义的。资本逻辑要求实现"价值增殖"，也就是说必须在预付资本100塔勒的基础上获得剩余价值。

> 现在，资本家进入流通过程不再是简单地作为交换者，而是作为生产者同作为消费者的其他交换者相对立。这些消费者为了得到资本家的商品来供自己消费，就要换出货币，而资本家为了得到消费者的货币，则要换出自己的产品。①

为了将"过程的产品"重新实现为价值，推动"商品价值从商品体跳到金体上"，完成"惊险的跳跃"②，商品必须能够找到"吸引金的地方"③。寻找商品"吸引金的地方"的过程必然伴随着传播的过程，这样的传播过程，即是广义上的广告过程。又由于此第三阶段的流通过程关系到商品价值能否实现，关系到价值增殖能否顺利完成，因此，一切能够有助于寻找和传播商品"吸引金的地方"的手段和工具，都会得到广泛运用。在这些手段和工具中，广告无疑是最为鲜明，也最为有效的。这也是广告在人类社会进入资本主义时代之后得到空前大发展的根本原因。

三、资本逻辑导致广告异化为阶级压迫和阶级奴役工具

前面的研究已经指出，无论是在东方还是西方，广告古已有之，但广告异化为阶级压迫和阶级奴役的工具，却是在资本主义生产方式成为主导性生产方式之后的事。

在本章第一节中，我们分析了人类社会形态演变的过程，并顺带简要描述了各种社会形态中广告的发展情况。同时，我们也已知道，一些西方马克思主义者认为，广告是资本主义社会中的一种阶级压迫和阶级奴役工具。这也是西方广告批判理论的根基所在。那么，我们不禁要问：既然奴隶社会、封建社会和资本主义社会一样，都是阶级社会，为什么只有到了资本主义社会之后，广告才会异化成为阶级压迫和阶级奴役的工具呢？

---

① 《马克思恩格斯全集》第30卷，北京，人民出版社，1995，第382页。
② 《马克思恩格斯全集》第42卷，北京，人民出版社，2016，第87页。
③ 《马克思恩格斯全集》第31卷，北京，人民出版社，1998，第483页。

中国古代社会中先后出现的口头吆喝式广告、音响广告、实物陈列式广告、店招广告等，都是一些朴素的广告形式，主要承担着简单的物质信息的沟通功能；即使是社会上出现的一些对广告的批评，也大都与广告偶尔向客户兜售伪劣商品有关，很少会上升到阶级分析的层面。

西方的情况也大体如此。根据马克思的分析，在古代的原始生产方式下，"产品转化为商品、从而人作为商品生产者而存在的现象"只在极小的范围内存在，因而是"处于从属地位"的。① 一般而言，这种商品交换只是发生在"共同体"（如家族、氏族、部落等）的尽头，在共同体与其他共同体或其成员接触的地方出现。生活于不同自然环境中的不同的共同体，由于可以获得的生产资料和生活资料不同，而导致各自的生产方式、生活方式和产出物存在差异。"这种自然的差别，在共同体互相接触时引起了产品的互相交换，从而使这些产品逐渐转化为商品。"②正是在这种相对原始的、主要局限于共同体之间的交换中，产生了古代广告的朴素形式。这些朴素的广告形式，本质上与阶级压迫和阶级奴役无关。

进入中世纪的欧洲整体上处在封建社会时期，黎凡特贸易的发展、香槟市集的勃兴，一定程度上促进了交换活动的发展，进而带动了广告的发展。研究资料显示，在这一时期的巴黎城内，消费活动十分活跃，各种各样的商品广告形式如口头叫卖广告、实物呈示广告、音响（响器）广告、店招广告等都有所发展。其中，由于葡萄酒当时已经成为人们日常消费的一种重要商品，因此有关葡萄酒的推销广告获得了长足发展。美国著名中世纪史学家詹姆斯·W. 汤普逊，曾为我们讲述了一则中世纪巴黎城内葡萄酒肆主雇用专业"葡萄酒叫卖人"推销葡萄酒的趣事。

> 巴黎有一种古怪的风俗（也许当时酒肆主并不认为是古怪的），就是雇用葡萄酒叫卖人的风俗。这批人组成了公会；每个酒肆主至少必须雇用公会中的一个人来叫卖他的酒。他们打着皮鼓走来走去，给路人看葡萄酒的样品并喊出它的价格。③

从这段话中，我们至少可以了解到当时活跃于巴黎城内的三种广告形式：口头叫卖广告（高声吆喝着叫卖）、音响（响器）广告（击打皮鼓以引

---

① 《马克思恩格斯全集》第 42 卷，北京，人民出版社，2016，第 60 页。
② 《马克思恩格斯全集》第 42 卷，北京，人民出版社，2016，第 361 页。
③ 〔美〕詹姆斯·W. 汤普逊：《中世纪经济社会史：300—1300 年》上册，耿淡如译，北京，商务印书馆，1961，第 461 页。

起路人注意)和实物展示广告(将待售的葡萄酒样品展示给路人)。值得注意的是,这一时期的巴黎城内活跃着一群在我们今天看来可称得上是"专业广告人"的人——专门的"葡萄酒叫卖人",他们为了维护自己的利益,还自发组成了行业"公会"。这样的公会,不就是我们今天的广告行业协会的雏形吗?而且,看来当时巴黎城内的葡萄酒店家,已经习惯于从葡萄酒叫卖人公会雇用从业者来为自己推销产品,西方的"广告代理制"看来是有着悠久的历史传统的。

中世纪的广告形式依然是朴素的,我们很难将它们与阶级压迫和阶级奴役联系起来。

广告异化为阶级压迫和阶级奴役的工具,至少需要三个前提条件。

其一,是阶级条件,即社会分化为完全对立的两个基本阶级——大资产阶级和工人阶级。在这两个阶级中,大资产阶级占有完全的生产资料,而工人阶级除了自己的劳动力之外一无所有,只能靠将自己的劳动力出卖给资本家来换取自己的生存资料。

其二,是社会条件。工人阶级必须是摆脱了人身依附关系的"自由"主体,可以按照自己的意愿,"自由地"出卖自己的劳动力。

其三,是社会关系的商品化。即人与人之间的物质交换普遍以商品的形式进行。商品化的社会关系表现为商品交换的普遍化,而商品交换的普遍化必然导致广告活动的活跃。

资本逻辑主导下的社会形式满足了以上三个前提条件,因而广告在资本主义社会中带上了阶级压迫和阶级奴役的色彩。这主要通过以下几个方面展现出来。

首先,在经济维度,广告转变成剩余价值生产的推动性力量。前已言及,在资本主义生产方式下,广告的主要作用就在于帮助资本家找寻到商品"吸引金的地方",帮助商品实现惊险一跃,从而完成资本流通的第三个阶段,也是最为关键的一个阶段——销售阶段。这一阶段进行得顺利与否,直接关系到商品价值(包括剩余价值)的实现。进行得顺利还好,进行得不顺利,"跳跃"不成功,"摔坏的不是商品,但一定是商品占有者"[1]。又由于剩余价值是工人在剩余时间内生产出来的超出预付资本价值的价值余额,因此,剩余价值越多,资本家从工人身上攫取的就越多,对工人的剥削的量就越大,工人受压迫的程度就越深。

其次,在社会维度,广告转变为物化社会关系、助推商品拜物教的

---

[1] 《马克思恩格斯全集》第 42 卷,北京,人民出版社,2016,第 87 页。

结构化力量。资本逻辑主导下，社会形式的一个基本特征是交换关系的普遍化。在这种社会形式下，有的人（如资本家）是为了发财而参与市场交换，有的人（如工人）则是为了生存而参与市场交换。交换关系的普遍化，必然导致"社会联系的物化"①。物化的社会联系又导致人的"信赖"对象发生了转移，由原来的人对人的信赖转变为人对物的信赖，特别是对作为"社会抵押品"的物——货币——的信赖。

> 人们信赖的是物（货币），而不是作为人的自身。但为什么人们信赖物呢？显然，仅仅是因为这种物是人们互相间的物化的关系，是物化的交换价值，而交换价值无非是人们互相间生产活动的关系。②

同时，物化的社会联系不仅为商品拜物教的产生创造了社会土壤，随着物化程度的不断加深，商品拜物教现象也越发严重。商品拜物教将"人们自己的一定的社会关系"转换成"物与物的关系的虚幻形式"③，使得人这个"主体"拜倒在物这个"客体"的脚下。资本逻辑主导下的广告，在促进价值增殖和剩余价值实现的同时，也间接推动了社会关系的物化和商品拜物教的发展。

最后，在文化维度，广告转变成资产阶级意识形态的维护性力量。马克思、恩格斯告诉我们：统治阶级的意识形态，在任何时候都是社会中的主导意识形态，这是由统治阶级掌握社会物质生产条件，进而掌握国家政权的社会存在所决定的。当一种社会形式由资本逻辑所统摄的时候，包括广告在内的所有"社会前提"都要服从和服务于资本的内在规定性。资本不仅要求生物学意义上的工人，即工人的肉体，屈从于资本逻辑的价值增殖目标，还要求工人在"精神""意识"层面"认同"资本逻辑主导的文化体系。而资本逻辑主导的文化体系是资产阶级的文化体系，是资本主义社会中占统治地位的文化体系，它反映的是资产阶级的价值观和意识形态。"在一个社会中占统治地位的文化，具有维护、巩固和发展这种社会制度，调控并保持其正常运转的功能。"④

---

① 《马克思恩格斯全集》第30卷，北京，人民出版社，1995，第110页。
② 《马克思恩格斯全集》第30卷，北京，人民出版社，1995，第110页。
③ 《马克思恩格斯选集》第2卷，北京，人民出版社，2012，第123页。
④ 李秀林、王于、李淮春主编：《辩证唯物主义和历史唯物主义原理》，北京，中国人民大学出版社，2004，第120页。

在资本逻辑的框架下，广告要维护资产阶级的文化体系。资本家借助广告所宣扬的消费观念、生活观念和价值观念逐渐被内化成工人的消费观念、生活观念和价值观念，简言之，大资产阶级借助包括广告在内的"文化工业"，把自己的"意识"变成了工人阶级的"意识"。正是在这一意义上，西方马克思主义学者将广告置入发达工业社会中的"文化工业"予以整体考察，得出广告是服务资本主义意识形态的工具，资本逻辑主导下的广告是一种阶级压迫和阶级奴役工具的结论。① 我们认为，撇开其唯心论的倾向，西方马克思主义的这一结论是成立的。当代广告批判的一个重要任务，就是要将对资本逻辑的批判，延展到对广告服务资本逻辑的批判。

不过，与西方马克思主义学者不同，我们在这里必须指出：广告服务资本逻辑只是在人类社会进入资本主义时间后才出现的一种**"暂时的和历史性的"**②现象；因此，广告批判绝不应是我们对广告的全部认识。事实上，马克思对资本和资本逻辑的认识并不仅仅囿于批判的层面，他在其他一些场合，也曾肯定过资本因"创造出社会成员对自然界和社会联系本身的普遍占有"而表现出的"伟大的文明作用"③，肯定过资本在发展社会生产力方面的积极作用。④ 因此，在广告批判之外，我们还应在理论层面，阐明广告存在的根本的合法性依据——其思路与方法，正是马克思认识资本和资本逻辑的思路与方法，即唯物的、辩证的批判。

对广告的唯物辩证主义批判，将引领我们超越资本逻辑而进入历史唯物主义的核心逻辑——生产逻辑。我们应在生产逻辑中考察广告与人类的"第一个历史活动"——物质生产活动，以及物质生活过程之间的关系，考察广告存在的最后的合法性依据，从而为唯物主义广告观的建立奠定基础。

---

① 参见〔德〕马克斯·霍克海默、〔德〕西奥多·阿道尔诺：《启蒙辩证法：哲学断片》，渠敬东、曹卫东译，上海，上海人民出版社，2006；〔美〕赫伯特·马尔库塞：《单向度的人：发达工业社会意识形态研究》，刘继译，上海，上海译文出版社，2008。

② 1846 年 12 月 28 日，马克思在致帕·瓦·安年科夫的信中写道："人们借以进行生产、消费和交换的经济形式是**暂时的和历史性的**形式。随着新的生产力的获得，人们便改变自己的生产方式，而随着生产方式的改变，他们便改变所有不过是这一特定生产方式的必然关系的经济关系。"（《马克思恩格斯全集》第 47 卷，北京，人民出版社，2004，第 441 页。黑体为原文所加）

③ 《马克思恩格斯全集》第 30 卷，北京，人民出版社，1995，第 390 页。

④ 马克思写道："发展社会劳动的生产力，是资本的历史任务和存在理由。资本正是以此不自觉地创造着一种更高级的生产形式的物质条件。"（《马克思恩格斯全集》第 46 卷，北京，人民出版社，2003，第 288 页）

本章小结

回答广告的"历史问题",解答广告的"历史之谜",需要我们将广告置入人类社会历史发展演变的长河之中进行分析,考察在迄今为止人类所经历过的各个不同的社会形态中广告的存在条件、存在理由和存在状况。

人类社会形态的发展演变,在马克思主义史学界存在着"五形态"说和"三形态"说。"五形态"说将人类历史按照发生的先后顺序依次分为原始社会、奴隶社会、封建社会、资本主义社会和共产主义社会。这样的历史划分方法,体现了马克思主义历史进步观的思想。事实上,这种划分方法是研究者根据马克思主义经典作家的历史观点,结合人类历史发展演变的普遍情况进行的总结和概括。

"三形态"说见于马克思的《政治经济学批判大纲》,它站在人的自由与发展的立场上,将人类历史划分为前后相继的三个形态,即人的依赖性社会、物的依赖性社会,以及人的自由与发展的共产主义社会。

对比来看,三形态说中的人的依赖性社会大体上包含了五形态说中的原始社会、奴隶社会和封建社会,这三种社会形式的一个共同特征都是"人的依赖"性,即人不是独立存在的自由个体,而是彼此之间存在着牢固的人身依附关系。在这样的社会形式中,正如马克思所言,"人的生产能力只是在狭小的范围内和孤立的地点上发展着"[①]。"三形态"说中的物的依赖性社会相当于"五形态"说中的资本主义社会,这是一个人与人之间的"社会联系"普遍物化的社会。在这种社会形式下,资本主义生产方式下社会生产力的极度的发展,造成了社会性的物的运动、流动速度和水平的空前提高。

相较而言,我们认为,"三形态"说更加形象地反映了人和物、主体和客体在历史进程中的地位消长,与我们这里的研究主题——广告的关联性也更加密切。在物的依赖性社会形式中,物质运动、流动的速度和水平空前发展,自然会带动广告的大发展;反之,广告的大发展又会推动社会性的物质运动、流动速度和水平向着更高的阶段发展。

在物的依赖性社会中,由于存在着无产阶级和资产阶级之间的阶级对立和斗争,这样的社会关系必然会反映到广告的功能和作用上。物的

---

① 《马克思恩格斯全集》第 30 卷,北京,人民出版社,1995,第 107 页。

依赖性社会也是资本逻辑主导的社会形式，其中，广告在对抗性的阶级关系的影响下，其功能发生了某种程度的异化，在原本朴素的推动物质运动、流动的功能的基础上，附加了阶级压迫和阶级奴役的功能。因此，产生于西方学术界的现代广告批判的实质应该是资本逻辑批判，而资本逻辑批判只是历史唯物主义的一个组成部分。

新时期广告批判的一项重要任务，就是要揭示广告在资本逻辑统摄之下异化为阶级压迫和阶级奴役工具的本质，揭示这种异化与资本主义生产关系之间的内在关联。这便必然会将广告批判引向资本逻辑批判。而资本逻辑批判，正是马克思政治经济学思想（这种思想尤其体现在《资本论》之中）的内核。因此，广告批判需要全面回归马克思。

第十二章　唯心主义广告观的扬弃
和唯物主义广告观的确立

　　带有唯心主义倾向的形形色色的西方广告批判理论，无论是在思想上还是在实践中都曾给我国的广告实践带来过有害的影响。新中国成立后，我国在相当长一段时间内对广告的认识都带有唯心论的色彩，其突出特征是过于强调广告的意识形态功能，甚至给广告贴上了"资本主义生意经"的标签，而看不到广告源于人们的物质生产活动和物质生活过程中的自然需要，无意或有意地忽视了广告在发展经济和推动社会生产力发展方面的积极作用。在实践中，这种思想认识上的偏差必然会严重束缚我国广告业的发展，妨碍广告在发展经济、发展社会生产力方面发挥功能。

　　关于这一点，黄升民教授曾在充分掌握历史资料的基础上进行过实证分析。他在《中国广告活动实证分析》一书中指出，我国在进入社会主义社会后一度将广告的政治和宣传功能置于突出重要地位，使得处于起点状态的新中国广告业"被带上浓厚的政治色彩"[1]。

　　"文化大革命"期间，中国的广告市场在长达 10 年的时间内处于停摆状态。1970 年 1 月 19 日，《人民日报》在"刊载了三条工业广告之后，生产资料广告也从报纸版面上消失了"，"生产资料广告的消失，意味着广告市场的完结"。[2] 当然，以我们今天的眼光来重新审视那段广告史，将广告市场的停摆完全归咎于"政治运动的冲击和批判"，显然是有失公允的。但不可否认的是，广告市场的停摆一方面反映了当时我国社会生产力的落后以及基于这一点的社会性物质运动、流动水平低下，另一方面，广告市场的停摆反过来也限制了社会性物质运动、流动的发展，进而限制了经济和社会生产力的发展。沉痛的历史教训值得我们深刻记取。

　　在我看来，造成我们对广告认识的这一致命偏差的根本原因，就在于在理论和实践中背离了辩证唯物主义和历史唯物主义的基本精神，甚至滑向了唯心主义的歧途。

　　当代中国的广告学术研究伴随着 1979 年广告市场的重开而起步，其

---

　　[1]　黄升民：《中国广告活动实证分析》，北京，北京广播学院出版社，1992，第 6 页。

　　[2]　黄升民：《中国广告活动实证分析》，北京，北京广播学院出版社，1992，第 21、25 页。

间虽然不断有人尝试给广告"正名"①——这些"正名"也确实在一定程度上解放了思想，拓宽了社会层面对广告的认识，在实践中则一定程度上推动了广告业的发展，但令人遗憾的是，学术界始终未能实现站在马克思哲学思想的高度清算广告认识中的唯心主义倾向，未能在历史唯物主义的双重逻辑视域中，回答广告的"历史问题"，解答广告的"历史之谜"。

第一节　广告批判回归马克思主义唯物辩证批判

马克思对资本和资本逻辑的"辩证的批判"启示我们，在回答广告的"历史问题"，求解广告的"历史之谜"的过程中也必须坚持唯物辩证的观点，即既要看到广告因社会历史形态的不同而烙上的阶段性特征，也要看到在祛除了这些阶段性特征之后的广告的本来属性。这在根本上，是由马克思哲学思想的唯物辩证特质所决定的。

我们知道，马克思的辩证法是唯物的辩证法，它截然不同于黑格尔的唯心的辩证法。黑格尔把人的思维运动，即"观念"，看成先于实在的"定在"，是"现实的创造主"，认为"现实只是观念的现象形态"。②马克思把黑格尔的这种"头足倒立"的辩证法倒转过来，认为"现实"才是"定在"，"观念"只不过是人的大脑对现实的主观反映，一如马克思指出的那样，"思维不外是移入人的头脑并在人的头脑中改造过的现实运动的反映"③。

马克思创立的"新唯物主义"是辩证的唯物主义，因为它坚持了辩证法的思想。那么，辩证法的精髓是什么呢？关于这一点，马克思本人有一段经典的概括。他说，辩证法"在对现存事物的肯定的理解中同时包含

---

①　新中国成立后，我国的广告事业曾经在曲折中发展。"文化大革命"期间，广告市场和广告活动曾一度销声匿迹。1978年开始转向以经济建设为中心，但对广告的认识具有惯性，当时社会上普遍还存在着广告是"摆噱头""吹牛皮""资本主义生意经"的错误认识。为此，一批有识之士发起了"为广告正名"的运动，其中，影响最大的，当属原上海包装广告进出口公司广告科科长丁允朋在《文汇报》上发表的一篇千余言的文章《为广告正名》，发表时间为1979年1月14日。该文开启了社会范围内针对广告的思想解放运动。1979年元旦过后，我国媒体上逐步恢复了广告刊播活动，广告市场得以重开。1979年也因而被普遍认为是中国当代广告的重启元年。以我们今天的视角来看，丁允朋及其后许多试图为广告"正名"人士的文章，基本上都还停留于对广告服务经济建设方面的积极作用的强调，并未从马克思主义哲学的层面论证广告存在的合法性。
②　《马克思恩格斯全集》第43卷，北京，人民出版社，2016，第847页。
③　《马克思恩格斯全集》第43卷，北京，人民出版社，2016，第847页。

对现存事物的必然的否定的理解，即对现存事物的必然灭亡的理解；辩证法把运动本身的一切既成形式都看做是过渡的形式，因此它不崇拜任何东西，按其本质来说，它是批判的和革命的"①。

辩证法是批判的、革命的，它不崇拜任何东西，因为任何东西，即事物的"既成形式"，都具有过渡性，这种过渡一旦完成，就标志着事物的"灭亡"，同时也标志着新事物的诞生。将辩证法和唯物论结合起来，我们就会对广告形成一个相对全面、合理的认识，同时也会对西方广告批判理论的缺陷看得更加清楚。

综合来看，我们认为，站在唯物史观的立场上，当代的广告批判需要正本清源，跳出一些西方资产阶级学者预设的概念和理论框架，将广告置入人类历史发展的长河中，分析其与人类的物质生产活动和物质生活过程之间的关系，并以此为基础，考察广告存在的合法性问题。

现代以降，形形色色的西方广告批判理论都没能跳出资本逻辑批判的框框，将广告在一定历史阶段的暂时特征看成其普遍的、永恒的特征，从而看不到也无法解释广告存在的最终合法性问题，自然也就回答不了广告的历史问题，解答不了广告的"历史之谜"。当代马克思哲学思想研究界对历史唯物主义的双重逻辑的揭示则启示我们，要在资本逻辑批判之外，考察生产逻辑与广告的关系问题。

第二节　复归生产逻辑：以"物质指向性"统领对广告的认识

广告不是资本主义的发明，更不是资本主义社会所独有。广告史的研究表明，无论是在中国还是在西方，广告古已有之。东西方的古代广告都以朴素的信息沟通形式呈现，与现代西方马克思主义广告批判理论所强调的阶级压迫、阶级奴役并无关联。广告成为阶级压迫、阶级奴役的工具，只是在资本主义社会出现之后的事情。因此，广告的阶级压迫和阶级奴役属性，具有"历史暂时性"，是历史的产物，也必然会随着历史的发展，随着"物的依赖性"社会形式的被扬弃而逐渐消失。

撇开广告在资本主义社会中所表现出来的阶级压迫和阶级奴役色彩，历史地看，广告能够长时间地伴随着人类的社会发展，与唯物史观的基本逻辑——生产逻辑——有关。

生产逻辑是历史唯物主义的核心逻辑，它在人类学的意义上揭示

了人类社会、人类历史能够存在和不断向前发展的首要前提——"物质生产"。物质生产活动——而非"意识""思维"等精神活动，才是人类的第一个历史活动。"物质生产"，是人类社会发展的"决定性历史动因"。①

而要生产自己的生活资料，人——往往要借助于劳动工具，需要作用于自然，将自己的本质性力量对象化到自然中去，以期获得某种"有用物"。显然，这是一个人与自然之间进行物质变换的过程。在这一过程中，劳动表现为人的有目的的生产使用价值的活动，因而是一种"有用劳动"②，它在现象层面表现为"为了人类的需要而对自然物的占有"③。马克思站在历史唯物主义的视角，指出劳动"是人和自然之间的物质变换的一般条件，是人类生活的永恒的自然条件，因此，它不以人类生活的任何形式为转移，倒不如说，它为人类生活的一切社会形式所共有"④。

最早的广告，就诞生于人与自然之间进行物质变换的过程。比如，中国古代就有"物勒工名"的制度，这种制度自春秋战国时期一直延续到近代。北宋时期出现的"济南刘家针铺"广告则是这种制度的历史演化，其表现形式在很多方面都已十分接近现代的品牌广告。

无独有偶。在古希腊，知名的制陶工匠往往都会将自己的名字雕刻在陶器制品上，以期吸引收藏家们购买。据历史记载，一位名唤欧西米德斯（Euthymides）的制陶工匠，甚至在自己制作的花瓶上直白地刻下了这样一句话："欧夫罗尼奥斯（Euphronios）从未制作出这么好的（花瓶）"（better than Euphronios could ever have done）。⑤ 这样的广告，一方面强调了自己的制品质量出众，另一方面则强调了竞争对手的不及。这可能是世界上最早的"比较广告"（Comparative Advertising）。

---

① 《马克思恩格斯全集》第 48 卷，北京，人民出版社，2007，第 360 页。1851 年 8 月 21 日，恩格斯在一封写给马克思的信中，就皮·约·蒲鲁东的《19 世纪革命的总观念》一书发表了看法，认为蒲鲁东的这本书"是想从理论上拯救资产阶级的最后的尝试"。同时，恩格斯也指出，蒲鲁东在书中虽然部分地接受了历史唯物主义的一些观点，但这些观点被他歪曲了。"我们关于物质生产的决定性历史动因、关于阶级斗争等等的前提，有很大一部分被他接受了，但大多数都被歪曲了，他在这个基础上，利用假黑格尔主义的魔术，制造了把无产阶级反过来纳入资产阶级中去的假象。"（《马克思恩格斯全集》第 48 卷，北京，人民出版社，2007，第 360 页）
② 《马克思恩格斯全集》第 42 卷，北京，人民出版社，2016，第 29 页。
③ 《马克思恩格斯全集》第 42 卷，北京，人民出版社，2016，第 175 页。
④ 《马克思恩格斯全集》第 42 卷，北京，人民出版社，2016，第 175 页。
⑤ Ben Gazur, "10 Amazingly Ancient Advertisements,"（2017-09-24）［2020-11-27］，https://listverse.com/2017/09/24/10-amazingly-ancient-advertisements.

人与自然之间进行物质变换的同时，往往还伴随着人与人之间的物质互换活动，即人们之间交换有无的活动。前面的研究曾提到，根据马克思的推断，人们之间的这种物质交换活动，最早产生于古代社会中"共同体"的尽头。在古代社会，这种发生在不同"共同体"之间的物质交换活动的规模很小，但正是在这种物质交换活动中产生了许多原始形式的广告——口头吆喝、产品陈列，等等。

可见，广告伴随着人与自然之间的物质变换活动和人与人之间的物质交换活动而产生，是人类物质生产活动和物质生活过程的自然产物。广告之所以能够产生，是因为人类的物质生产和物质生活需要它——人们需要广告以推动物质的运动、流动。如果我们将视线拉长，放眼整个人类历史，就会发现：物质运动、流动的水平，在一定程度上反映了社会生产力的发展水平。①

正如我们在上一章中曾分析过的那样，不同社会形态中的社会性物

---

① 关于这一点，马克思和恩格斯在《共产党宣言》中有着充分的论述。他们指出："资产阶级在它的不到一百年的阶级统治中所创造的生产力，比过去一切世代创造的全部生产力还要多，还要大"（《马克思恩格斯文集》第 2 卷，北京，人民出版社，2009，第 36 页）。与资本主义社会生产力大发展同步的，是社会性的物质运动、流动水平的空前提高。"自然力的征服，机器的采用，化学在工业和农业中的应用，轮船的行驶，铁路的通行，电报的使用，整个整个大陆的开垦，河川的通航"（《马克思恩格斯文集》第 2 卷，北京，人民出版社，2009，第 36 页），所有这些，无不伴随着社会性的物质运动、流动水平的急遽提高。资本主义"大工业"生产建立起了"世界市场"，后者又使得商业、航海业和交通运输业获得空前的大发展，并反过来进一步促进了"大工业"的发展（《马克思恩格斯文集》第 2 卷，北京，人民出版社，2009，第 32 页）。"世界市场"的形成，推动着世界性的物质交往和精神交往的发展，其中，物质交往必然地与物质的运动、流动产生关联。"世界市场"的开拓，使得各国的生产和消费都成为世界性的，古老的民族工业被新的资产阶级大工业所取代，"这些工业所加工的，已经不是本地的原料，而是来自极其遥远的地区的原料；它们的产品不仅供本国消费，而且同时供世界各地消费。旧的、靠本国产品来满足的需要，被新的要靠极其遥远的国家和地带的产品来满足的需要所代替了"（《马克思恩格斯文集》第 2 卷，北京，人民出版社，2009，第 35 页）。站在今天的经济全球化时代，我们对生产力发展水平和社会性物质运动、流动水平之间的关系就可以看得更加真切。
　　詹姆斯·W. 汤普逊在研究中世纪欧洲的经济社会史时，也发现了物质运动、流动水平与社会生产力发展水平之间的内在关联。汤普逊认为，到 1300 年时，西欧的"货币经济"已经逐渐取代了封建时代的"自然经济"；与之相伴的，是商业活动的日益活跃。在中世纪，西欧"有产阶级（主要指与教会有关的教士阶级——引者注）的生产几乎不超过其自身的需求，几乎不消费任何非本地生产的物品"（〔美〕詹姆斯·W. 汤普逊：《中世纪晚期欧洲经济社会史》，徐家玲等译，北京，商务印书馆，1992，第 11 页）。这一时期，这些"有产阶级"家中的家用金银器皿、金条、窖藏金币和珠宝等财产基本上都是"闲置的财富"，它们"既不投入流通，也不用于生产"（〔美〕詹姆斯·W. 汤普逊：《中世纪晚期欧洲经济社会史》，徐家玲等译，北京，商务印书馆，1992，第 11 页）。显然，这是一个社会性物质运动、流动水平十分低下的时代——这是与中（转下页注）

质交换水平是不一样的，这在根本上是由各个社会形态的生产方式决定的，其中，生产力发展水平又具有决定性意义。整体来看，在从原始社会经由奴隶社会、封建社会直至资本主义社会的历史演变中，社会性物质交换水平呈不断上升的趋势。

在原始社会，共同体之间的藩篱尚未被打破，共同体之间的物质交换活动只是零星地进行。而一般来说，在共同体内部是不存在物质交换的，因为产生的物质产品归共同体集体所有。毫无疑问，在人类历史上的这一时期，社会生产力是极为低下的。

进入奴隶社会，共同体之间的藩篱被逐渐打破，社会性的物质交换活动有所发展。然而，由于奴隶社会的基本特征是奴隶对奴隶主存在着牢固的人身依附关系，因而社会性物质交换——以及社会性的物质运动、流动——只在有限的范围内进行，反映出这一历史阶段的社会生产力依然低下。

进入封建社会，随着奴隶对奴隶主的人身依附关系被基本解除，"自由农"开始登上了历史舞台。与此同时，城市与乡村的对立开始出现。社

（接上页注）世纪较低的社会生产力水平相适应的。"所有这些固定和封闭着的资本都必须变成流动的增殖的资本，然后才可能出现真正的资本主义。"（〔美〕詹姆斯·W. 汤普逊：《中世纪晚期欧洲经济社会史》，徐家玲等译，北京，商务印书馆，1992，第 12 页）

纵览汤普逊对欧洲中世纪经济社会史的研究，我们会发现，"物质因素"和"经济动机"构成了这千余年间西方社会历史发展演变的根本动因。民族的迁徙、殖民地的建立、海权和商路的争夺、贸易和交换的发展、商站和贸易中心的更迭，等等，这些"人的活动"的背后，无不体现了物质利益和经济动机。甚至连看似冠冕堂皇的意识形态争夺，其背后起决定作用的，仍然是物质利益和经济动机。"从经济社会史的观点看来，十字军的利益和重要性，在于它是欧洲国家第一次向欧洲境外的扩展，是欧洲人在外国土地上和外国人民中最早一次向外殖民的试验，也是一次又庞大又复杂的商业冒险行动。"（〔美〕詹姆斯·W. 汤普逊：《中世纪经济社会史：300—1300年》上册，耿淡如译，北京，商务印书馆，1961，第 574 页）

因此，在我看来，汤普逊对欧洲中世纪史的研究一定程度上体现出了他的唯物史观倾向。那种从所谓的西方"新史学"框架出发，指认汤普逊是"站在资产阶级的立场上，运用唯心主义方法来编写历史"的观点失之武断，不符合实际，也是不能令人满意的（齐思和：《中译本序言》，〔美〕詹姆斯·W. 汤普逊：《中世纪经济社会史：300—1300 年》上册，耿淡如译，北京，商务印书馆，1961）。因为，除了上面提到的之外，汤普逊还将中世纪晚期欧洲的"社会变革"看作"经济变革"的结果。这显然也是唯物主义的观点。他指出，13 世纪的欧洲处于变革的阵痛之中，一个根本的特征是其在经济上变得越来越"商业化"和"工业化"。"深刻的经济变革还导致了社会变革"，结果是农奴制衰落了，大量农奴摆脱了对领主的人身依附关系，"给予农奴人身自由权是实质性的进步"（〔美〕詹姆斯·W. 汤普逊：《中世纪晚期欧洲经济社会史》，徐家玲等译，北京，商务印书馆，1992，第 6 页）。到中世纪晚期，随着工商业的勃兴，城市生活产生了，"新的城市生活又使中世纪社会产生了新的阶级，即资产阶级或市民阶级"（〔美〕詹姆斯·W. 汤普逊：《中世纪晚期欧洲经济社会史》，徐家玲等译，北京，商务印书馆，1992，第 7 页）。这便为资本主义生产方式的萌发创造了条件。

会性的物质交换活动主要在城市和乡村之间发生。但由于乡村内部的物质交换水平极其低下，占人口大多数的农民基本上维持着自给自足的自然经济形式，整个社会的物质交换水平虽然较以前的社会形式有所增长，但整体上仍旧很低。

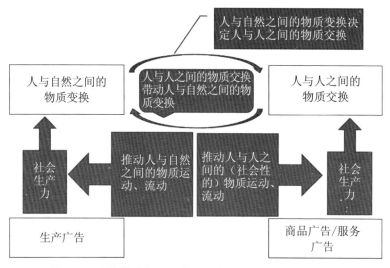

图 12-1　广告推动物质运动、流动，推动社会生产力发展

一切都在进入资本逻辑主导的社会形式之后发生了改变。资本逻辑要求生产的全部"社会前提"服从和服务于价值增殖，即剩余价值的生产目标。资本主义生产的基本特征，是要在市场上分别找到社会生产的"主观因素"和"客观因素"，并在随后的生产阶段实现二者以机器大工业生产为特征的紧密结合。在此过程中，工人必须在必要劳动时间之外，为资本家无偿提供一个或长或短的剩余劳动时间，以便产生剩余价值。

显然，资本逻辑要求市场必须源源不断地为其提供大量的"自由"工人，当工业人口不能满足需要的时候，资本就会以各种方式（包括许多极其残暴、无耻、血腥的方式）迫使乡村人口与土地分离，并将他们向城市驱赶，成为城市中机器大工业生产的"后备军"①。封建的自然经济由此解体，商品经济逐渐取得支配性地位，社会性物质交换活动获得了空前

---

① 马克思在《资本论》中曾全面、细致地描述了资本将农村人口驱赶入城市，成为资本主义生产"后备军"的历史。"被暴力剥夺了土地、被驱逐出来而变成了流浪者的农村居民，由于这些古怪的恐怖的法律，通过鞭打、烙印、酷刑，被迫习惯于雇佣劳动制度所必需的纪律"（《马克思恩格斯全集》第44卷，北京，人民出版社，2001，第846页），"广大人民群众被剥夺土地、生活资料、劳动工具，——人民群众遭受的这种可怕的残酷的剥夺，形成资本的前史"（《马克思恩格斯全集》第44卷，北京，人民出版社，2001，第873页）。

发展，物质的运动、流动水平空前提高。所有这一切，都标志着社会生产力的空前发展。正如马克思、恩格斯在《共产党宣言》中指出的那样："资产阶级在它的不到一百年的阶级统治中所创造的生产力，比过去一切世代创造的全部生产力还要多，还要大。"①

不难看出，生产力的发展水平是与社会性物质交换活动的水平成正比的，而社会性物质交换水平的高低，又表现为物质运动、流动的速度和水平。广告的本质功能与作用就在于推动物质运动、流动，因而它在客观上具有推动社会生产力发展的作用。(图 12-1)也正是在这一意义上，笔者最早提出，广告存在的根本的合法性依据在于其"物质指向性"，即广告内在地具有推动物质的运动、流动水平，从而具有推动社会生产力发展的作用。② 这便在唯物史观的生产逻辑框架下确证了广告存在的合法性，为广告做了终极"正名"，也为我们在新时期大力发展社会主义广告事业和广告产业提供了根本的理论依据。

第三节 唯心主义广告观的扬弃和唯物主义广告观的确立

在前面一些章节的研究中，我们曾多次指出，在广告研究的学术史上，现代意义上的广告批判诞生于西方，其中又以西方马克思主义理论家的广告批判理论最具影响力。然而，西方的广告批判理论或多或少、或显或隐都染上了唯心论的色彩。辨析这些西方广告批判理论的唯心主义倾向，需要我们牢固地立足于辩证唯物主义和历史唯物主义，坚持用马克思主义的立场、观点和方法思考广告、认识广告、发展广告事业，在马克思哲学思想的双重逻辑视域中，考察广告的历史问题，解答广告的"历史之谜"。

那么，什么是马克思主义的立场、观点和方法呢？

究其根本，马克思主义的立场，就是人民群众的立场，就是要站在人民群众的立场上，反映和代表无产阶级和人民群众的根本利益。马克思主义的观点，就是辩证唯物主义和历史唯物主义的观点，包括运动和发展的观点、事物普遍联系的观点、对立统一的观点、否定之否定的观

---

① 《马克思恩格斯文集》第 2 卷，北京，人民出版社，2009，第 36 页。
② 葛在波：《西方马克思主义广告批判理论的时代印记》，《中国社会科学·内部文稿》2020 年第 4 期，第 102～115 页。

点、实践的观点、历史进步的观点等。① 马克思主义的方法，就哲学层面而言，就是以唯物论为基础的物质本体论和认识论的方法，就政治经济学层面而言，则是从抽象上升到具体，又从具体上升到抽象的"科学上正确的方法"②。

就广告而言，坚持马克思主义的立场，就是要看到广告在本质上反映了人民群众在物质生产和物质生活过程中产生的实际的物质交换需要，广告是人民群众在物质生产和物质生活过程中的自然产物，因而发展广告有助于增进人民群众的整体福祉。坚持马克思主义的观点，就是要看到广告本身也是在运动和不断发展着的，其与人类的物质生产和物质生活的方方面面都产生了内在的联系；对广告的否定之中必然包含着对广告的肯定，反之亦然；看到广告业的发展本身反映了人类历史进步。坚持马克思主义的方法，就是要坚持在生产本体论的框架下，以"物质指向性"统领对广告的研究，清楚地看到物质的运动、流动水平反映了社会生产力的发展水平，而广告的本质功能就在于其能够推动社会性的物质运动、流动，进而推动社会生产力的发展。

坚持用马克思主义的立场、观点和方法思考广告和认识广告，要求我们必须与西方形形色色的唯心主义广告观划清界线。概括来看，西方的唯心主义广告观大致有这么几个基本特征。

第一，西方的唯心主义广告观过于强调广告的意识形态属性，强调广告在宣扬资产阶级意识形态、维护资产阶级文化领导权方面的作用。这一特征在西方马克思主义的广告批判理论中体现得尤为明显。这与西方马克思主义学派的理论谱系、关注重心以及整体特征是一脉相承的。从西方马克思主义的创始人卢卡奇和葛兰西等人开始，对意识形态、阶级意识、文化认同等上层建筑领域的关注就超过了对实践着的"现实的个人"的关注，超过了对经济基础的关注，超过了对现实的斗争和革命的关注。

后来的西方马克思主义学者，包括法兰克福学派的理论家们，承袭了这一特质，整体上呈现出"躲进书斋闹革命"的倾向，其对资本主义的批判则具有浓厚的"从概念到概念，从思想到思想，从主观到主观，从文

---

① 参见梁树发主编：《马克思主义经典作家关于辩证唯物论和历史唯物论一般原理的基本观点研究》，北京，人民出版社，2017，第337页。

② 《马克思恩格斯全集》第30卷，北京，人民出版社，1995，第42页。

本到文本"的意识革命、观念批判的色彩。① 对广告的批判也是这样。西方马克思主义者普遍认为广告是资产阶级手中针对无产阶级的意识形态统治和阶级压迫、阶级奴役工具，资本主义社会中的广告体现了资产阶级的观念和价值观，维护的是资产阶级对于无产阶级的文化领导权。

第二，西方的唯心主义广告观只看到了广告在物的依赖性社会形态中表现出来的历史的阶段性特征，而看不到这一特征在漫长的人类社会发展进程中的暂时性。这一点倒是与资产阶级经济学的"历史短视"特征相一致。

无论是在西方经济学的历史上，还是在西方哲学的历史上，都存在着视资本主义社会为历史的"最后形态""最高形态"的观点。前者在古典政治经济学以及后来的资产阶级政治经济学者如亚当·斯密、大卫·李嘉图、约翰·穆勒等人的著作中时有体现。后者则在黑格尔的哲学思想中体现得最为突出。对于这些"历史终结论"(事实上是"历史终结于资本主义论")，马克思在《资本论》中进行过深刻批判。② 因为这一点，西方的唯心主义广告观看不到广告在资本主义社会中的阶级压迫和阶级奴役功能是资本逻辑统摄之下的社会关系的结果，因而也看不到广告的这种功能异化必将随着资本逻辑在将来的共产主义社会中被抛弃而被抛弃。

第三，因为以上两点，西方的唯心主义广告观自然也就不会看到广告背后的生产逻辑，看不到被广告的阶级压迫和阶级奴役属性所遮蔽的广告在推动社会性物质运动、流动，推动社会生产力发展方面所发挥的重要的功能和作用，看不到广告存在的根本的合法性依据——物质指向性。总之，西方的唯心主义广告观回答不了广告何以存在，从哪里来，又到哪里去的"历史之谜"。

与唯心主义的历史观不同，唯物史观认为，资本逻辑与资本主义制度和资产阶级生产关系一样，都具有历史暂时性。易言之，资本逻辑作为一种社会结构，只有在资本主义的社会形式中才获得了统摄性的地位。

---

① 参见李潇潇：《马克思回归历史具体的阐释原则》，《哲学研究》2019 年第 9 期，第 11～18 页。

② 在历史上，资产阶级经济学家们站在资产阶级的立场上，想当然地因而也是唯心地认为，与"人为的"封建制度不同，资产阶级制度是"天然的"，资本主义的生产关系也是"天然的"，而资本主义的生产关系"正是使生产财富和发展生产力得以按照自然规律进行的那些关系"，因此，这些关系"是不受时间影响的自然规律"，"是应当永远支配社会的永恒规律"。也正是基于这些认识，资产阶级经济学家们断言："以前是有历史的，现在再也没有历史了。"(《马克思恩格斯文集》第 1 卷，北京，人民出版社，2009，第 612 页)针对资产阶级经济学家的这种唯心史观，马克思在《哲学的贫困。答蒲鲁东先生的〈贫困的哲学〉》这部处处闪烁着唯物史观光辉思想的著作中，进行了深刻的批判。

按照马克思的观点，资本逻辑与它的母体——资本——一样，承担着而且只承担着发展人类社会生产力的历史使命。但是这样的历史使命，是以牺牲人，牺牲人的"独立性和个性"为代价的。① "人为物役"，是这种代价的具体表现。因此，资本逻辑必须被超越，也必然会被超越。同样，在资本逻辑主导下的社会形式中，广告异化为阶级压迫和阶级奴役的工具，这一现象也必然会被超越。

资本逻辑批判启示我们对广告的认识必须坚持唯物史观的指引。这主要体现在两个方面。一方面，在资本逻辑主导下的社会形式中，广告从属于资本逻辑对价值增殖的要求，因而它在一定程度上异化成为阶级压迫和阶级奴役的工具，成为物化的社会关系和商品拜物教的一个结构化力量。另一方面，马克思对资本和资本逻辑的"辩证的批判"，则启发我们看到广告在促进社会性物质运动、流动方面所发挥的积极作用，看到广告在发展社会生产力方面的积极作用。这便将我们的视线引向了对广告与历史唯物主义的核心逻辑——生产逻辑——之间关系的考察，并进而得出广告的"物质指向性"是其存在的根本的合法性依据这一结论。

总之，广告源于人与自然之间的物质变换活动以及人与人之间的物质交换活动。进言之，是人的物质生产和物质生活本身的需要催生了广告。只要人的物质生产和物质生活不停止，广告就永远有其存在的价值。

不妨大胆地预言：即使是在将来的共产主义社会，在"社会生活过程即物质生产过程的形态，作为自由联合的人的产物，处于人的有意识有计划地控制之下的"②社会形式中，广告也依然有存在的价值。这是因为：即使是社会有计划的"物质生产活动"，也需要有效的物质信息沟通。所不同的是，彼时，广告这种社会性物质信息沟通形式，与物质生产活动本身一样，将处在人的有意识、有计划的控制之下；同时，广告存在的作用与功能，不再是服务于资本逻辑，而是服务于自由人联合体的整体的物质生产和物质生活需要。彼时，由于生产异化、商品拜物教、物化的社会关系等被打破，资本逻辑赋予广告的阶级压迫和阶级奴役的属性也将被祛除，广告将在新的历史起点上复归其本质属性——一种有效的社会性物质信息沟通手段。

这，就是唯物主义的广告观。

---

① 《马克思恩格斯选集》第 1 卷，北京，人民出版社，2012，第 415 页。
② 《马克思恩格斯全集》第 42 卷，北京，人民出版社，2016，第 61 页。

本章小结

在本章，我们试图为本研究下一个总括性的结论。唯物史观视域下的广告批判研究，绝不应依然将视野局限于广告批判的窠臼之中，而必须在批判"旧世界"的基础上，尝试建立"新世界"。这个"旧世界"，就是形形色色的西方的广告批判理论——它们因为或多或少、或显或隐染上了唯心主义色彩，而成为被批判、被扬弃的对象；这个"新世界"，就是我们尝试建立的唯物主义的广告观。

根据马克思对唯物辩证法的解释，唯物主义广告观包含了对广告的"肯定的理解"和"否定的理解"两个方面。这也成为指导我们认识广告的指南。对广告的"肯定的理解"的背后，正是唯物史观中的生产逻辑，而对广告的"否定的理解"的背后，则是唯物史观中的资本逻辑。在这两个逻辑之中，生产逻辑是更为根本的一个逻辑，因为它贯穿人类社会的始终。人的生产活动，即人与自然之间的物质变换活动，是人类和人类社会存在的第一个历史前提，具有永恒的自然必然性。资本逻辑只是在物的依赖性社会形态中才取得了主导性的地位，它的这一地位随着将来人类迈入共产主义社会之后必将不复存在，从而退出历史的舞台。也正是在这一意义上，我们说西方的广告批判理论，特别是西方马克思主义的广告批判理论，由于看不到广告存在的根本的合法性基础是由历史唯物主义的生产逻辑所决定的，因而体现了一种"历史的狭隘和短视"。

唯心主义广告观在当代中国的广告发展史上曾经产生过消极的影响，也曾给我们的广告事业和广告产业，乃至整个国家的经济建设事业带来了消极影响。随着 1979 年中国广告市场的重开，为广告"正名"的运动和努力几乎未曾中断过。这些"正名"努力也确曾在广告界的思想解放运动中发挥过积极的作用，但遗憾的是，站在马克思主义哲学层面为广告"正名"——这种"正名"应该也是终极的"正名"——至今尚付阙如。

站在新的历史起点上，处在世界物质交往和精神交往全面深入发展，世界性的物质运动、流动速度和水平继续高速向前推进，世界性的物质交换活动空前发展的时代背景下，广告在全球经济、文化和社会图景中的功能和作用都发生了深刻的变化。为此，在理论的层面说清楚广告的"历史问题"，解答好广告的"历史之谜"，就显得尤为迫切。也正是在这一意义上，本研究作为对广告的一项基础性研究，其历史价值或许就存在于其试图弥补广告研究史上的这一"盲点"的大胆尝试和努力之中。

索　引

A

阿多诺 29,145,152,160—162

阿尔都塞 26,31,66,113

阿伦斯 199

阿诺德 24,157,158

奥格威 45,49,103

B

巴特 36,59,64,116—119,123,
124,126,129,136

报刊经营 184,185,187,193,194,
196

鲍德里亚 25,36,39,59,85,86,
107,108,112—114,116,119,
120,122—137,140,141,238,
252

本体论 5,33,39,47,49—54,56,
61,64,68,76,93,122,129,272

辩证法 2,6,7,10,29,30,76,96—
98,108,110,145,159—161,
171,172,175,177,261,265,
266,275

辩证唯物主义 1,2,5—7,10,19,
38,65,66,76,77,88,96—98,
101,102,156,176,260,264,271

布尔迪厄 37,113,144,174

C

抽象 5,6,50,71,72,82,102,103,
109,126,128,132—134,136,
161,182,183,272

抽象劳动 82,86

出版广告 181—183,193,206,218

出版自由 224—226,235,236

传播 21—24,27—35,37,38,41—
44,49,53,55,57—64,83,87,
94,95,99,103,104,129,130,
135,138—148,150—156,159,
160,162,166,167,170,174,
176,177,179,181—184,186,
188,192,194,195,198—200,
204,205,209,215—217,234,
243,250,252,257

传播政治经济学 28,30,32—34,
37,60,61,138—144,146—149,
151,153—156,252

存在 1—6,8,11,12,16,19,21,
26,27,31,32,34,36—38,40,
41,44,48,50,52,53,57,58,60—
63,67—69,71,72,75—77,80—
85,87—91,95,97,98,100,110,
111,115,117,119,120,123,
124,126,128,130,131,136,
141,143,144,146,150,152,
155,157,164—171,175—177,
182,189,198,208,210,212,
215,217,219,223,227,236,
237,239,241,242,244—247,
252,253,258,261,262,264,
266,267,269,271,273—275

D

大众文化 28,154,157—160,163,175,176,250

大众文化批判 157—159,161,167

德波 113,119—124,126,136

对立 5,6,52,57,73,75,83,85,96,131,152,157,168,171,179,182,204,205,239,241,251,257,259,262,269,271

对象化 6,7,19,72,80,82,90,91,97,169,170,255,267

对象性 6

F

发展 1—3,5—10,12—23,25—27,30,32,34,35,37,38,40—57,62—71,73—78,80,84,86,88—96,98,102—106,109,111,113,119,121,122,124,127—129,134,136,138,139,141,143,144,146—148,151,153—158,167,168,173—177,179,182—184,193,204,208,211,215,216,219,220,222,224,226,230,232—237,239,241—251,253,257,258,260—262,264—275

法兰克福学派 25,28,29,32,35,43,145,146,152,158—162,164,171,174,177,272

法哲学 3,61,62,69,94,110—112,130,131

凡勃伦 113—116,123,124,126,136

范式 25,29,46,53,65,145,146,152,162,174,177

费尔巴哈 2,3,5,6,13,14,96,109

分工 7,21,69,72,74—77,88,98,131,242,250

分配 8,9,12,16,23,24,31—33,71,120,124,138,152,154,155,170,175,177,226,228

封建社会 19,239,241,242,245—247,257,258,262,269

弗洛姆 63

符号 1,25,26,36,39,40,58,59,64,85,107,113,116—119,121—123,126—130,132—137,140,141,162,165,166

符号政治经济学 36,85,86,122,126—128,132,133,135—137,140,141

G

革命 6,8,13—16,40,54,66,70,73,74,77,78,97,99,100,123,127,128,131,141,149,158,159,161,171,172,175,179,180,182,183,185—187,189—191,195,196,199,205,208,220,222—227,229,233,235—237,253,264,266,267,272

葛兰西 25,28,61,87,145,150,154,158,159,161,167,171—173,177,272

公共领域 143,145,155,160

共产主义 27,63,66,70,74,77,78,168,171,180,182—184,190,195,212,216,227,228,230,232,239—241,244,245,

262,273—275

共产主义者同盟 187,189—191,195

共同体 17,25,84,98,245,258,268,269

雇佣劳动 18,70,73,80,239—241,270

广告符号 36,40,58,59,165,166

广告符号学 36,59,64

广告理论 42,44—46,48,49,53,64,93,94,102—105,234

广告批判 1,20,21,23,24,30—32,38—41,43,45,46,86,88,93,98—101,113,138,159,171,172,174,175,197—199,201,204,205,208,211,214,216—219,238,249,251,252,256,257,261,263—266,271,272,275

广告批判研究 1,21,23,25,26,30—32,35,38—41,45,46,65,151,153,154,156,177,201,218,275

广告实践 1,38,93,94,100—106,176,178,264

广告思想 27,28,38,44,46,93,98,99,101,102,105,106,176,178,179,196,197,216,217,219,220,223,232,234,236

广告素养 41,44,46,173,177

广告学 41—49,53,93—96,101—106,142,151,153,154,156,199,209,264

国家垄断广告 220,224,226,227,232,235—237

H

哈贝马斯 37,51,61,143,160

合法性 39,46,76,93,96,98,154,155,177,252,261,264,266,271,273—275

黑格尔 2—4,10,14,15,26,50,51,61,62,66,69,94,96,109—112,130,131,181,205,241,265,267,273

后马克思主义 107,113,125,129,132,135—137

后现代主义 25,39,51,52,64,238

货币 37,68,82—85,89,132,168,169,200,208,209,215,228,242,250,253,255,257,260,268

霍克海默 29,145,159—162,261

J

基于认识论的价值论 56,58,60,62,63,65

价值论 47,50,52,56,57,61,63,64,109,112

交换 7,16,21,22,32,33,35,37,68,71,72,74—83,85—91,98,109,111,113,120,124,126—129,132,133,136,138,140,143,152,154,155,165,168—170,175,177,200,209,220,228,229,232,234,236,237,242—251,257—261,268,269

交换价值 36,70,77—87,89,90,92,107,120—123,126—129,131—133,136,137,140,146,169,170,200,242,243,249,251,260

交往　13,17,68,74,89,109,160,
198,216,243,248,268,275

阶级斗争　39,70,141,159,160,
163, 167, 170, 171, 177, 183,
201,216,218,220,224,227,232－
237,251,267

阶级分析　39,40,101,167,173,
197,201,232,252,258

阶级奴役　40,103,201,212,214,
251, 252, 254, 257 － 259, 261,
263,266,273,274

阶级压迫　39, 40, 70, 103, 167,
171, 197, 201, 212, 214, 233,
251, 252, 257 － 259, 261, 263,
266,273,274

阶级意识　28,38,40,59,87,123,
150,159,161,167,171 － 173,
216,260,272

结构　2,8,16,17,31,37,40,60,
64, 70, 77, 96, 117, 119, 128,
136, 137, 141, 144, 145, 148 －
151, 155, 158, 160, 162, 165,
172,175,184,233,242,273

结构化　26,33,34,37,38,40,45,
53,60,61,86,87,89,92,117,
119, 122, 143, 144, 148, 150,
155,165,166,175,176,260,274

经济基础　8,28,76,77,113,140,
141,189,195,219,235,272

具体劳动　82

K

客观因素　255,270

客体　5,6,40,57,126,130 － 133,
165,169,243,249－251,260,262

空间化　33 － 35, 61, 143, 146 －
148,155

L

劳动　6－10,15,16,18,68－70,72－
76,79,80,82,85,86,88,91,97,
98,107 － 112, 131, 132, 136,
139, 165, 168, 169, 171, 199,
201,204,213,214,229,233,242－
245,248,253,261,267,270

劳动本体论　6,51,69,109,212

劳动力　9,33,34,77,78,80,128,
131, 144, 243, 244, 253, 255,
256,259

类本质　58,62,63,80,82,169

李嘉图　60,109,138,141,273

历史唯物主义　1,2,5－8,10,11,
13,18,19,26,38,51,61,65－
67,76,77,88,96－98,101,102,
108,156,172,176,179,210,215－
218,238,252,253,260,261,263－
267,271,274,275

卢卡奇　28,87,123,158,159,161,
166,167,171,172,177,272

卢梭　241

伦理　44,57,101,111,149,199,
205,207,208,215,216,241

M

马尔库塞　29,113,135,162,163,
261

马克思和恩格斯的广告思想　99

马克思主义广告批判　28,29,46

马克思主义广告学　105

马克思主义广告研究　93,99,102,
105

媒介素养 44,46,173

N

能动性 5,6,9,37,60,87,131,
148,149,160

能指 40,85,117,118,126,128,
129,165

P

批判 3,5-7,9,10,12-14,17,
19,24,26-34,38,43-46,49,
53,59-63,65-67,70,71,73,
76,77,82,85-91,94,96,97,99-
101, 103, 104, 109, 112, 113,
116,119,120,123,125-127,
129,131-133,135-138,140,
141,143,146,152-154,156-
168,170,171,174-177,179,
181-184,195,197,199,201,
204,205,207,208,210,212,215-
219,241,243,244,251-254,256,
261-266,272-275

批判广告学 30,41-46

批判理论 28,31,32,40,43,113,
119,123,124,146,160,163,177

批判研究 21,27,29,36,42,43,
61,138,142,146,152-154,
177,183

平等 1,25,33-35,44,60,64,70,
84,138,139,141,144,147,151,
152, 155, 156, 161, 166, 174,
177,240,241,243-245,249

Q

青年黑格尔派 72,180-182,205

权力 17,29,34-36,60,122,131,
140,143-145,155,159,160,

172,233,253,254

权力关系 1,21,31,32,34-37,
44,60,61,64,138-143,145,
147, 148, 152, 154, 155, 162,
166,174,177

R

人本主义 65,241

人的依赖性社会 242,244,245,
247,250,262

人类解放 27,57,159,170

人类学 7,11,12,18,36,67,68,
76,88,89,91,107,266

人文传统 21,24,26,38,39,45,46

认识论 33,47,49-54,56,57,61,
63,64,76,93,132,136,272

S

商品 16,17,22-25,27,31,32,34-
38,40,45,47,53,54,57,66,68,
75,77-87,89-91,100,107,
119-121,123-126,128,129,
131-137,139-141,143-146,
155,163-166,168-173,176,
177, 188, 195, 199, 200, 208,
209, 212, 213, 215, 219-222,
228-230,232,234-237,245-
249,253,255-259,270

商品拜物教 90,91,119-121,165-
171,176,177,259,260,274

商品化 33-35,61,79,80,86,87,
89,90,92,143-146,155,171,
248,259

上层建筑 8,15,28,51,76,77,
113, 141, 145, 150, 154, 159,
161,165,219,235,272

社会存在 6—8,13,18,68,70,72,76—78,87,91,254,260,275

社会关系 16,19,27,32,33,71,72,79,80,82,85—87,90—92,108,109,120—122,128,131,132,138,140,142,144,154,162,165,166,168—172,175,180,191,212,245,249—251,253,259,260,262,273,274

社会控制 38,45,125,132,155,163,167,173

社会形式 19,39,40,69,71,72,74,81,168,177,210,212,214,239,240,242,245,248,249,254,259,260,262,263,266,267,270,273,274

社会形态 16,19,63,66,70,91,131,175,204,238—241,243,244,248,251,255—257,262,268,269,273,275

社会意识 8,13,29,70,76—78,140,163,261

社会主义 15,56,66,70,76—78,94,95,104,153,176,180,182,183,195,216,217,219,220,223—225,227,228,233—237,239,264,271

生产本体论 11,26,86,98,107—109,112,113,120,123,125—127,129,135—137,175,272

生产关系 8—10,12,15,16,19,27,63,68,71—73,76—78,80,88,90,131,176,249—251,254,263,273

生产力 1,7—10,13,15,16,27,30,40,46,50,51,63,65,73—78,88,89,103—105,123,131,168,176,177,214,216,233,241,244—246,248—250,255,261,262,264,268—274

生产逻辑 11—15,18—20,66—72,75,76,83,87—89,91,108,175,210,219,253,261,266,271,273—275

生产资本 208,256

生产资料 8,9,16,70,77—79,132,159,168,172,173,199,215,216,224,226,251,254,255,258,259,264

生活资料 7,9,11—13,15,16,19,65,68,74,75,78,79,88,97,108,245,253,258,267,270

剩余价值 9,15—18,20,32,35—38,60,67,70,72,77,78,83,86,89,101,103,124,128,131,139,155,165,169,173,175,199,200,209,212,213,215,243,251,253,255,257,259,260,270

十月革命 219,220,222—224,227,229,232—236

实践唯物主义 10,30

实证传统 23,38—40,46

使用价值 16,36,69,71,73,77—86,107,122,123,125—127,129,140,200,243,267

世界观 1,3,13,167

世界交往 74

世界市场 16,17,74,107,131,268

市民社会 15，51，69，111，112，
　143，145，243

双重逻辑 1，10，11，18，19，67，91，
　210，252，265，266，271

斯密 60，73，82，109，138，141，
　200，249，273

所指 71，72，85，99，108，117－
　119，126，129，131，142，166，
　175，218

T

汤普逊 242，245，246，250，258，
　268，269

同一性 3，4，6，130

统摄 4，5，17，32，69－72，89，91，
　103，143，145，155，212－214，
　219，251，252，254，256，260，
　263，273

W

晚期资本主义 123，129，131，135，
　137，140，169，176

唯物史观 1，2，6－13，15，18－20，
　26，38，40，46，65－68，72，73，75－
　78，86，93，96，98，101，105，107，
　109，112，113，120，131，135－
　137，156，168，175，177，181，
　195，210，216，219，238，241，
　254，266，269，271，273－275

唯物主义 1－3，5－7，10，12－14，
　18，19，57，69，76，96，97，180，
　182，184，195，196，217，218，
　235，265，269，274，275

唯物主义广告观 238，261，264，
　271，275

唯心论 1，4，135，137，175，177，

252，261，264，271

唯心主义 1－3，5，6，10，13，14，
　19，27，39－41，46，51，66，72，
　86，109，112，113，135－137，
　167，180－182，195，238，264，
　265，269，271，273，275

唯心主义广告观 238，264，271－
　273，275

维度 17，18，28，31，34，35，37，38，
　44，58，59，63，64，96，140，141，
　150－152，154－156，163，165，
　197，204，216－218，220，238，
　251，253，254，259，260

文化工业 26，28，40，103，145，158－
　162，175，261

文化领导权 25，28，40，61，87，
　150，151，155，158，159，167，171－
　173，252，272，273

文化马克思主义 59，113，136，
　140，162

文化批判 28，64，145，157，174

文化研究 31，32，38，53，59，76，
　107，145，146，151，153，154，
　156，160，162

文化意识形态 30－32，34－36，
　38，40，44，46，54，139，167

物的依赖性社会 238，244，248－
　250，254，262，263，273，275

物化 27，28，36，85，86，90，92，
　131，161，162，166，169－172，
　175，249－251，259，260，262，
　274

物质变换 6－8，11，12，69，97，98，
　105，175，242，243，246－250，

267,268,274,275

物质交换 7,98,105,109,216,243,245－250,259,268－272,274,275

物质交往 17,68,74,89,109,216,243,268,275

物质生产 1,3,7－12,18,27,39,67,70,75,77,98,141,159,175,195,212,253－255,260,261,264,266－268,272,274

物质生活 1,8,9,11－13,15,18,39,65,68,77,114,243,245,253,261,264,266,268,272,274

X

西方马克思主义 26－31,35,36,40,41,46,90,103,113,127,129,139,145,156－162,164,167,171－177,201,252,257,261,271－273,275

西方马克思主义广告批判 28－31,38,40,46,98,157,167,168,171,173－178,238,252,266,271

现代性 51－53,146,149,155,170,244

现实的个人 27,97,248,252,272

消费本体论 107,108,112,113,123,125,127,129,133,135－137

消费主义 25,40,54,56,148,154,163,166,173,175,176,217

协作 7,12,68,74,98,114

新经济政策 220,228－232,234,236,237

形而上学 2,5,14,27,49,50,62,63,66,96,133,175

Y

亚里士多德 49,51,81,82

扬弃 46,92,96,102,104,110,210,264,266,271,275

异化 27,40,62,63,70,80,90,101,103,121,131,167,169－171,175,177,201,212,214,238,252,257,259,263,273,274

异化劳动 169,212,274

意识形态 3,11－13,15,25,26,28,30－32,34－36,38,40,51,54,58,59,66,67,70,74,78,90,97,108,111,117－119,122,123,127,128,143,145,146,148,150,151,153,154,156,161－167,171－173,175－177,215,218,219,223,224,235,238,254,260,261,264,269,272,273

意识形态批判 30,157,160－164,166,167,175

Z

战时共产主义 220,228－230,235－237

正名 56,98,264,265,271,275

政论活动 179,180,184,195－197,204,217

政治经济学 7,9,13－15,17,19,30－34,36,37,60,63,66,67,69－71,73,76,77,80,82,89,91,94,107,109,112,120,123,126－128,131,132,136－142,144,146,154－156,165－167,183,197,241,244,249,253,262,263,272,273

主观因素 18,251,254,255,270

主体性 5,6,26,37,57,64,69,87,
107,108,110,111,160,242

主因 51—53,64,129,169

资本家 9,15—17,31,60,73,78,
80,169,199,201,213 — 215,
233,244,250,251,253,255 —
257,259—261,270

资本逻辑 11—20,26,27,32,33,
37,38,45,62,63,66,67,69 —
72,76,78,79,83,86—91,101,
103,104,175,176,199,200,
210,212—216,218,219,251—
257,259 — 261,263,265,266,
270,273—275

资本主义 9,10,12,14—19,21—
28,30,32,34—37,39,40,45,
51,53,54,56,60—63,66,67,69—
75,77 — 81,83 — 87,89 — 91,

100,101,103,104,116,118 —
121,123—125,127—129,131—
137,139,141,142,145 — 147,
149—152,155—157,160,163—
177,179,184,197,199 — 201,
204,208—216,218 — 220,222,
227,228,230,232 — 234,237,
239,241,243,244,247 — 254,
256,257,259 — 264,266,268 —
270,272,273

资产阶级 14—17,19,27,40,59,
61,63,71,74,77,78,82,99,
101,119,122,141,159,161,
167,171 — 173,180,183,186,
189,197,201,204,205,207,
215,218,220,222 — 225,227,
229,233 — 239,242,243,245,
248—250,252,254,259 — 262,
266—269,271—273

参考文献

一、经典著述

[1]《马克思恩格斯全集》1—50 卷，人民出版社，1956—1986 年版。

[2]《马克思恩格斯全集》1—49 卷，人民出版社，1995 年至今版。

[3]《马克思恩格斯文集》1—10 卷，人民出版社 2009 年版。

[4]《马克思恩格斯选集》1—4 卷，人民出版社 2012 年版。

[5]《列宁全集》中文第 2 版增订版，人民出版社，2013—2017 年版。

[6] 习近平：《习近平谈治国理政》1—3 卷，外文出版社 2017 年版。

[7] 习近平：《论党的宣传思想工作》，中央文献出版社 2020 年版。

二、中文参考文献（含译著）

[1]〔法〕路易·阿尔都塞：《保卫马克思》，顾良译，商务印书馆 2010 年版。

[2]〔美〕威廉·阿伦斯：《当代广告学》，丁俊杰、程坪译，人民邮电出版社 2005
年版。

[3]〔英〕马修·阿诺德：《文化与无政府状态》，韩敏中译，生活·读书·新知三联书
店 2012 年版。

[4]〔美〕迈克尔·埃默里、〔美〕埃德温·埃默里：《美国新闻史：报业与政治、经济
和社会潮流的关系》，苏金琥等译，新华出版社 1982 年版。

[5]〔美〕大卫·奥格威：《一个广告人的自白》，林桦译，中国物价出版社 2003 年版。

[6]〔法〕罗兰·巴尔特：《符号学原理》，李幼蒸译，中国人民大学出版社 2008 年版。

[7]〔英〕奥利弗·博伊德-巴雷特、〔英〕克里斯·纽博尔德：《媒介研究的进路》，汪
凯、刘晓红译，新华出版社 2004 年版。

[8]〔法〕让·鲍德里亚：《消费社会》，刘成富、全志钢译，南京大学出版社 2000
年版。

[9]〔法〕让·鲍德里亚：《生产之镜》，仰海峰译，中央编译出版社 2005 年版。

[10]〔法〕让·鲍德里亚：《符号政治经济学批判》，夏莹译，南京大学出版社 2015
年版。

[11]〔法〕让·鲍德里亚：《物体系》，林志明译，上海人民出版社 2019 年版。

[12]〔美〕丹尼尔·贝尔：《资本主义文化矛盾》，严蓓雯译，江苏人民出版社 2012
年版。

[13]《广告学概论》编写组：《广告学概论》，高等教育出版社 2018 年版。

[14]〔德〕沃尔特·本雅明：《机械复制时代的艺术作品》，王才勇译，中国城市出版
社 2001 年版。

[15]〔法〕米歇尔·波德：《资本主义的历史：从 1500 年至 2010 年》，郑方磊、任轶

译，上海辞书出版社 2011 年版。

[16]〔英〕约翰·伯杰：《视觉艺术鉴赏》，戴行钺译，商务印书馆 1994 年版。

[17]〔法〕皮埃尔·布尔迪尔：《艺术的法则》，刘晖译，中央编译出版社 2011 年版。

[18] 查灿长：《对国内〈路牌广告史〉和〈早期广告史〉研究中若干问题的勘正》，《上海大学学报》（社会科学版）2012 年第 6 期，第 111～116 页。

[19] 蔡金发：《恩格斯经商生涯的历史考订》，《马克思主义研究》2003 年第 3 期，第 18～25 页。

[20] 蔡勇：《消费者发现与主体性缺席——现代广告理论及运用史评》，中国传媒大学出版社 2008 年版。

[21] 陈力丹：《马克思主义新闻观思想体系》，中国人民大学出版社 2006 年版。

[22] 陈力丹：《精神交往论：马克思恩格斯的传播观》，中国人民大学出版社 2008 年版。

[23] 陈力丹：《马克思主义新闻观教程》，中国人民大学出版社 2015 年版。

[24] 陈力丹：《马克思恩格斯为创办〈新莱茵报评论〉写广告》，《新闻知识》2018 年第 7 期，第 41～43 页。

[25] 陈力丹：《以原版〈新莱茵报〉为基础研究马克思主义新闻观》，《东岳论丛》2020 年第 12 期，第 37～44 页。

[26] 陈培爱：《中外广告史新编》，高等教育出版社 2009 年版。

[27]〔法〕居伊·德波：《景观社会》，王昭风译，南京大学出版社 2006 年版。

[28] 丁汉青：《广告经济学》，经济管理出版社 2009 年版。

[29] 丁俊杰、康瑾：《现代广告通论》，中国传媒大学出版社 2007 年版。

[30] 丁允朋：《为广告正名》，《文汇报》1979 年 1 月 14 日第 2 版。

[31]〔美〕托斯丹·本德·凡勃伦：《有闲阶级论》，蔡受百译，商务印书馆 1964 年版。

[32]〔英〕迈克·费瑟斯通：《消费文化与后现代主义》，刘精明译，译林出版社 2000 年版。

[33] 高清海：《哲学的憧憬》，吉林大学出版社 1993 年版。

[34] 戈公振：《中国报学史》，生活·读书·新知三联书店 2011 年版。

[35]〔意〕安东尼奥·葛兰西：《狱中札记》，葆煦译，人民出版社 1983 年版。

[36]〔意〕安东尼奥·葛兰西：《狱中札记》，曹雷雨、姜丽、张跣译，社会科学文献出版社 2000 年版。

[37] 葛在波：《广告工具理性批判：从传播研究范式看广告理论研究》，《现代广告（学术刊）》2014 年第 7 期，第 4～12 页。

[38] 葛在波：《贫困与出路：对拓宽广告学基础理论研究路径的思考》，《新闻界》2014 年第 21 期，第 2～12 页。

[39] 葛在波：《广告传播系统的结构化效应研究》，《当代传播》2016 年第 2 期，第 94～96 页。

[40] 葛在波：《马克思主义批评视域下的广告学批判研究》，《当代传播》2016 年第 5 期，第 99～101 页。

[41] 葛在波：《广告文化研究：批判导论》，厦门大学出版社 2018 年版。

[42] 葛在波：《"商品—符号"论：鲍德里亚消费社会思想评析》，《岭南师范学院学报》2018 年第 4 期，第 155～160 页。

[43] 葛在波：《从马克思、恩格斯的广告批判思想看违法违规广告问题》，《新闻知识》2019 年第 2 期，第 9～12 页。

[44] 葛在波：《西方马克思主义广告批判理论的时代印记》，《中国社会科学·内部文稿》2020 年第 4 期，第 102～115 页。

[45] 〔德〕尤尔根·哈贝马斯：《交往行动理论》第 2 卷，洪佩郁、蔺青译，重庆出版社 1994 年版。

[46] 〔德〕尤尔根·哈贝马斯：《公共领域的结构转型》，曹卫东、王晓珏、刘北城、宋伟杰译，学林出版社 1999 年版。

[47] 〔德〕尤尔根·哈贝马斯：《重建历史唯物主义》，郭官义译，社会科学文献出版社 2013 年版。

[48] 〔美〕汉诺·哈特：《传播学批判研究：美国的传播、历史和理论》，何道宽译，北京大学出版社 2008 年版。

[49] 贺来：《"认识论转向"的本体论意蕴》，《社会科学战线》2005 年第 3 期，第 1～6 页。

[50] 何渊、杜渐：《马克思主编〈新莱茵报〉第 301 号（终刊号）》，《新闻与传播研究》2020 年增刊，第 68～109 页。

[51] 〔德〕黑格尔：《法哲学原理》，范扬、张企泰译，商务印书馆 1961 年版。

[52] 〔德〕黑格尔：《哲学史讲演录》第 4 卷，商务印书馆 1978 年版。

[53] 〔德〕黑格尔：《精神现象学》（上下卷），贺麟、王玖兴译，商务印书馆 1979 年版。

[54] 〔德〕黑格尔：《小逻辑》，贺麟译，商务印书馆 2019 年版。

[55] 黄升民：《中国广告活动实证分析》，北京广播学院出版社 1992 年版。

[56] 〔德〕马克斯·霍克海默、〔德〕西奥多·阿道尔诺：《启蒙辩证法：哲学断片》，渠敬东、曹卫东译，上海人民出版社 2006 年版。

[57] 〔加拿大〕苏特·杰哈利：《广告符码：消费社会中的政治经济学和拜物现象》，马姗姗译，中国人民大学出版社 2004 年版。

[58] 〔美〕伊莱休·卡茨、〔美〕约翰·杜伦·彼得斯、〔美〕泰玛·利比斯、〔美〕艾薇儿·奥尔洛夫：《媒介研究经典文本解读》，常江译，北京大学出版社 2011 年版。

[59] 〔德〕卡尔·考茨基：《恐怖主义和共产主义》，马清槐译，生活·读书·新知三联书店 1963 年版。

[60] 〔美〕马泰·卡林内斯库：《现代性的五副面孔》，顾爱彬、李瑞华译，商务印书

馆 2002 年版。

[61]〔美〕道格拉斯·凯尔纳：《波德里亚：一个批判性读本》，陈维振、陈明达、王峰译，江苏人民出版社 2008 年版。

[62]〔美〕道格拉斯·凯尔纳：《批判理论与文化研究：未能达成的接合》，陶东风主编：《文化研究读本》，南京大学出版社 2013 年版。

[63]〔法〕热拉尔·拉尼奥：《广告社会学》，林文译，商务印书馆 1998 年版。

[64] 李思屈等：《广告符号学》，四川大学出版社 2004 年版。

[65] 李希光：《为人民把握好新闻舆论的领导权》，李彬、宫京成主编：《马克思主义新闻观十五讲》，清华大学出版社 2018 年版。

[66] 李潇潇：《马克思回归历史具体的阐释原则》，《哲学研究》2019 年第 9 期，第 11～18 页。

[67] 李秀林、王于、李淮春主编：《辩证唯物主义和历史唯物主义原理》，中国人民大学出版社 2004 年版。

[68] 李艳红、陈鹏：《"商业主义"统合与"专业主义"离场：数字化背景下中国新闻业转型的话语形构及其构成作用》，《国际新闻界》2016 年第 9 期，第 135～153 页。

[69] 梁建飞：《广告符号意义研究》，人民日报出版社 2018 年版。

[70] 梁树发主编：《马克思主义经典作家关于辩证唯物论和历史唯物论一般原理的基本观点研究》，人民出版社 2017 年版。

[71] 刘放桐：《从经典马克思主义到西方马克思主义》，《求是学刊》2004 年第 5 期，第 18～25 页。

[72] 刘家林：《新编中外广告通史》，暨南大学出版社 2011 年版。

[73] 刘然、陈力丹、杜渐：《马克思主编〈新莱茵报〉第 1 号（创刊号）》，《新闻与传播研究》2020 增刊，第 5～35 页。

[74] 卢风：《论哲学的价值论转向》，《哲学分析》2011 第 6 期，第 3～17 页。

[75]〔匈牙利〕格奥尔格·卢卡奇：《历史与阶级意识——关于马克思主义辩证法的研究》，杜章智、任立、燕宏远译，商务印书馆 2009 年版。

[76]〔法〕让-雅克·卢梭：《论人与人之间不平等的起因和基础》，李平沤译，商务印书馆 2015 年版。

[77] 罗钢、刘象愚：《文化研究读本》，中国社会科学出版社 2000 年版。

[78]〔德〕赫伯特·马尔库塞：《单向度的人：发达工业社会意识形态研究》，刘继译，上海译文出版社 2008 年版。

[79]〔加拿大〕马歇尔·麦克卢汉：《理解媒介：论人的延伸》，何道宽译，译林出版社 2011 年版。

[80]〔比利时〕厄尔奈斯特·曼德尔：《晚期资本主义》，马清文译，黑龙江人民出版社 1983 年版。

[81]〔法〕保尔·芒图：《十八世纪产业革命——英国近代大工业初期概况》，杨人楩、

陈希秦、吴绪译，商务印书馆 1983 年版。

[82]〔加拿大〕文森特·莫斯可：《传播政治经济学》，胡正荣等译，华夏出版社 2000
年版。

[83]〔加拿大〕文森特·莫斯可：《传播政治经济学》，胡春阳、黄红宇、姚建华译，
上海译文出版社 2013 年版。

[84] 牟成文：《〈资本论〉的精神解放意蕴》，《学术研究》2019 年第 9 期，第 7～
12 页。

[85]〔美〕道格拉斯·C. 诺思、罗伯特·托马斯：《西方世界的兴起》，张炳九译，学
苑出版社 1988 年版。

[86]〔英〕威廉·配第：《赋税论》，《配第经济著作选集》，陈冬野、马清槐、周锦如
译，商务印书馆 1981 年版。

[87] 阮志孝：《马克思、恩格斯从事报刊编辑活动简要年表》，《编辑之友》1988 第 8
期，第 93～96 页。

[88]〔美〕沃纳·赛佛林、〔美〕小詹姆斯·坦卡德：《传播理论——起源、方法与应
用》，郭镇之、徐培喜等译，中国传媒大学出版社 2006 年版。

[89] 史秋衡、王爱萍：《高等教育质量观：从认识论向价值论转变》，《厦门大学学
报》(哲学社会科学版)2010 年第 2 期，第 72～78 页。

[90]〔英〕约翰·斯道雷：《文化理论与大众文化导论》，常江译，北京大学出版社
2010 年版。

[91]〔英〕亚当·斯密：《国民财富的性质和原因的研究》(上下卷)，郭大力、王亚南
译，商务印书馆 1972、1974 年版。

[92] 孙伟平：《价值论转向——现代哲学的困境与出路》，安徽人民出版社 2008
年版。

[93]〔美〕詹姆斯·W. 汤普逊：《中世纪经济社会史：300—1300 年》上册，耿淡如
译，商务印书馆 1961 年版。

[94]〔美〕詹姆斯·W. 汤普逊：《中世纪经济社会史：300—1300 年》下册，耿淡如
译，商务印书馆 1963 年版。

[95]〔美〕詹姆斯·W. 汤普逊：《中世纪晚期欧洲经济社会史》，徐家玲等译，商务
印书馆 1992 年版。

[96] 童兵：《马克思恩格斯创立人民报刊的思想初探》，《社会科学辑刊》1980 第 5
期，第 156～160 页。

[97] 王凤翔：《略论马克思、恩格斯的广告批评思想》，《新闻与传播研究》2015 年第
6 期，第 5～19 页。

[98]〔德〕马克斯·韦伯：《新教伦理与资本主义精神》，苏国勋、覃方明、赵立玮、
秦明瑞译，社会科学文献出版社 2010 年版。

[99] 吴恩裕：《马克思的政治思想》，商务印书馆 2014 年版。

[100] 吴琼、杜予：《形象的修辞：广告与当代社会理论》，中国人民大学出版社

2005 年版。

[101] 〔美〕弗雷德里克・西伯特、〔美〕西奥多・彼得森、〔美〕威尔伯・施拉姆：《传媒的四种理论》，戴鑫译，中国人民大学出版社 2008 年版。

[102] 〔美〕赫伯特・席勒：《大众传播与美帝国》，李晓红译，上海译文出版社 2013 年版。

[103] 徐崇温：《怎样认识"西方马克思主义"》，重庆出版社 2012 年版。

[104] 〔古希腊〕亚里士多德：《政治学》，吴寿彭译，商务印书馆 1965 年版。

[105] 〔古希腊〕亚里士多德：《形而上学》，商务印书馆 1987 年版。

[106] 仰海峰：《〈资本论〉的哲学》，北京师范大学出版社 2017 年版。

[107] 杨奎松：《十月革命前后列宁的社会主义主张与实践》，《俄罗斯研究》2013 年第 1 期，第 107～146 页。

[108] 杨彦君：《苏俄"战时共产主义"政策的内容、后果和教训》，《国际共运史研究资料》第 4 辑，1982 年版。

[109] 衣俊卿：《西方马克思主义概论》，北京大学出版社 2008 年版。

[110] 张殿元：《广告视觉文化批判》，复旦大学出版社 2007 年版。

[111] 张一兵：《代译序》，〔法〕居伊・德波：《景观社会》，王昭风译，南京大学出版社 2006 年版。

[112] 中国人民大学科学社会主义系编：《国际共产主义运动史文献史料汇编》第 4 卷，中国人民大学出版社 1985 年版。

[113] 中国政府网 . 中共中央发出关于进一步繁荣发展哲学社会科学的意见 [EB/OL]. (2005-07-06) [2020-10-24]. http：//www. gov. cn/test/2005-07/06/content _ 12421. htm.

[114] 郑保卫：《中国共产党新闻思想的形成和发展》，李彬、宫京成主编：《马克思主义新闻观十五讲》，清华大学出版社 2018 年版。

三、外文参考文献

[1] A. A. Antonov-Ovseenko, "The Legal Framework Limits Freedom of the Press on the Eve of Revolutionary Change in Russia in 1917," in *Mass Media*, Tver State University, Tver, 2013, vol. 13, no. 1, pp. 14-22.

[2] Paul A. Baran & Paul M. Sweezy, *Monopoly Capital：An Essay on the American Economic and Social Order*, Harmondsworth, UK：Penguin, 1968.

[3] Roland Barthes, *The Fashion System*, Berkeley：University of California Press, 1967.

[4] Roland Barthes, *Mythologies*, New York：Hill and Wang, 1972.

[5] Jean Baudrillard, *The Consumer Society：Myths and Structures*, London & Thousand Oaks：Sage, 1998.

[6] Daniel Bell, *The Coming of Post-industrial Society：A Venture in Social Forecasting*, New York：Basic Books, 1976.

[7] Pierre Bourdieu and Loïc J. D. Wacquant, *An invitation to Reflexive Sociology*, Chicago: University of Chicago Press, 1992.

[8] John Eighmey and Sela Sar, "Harlow Gale and the Origins of the Psychology of Advertising," in *Journal of Advertising*, 2007, (36): 4, pp. 147-158.

[9] Hans M. Enzensberger, *The Consciousness Industry: On Literature, Politics and the Media*, London: Continuum, 1974.

[10] Stuart Ewen, *Captains of Consciousness: Advertising and the Social Roots of the Consumer Culture*, New York: McGraw Hill, 1976.

[11] John Fiske, *Reading the Popular*, London: Routledge, 1989.

[12] Harlow Gale, "On the Psychology of Advertising," in *Psychological Studies*, Minneapolis: Harlow Gale, 1900, pp. 36-69.

[13] Mike Gane, *Baudrillard: Critical and Fatal Theory*, London and New York: Routledge, 1991.

[14] Harold Garfinkel, *Studies in Ethnomethodology*, Englewood Cliffs, NJ: Prentice- Hall, 1967.

[15] Ben Gazur, "10 Amazingly Ancient Advertisements,"(2017-09-24) [2020-11-27], https: //listverse. com/2017/09/24/10-amazingly-ancient-advertisements.

[16] Stuart Hall, "Cultural Studies: Two Paradigms," in *Media, Culture and Society*, London: Sage, 1980, 2(1), pp. 57-72.

[17] Stuart Hall, "The Rediscovery of Ideology: Return of the Repressed in Media Studies," in T. Bennett, J. Curran *et al.* (eds), *Culture, Media and Society*, London: Routledge, 1982, pp. 59-90.

[18] Eric Hobsbawm, "Karl Marx's Contribution to Historiography," in R. Blackburn (ed). *Ideology in the Social Sciences*, New York: Vintage, 1973.

[19] Sut Jhally, *The Codes of Advertising: Fetishism and the Political Economy of Meaning in the Consumer Society*, London: Routledge, 1990.

[20] Douglas Kellner, "Introduction to the Second Edition," in H. Marcuse, *One -Dimensional Man: Studies in the Ideology of Advanced Industrial Society*, London: Routledge, Beacon Press, 1991.

[21] Scott Lash and John Urry, *Economies of Signs and Space*, London &. Thousand Oaks, CA: Sage, 1994.

[22] H. Lasswell, "Communications Research and Public Policy," in *Public Opinion Quarterly*, 1972, (36), pp. 301-310.

[23] Paul F. Lazarsfeld, "Remarks on Administrative and Critical Communications Research," in *Studies in Philosophy and Social Science*, 1941, 9(1), pp. 2-16.

[24] F. R. Leavis, *Mass Civilization and Minority Culture*, London: Arden Library, 1930.

[25] Henry Lefebvre, *Everyday Life in the Modern World*, English tr. S. Rabinovitch,

London & New York: Continuum, 1994.

［26］Hans M. Enzensberger, *The Consciousness industry: On Literature, Politics and the Media*, London: Continuum, 1974.

［27］Alfred Marshall, *Industry and Trade*, London: Macmillan and Co. , 1920.

［28］Karl Marx, *Capital: A Critique of Political Economy*. New York: International Publishers, 1894.

［29］Brian McHale, *Postmodernist Fiction*, London: Routledge, 1987.

［30］Vincent Mosco, *The Political Economy of Communication*, London & Thousand Oaks, CA: Sage, 2009.

［31］David Ogilvy, *Confessions of An Advertising Man*, New York: Atheneum, 1980.

［32］David. M. Potter, *People of Plenty: Economic Abundance and the American Character*, Chicago: The University of Chicago Press, 1954.

［33］Alexander Repiev, "A Glimpse of Russia's Advertising and Marketing,"(2011-10-01) ［2021-06-11］, http: //www. repiev. ru/doc/Russian-Advertising. pdf.

［34］Dmitry Romendik, "How the Bolshevik Revolution Changed Advertising," (2014-10-28) ［2021-06-11］, https: //www. rbth. com/arts/2014/10/28/how _ the _ bolshevik _ revolution _ changed _ advertising _ 39341.

［35］Richard Rorty, *Philosophy and the Mirror of Nature*, New Jersey: Princeton University Press, 2009.

［36］Wilbur Schramm (ed), *Communication in Modern Society*, Urbana: University of Illinois Press, 1948.

［37］M. Y. Sheresheva and A. A. Antonov-Ovseenko, "Advertising in Russian Periodicals at the Turn of the Communist Era," in *Journal of Historical Research in Marketing*, 2015, 7(2), pp. 165-183.

［38］John Sinclair, *Advertising, the Media and Globalisation: A World in Motion*, London: Routledge, 2012.

［39］Dallas W. Smythe, "Communications: Blindspot of Western Marxism," in *Canadian Journal of Political and Society Theory*, 1977, 1, (3), pp. 1-28.

［40］Dallas W. Smythe, *Dependency Road: Communications, Capitalism, Consciousness and Canada*, Norwood, NJ: Ablex Publishing, 1981.

［41］K. Sugiyama & T. Andree, *The Dentsu Way: Secrets of Cross Switch Marketing from World Most innovative Advertising Agency*, London & New York: McGraw-Hill, 2011.

［42］Wang Jin, *Brand New China: Advertising, Media, and Commercial Culture*, Cambridge, MA: Harvard University Press, 2008.

［43］Raymond Williams, *Culture and Society*, London: Chatto & Windus, 1990.

［44］Judith Williamson，*Decoding Advertisements*：*Ideology and Meaning in Advertising*，London：Marion Boyars，2010.

［45］V. V. Uchenova and N. V. Starikh，*History*，*Childhood and Adolescence of Advertising*，Moscow：Smisl，1994.

［46］V. V. Usov & E. V. Vas'kin，*The Magic World of Advertising*，Moscow：Moscow Worker，1982.

［47］ДЕКРЕТ СНК РСФСР от 08. 11. 1917 О ГОСУДАРСТВЕННОЙ МОНОПОЛИИ НА ПЕЧАТАНИЕ ОБЪЯВЛЕНИЙ，［от 8 ноября 1917 года］，［2018-06-18］，https：//www. lawmix. ru/docs _ cccp/8324.

［48］История Всесоюзной Коммунистической Партии（Большевиков）：Краткий кур，1938.

后　记

　　呈现在读者眼前的这本小书反映了我博士毕业后几年来对广告批判的一些新思考和研究结晶。可以说，这本小书一方面延续了我博士论文的广告批判宏旨（我的博士学位论文《广告文化研究：批判导论》，已于2018年由厦门大学出版社出版），另一方面又是对这一宏旨的深化和拓展。

　　在这本小书中，我尝试回答这样一些事关广告的带有根本性的问题：(1)广告存在最终合法性依据是什么？(2)广告批判究竟应该批判什么？(3)如果我们承认广告的存在是必要的、合法的，那么，广告批判的目的又是什么？(4)在马克思曾经为我们描绘的未来的"自由人的联合体"的共产主义社会中，有广告存在的空间吗？

　　为了回答上述问题，本书坚持用马克思主义的立场、观点和方法分析广告和解答广告的"历史之谜"，站在辩证唯物主义和历史唯物主义的立场上，以马克思、恩格斯本人的广告思想为依据，结合对西方各种广告批判派别的思想特质的分析，试图对广告展开一次全面、深入、理性的思考。

　　在西方学术界，特别是在西方马克思主义的学术圈子里，对广告的批判多与青年马克思思想中的"异化"概念和马克思在《资本论》中提出的"商品拜物教"概念有关。根据"异化"概念以及由这一概念引申而来的卢卡奇的"物化"理论，现代以来广告的勃兴一定程度上加深了人和自己劳动成果之间的异化，乃至人与人之间的社会关系的异化（物化）。物化的社会关系又得到了商品拜物教的增强，后者强调了作为客体的"物"正在成为现代社会中奴役"主体"（人）、让"主体"（人）顶礼膜拜的对象。

　　然而，与西方马克思主义的整体表现相似，西方马克思主义者对广告的"文化式"批判也流于思想斗争、抽象思辨和书斋革命，这种批判并没有找到行动的主体承担者，也没有建构出一套切实可行的行动纲领，甚至对广告在推动社会性的物质运动、流动方面所发挥的积极作用，对广告在发展社会生产力方面所具有的积极作用等都避而不谈，从而使其理论深度和说服力都大打折扣。

　　我在博士论文中深受西方马克思主义思想家，尤其是法兰克福学派学者的影响,虽然也结合了起源于英国伯明翰的"文化研究"学派的理论和方法以及怀特海的"过程哲学"中一些思辨方法,但还是因为没有找到广告批判的症结所在而倍感苦恼。

2016 年之后,我的目光由对西方马克思主义广告批判思想的关注转向对马克思、恩格斯本人广告思想的挖掘。造成这一转变的主要原因在于:我较为广泛地阅读了国内马克思主义新闻观领域的一些研究成果,特别是陈力丹教授的两本著作:《精神交往论》(2008)和《马克思主义新闻观思想体系》(2006)。在这些著作中,经典作家们有关广告的论述虽然只是作为"边边角角"被偶尔提及,但对我的研究却极具启发意义——它使我认识到马克思、恩格斯等经典作家的广告思想可能是一座有待发掘的富矿!

接下来的工作便是大量买书,既包括经典作家的著作,如《马克思恩格斯全集》中文第 1 版全 50 卷,《马克思恩格斯全集》中文第 2 版已出版卷次中的绝大多数卷次(少数几卷因为缺货没有买到),《马克思恩格斯选集》2012 年版全 4 卷,《马克思恩格斯文集》(2009 年版)全 10 卷,以及《列宁全集》2017 年增订版全 60 卷等,也包括国内学者的相关研究性著述,如"中国社会科学院马克思主义新闻学研究室"编辑出版的《马克思主义新闻传播史论的研究历程》第一、第二、第三卷,等等。

书斋研究枯燥但却充实,更让人感到踏实。因为当真切地看到经典作家有关广告的论述、发表的意见、采取的行动以及做出的决策后,很多疑虑自然也就消失了。在书斋研究过程中,我形成了几篇研究成果。这几篇成果都与马克思、恩格斯的广告思想,以及列宁的广告思想等有关。其中,《马克思广告批判思想的三重解读视角》发表在 2021 年第 11 期《新闻与传播研究》上。其他几篇由于种种原因,至今都还没能发表。不过,这几篇成果都已被收入本书的相关章节之中。读者可以从本书的第三章,以及第八、第十、第十一、第十二章中,了解到我这些研究成果的主要内容。

对经典作家广告思想的梳理和研究使我确立了以唯物史观审视广告批判的基本立场,明确了运用马克思主义的立场、观点和方法去思考和认识广告的路径。此其一。

其二,对这本书的主旨产生重要影响的另一个机缘来自国内马克思哲学思想研究的一些新成果。其中,仰海峰教授于 2017 年出版的《〈资本论〉的哲学》一书对我这里的研究的影响尤其重要。这本书考察了马克思哲学思想中的两条逻辑线索——生产逻辑和资本逻辑。前者是一条人类学意义上的考察线索，它确认了唯物史观的基本观点：物质资料的生产是人类社会存在的第一个历史前提。物质第一性，意识、精神等只能是第二性的。后者是一条社会学意义上的专门针对资本主义社会的考察线索，它确认了结构化的资本逻辑作为资本主义社会的统摄性逻辑的地位。当然，资本逻辑的这一统摄性地位具有历史暂时性，因为资本本身是一个有待被超越和扬弃的历史性现象和历史性问题。

生产逻辑是一条贯穿人类历史始终的逻辑，而资本逻辑是"暂时的和历史性的"，它只是在人类社会发展到资本主义社会之后才展现出来，随着将来资本主义社会这一人类历史上最后一个"对抗性"社会形式退出历史舞台，资本逻辑也必然会退出历史舞台。这是因为，共产主义社会是一个"自由人的联合体"，是一个社会生产资料和社会生产条件处于社会的有目的的控制之下的社会，是一个抛弃了资本逻辑的社会。这样的社会中，当然也就不存在资本逻辑对广告逻辑的统摄问题，不存在广告异化为阶级压迫和阶级奴役工具的问题。

以历史唯物主义的双重逻辑——生产逻辑和资本逻辑来分析广告问题，笔者的视野一下子开阔了许多，对广告的观察也更具历史感。

首先，从生产逻辑的视域来看，广告是一种必要的物质性社会信息流通方式——广告沟通产供销的功能使之可以加快物质的运动、流动，促进社会生产力的发展，增进全社会的总体福祉。我把这一点归结为"广告的物质指向性"，这是广告存在的最为根本的合法性基础。

其次，从资本逻辑的视域来看，广告充当了资本（其直接形式主要表现为流通资本）实现剩余价值的手段和工具，广告在帮助商品在市场中实现"惊险的跳跃"的过程中扮演着关键角色。由此，有关广告的各种各样的批判指向都出现了，如广告加深了当代社会中的物化社会关系，广告成为"文化帝国主义"现象的帮凶，广告是国际传播秩序中不平等权力关系的维护性力量，广告是现代社会中不平等权力关系的结构化力量，等等。

两相对比，我们不难发现，广告批判的根源正是资本逻辑——是资本主义的生产关系决定了广告批判的方方面面。因此，广告批判的根本，是要回到对资本逻辑的揭示与批判。当资本逻辑的本质及其运行机制被暴露于阳光之下的时候，罗兰·巴特意义上的广告"神话"的全部秘密也将袒露无遗。据此，笔者在本书第十二章的结尾部分大胆预测：在未来"自由人的联合体"的共产主义社会，广告仍有存在的必要，因为共产主义社会在更高的阶段上又复归到了生产逻辑这一历史唯物主义的基本逻辑，物质资料的生产仍然是社会必需，而广告的物质指向性与生产逻辑是吻合的。不过，到那时，将只存在以生产逻辑为统摄性逻辑的广告，而不存在以资本逻辑为支撑的广告。广告将在更高阶段上复归至其原始的、朴素的形态——一种必要的物质性社会信息流通。这就是广告的宿命！

除了前文提到的一篇已发表文章之外，本书的其他部分章节也曾发表过，现予说明如下。

第二章"广告研究的本体论、认识论和价值论"的主体内容发表于《新闻界》2016年第2期。

第四章"构建马克思主义指导下的广告研究"的主体内容修改后，以"构建中国特色马克思主义广告学"为题，发表于《广告研究》(《广告大观》理论版)2020年第12期。发表时与陈培爱教授共同署名。该文荣获2021年第28届中国国际广告节中国广告业大奖长城奖学术论文类银奖。金奖当年空缺。

第五章"从生产本体论到消费本体论：后马克思主义者鲍德里亚的符号狂欢"的部分内容发表于《岭南师范学院学报》2020年第4期。

第六章"广告传播政治经济学分析"的基本内容修改后，以"广告传播政治经济学分析的若干问题刍议"为题，发表于《传媒经济与管理研究》第8辑(2021年12月出版)。

在本书的写作和成书过程中，作者感谢以下一些机构或个人所给予的支持和帮助。

首先，要感谢浙江工商大学。它是我博士毕业后任教的第一所高校。在杭州的两年"青教"经历虽然清贫但却充实，它让我可以静下心来认真地读一些经典著作，从而拓宽了我的学术视野。浙江工商大学人文与传播学院有着较好的人文学术氛围，我在那里的广告系的两年教学科研工作经历总体而言是愉快的，同事们之间关系友好、简单，非常适合做学术。

其次，要感谢我的现工作单位——岭南师范学院文学与传媒学院。作为一所地方性的师范院校，这里重视科研，为喜欢科研的老师提供了较好的资金支持。这里的学术氛围也较为宽松自由，使我可以将全部教学之余时间用于自己学术兴趣范围内的研究工作。岭南师范学院出版基金项目还为本书的研究提供了基本的前期资助。

再次，感谢北京师范大学出版社推荐此书申报国家社会科学基金后期资助项目。在申报过程中，北京师范大学出版社高等教育分社社长周粟老师给予了许多有益的指导和帮助。感谢责任编辑赵雯婧。赵老师为学严谨细致，责任心强，对编辑工作一丝不苟，她的辛勤付出对于本书如期高质量地出版是关键性的。

复次，要感谢中国人民大学的陈力丹教授。陈老师学贯中西，他在马克思主义新闻观研究领域做出了基础性的贡献。2016 年以来，在与陈老师的面对面求教过程中，在与他的笔谈中，时时都能让我学到很多东西，获得启发。尤其是在我研究马克思、恩格斯和列宁的广告思想过程中，陈老师给予了很多帮助，提出了许多指导性意见，并提供了一些研究资料。初稿出来后，陈老师又针对性地提出了一些修改意见，让我受益良多。

又复次，要感谢我的家人和学生。几年来，没有爱人和孩子的支持我绝不会走到今天。由于教学和科研工作繁重，我的爱人下班之后承担起了几乎全部家务工作，为我提供了强大的后勤支持。此著主体成书期间正值儿子高中学习阶段。孩子很努力，也很省心，使我有更多的时间写作。另外，还要感谢我的学生。近年来，我开始承担马克思主义新闻观的本科教学工作。课堂上，与同学们的互动过程也是一个学习的过程，年轻人的观点和认识丰富了我对经典作家的新闻、传播和广告思想的理解和认识，我从中获得了一些有益的启示。

最后，要感谢我的母校中国传媒大学对我的培养。我这些年来在广告研究领域取得的这点小成绩，都与在母校的三年闭门读书经历有关。特别要感谢中国传媒大学广告学院资深教授黄升民老师。黄老师的鼓励和支持对我的研究产生了重要的积极影响，他的早期著作《中国广告活动实证分析》(1992)对于本书的研究具有启发性。

感谢丁俊杰教授、陈刚教授、吴予敏教授、倪宁教授、何辉教授、许正林教授、丁柏铨教授、李彬教授。

感谢国家社会科学基金后期资助项目有关评审专家，他们的评审意见对于书稿的完善和提高帮助极大。

特别感谢我的硕士导师陈培爱教授和博士导师刘立宾教授。

在我的学术成长之路上，还曾得到过许多其他老师、同学和朋友们的帮助，限于篇幅，这里不再一一列出。对于他们给予的帮助，一并谢过！

中国当代广告已过不惑之年，中国当代广告教育也即将进入不惑之年。自 1979 年国内有识之士开始为广告"正名"以来，广告在中国的大发展就一直处于进行时状态。但在此期间，社会上对广告的各种批评之声，学术界对广告的各种批判之辞也从未曾间断。这本小书，也可以算作为广告再次正名了吧！

葛在波
2022 年夏于深圳宁水静净斋

图书在版编目（CIP）数据

唯物史观视域下的广告批判研究 / 葛在波著. —北京：北京师范
大学出版社，2022.12
　（国家社科基金后期资助项目）
ISBN 978-7-303-28179-4

Ⅰ.①唯…　Ⅱ.①葛…　Ⅲ.①广告－研究－中国　Ⅳ.①F713.8

中国版本图书馆 CIP 数据核字（2022）第 182484 号

图　书　意　见　反　馈　gaozhifk@bnupg.com　010-58805079
营　销　中　心　电　话　010-58807651
北师大出版社高等教育分社微信公众号　新外大街拾玖号

WEIWU SHIGUAN SHIYU XIA DE GUANGGAO PIPAN YANJIU
出版发行：北京师范大学出版社　www.bnupg.com
　　　　　北京市西城区新街口外大街 12-3 号
　　　　　邮政编码：100088
印　　刷：北京盛通印刷股份有限公司
经　　销：全国新华书店
开　　本：787 mm×1092 mm　1/16
印　　张：19.5
字　　数：350 千字
版　　次：2022 年 12 月第 1 版
印　　次：2022 年 12 月第 1 次印刷
定　　价：69.80 元

策划编辑：周　粟　　　　　　责任编辑：赵雯婧
美术编辑：李向昕　　　　　　装帧设计：李向昕
责任校对：张亚丽　王志远　　责任印制：马　洁